Quarante Ans

DE

THÉATRE

FRANCISQUE SARCEY CHEZ LUI
par P. RENOUARD

Francisque SARCEY

Quarante Ans DE THÉATRE

(Feuilletons dramatiques)

VICTORIEN SARDOU, MEILHAC et HALÉVY
ÉDOUARD PAILLERON, HENRY BECQUE

BIBLIOTHEQUE DES ANNALES
Politiques et Littéraires

PARIS — 15, RUE SAINT-GEORGES

1901

IL EST TIRÉ DE CET OUVRAGE

CINQUANTE EXEMPLAIRES NUMÉROTÉS A LA PRESSE

SUR PAPIER DE HOLLANDE

VICTORIEN SARDOU

QUALITÉS NÉCESSAIRES A L'AUTEUR DRAMATIQUE

(ÉTUDE GÉNÉRALE)

La vraie première représentation de la semaine, représentation sans lendemain, c'est la réception de M. Victorien Sardou à l'Académie française. Sardou y devait faire l'éloge d'Autran, dont le premier titre à la gloire était une tragédie : *la Fille d'Eschyle*. L'Académie avait choisi pour lui répondre un éminent critique d'art, il était donc tout naturel qu'il fût beaucoup question d'art dramatique dans ces deux discours; aussi n'a-t-on pas manqué d'en parler, et on l'a fait, de part et d'autre, avec beaucoup de compétence, de finesse et de grâce.

M. Sardou a insisté sur deux idées, que j'ai eu plaisir à retrouver dans son discours, car elles nous sont familières, et j'y reviens sans cesse.

La première, c'est que le caractère propre, le signe distinctif de l'homme né pour le théâtre, est de ne rien voir, de ne rien entendre qui ne revête aussitôt pour lui la forme théâtrale : « — Ce paysage qu'il admire, quel beau *décor!* cette conversation charmante qu'il écoute, le joli *dialogue!*

cette jeune fille délicieuse qui passe, l'adorable *ingénue!* enfin, ce malheur, ce crime, ce désastre qu'on lui raconte, quelle *situation!* quelle *scène!* quel *drame!* cette faculté spéciale de tout dramatiser, elle est la force de l'auteur dramatique... »

Il semble que ce soit là un axiome à la Prudhomme : « La faculté de tout dramatiser est la force de l'auteur dramatique. » M. de la Palisse ne parlerait pas autrement. Eh ! bien, c'est une des vérités les plus méconnues, une de celles qu'il est le plus difficile de faire entrer dans la tête du public.

Chose bizarre ! ce public, il comprend très bien que, pour composer une belle symphonie ou pour faire un excellent tableau, il faut avoir reçu de la nature un don spécial, cultivé ensuite et perfectionné par l'éducation. Quand il est question de théâtre, il incline à croire qu'il suffit de n'être pas un imbécile pour transporter sur la scène un fait que l'on a vu.

Mais, malheureux ! il faut l'avoir vu d'abord, et ce n'est pas chose commode, ni commune, je vous assure. Nous passons sans cesse à côté d'événements et de situations dramatiques, qui ne nous frappent point, parce qu'elles sont de la vie ordinaire, mais que d'autres, pourvus d'un œil particulier, aperçoivent, et d'où ils tirent le drame dont nous ne nous étions pas doutés.

Tenez ! prenons un exemple. Est-ce que vous n'avez pas vu dix fois, cent fois, une ordonnance de médecin avec son griffonnage illisible ? Est-ce que vous ne vous êtes pas dit bien souvent : Comment, diable, le pharmacien va-t-il s'y reconnaître ? C'est là un fait de la vie quotidienne, que vous avez remarqué, et dont vous avez même fait un sujet de plaisanterie. Aviez-vous jamais songé que ce fait pût être tourné en idée de vaudeville. Gondinet arrive; il fait le *Homard*. Vous vous récriez aussitôt : Tiens ! c'est vrai ! il y avait là dedans une idée de pièce. Je n'y avais pas pensé.

Non, vous n'y aviez pas pensé. Et pourquoi ? C'est que vous n'avez pas cette faculté spéciale en vertu de laquelle, pour me servir des expressions de Sardou, on ne voit, on n'entend rien qui ne revête la forme dramatique.

Et à supposer même que vous vous fussiez dit, un jour, en voyant une ordonnance de médecin écrite en caractères hiéroglyphiques : « Tiens ! si le pharmacien se trompait et envoyait un purgatif au lieu du sirop qu'on lui demande, le quiproquo serait drôle au théâtre ! » ce ne serait là qu'une idée en l'air, ou quelque chose de vague qui marquerait déjà une certaine préoccupation de l'art dramatique, mais qui ne mènerait pas bien loin.

Il resterait encore à donner à ce *quiproquo* la forme dramatique. Gondinet est allé la chercher dans un détail de nos mœurs actuelles, habilement vu par lui. C'est Geffroy qui occupe, un soir, la stalle réservée au médecin de service du théâtre, qu'on prend pour un vrai médecin, qui se laisse faire, parce qu'il s'agit de dégrafer la robe d'une jolie femme évanouie; mais qui se trouve fort embarrassé quand on lui demande une ordonnance. Pour ne pas se compromettre, il gribouille sur un bout de papier une série de jambages inintelligibles, et le pharmacien lit et il envoie les remèdes indiqués.

Voilà la forme dramatique trouvée.

Et ne dites pas : Parbleu, nous en aurions bien fait autant ! Il ne s'agissait que d'avoir l'idée !

Oui, d'abord, il ne s'agissait que de l'avoir ; et vous ne l'avez pas eue, ni moi non plus d'ailleurs. Ce petit fait qui nous crevait les yeux, nous ne l'avions vu ni les uns ni les autres ; ou, si nous l'avions vu, nous n'avions pas songé à en tirer la situation dramatique qu'il contenait; ou, si nous y avions songé un instant, la forme à lui donner pour la rendre sensible à douze cents spectateurs nous avait manqué. Nous ne sommes pas nés pour cela.

Excudent alii spirantia suavius œra!

J'ai été très frappé d'un mot dit par M. Alexandre Dumas dans la polémique qu'il soutint contre M. de Girardin à propos du *Supplice d'une femme*. On se rappelle que M. de Girardin était parti pour faire sa pièce, qui fut retouchée plus tard par Dumas, de ce fait dont il avait été lui-même témoin : Une femme si parfaitement excédée de son amant, que, pour se débarrasser de lui, par lassitude morale, elle avoue la vérité à son mari, préférant la punition qui l'attend à l'ennui de cette chaîne. Et Dumas disait :

« C'est déjà beaucoup pour un homme qui n'est pas du métier, pour un homme du monde, d'avoir été frappé par une situation dramatique. »

Oui, c'est déjà beaucoup; car nous ne faisons pas attention d'ordinaire aux drames au milieu desquels nous vivons plongés. L'accoutumance nous en ôte l'étonnement. Mais Dumas ajoutait avec beaucoup de sens :

« Cette situation, je le proclame, est une des plus dramatiques et des plus intéressantes qui soient au théâtre. Mais une situation n'est pas une idée. Une idée a un commencement, un milieu et une fin; une exposition, un développement, une conclusion. Tout le monde peut raconter une situation dramatique; mais il faut la préparer, la faire accepter, la rendre possible, la dénouer surtout.

« Un jeune homme demande une jeune fille en mariage. On la lui donne. Il va à la mairie et à l'église avec sa fiancée; il rentre chez lui avec elle. Au moment de l'emmener, il apprend catégoriquement qu'il a épousé sa sœur.

Voilà une situation, n'est-ce pas ? et des plus intéressantes. Sortez-en ; je vous le donne en mille, et je vous donne la situation, si vous la voulez. Celui qui fera une bonne pièce avec ce point de départ sera le véritable auteur de la pièce, et je ne lui réclamerai rien. »

On ne saurait mieux dire. Voir un fait vrai et sentir qu'il serait scénique, c'est la première partie de ce don spécial dont parle Sardou ; imaginer la forme dramatique que revêtira ce fait vrai, c'est-à-dire trouver un moyen de la rendre vraisemblable à douze cents personnes assemblées devant une rampe de théâtre, c'est la seconde et dernière qui le constitue tout entier.

Eh ! bien, il n'y a rien de plus rare au monde que ce don, qui supplée à tout, en art dramatique, et que rien ne remplace. On peut être un esprit de premier ordre, un grand écrivain, un artiste éminent, et ne pas se douter du théâtre. Je parlais tout à l'heure de M. Émile de Girardin : y a-t-il un homme qui soit plus indépendant des conventions, qui ait dans l'esprit plus de hardiesse et de mouvement dans le style ?

Il a eu la rage du théâtre ; il n'a point réussi. C'est qu'il est né polémiste et non auteur dramatique. Les idées chez lui revêtent naturellement la forme de la discussion et non celle du théâtre. Même alors que le fait d'où il part est vrai, ses personnages se dressent comme deux thèses contraires se répondant à coups d'articles.

Sardou croit qu'Autran n'avait pas ce don du théâtre, malgré l'immense succès de la *Fille d'Eschyle*. Il a cent fois raison. Rien qu'à lire cette *Fille d'Eschyle*, on sent que l'auteur n'a point l'instinct de la scène. Ce sont de beaux vers sur un thème antique, et, comme l'a fort bien dit Sardou lui-même, c'est une de ces belles restaurations de monuments antiques, que le public admire au point de vue archaïque, sans les accepter précisément comme expression de l'art contemporain.

C'est une œuvre d'exception à laquelle il eût été imprudent peut-être de donner une sœur, et qui, mise en dehors de toutes conditions du théâtre moderne, ne prouve pas absolument la vocation dramatique de l'auteur.

Au moins Autran eut-il le bon sens de se rendre compte de son inaptitude. Il a écrit plaisamment :

> On dit que le théâtre est le plus beau des arts;
> Je n'ai jamais aimé ce jeu plein de hasards...
> Une fois cependant, une seule,... voilà
> Bien longtemps, j'abordai bravement le théâtre.
> Ce fut un grand succès, dont tout Paris parla,
> Mais, en homme prudent, je m'en suis tenu là.

Mon Dieu! que Sardou, qui nous a lu ces vers, les a joliment dits! De quelle intonation fine et spirituelle il a marqué cet hémistiche : *mais, en homme prudent!* Comme on sentait, rien qu'à entendre cet accent de raillerie enjouée, que le poète marseillais avait bien fait de s'en tenir là.

D'autres, qu'il est inutile de nommer, devraient bien imiter cet exemple. Ils n'ont pas même, pour s'obstiner, l'excuse qu'aurait pu invoquer Autran, celle d'un premier grand succès. Ils persistent à croire que l'on fait du théâtre quand on veut en faire. Hélas! non, et il en faut toujours revenir aux vers du vieux Boileau :

> S'il ne sent point du ciel l'influence secrète,
> Si son astre en naissant ne l'a créé poète..

poète dramatique, s'entend; mieux vaut être un bon romancier ou un critique estimé qu'un auteur dramatique qui tombe.

La seconde idée qu'a développée Sardou dans son discours, c'est que le poète... Mais pourquoi ne la lui laisserais-je pas exprimer à lui-même :

« L'œuvre théâtrale est surtout œuvre de condensation. L'esprit de l'auteur doit faire toutes les réflexions, son cœur doit éprouver tous les sentiments que le sujet comporte, mais à la condition qu'il n'en donnera au spectateur que la substance. Telle phrase doit résumer vingt pages; tel mot doit résumer vingt phrases. C'est au public, qui se fait notre collaborateur bien plus qu'on ne pense, à retrouver dans le peu qu'on lui dit tout ce qu'on ne lui dit pas, et jamais il n'y manque, pourvu que la phrase soit juste et que le mot soit vrai.

« Quand Racine dit :

Mais tout dort... et l'armée, et les vents, et Neptune.

quel est l'auditeur qui n'aperçoive à l'instant le port, la ville, la flotte, l'armée, la campagne, la mer, le rivage, toute la côte, un pays entier que Racine lui fait voir, en une seconde, dans un seul éclair de son génie. »

L'idée est juste; je crois pourtant que Sardou a confondu deux choses qui sont distinctes. Il a tout à fait raison quand il affirme que l'art dramatique est une quintessence d'observation; que l'auteur dramatique doit enfermer et faire tenir dans le raccourci d'un seul trait toute une série de réflexions et de développements; que le public, sans se rendre bien compte de cette condensation, en a l'instinct obscur, et qu'il estime une œuvre de théâtre à proportion du nombre de vues qu'elle ouvre sur le cœur humain et sur la vie domestique ou sociale.

Mais il semble croire que ces mots ou ces vers qui éveillent une foule de sensations diverses et puissantes dans l'âme, peuvent être expliqués par cette loi de la condensation, qui est particulière au théâtre. Non, c'est là un effet commun à toute poésie, dramatique ou non.

Il y a, non pas seulement à la scène, mais dans tout poème quel qu'il soit, en vers ou en prose, des mots qui ont ce privilège singulier d'exciter dans l'esprit, outre l'idée qu'ils signifient exactement, un grand nombre d'images plus vagues, dont le charme est aussi inexplicable que saisissant.

Quel est l'homme un peu lettré qui a jamais pu lire, sans que les larmes lui vinssent aux yeux, sans que tout son être fût ébranlé d'une commotion très douce, le *per amica silentia lunæ* de Virgile, ou le *splendet tremulo sub lumine pontus* du même poète ?

Le sens de la phrase n'a rien en lui-même de si émouvant; les mots qui la composent sont les plus simples du monde; l'arrangement n'en est pas extraordinaire. Pourquoi cependant cet *amica silentia* ouvre-t-il sur l'infini une de ces perspectives qui accablent l'âme d'une mélancolie charmante? Pourquoi le *splendet tremulo sub lumine pontus* fait-il rêver de je ne sais quel au-delà, qui enchante et attriste tout ensemble.

Je serais fort en peine de le dire. Mais l'effet est certain. Le charme de la poésie est pour une bonne part dans ces mots qui portent plus loin que leur sens précis. De même que certaines notes de musique charment l'oreille non pas seulement par leur son propre, mais par le nombre et l'intensité des harmoniques qui les accompagnent, de même aussi ces mots, qui viennent, je ne sais comment aux vrais poètes, causent à l'âme un grand ébranlement moins par leur signification exacte que par les idées confuses qui voltigent autour d'eux.

Le vers de Racine que M. Sardou cite justement, comme donnant à l'esprit une de ces impressions profondes, n'est pas, à proprement parler, un vers de théâtre. C'est un vers de poésie, et voilà tout. Nos écrivains dramatiques en ont rarement de ce genre. On les compte dans Racine et dans Corneille. Je crois que, parmi nos poètes français, ceux qui en fourniraient le plus seraient La Fontaine et Alfred de Musset. Qui a pu se défendre d'une émotion secrète à ce vers :

Le printemps inquiet paraît à l'horizon.

Que de choses fraîches, tendres et charmantes dans ce seul mot d'*inquiet*. Ces sensations mystérieuses et puissantes ont quelque analogie avec celles que fait éprouver le sourire énigmatique de la Joconde ou quelque phrase de Beethoven qui se contente d'éveiller l'imagination sans rien dire de précis à l'esprit. Le malheur d'Autran, c'est que, poète, il n'a jamais rencontré un seul de ces mots-là, de même qu'écrivain dramatique, il ne serait jamais arrivé à cette condensation d'idées, de sentiments et de langage dont parle M. Sardou.

27 mai 1878.

LES PATTES DE MOUCHE

Le Gymnase vient de donner une comédie nouvelle en trois actes, et de jeter à la foule un nom inconnu; la pièce a pour titre : *les Pattes de mouche;* l'auteur s'appelle Victorien Sardou. Cette première représentation a été une sorte d'événement dramatique; non que la comédie en elle-même soit un chef-d'œuvre, mais elle révèle chez celui qui l'a faite beaucoup de talent et un grand avenir. Il n'est personne qui, l'autre soir, au sortir du Gymnase, ne se soit dit que M. Victorien Sardou serait dans quelques années l'un des maîtres de la scène. Il ne fait encore aujourd'hui que les imiter : ce n'est pas à trente ans que l'on a une manière à soi; mais il les imite en homme qui est capable de les égaler un jour. M. Scribe, M. Alexandre Dumas et Alfred de Musset sont pour beaucoup dans la fortune de la comédie nouvelle; mais ne leur emprunte pas qui veut : il faut être fort riche de son propre fonds, pour savoir se faire prêter ainsi. Peut-être sera-t-il curieux de suivre dans l'œuvre de M. Sardou ces divers courants d'imitation, et d'y saisir les traces de son originalité future.

Un de mes amis, l'auteur du *Testament de César Girodot*, M. Villetard, me disait un jour qu'il y a deux écrivains que tout homme qui s'occupe de théâtre doit relire sans cesse, et presque savoir par cœur : « c'est Molière et Scribe ». J'imagine que M. Sardou est de cet avis. Il doit avoir longtemps étudié le théâtre de M. Scribe : il le connaît à fond, il en sait tous les secrets et se les est appropriés. C'est la mode aujourd'hui de parler légèrement des pièces de M. Scribe; j'avoue que moi-même j'ai cédé quelquefois au plaisir facile d'en railler les défauts, qui sautent aux yeux de tout le monde.

Il n'en est pas moins vrai de reconnaître que M. Scribe a des qualités de premier ordre; que cette incomparable habileté à nouer sans peine et à dénouer des milliers de combinaisons dramatiques est un don infiniment plus rare et plus précieux qu'on veut bien le dire; que c'était un talent à peu près perdu depuis une vingtaine d'années et plus, et qu'enfin ce n'est pas une petite affaire de l'avoir retrouvé tout d'un coup, aussi jeune, aussi fécond en ressources, que le jour où M. Scribe apporta au théâtre de Madame : le *Nouveau Pourceaugnac*, le *Solliciteur*, le *Gastronome sans argent*, le *Secrétaire et le Cuisinier*, et tant d'autres petits chefs-d'œuvre.

Dans ce genre de vaudeville, ce ne sont pas les hommes mais les événements qui ont le principal rôle et conduisent la pièce. Le jeu des passions et des caractères est pour fort peu de chose ou même n'est pour rien du tout dans la marche de l'action; ce sont les faits qui vont en quelque sorte, poussés par l'auteur, se heurter les uns contre les autres, et c'est de leur rencontre imprévue que naissent les situations et que jaillit l'éclat de rire. Il n'y a pas besoin, pour arriver à ces effets, que la donnée première soit très forte. Voyez comment les choses se passent dans la vie ordinaire : l'erreur la plus simple, la moindre bévue suffit pour amuser un quart d'heure. Vous allez chez un de vos amis le matin; le domestique vous prend pour un créancier; il vous dit que son maître n'y est pas; vous forcez la porte; tout s'explique : il n'en faut pas davantage pour que, votre ami et vous, vous fassiez une bonne partie de rire.

La pièce de M. Sardou ne repose sur rien. Une femme a écrit et signé un billet qui peut compromettre gravement sa réputation ; elle fait tout au monde pour le ravoir; mais le malheureux papier court de main en main, de hasard en hasard, soulevant partout, sur son chemin, les incidents et les quiproquos, jusqu'à ce qu'il soit enfin brûlé de la main même du mari, qui ne l'a pas lu. D'idée philosophique ou morale, il n'y en a pas ombre. C'est le billet qui, à lui seul, est toute la pièce. Comment, quand et par qui sera-t-il détruit, l'auteur ne se propose pas de nous dire autre chose, et nous ne lui demandons rien de plus; pourvu qu'il nous amuse, nous le tenons quitte du reste.

Nous acceptons même toutes les invraisemblances, sans lesquelles le vaudeville ne serait pas possible. On sait bien que, dans la vie de tous les jours, les événements ne se pressent ni ne se heurtent avec cette rapidité. Pour les réunir dans un si court espace de temps, il faut forcer la vérité. Le spectateur s'en aperçoit; mais il ne s'en fâche pas, si l'invraisemblance tourne à son amusement. C'est une sorte de traité passé entre l'auteur et le public. — « Messieurs, nous dit M. Scribe, accordez-moi, s'il vous plaît, qu'un ambassadeur soit assez niais pour confondre un secrétaire avec un cuisinier, et je m'en vais vous divertir avec les scènes plaisantes qui naîtront de ce quiproquo. » Nous sentons fort bien que cette méprise est impossible; mais, après tout, il ne faut pas trop chicaner les gens qui ont bonne envie de nous faire rire : nous accordons ce qu'on nous demande; nous passons sur l'invraisemblance. M. Saron est forcé, comme M. Scribe, de réclamer l'indulgence du public.

M⁽ᵐᵉ⁾ Vanhove, du temps qu'elle n'était encore que M⁽ˡˡᵉ⁾ Clarisse, a entretenu une correspondance avec un jeune homme du voisinage, M. Prosper Bloch. Une statue de Vénus servait de boîte aux lettres. La jeune fille est un beau jour emmenée par sa mère, qui veut la marier à Paris. Elle n'a que le temps d'écrire à la hâte quelques lignes, qu'elle dépose à l'endroit ordinaire. Prosper, furieux d'un départ dont il ne sait pas la cause, se sauve lui-même sans chercher le billet qui lui est destiné et va courir le monde. Il visite la Chine, le Japon, les Grandes-Indes, et revient trois ans après avec la ferme intention de se marier. Mais Clarisse dans l'intervalle est devenue M⁽ᵐᵉ⁾ Vanhove. Il demande au mari la main d'une de ses nièces, M⁽ˡˡᵉ⁾ Marthe, jolie fille qu'il n'a d'ailleurs jamais vue, car ce Prosper est un original.

M. Vanhove la lui accorderait volontiers ; mais ce n'est pas l'avis de sa femme. Elle a avec son ancien amant une explication. On se fait des reproches mutuels : l'une assure qu'elle a écrit ; l'autre jure qu'il n'a pas pris la lettre. — Mais alors cette lettre existe encore ; elle est dans le creux de la Vénus. — M⁽ᵐᵉ⁾ Vanhove veut la ravoir, car elle a un mari terriblement jaloux ; mais Prosper s'en empare le premier : elle sera dans ses mains une arme contre les mauvais vouloirs de son ancienne amie.

C'est ici que l'auteur prend la parole et demande qu'on lui passe quelques petites invraisemblances qui ne laissent pas que d'être assez grosses. — Il faut, nous dit-il, pour le besoin du vaudeville, que M⁽ᵐᵉ⁾ Vanhove ait une peur réelle de cette lettre. Sans doute, il est bien dur de croire que M. Prosper, un honnête homme, puisse jamais en abuser ; mais si vous ne le croyez pas, il n'y a plus de pièce : accordez-moi cela, pour l'amour de Dieu. Passez-moi un autre point : il n'est guère de mari au monde qui pût se fâcher sérieusement que sa femme, avant le mariage, eût écrit dix lignes d'amourette à un jeune homme : il m'en faut un qui, pour si peu, tuerait la sienne, un vrai tigre du Bengale. Je le ferai venir de Hollande, si vous voulez bien. Encore une petite concession : vous savez que Prosper a demandé la main de Mlle Marthe; rien ne serait plus simple que de la lui donner; mais j'ai l'intention que mon billet se promène à travers toutes sortes d'intrigues, qu'il dérange en les coudoyant. Faites-moi donc la faveur d'un petit cousin qui adore la demoiselle et en soit aimé; vous savez bien, ce petit cousin que vous avez si souvent passé à M. Scribe : dix-huit ans, peu d'esprit, mais amoureux à tout casser, et pour le bon motif. Pendant que vous y êtes, vous m'accorderez bien encore que ce jeune échappé de collège — nous le nommerons Paul, pour la commodité du récit, — a débuté dans l'amour et dans la vie par une femme de quarante ans, une certaine dame Thirion, qui est horriblement jalouse de lui et ne veut pas le lâcher. Ce n'est pas tout encore... — Eh! bon Dieu! vous n'avez pas fini? Que de préparations!...

Oui, cela est vrai, le premier acte est long; il a fatigué quelque peu l'attention et la bienveillance des spectateurs; on leur demandait trop de choses à la fois. Remarquez-le pourtant, ils ne se sont pas plaints de ce qu'on leur demandait; ils en ont accordé bien d'autres à M. Scribe, sans mot dire. Non, ce qui les a un peu étonnés, c'est la façon dont on s'y est pris pour le demander; c'est qu'en préparant un vaudeville à la Scribe, M. Victorien Sardou a emprunté son dialogue à M. Dumas fils. Je m'explique.

J'ai assisté, il y a trois mois, à la conférence de deux vaudevillistes qui fabriquaient une petite pièce d'intrigue.

Le héros en était un peintre ; il fallait apprendre ce détail au public. L'un des deux collaborateurs n'y avait pas mis grande malice ; il faisait tout simplement dire à son homme : « Pour un peintre, comme moi, etc. » L'affaire était faite ; une ligne y suffisait. C'est la manière de M. Scribe, qui court tout de suite aux événements et indique d'un seul mot ce qui les prépare.

L'autre vaudevilliste y faisait plus de façon : il voulait que son héros fit comprendre par son langage, par sa tournure d'esprit, par sa façon d'envisager les choses, qu'il était artiste et peintre. Il composa une scène pétillante d'observation et d'esprit. Son collaborateur la lut, la trouva charmante, la barra d'un trait de plume, et récrivit à la place : « pour un peintre comme moi ». M. Sardou n'a pas eu ce collaborateur ; il a pris le temps de poser des caractères, de les détailler, de les marquer par une foule de petits traits aussi finement observés que joliment rendus, mais qui font longueur dans un vaudeville d'intrigue.

Tout le monde se rappelle le *Gastronome sans argent*, de M. Scribe. M. Scribe a besoin pour expliquer une méprise fort amusante d'un homme qui soit coutumier des plus singulières plaisanteries. Il n'y va pas par quatre chemins : « M. Dumont est un original, » fait-il dire à l'un de ses personnages. Voilà qui est entendu : ce Dumont peut dès lors se permettre toutes les excentricités sans que le public en gronde. C'est un original.

Prosper, lui aussi, est un original ; il le faut bien, sans quoi la pièce serait absurde, ou plutôt il n'y aurait plus de pièce. Mais voyez avec quelle attention M. Sardou a expliqué cette originalité, comme il a donné toutes les raisons qui la justifient, comme il a dès longtemps à l'avance pris soin de la marquer dans les plus simples accidents de la vie ordinaire. La première fois que ce Prosper entre en scène, il y arrive un parasol et un éventail à la main ; on se moque de lui ; il tourne la raillerie contre ceux qui la lui adressent ; il conte ses voyages à travers le monde ; il a vu tour à tour les usages les plus divers et les plus absurdes. Rien d'étonnant si tous ses préjugés sont tombés les uns après les autres. Il n'a plus d'autre règle que la fantaisie. Il demande tout à coup la main d'une fille qu'il n'a jamais vue. On n'en est qu'à moitié surpris : on sent que cela est dans le caractère de l'homme. Il ne vous laisse d'ailleurs aucun doute à cet égard : il expose sur l'amour, sur les femmes et sur bien d'autres choses ces théories qui nous plaisent tant dans les études de mœurs de M. Dumas fils, et il les expose d'un style clair, incisif et brillant ; il a le trait ; il a l'image ; c'est un charme. On finit par connaître ce Prosper, par s'acoquiner à ses idées, par entrer dans ses caprices et s'y laisser emporter comme lui. L'auteur n'a plus qu'à marcher ; on le suivra partout, les yeux fermés, sans se plaindre.

J'avoue que, pour moi, le singulier mélange de deux manières si opposées, ce style mâtiné de Scribe et de Dumas fils où surnagent encore l'étude et l'observation personnelle, m'a causé un vif plaisir de surprise. J'étais enchanté. Je suivais avec une attention curieuse cette étrange pièce, moitié vaudeville, moitié comédie, et je désirais de tout mon cœur que le second acte répondît au premier.

Il est exquis, ce second acte ; c'est un bijou. Il est une petite pièce à lui tout seul, et si l'auteur eût coupé toutes les intrigues secondaires qui se croisent auparavant et après, il eût fait un petit chef-d'œuvre digne du *Caprice* d'Alfred de Musset.

Avez-vous lu une nouvelle d'Edgar Poë qui a pour titre : *la Lettre ?* C'est à peu de chose près le même sujet. Prosper a caché le billet compromettant ; Mme Vanhove le cherche. Elle est aidée par une de ses amies nommée Suzanne. Cette Suzanne est une fille de trente ans, fort jolie, fort spirituelle, mais qui aime sa liberté et qui a toutes les allures d'une jeune veuve, sans avoir jamais eu de mari. — Vous avez beau faire, dit-elle à Prosper, je rattraperai la lettre, et vous la brûlerez vous-même, de vos propres mains.

— Nous verrons bien, répond le jeune homme.

Il laisse Suzanne dans sa chambre en lui avouant que la lettre y est, et il lui recommande de bien fouiller dans tous les coins.

Suzanne, restée seule, se met à réfléchir. Un homme d'esprit comme Prosper ne doit pas avoir cherché des cachettes introuvables; il a dû exposer cette lettre précisément dans l'endroit le moins mystérieux de la chambre; peut-être lui crève-t-elle les yeux! Tandis que Mme Vanhove, qui est survenue, bouleverse tout, cahiers, livres, tableaux, elle va droit à la corbeille où le jeune homme met ses cartes, ses portefeuilles et le reste. Au milieu du fouillis de papiers qu'elle y trouve, une lettre la frappe par la suscription.

« A M. Prosper, à Honolulu, aux îles Sandwich. » Comment cette lettre est-elle revenue là? elle est bien légère. Comment n'écrit-on que quelques lignes à deux mille lieues de distance? Suzanne ouvre l'enveloppe; elle y trouve le billet qu'elle cherche. Elle a donc cause gagnée. Mais elle veut se donner le plaisir de le faire brûler par celui qui l'a défiée imprudemment. Elle glisse un autre papier dans l'enveloppe d'Honolulu et remet tout en ordre; puis elle jette par la fenêtre toutes les allumettes, tortille le fameux billet, le pose en vue près de la cheminée, où brûle un bon feu, et s'assied sur un fauteuil, où elle feint de s'endormir.

Prosper rentre; il s'assure d'un coup d'œil que l'enveloppe est toujours à sa place. Il éveille Suzanne; il la raille doucement. Suzanne avoue sa défaite; tous deux font de l'esprit.

— Allumez donc la lampe, dit Suzanne, il ne fait plus clair.

Prosper sonne : il ordonne au domestique d'apporter de la lumière. Ce n'est pas le compte de la jeune femme.

— Une bougie nous suffira ; allumez-moi une bougie.

Rien de plus naturel, comme vous voyez. Prosper cherche les allumettes : plus d'allumettes ! Il maudit ses domestiques.

— Mon Dieu ! dit Suzanne, prenez le premier papier venu.

L'autre se baisse, prend à terre la lettre et l'allume sans se douter de rien.

Suzanne triomphe et le spectateur rit dans sa barbe ; mais à ce moment la porte s'ouvre, le domestique entre portant la lampe. Naturellement Prosper éteint son papier ; par un mouvement machinal, il le garde à la main, et tout en causant il le porte à ses lèvres, il le déploie et le reploie, il en joue. Suzanne, qui le regarde faire, prend à son tour, comme par distraction, l'enveloppe d'Honolulu dans la corbeille, et tous deux continuent une conversation insignifiante, s'observant l'un l'autre du coin de l'œil, tremblant chacun pour sa lettre, cherchant tous deux par quelle ruse de phrase ils arriveraient à se faire l'un à l'autre poser sur la table le papier qu'ils tiennent à la main.

A ce jeu de scène imprévu et charmant, il s'est élevé dans toute la salle un murmure de surprise et d'admiration. Je ne crois pas qu'il y eût une seule personne qui ne se demandât avec une vive curiosité : Comment sortiront-ils de là ? Ils en sortent de la façon la plus naturelle ; mais je ne vous le dirai pas. Il m'a suffi de vous montrer par quels ressorts l'auteur sait exciter l'intérêt et conduire la pièce.

Ces effets de scène tirés des détails les plus familiers de la vie, ces conversations de gens du monde mêlées de petits incidents qui les relèvent et les aiguisent, ne vous rappellent-ils pas la manière d'Alfred de Musset dans ses charmants proverbes : *le Caprice, Il faut qu'une porte soit ouverte ou fermée*, et même *le Chandelier?* Ajoutez encore qu'il y a parfois dans le dialogue de M. Sardou une certaine préciosité de langage qui lui donne avec le maître un air de proche parenté.

On se méprendrait sur le sens de mes paroles si l'on concluait de tout cela que M. Sardou n'est qu'un écolier qui imite d'une façon plus ou moins adroite tantôt l'un, tantôt l'autre, et n'a point d'originalité; qui ne ressemble à personne, pour ressembler trop à tout le monde. Non pas, certes. J'ai voulu seulement démêler les éléments divers dont il avait peu à peu formé son génie propre. Il s'en composera un jour une manière qui lui appartienne à lui seul.

On pourrait trouver, même dans *les Pattes de mouche*, quelques scènes qui ne relèvent que de lui. M. Sardou a un esprit humoristique d'une saveur toute particulière, et dont un seul exemple donnera l'idée au lecteur.

Paul, le jeune collégien que vous savez, furieux contre Prosper qui doit épouser sa cousine, vient lui demander raison. Il veut se battre; il y tient absolument. Prosper ne l'en détourne pas; au contraire, il l'excite, comme on fait au jeune chien qui aboie. « Vous voulez vous battre, eh! bien, soit; battons-nous tout de suite. — Oui, monsieur, tout de suite. — Dans cette chambre. — Oui, monsieur, dans cette chambre. — Sans témoins. — Oui, monsieur, sans témoins. » Prosper va tranquillement détacher de sa panoplie deux espèces de poignards japonais qu'il a rapportés de ses voyages. — « Nous nous battrons, lui dit-il, à la mode japonaise, si vous le voulez bien. — A la mode japonaise, soit! s'écrie l'autre, furieux. » Et il tire le poignard de sa gaine qu'il jette au loin. Prosper le regarde faire et reste paisiblement assis, se nettoyant les ongles. « Eh! bien, commencez, lui dit-il; c'est vous qui êtes l'insulté. — Comment! que je commence? Je ne peux pas commencer comme cela à moi tout seul. — Eh! si : à la mode japonaise. — Eh! bien? — Eh! bien, ouvrez-vous le ventre; ce sera mon tour après. » Si cette boutade humoristique ne vous amuse pas, prenez-vous en à moi, qui l'ai mal contée; car au théâtre, elle est vraiment fort plaisante.

La pièce est bien jouée. M. Lafontaine a témoigné au premier acte beaucoup d'embarras et d'incertitude. Il a été charmant dans les deux autres : jeune, tendre, gai, pétillant... un Bressant capiteux. Mme Rose-Chéri a rendu le personnage de Suzanne avec sa perfection accoutumée. C'est toujours la même sûreté de geste et d'intonation. On ne sait vraiment pas où elle peut manquer. Il manque pourtant quelque chose, cela est certain; et quoi donc? peut-être bien le coup de fouet rapide, étincelant, sous lequel bondit le public. Mme Rose-Chéri compose ses rôles d'une manière si serrée, qu'il n'y a plus de jour pour l'imprévu. L'ensemble est admirable, mais un peu triste.

Les autres rôles sont accessoires. Ils ne font que passer et repasser dans la pièce. Tous sont bien tenus, car rien n'est laissé au hasard chez M. Montigny; mais je ne puis m'arrêter particulièrement sur aucun d'eux.

En voilà bien long sur un simple vaudeville; mais il y a dans ce vaudeville une espérance pour l'avenir. C'est le premier pas fait par un jeune homme qui ne peut manquer d'aller très loin. J'espère que le public y prendra quelque intérêt : il y va de son plaisir, et je ne connais pas d'affaire au monde qui soit plus sérieuse.

21 mai 1860.

NOS INTIMES

I

J'ai déjà assisté, depuis que je suis dans le journalisme, à quelques grands succès ; mais je n'avais encore rien vu de pareil à ce qui s'est passé l'autre soir au Vaudeville : une salle ivre d'enthousiasme, folle de joie, battant des mains avec transport, avec fureur, et ne laissant pas même achever les phrases pour applaudir plus vite. Nous avions tous perdu la tête, cela est à la lettre. Je suis allé, depuis, revoir la pièce ; le public des représentations suivantes est toujours plus calme ; il sait d'avance ce qu'on va lui montrer ; il a tout le loisir de discerner les parties faibles, parce qu'il est moins ému ; il remet les choses à leur place. C'est un critique excellent à consulter. J'ai pris son avis, et je n'en sens que mieux aujourd'hui l'extrême mérite de la pièce nouvelle.

Il y a des gens qui nous embrassent, nous tutoient, s'établissent chez nous, mettent le nez dans nos affaires et se disent *nos amis intimes*. Intimes, oui ; pour amis, non pas. Un ami est l'homme qui vous aime pour vous, et non pour lui ; c'est l'oiseau rare. Mais défiez-vous des intimes : ceux-là ne songent qu'à leurs intérêts, en vous cajolant. Ne les laissez point pénétrer dans votre demeure : ils vous emprunteront votre argent; ils vous prendront votre paletot, vos bottes, votre domestique, votre femme même, surtout votre femme; ils voudront gouverner à leur caprice votre maison et votre vie; ils vous jetteront dans de méchantes querelles; vous n'aurez d'autre ressource que de les flanquer à la porte.

Telle est l'idée générale de la comédie. Elle est fort séduisante au premier abord; mais il fallait une grande habileté pour la mettre en œuvre : songez au nombre de personnages qu'elle exige, à la diversité des incidents qu'elle rend nécessaires; ajoutez que chacun de ces personnages doit avoir son caractère à soi, que tous ces incidents doivent tourner autour d'une action qui traverse le drame et qui en soit pour ainsi dire la maîtresse pièce. Le premier acte surtout est d'une difficulté prodigieuse. Comment présenter, sans confusion, tant de gens au public, et les marquer de traits qui leur soient propres? Comment lui mettre en même temps dans la main les fils des diverses intrigues qui doivent se croiser dans les actes suivants?

En quelques scènes, du ton le plus leste, le plus dégagé, sans ces grands récits qui encombrent toujours les avenues des vaudevilles de Scribe, vous apprenez tout ce qu'il vous est nécessaire de savoir. Vous voyez d'abord M. Caussade : c'est un très bon homme, marié en secondes noces à une femme de vingt ans plus jeune que lui, et père d'une fille de dix-sept ans. Il a invité tous ses intimes à venir le voir dans sa maison de campagne; il serait si heureux de les réunir autour de lui pour leur faire partager son bonheur.

Il en a déjà un qui lui tient compagnie : c'est Maurice, le fils d'un de ses vieux camarades, un jeune homme qui relève à ce moment d'une longue maladie, et que

Mᵐᵉ Caussade a soigné comme un enfant. Cet enfant lui fait naturellement la cour; vous savez de la façon la plus certaine où ils en sont quand l'action commence; une foule de détails, choisis avec cet art qui est particulier à M. Sardou, ne vous laisse aucun doute à cet égard. Ils n'ont pas encore commis la faute, mais ils sont sur le bord : ils se jurent déjà une amitié de frères; la pente est bien glissante de l'amitié à l'amour.

De tous les intimes, c'est là le plus à craindre; mais voici les autres qui entrent à la file. Saluez d'abord M. Vigneux, un vieux camarade de classe, qui arrive avec Mᵐᵉ Vigneux, sa femme. Ce sont les intimes du genre grincheux. Ils croient qu'on les humilie en les invitant; on leur fait voir la maison, et ils s'imaginent que c'est pour les écraser par la comparaison de ce luxe avec leur modeste aisance. Ils abondent en remarques désobligeantes, en paroles amères.

Voici venir ensuite M. Marécat et son fils, un petit bonhomme de seize ans. Celui-là, c'est l'égoïste, dans sa splendide naïveté. Il est las, et force tout le monde à s'asseoir, parce que ça le gêne, pour causer, de lever la tête; il lui faut la plus belle chambre et le lit le plus étoffé; il n'a faim qu'à sept heures, et ne permet pas qu'on dîne auparavant; il met toute la maison en l'air, et répète à chaque instant qu'il s'en va s'il doit rien déranger. Pour son fils, c'est un ange; il le dit du moins, et le public serait assez de cet avis, car c'est la jolie Mˡˡᵉ Léonide Leblanc qui joue ce rôle. Mais au fond, cet ange est un diable. Le garnement lit Boccace en cachette, embrasse la femme de chambre et lui fait des déclarations.

Vous croyez le défilé fini; point du tout : un zouave entre gaillardement, le sac au dos, et demande M. Caussade.

— Ah! c'est toi, s'écrie-t-il, mon bon vieux! Je ne t'aurais jamais reconnu.

Le fait est que Caussade ne le reconnaît pas davantage; il ne sait pas même son nom; mais enfin, puisque c'est une vieille connaissance, ce sera encore un intime de plus.

Voilà bien tous les intimes; mais l'ami! il nous faut un ami, un véritable ami. Attendez que je vous le présente. C'est M. Tolozan, médecin par état, homœopathe par conviction, et lié avec Caussade par le hasard du voisinage. M. Sardou n'a pas jugé à propos de faire de Tolozan et de Caussade deux vieux amis qui aient l'un pour l'autre une de ces affections solides que le temps et l'estime réciproque ont cimentées. Et cela est une preuve de tact : si Tolozan était un Pylade, il ne pourrait cacher l'indignation que lui causent les vilaines entreprises des intimes; il serait inexcusable de n'en pas venir tout de suite à un éclat; il n'y aurait plus de pièce.

M. Tolozan est un philosophe; il aime Caussade, parce qu'il le croit bon, et que d'ailleurs il le voit père d'une bien jolie fille; mais il connaît la vie : il sait parfaitement qu'entre l'arbre et l'écorce, il ne faut mettre le doigt qu'avec discrétion. Il se promet de surveiller les amours de Maurice et de Mme Caussade, sans en avoir l'air; il déjouera leurs projets, sans avertir Caussade; il renverra les intimes sans paraître se mêler de rien.

Voilà donc la comédie bien posée dans ce premier acte : ici les intimes, là Tolozan, au milieu Caussade. L'amour de Maurice pour Mme Caussade sera le point où viendront se nouer tous les fils des diverses intrigues. Cet amour sera servi ou dévoilé par les intimes; il sera contrarié ou sauvé par l'ami. Vous voyez, que de choses, et comme elles sont reliées avec art à un centre lumineux!

Il est un peu long, ce premier acte; mais il n'y a pas

un mot de superflu, pas un mot à retrancher. Certains détails même, qui paraissent indifférents et inutiles, ne sont pas sans importance; ils auront leur contre-coup dans les actes suivants.

Le jour de la sixième représentation, je rencontrai, au premier entr'acte, un homme d'infiniment de goût, qui, après m'avoir parlé avec une vive sympathie de l'esprit de l'auteur, se plaignit à moi des longueurs de ce premier acte :

— Que de circonstances qui ne servent à rien, et dont il eût mieux valu ne point parler! A quoi bon cette histoire de cactus dont la fleur est unique au monde? Pourquoi ce pied de dahlia que le voisin jette par-dessus le mur, dans les plates-bandes de M. Caussade? Était-il bien nécessaire de parler de ce renard qui saccage le jardin? qu'avons-nous à faire de cette bête malfaisante? Et ce Tolozan, fait-il assez de digressions! est-il besoin que nous sachions toutes ses idées sur l'amour, la métempsychose, l'amitié, etc.? Tout cela ralentit l'action.

— Mais, au contraire, c'est tout cela qui va vous y intéresser. Ces détails vous impatientent, parce que vous attendez les scènes de passion qu'on vous a promises. Mais songez que, sans eux, ces mêmes scènes ne vous toucheraient pas. Cette fleur de cactus aura son rôle, n'en doutez point; ce pied de dahlia n'est pas là pour des prunes : les intimes en feront sortir un duel; ce renard, qui vous offusque, ce renard dont vous allez encore entendre parler durant deux actes, dénouera une des situations les plus plaisantes qui soient au théâtre.

Pour Tolozan, son rôle serait inexplicable, absurde, odieux, si nous ne faisions avec lui une ample connaissance, si nous n'étions persuadés qu'il se mêle à ces intrigues sans aucune arrière-pensée d'intérêt, si nous n'avions la plus parfaite confiance en son bon sens, si nous ne lui savions dans l'esprit ce petit grain d'originalité qui excuse les démarches les plus hasardeuses. Vous êtes vraiment trop pressé ; ce qui vous trompe, c'est que vous avez entendu parler de la pièce ; on vous en a conté les situations pathétiques ; vous les dévorez d'avance. Nous montrions, à la première, moins de hâte que vous. Nous avons écouté tous ces détails avec ardeur ; nous ne savions pas à quoi ils serviraient, mais nous sentions bien qu'ils devaient être utiles. Nous nous laissions mener par M. Sardou comme un cheval rétif qui a senti dès le premier coup d'éperon qu'il a affaire à un excellent cavalier.

Comment accepterions-nous ce que fait Tolozan, au second acte, si nous n'étions déjà de moitié avec lui. Il s'en va dire à Maurice :

— Mon ami, je sais tes projets ; je ne veux pas avertir le mari, mais je te préviens : je vais te démolir dans l'esprit de Mme Caussade.

Il s'adresse ensuite à la femme, il lui fait entendre, avec des ménagements infinis de paroles, que le pauvre Maurice est plus malade qu'elle ne le pense, que toute émotion violente peut déterminer la rupture d'un anévrisme, et que l'amour lui est défendu de par l'homœopathie, sous peine de mort. Des paroles, tant qu'on voudra ; mais pour le reste, jamais. L'amour à la 150e dilution, et rien de plus. Il compte ainsi gagner quelques jours, et le temps est beaucoup en ces sortes d'affaires.

Ce sont toutes ces préparations qui rendent si piquante la scène qui suit. Maurice voit, à l'air contraint de Mme Caussade, que Tolozan a parlé ; mais, qu'a-t-il pu dire ? Mme Caussade brûle d'entendre une déclaration, et la redoute en même temps ; elle la provoque, et l'arrête ; mais tous deux enfin sont emportés par la situation, et Maurice tombe aux genoux de celle qu'il aime. A ce moment la porte s'ouvre : c'est Marécat; il a tout vu; il se frotte les mains. Il appelle à petit bruit les *intimes*; il leur fait part de sa découverte. Quelle aubaine pour eux!

Un bonheur ne vient jamais seul. Ce dahlia du premier acte, le zouave, très mécontent qu'on salisse les plates-bandes de son ami, l'a rejeté chez le voisin, droit dans les carreaux du salon. Le voisin furieux crie d'une fenêtre à l'autre à M. Caussade qui lui présentait ses excuses : « Grand dandin! » Voilà matière à duel, pour peu que les intimes s'en mêlent! et soyez sûrs qu'ils s'en mêleront.

Admirez, je vous prie, comme ces nombreux personnages sont chacun dans leur rôle; comme ils ne disent pas un mot et ne font pas une démarche qui ne mette mieux en lumière l'idée de la pièce; comme tous les incidents viennent se grouper autour d'une seule intrigue, et comme cette intrigue même se tourne en preuve de ce que l'auteur a voulu démontrer.

Le troisième acte ouvre par les préparatifs du duel. Les intimes de Caussade sont allés, sans le prévenir, chez le voisin, et lui ont demandé raison de son épithète. Le voisin, qui n'a pas plus envie de se battre que Caussade lui-même, envoie deux témoins donner des explications. Voilà encore une scène du meilleur comique. Ce bon Caussade, lui, accepte tout, explications et excuses; mais les intimes n'entendent pas de cette oreille. Ils trouvent bien étrange que leur ami se montre si accommodant.

— Eh! lui dit Marécat, si tu ne te bats pas pour toi, fais-le pour nous.

— Eh! bien, oui, s'écrie Caussade exaspéré, je me battrai, je vais me battre, car vous me donnez sur les nerfs à la fin!

Il ne se possède plus; c'est un mouton enragé. Mais

Tolozan arrive. Un duel! il se propose comme médecin, pourvu qu'on aille se battre en Belgique. Sur le territoire de France, le duel est poursuivi, et, en cas de malheur, les témoins peuvent attraper six mois de prison et plus.

Six mois de prison! Marécat ouvre l'oreille; et alors par un revirement qui est le plus plaisant du monde, ce sont les intimes eux-mêmes qui se jettent sur Caussade, qui le retiennent à bras-le-corps, qui le traitent de forcené.

Ici déjà l'ami a triomphé des intimes, sans avoir l'air de les combattre. Mais il va engager une partie bien plus grave. On sent qu'il s'agit du danger qui menace Mme Caussade. Marécat ni les Vigneux ne sont gens à tenir caché ce qu'ils ont découvert. Ils versent goutte à goutte cette confidence dans l'oreille du mari. Le bon Caussade ne veut pas les croire. Sa femme, le tromper! cela est impossible.

Mais le soupçon, une fois entré au cœur, y fait une plaie qui va toujours s'élargissant.

— Eh! bien, lui disent ses intimes, feins de partir ce soir pour Paris, et reviens dans deux heures; tu t'assureras par tes propres yeux de ce qui en est.

Caussade résiste longtemps; il cède enfin; il annonce à sa femme et à sa fille son départ subit. Tolozan est le seul que cette résolution étonne; il flaire quelque mystère. Il voit que Mme Caussade va rester seule toute la nuit, il sait que la chambre de Maurice n'est séparée de son appartement que par une porte de communication qui est condamnée d'ordinaire, et il s'est aperçu que le jeune homme, en apprenant le départ de Caussade, l'a sournoisement rouverte.

— Il faut que je passe la nuit ici, se dit-il, et que je les surveille. Mais quel prétexte prendre?

Le hasard, ou plutôt M. Sardou, lui en offre un, qui est

assez ingénieux. Le fils Marécat a volé un cigare à son père ; il arrive avec un affreux mal de cœur : « Je vais mourir ! » s'écrie-t-il d'un air dolent. « Non, pas encore, » répond le médecin. Il est ravi, il a trouvé son affaire.

— Je m'installe au chevet de ce petit drôle ; je le guéris et j'arrive à temps.

Mme Caussade est revenue du chemin de fer, où elle a accompagné son mari. Elle s'établit dans le salon qui attient à sa chambre à coucher. La femme de chambre passe et repasse ; elle ferme les fenêtres et les volets, sauf un qui donne sur le balcon, et que sa maîtresse la prie de laisser ouvert pour qu'elle puisse respirer. Elle baisse la lampe qui éclaire le salon, et se retire après avoir souhaité le bonsoir à sa maîtresse, qui s'est à moitié endormie sur un canapé.

Au même moment, la porte de communication s'ouvre ; Maurice s'avance à pas de loup et ferme au verrou la porte par où est sortie la camériste.

Arrêtons-nous ici un instant, s'il vous plaît. Voici venir une des scènes les plus hardies qu'on ait mises au théâtre ; une scène de violence nocturne. Mais voyez l'art prodigieux avec lequel elle est amenée et sauvée : d'abord, Maurice n'est pas absolument odieux ; Mme Caussade lui a donné des espérances ; il ne fait que brusquer un dénouement qui semble inévitable. Mme Caussade, de son côté, n'a été présentée ni comme une vertu bien rigide, ni comme une femme perdue ; elle pourra, dans l'assaut qui se prépare, tantôt avoir des cris de pudeur indignée, tantôt des abandonnements de passion, tenir le spectateur en haleine et lui dérober la honte de l'action par l'attente du dénouement ; enfin il n'est personne qui ne sente que la scène aura deux témoins invisibles : le mari d'un côté, le médecin de l'autre, et que l'un des deux interviendra au moment décisif. Lequel? On n'en sait rien, et cette incertitude même redouble la curiosité.

Eût-on jamais souffert la déclaration de Tartufe, si Orgon n'était sous la table? Nous n'aurions pas non plus supporté cet affreux spectacle d'un jeune homme forçant pour ainsi dire une femme mariée dans sa chambre à coucher, si nous n'avions, des yeux de l'esprit, vu d'un côté l'ombre vengeresse du mari, de l'autre celle d'un ami et d'un sauveur.

La scène est fort bien faite, pleine de verve et de passion. Mme Caussade se jette dans les bras de Maurice et se sauve éperdue. Elle le repousse avec horreur, et l'attire avec emportement. Elle court à sa porte pour fuir; la porte est fermée. Elle veut agiter sa sonnette; Maurice, plus prompt qu'elle, en a coupé le cordon. Il la poursuit, renversant les meubles, il la tient dans ses bras; elle ne résiste plus que faiblement.

Nous écoutions tous cette étrange scène avec une curiosité haletante. Tout d'un coup nous vîmes la femme se dresser de terreur et tendre l'oreille vers le balcon :

— Quelqu'un est là, dit-elle.

Il y eut un frémissement dans toute la salle. Ce quelqu'un, c'était sans doute le mari, peut-être le médecin.

— Oui, il y a quelqu'un sur ce balcon.

Maurice y court, la femme s'élance à sa suite, ferme le volet derrière lui, et, tombant sur une chaise avec un cri de joie et d'orgueil : — Sauvée! Mais je me suis bien défendue.

L'effet de ce dénouement fut immense, le premier soir. La salle s'y attendait si peu qu'elle resta d'abord stupéfaite. Il semblait qu'elle cherchât, tout effarée, à se reconnaître, à reprendre ses esprits. Puis il s'éleva une universelle acclamation. Cela était si ingénieux et si noble à la

ois! cette femme se sauvant elle-même, par un suprême
ffort de vertu, au moment où nous la croyions tous perdue
ns ressources !

Aussi quand son mari entra dans sa chambre, et qu'éperdue elle se jeta dans ses bras, il n'y eut pas un cœur qui ne battît de joie et qui ne se mît de moitié dans son triomphe.

Tout autre aurait terminé là son acte ; il aurait craint d'ajouter d'autres émotions à une émotion si vive. Mais M. Sardou a une merveilleuse fécondité de ressources. Vous vous rappelez cette admirable scène du *Mariage de Figaro*, où le comte est toujours sur le point de prendre sa femme en flagrant délit de mensonge et finit par ne rien savoir. Elle recommence sans cesse au moment où on la croit terminée ; c'est Chérubin qui saute ; c'est Antonio qui arrive avec sa giroflée, c'est le brevet de capitaine aux gardes qui est tombé à terre, c'est le cachet qui manque. Et le public va toujours d'incidents en incidents, le cou tendu, comme un enfant à qui l'on montre un bonbon, qu'on retire à mesure qu'il approche.

Je ne puis mieux comparer la scène de M. Sardou qu'à celle de Beaumarchais. Vous croyez tout fini, pas le moins du monde. Les intimes qui ont accompagné Caussade rôdent par la chambre. Ils voient un cordon de sonnette cassé, une chaise renversée, la porte de communication rouverte. Tout cela leur semble louche ; le mari lui-même s'inquiète. Il va demander des explications qu'on est incapable de lui donner.

Mais Tolozan est là ; il entre par la porte de communication : surprise générale. Il explique de l'air le plus naturel du monde que Marécat, fils, — un ange, monsieur ! un ange ! — est tombé malade, qu'en l'emportant dans ses bras, il a renversé une chaise, qu'il a cassé le cordon de la sonnette pour appeler la femme de chambre, et que c'est lui qui a rouvert la porte, afin de venir donner à Mme Caussade les renouvelles qu'elle attendait.

Vous croyez que la toile tombe là-dessus ? Vous ne connaissez guère M. Sardou. Un mot échappé à Tolozan, et la scène reprend de plus belle. Mme Caussade est tombée anéantie sur un fauteuil ; Tolozan lui fait respirer des sels.

— On étouffe ici, dit-il.

— Oui, répond Caussade ; je vais ouvrir la fenêtre.

Mme Caussade se dresse, épouvantée : Tolozan a tout compris.

— Il est donc sur le balcon ? dit-il à voix basse ; mais alors, il faut qu'il saute.

— Qu'il saute ! et qui donc ? s'écrie le mari.

— Ce bouchon, répond le médecin. Ces flacons bouchés à l'émeri sont terribles. Allons ! saute ! saute donc, animal ! Il a sauté.

On ouvre le volet ; il avait sauté. Eh bien ! l'acte, n'est pas encore fini. M. Caussade se penche sur le balcon, paraît écouter avec l'attention la plus vive, revient sur la scène tout effaré et, sans rien dire à personne, s'élance par la porte qui donne sur le jardin.

C'est ici que baisse la toile ; et voyez comme ce dernier mouvement est habile. Nous voilà rejetés dans toutes nos terreurs. Le quatrième acte n'avait plus, sans cela, d'autres raisons d'être que notre désir de voir enfin expulser les intimes ; mais l'intrigue principale avait déjà eu son dénouement ; elle reprend, et notre attention est en même temps ravivée.

M. Sardou a osé, au quatrième acte, une des choses les plus hasardeuses qu'on puisse essayer au théâtre : il a trompé le public, il l'a pris pour dupe ; il l'a *mis dedans*. Tolozan, Maurice et Mme Caussade croient que Caussade a tout découvert; ils l'ont vu se promener toute la nuit, rôdant à travers le jardin, ils sont agités de terreurs folles, et le public lui-même les partage.

L'auteur a groupé avec un art infini une foule de petites circonstances que les intéressés ne manquent pas d'interpréter dans le sens de leurs frayeurs. Mais ce qui est plus singulier, c'est que les spectateurs eux-mêmes, qui ne sont pour rien dans la chose, qui devraient y voir plus clair, sentent les mêmes craintes. Les scènes qui se succèdent l'une à l'autre sont si bien faites, que le parterre aveuglé suit de confiance tous les sujets de terreur qu'on lui présente; et il passe, sans s'en apercevoir, à côté de mille incidents qui devraient lui ouvrir les yeux.

Le moment arrive où tout se révèle. Caussade est occupé à écrire; son jardinier accourt et lui dit quelques mots à l'oreille. On sait qu'en sautant Maurice a brisé le fameux cactus; on ne doute point que ce ne soit là ce que le jardinier vient lui apprendre. Caussade se lève tout ému, il court à sa chambre sans dire un mot, retraverse le théâtre un pistolet à la main, et descend quatre à quatre l'escalier. Tout le monde attend, sur la scène, éperdu de frayeur; un coup de feu se fait entendre. Mme Caussade tombe évanouie, Maurice se laisse aller sur un fauteuil; Tolozan lui-même perd connaissance; le public frissonne d'attente.

Caussade reparaît, tenant un renard à la main, et criant :

— Tué! tué! Je l'ai guetté toute la nuit; c'est lui qui m'avait cassé mon cactus.

Vous vous récriez là-dessus. Eh! quoi, ce n'est que cela! Voilà un bien petit moyen, et peu digne de la comédie! Oui, sans doute, le moyen est petit; mais ce n'est pas lui que je loue. L'extrême habileté de l'auteur consiste à nous avoir trompés tout un acte. On sait que les gens, emportés par un grand mouvement de passion rapportent à l'idée qui les préoccupe les circonstances les plus indifférentes. Mais encore fallait-il choisir ces circonstances, et si bien occuper ailleurs notre attention, que nous n'eussions pas le loisir de les examiner de trop près.

Le premier soir, quand Caussade reparut avec son renard, il y eut d'abord une seconde d'extrême désappointement. On sentait comme une sorte de dépit de s'être laissé duper à ce point ; on en prit enfin son parti, et l'on se mit à rire, mais à rire comme il y avait bien longtemps qu'on ne riait plus au Vaudeville.

Ici tout est terminé ; il ne reste plus qu'à renvoyer les intimes. Ils s'en vont, à la satisfaction de tout le monde, de la façon la plus comique, et la pièce finit, comme toutes les pièces, par un mariage.

Tolozan épouse la fille de Caussade, qu'il aimait.

Telle est cette comédie qui a soulevé un si universel enthousiasme. On a redemandé l'auteur avec des cris et des trépignements dont le théâtre a dû garder un long souvenir. Derrière la toile, tout le monde s'embrassait, auteur, directeur, acteurs et actrices. Une des plus jolies artistes de Paris fondait en larmes et poussait des sanglots à réveiller les morts.

— Que diantre ! y a-t-il là à pleurer ? lui disait-on.

— Ça soulage toujours, répondait-elle.

Pour Sardou, nature fine, inquiète et nerveuse, il n'avait pu supporter tant d'émotions : il était tombé évanoui, et on le faisait revenir comme on pouvait. Je ne pense pas qu'il s'en porte plus mal aujourd'hui.

25 novembre 1861.

II

Nos Intimes poursuivent au Vaudeville le cours de leurs brillantes représentations. La salle est comble tous les soirs. J'y suis retourné cette semaine : j'y ai trouvé un public très animé, riant, applaudissant, sans avoir l'air de se douter que Sardou est vieux jeu, que ce n'est plus de cette façon qu'on traite le théâtre et que les jeunes gens ont mis le cœur à droite. Ce succès prodigieux de *Nos Intimes* au Vaudeville et de *Kean* à l'Odéon, tandis que les œuvres de la nouvelle école sont accueillies par la foule avec l'indifférence que vous savez, donnera peut-être à réfléchir à ceux de nos jeunes novateurs qui n'ont autre chose que beaucoup de prétentions et un goût immodéré de réclame.

Puisque je suis revenu sur *Nos Intimes*, voulez-vous me permettre de publier une lettre charmante que je viens de recevoir de Sardou? Je sais bien, mon Dieu! que ce que je fais là n'est pas très correct; on n'a pas le droit d'imprimer une lettre sans l'assentiment de celui qui l'a écrite. Mais, que voulez-vous? la lettre est si spirituellement malicieuse, d'un tour d'esprit si voltairien, que le public m'absoudra sans doute :

Mon cher Sarcey,

J'ai si rarement à vous remercier que j'aurais bien tort de laisser échapper cette occasion. Ça nous rappellera à tous deux cette soirée où vous m'avez embrassé dans l'escalier du Vaudeville — groupe bien fait pour étonner les générations présentes. — De tout votre article, c'est encore le souvenir de cette soirée-là qui m'est le plus agréable. Car, en fait de critique, si je ne suis pas indifférent, je suis devenu terriblement sceptique.

Oui, j'ai plaisir à me reporter à ce temps lointain. Non pas que je le regrette; nous étions bien mal logés, qu'il vous en souvienne. Et je vous aime encore mieux comme nous sommes, moins emballés dans les couloirs, mieux assis au coin de notre feu, et après tout n'ayant pas trop mal réalisé nos rêves de jeunesse.

Vous malmenez bien la plupart de mes pièces, mais ça ne les empêche pas d'être jouées dans le monde entier. Je raille bien quelquefois vos articles; mais ils n'en sont pas moins attendus et lus avec empressement. Donc, sans rancune, et ne nous plaignons pas du présent. Plaignons plutôt nos successeurs; car dans dix ans le métier sera dur pour la critique noyée dans l'information hâtive, pour l'art dramatique si ces jeunes gens persistent à gâter volontairement les plus belles qualités par le parti pris de faire du théâtre qui n'en soit pas et d'injurier leurs anciens, au lieu de s'inspirer, pour faire mieux, de ce qu'ils peuvent avoir de bien, quoi qu'on dise !

Sur ce, au revoir. Cette rencontre m'a fait vraiment plaisir. Malgré les années écoulées, je ne trouve pas que nous soyons, comme dit Marécat, « *déjà si vieux* »; et j'en vois même parmi les jeunes, qui me semblent plus vieux que nous. C'est consolant.

Poignée de main.

Oh! oui, je me la rappelle, cette inoubliable représentation où *Nos Intimes* furent donnés pour la première fois. Comme je sortais dans un entr'acte, je croisai sur l'escalier du Vaudeville Sardou, qui, cédant à son impatience, inquiet, nerveux, tout pâle, venait au théâtre chercher des nouvelles. Il m'interrogea du regard; j'étais fort emballé; je me jetai dans ses bras : « Succès, grand succès ! » lui criai-je.

— Vous en êtes sûr ?

Si j'en étais sûr ! Ah ! la belle soirée ! Sardou, nous en a donné beaucoup d'autres depuis, et notamment celle de *Patrie*, où nous eûmes tous, à un moment, la sensation du chef-d'œuvre passant devant nos yeux. Mais il n'en connut jamais de plus prestigieuse. C'était la première grande pièce de ce jeune homme, qui montait brusquement à la gloire. A travers *Nos Intimes* dont nous étions ravis, nous voyions dans un lointain lumineux s'agiter la longue chaîne des ouvrages que nous promettait ce début. Il n'y a rien de si charmant que ces premières aubes de renommée. Si, parmi ces ouvrages, il en est que j'ai plus tard un peu « malmenés », peut-être n'est-ce pas tout à fait ma faute. Qui sait si ce n'est pas le lapin qui a commencé?

Il n'y a qu'une de mes critiques dont je sois, pour ma part, inquiet. La *Haine* est tombée et j'en ai dit beaucoup de mal. Je me suis trouvé d'accord avec le public, ou, si vous aimez mieux, le public m'a donné raison. J'ai relu depuis ce drame : il pourrait bien se faire que nous n'ayons pas eu raison tant que cela. Sardou est resté convaincu que la *Haine* est une de ses meilleures œuvres ; je sais de bons juges qui la tiennent également pour une des plus fortes qu'il ait écrites. Je voudrais bien qu'un directeur eût la fantaisie et le courage de la reprendre.

2 novembre 1891.

LA FAMILLE BENOITON

I

Causons ensemble de la *Famille Benoiton*, puisque aussi bien Paris, à cette heure, ne parle d'autre chose. La comédie nouvelle de Victorien Sardou a obtenu un grand succès, par son mérite d'abord, cela va sans dire, mais aussi, et plus encore par le sujet qu'elle traite.

Ce sujet-là flottait dans l'air. L'immense retentissement de la brochure de M. Dupin, et le long temps qu'elle avait défrayé les journaux, sans lasser le public, montre assez que la question était dans l'ordre des préoccupations générales. Le théâtre y avait déjà touché, à diverses reprises, par ses petits côtés. Qui ne se souvient des *Toilettes tapageuses* de M. Dumanoir? et dernièrement encore, dans les *Curieuses*, M. Henri Meilhac ne soulevait-il pas d'une main bien délicate et bien hardie un coin du voile?

M. Victorien Sardou est entré en plein dans le sujet. Il n'a pas voulu seulement s'égayer de quelques légers travers; il s'est hardiment pris à la cause du mal : il a fait le procès de l'éducation actuelle. On met les garçons au collège pour y apprendre le latin et le grec, et on leur dit : Mon ami, le grec ni le latin ne se parlent plus, ce sont des langues mortes, et par conséquent inutiles. Il n'y a qu'une chose sérieuse au monde, c'est de faire fortune. Tout ce qui ne sert pas à cela ne sert à rien.

Le petit bonhomme écoute son père, et profite de la leçon. S'il est riche, à quoi bon travailler? Il a son pain sur la planche. Il fera des dettes, courra les cercles, les cocottes, se tuera l'âme et le corps, et jouira de la vie. S'il n'a qu'une fortune médiocre, il poursuivra âprement et par tous les moyens le premier million qui lui est nécessaire. Il n'aura plus le temps ni d'avoir de l'esprit ni d'aimer; il ne sera ni homme de bonne compagnie, ni mari, ni père, ni même amant; il fera des affaires; ce sera une machine arithmétique vivante.

Pour les filles, c'est une autre guitare. On les fourre au couvent, où elles n'apprennent rien que les pratiques d'une dévotion bête. On les retire de là à seize ans, sans instruction ni principes de conduite; elles reviennent dans la famille. Est-ce bien la famille qu'il faut dire? Il n'y a plus de famille. Le père est à la Bourse, la mère toujours sortie. Le frère traverse la maison; il parle chevaux et maîtresses, et dans quelle langue? le pur argot des coulisses. Mademoiselle y mord tout de suite, comme à un fruit nouveau. Elle hasarde les premiers mots de cet étrange javanais en riant, et par manière de moquerie. Elle s'y habitue vite.

Si par hasard son père la rencontre, les seuls enseignements qu'il lui donne, c'est de se bien garder de toute passion généreuse; il lui montre, au bois, une femme qui passe, dans sa calèche, enveloppée d'un cachemire des Indes. « Voilà une femme qui a fait un beau mariage; prends exemple sur elle. » Tout son temps est jeté à d'extravagantes toilettes, à des plaisirs bruyants et hasardeux.

Elle se marie enfin; c'est pour mener plus librement encore la même vie de luxe. Elle a apporté une dot : elle en mange le revenu, et quelquefois davantage, en costumes de ville et de bal, en fantaisies ruineuses. Le mari s'extermine à suffire à ces dépenses ; il est toujours de mauvaise humeur ; il gronde madame, qui s'indigne ; il serre les cordons de la bourse, et la voilà sur le chemin des lionnes pauvres.

C'est l'histoire de la famille Benoiton. Ce Benoiton est un riche industriel qui a gagné trois millions à vendre des sommiers élastiques ; un homme éminemment sérieux qui a pourvu ses enfants de l'éducation à la mode. Il en a cinq. Où et quand Mme Benoiton a-t-elle trouvé le temps de les faire ? On n'en sait rien ; elle n'est jamais à la maison. Elle doit bien avoir quarante ans sonnés, quand s'ouvre la pièce ; cet âge respectable n'a en rien ralenti son goût pour les visites et les distractions : — « *Madame est sortie!* » — et les filles s'élèvent comme elles peuvent.

Il y en a trois dans la famille, dont l'une, Marthe, est mariée à un spéculateur. Celle-là a apporté deux cent mille francs à son mari ; elle en gaspille vingt mille à un luxe absurde et inutile. Elle va aux eaux, elle joue au baccarat, on la voit aux courses, où elle parie ; avec tout cela pourtant, retenue de manières et de langage ; elle est mère, et c'est un lien.

Les deux autres, Mlles Jeanne et Camille, sont de franches évaporées. Elles affectent un sans-gêne d'allures et un débraillé de langage qui se souffriraient à peine chez un jeune homme. Elles passent leur vie à changer de costumes ; quels costumes, bon Dieu ! charmants d'ailleurs, mais d'une extravagante fantaisie. Je soupçonne fort mon ami Marcelin de les avoir dessinés ; la *Vie parisienne* qu'il dirige, est le *Moniteur* de ces dames et de ces demoiselles.

Sont-ce des filles de bonne maison ou des cocottes qui 'habillent ainsi? Il serait malaisé de le dire; on n'en fait pas bien la différence sur le turf. Car un insolent s'approche de Mlle Benoiton, et lui pinçant la jambe : « Dix louis pour Gladiateur, » lui dit-il. Elles fument le cigare de leur frère, elles lui disent : Viens-tu becqueter? Elles connaissent et copient l'attelage de la petite Colomba. Le cœur est bon au fond, mais la forme finit toujours en ce monde par emporter le fond, et chez ces péronnelles, la forme est si mauvaise! Tandis que l'une est insultée aux courses, l'autre est enlevée, et ce qu'il y a de pis, par un spéculateur, qui calcule qu'enlever une dot de cent mille écus est une bonne affaire.

Les filles vous donnent une idée des garçons : M. Benoiton en a deux : le beau Théodule, la fine fleur des gandins de collège, le fondateur du « potach'club », écrivain à ses moments perdus; il rédige les modes dans un journal, qui est l'organe du susdit potach-club. Il demande dix louis à son père, comme nous demandions cinquante centimes à notre maman. On les lui donne. Il va aux courses, lui aussi; ne faut-il pas qu'il représente, qu'il parie, qu'il se grise. Le fait est qu'il y va se griser, et qu'on le met, lui et tous les membres du potach'club, au violon. Il sera enchanté de la mésaventure, qui le *pose;* il enverra une note à tous les journaux. Aimable jeunesse! c'est l'espoir de l'avenir.

M. Fanfan a six ans; mais déjà il a profité de l'excellente éducation qu'on lui donne. Il joue à la Bourse des timbres-poste, et il joue à la hausse; il roule ses petits camarades, qui ne sont pas de force. Il répond à son père, qui lui demande d'entrer dans ses opérations : « Tu n'es pas un homme assez sérieux, toi! » Il a eu, lui aussi, ses désastres comme tous les grands financiers : il y a eu baisse sur les timbres-poste, des spéculateurs ont écrasé le marché ; il est au désespoir, car il ne peut payer ses différences. Théodule croquera l'héritage du père, mais Fanfan saura manœuvrer le sien ; l'un sera l'ornement du café Anglais, et l'autre un des piliers de la Bourse. Tous deux, d'admirables spécimens de l'éducation contemporaine.

Les gens que voit la famille ne sont pas des originaux moins curieux. M. Formichel est un entrepreneur qui a conquis dans la bâtisse une grande fortune. Il est tout à fait dans les idées du père Benoiton et possède un fils qui suit le mouvement. Ce fils a visité l'Espagne et l'Italie sans admirer ni un site, ni un tableau, ni un monument, ni un costume. Il trouve que Venise est une *infection*, qu'il faudrait combler le grand canal, que tous ces gens-là sont des paresseux dont les maisons sont mal construites et la literie déplorable. Mais parlez-lui des Anglais ; voilà qui nous enfonce ! à Birmingham il a vu pour vingt millions de savon dans les docks. Jamais il n'a mieux compris la grandeur de l'homme qu'en face de ces montagnes de savon.

Ce jeune enthousiaste voudrait se marier. Son père lui propose Mlle Camille Benoiton. — Va pour Lucile Benoiton. — Non, Camille, dit le père. — Camille, Lucile, Blanche, c'est tout un pour maître Formichel fils, qui ne s'inquiète que de la dot. Le chiffre lui en convient assez ; il additionne à sa fortune personnelle celle qu'il tient du chef de sa mère ; il y ajoute les espérances : — « Vous en avez encore pour quinze ans, » dit-il à son père et à son beau-père épouvantés de ces calculs. Il propose un petit échange de maisons au père Formichel, qui s'aperçoit, après avoir consenti et signé, qu'il a été pris pour dupe.

— Mais, naturellement, papa, s'écrie Formichel fils ; comme auteur de mes jours, je te vénère ; mais comme acheteur, je te mets dedans.

— Il a raison tout de même, répond le père. C'est égal, il va peut-être un peu loin.

Tous ces personnages nous sont présentés par une belle-sœur de Didier, le mari de Marthe. C'est une femme sensée, spirituelle, simple, une femme de l'ancien temps, qui, après avoir perdu son mari, s'occupe du mariage des autres pour se dédommager. Elle voudrait *caser* les deux demoiselles Benoiton, et elle a justement sous la main un sien cousin, M. de Champrosé, qui a rencontré Jeanne par hasard, et en est tombé amoureux.

— Dame! voyez, mon ami, lui dit-elle, voyez par vos yeux et jugez!

Et elle l'introduit dans la famille, une lanterne à la main, montrant du doigt les ridicules, signalant les dangers, regrettant les bonnes mœurs, traçant des portraits, un Desgenais en jupons.

Sardou a passé trois actes à nous mettre en scène tous ces personnages. Le premier est incontestablement le meilleur des trois. Jamais l'ingénieux auteur des *Intimes* et des *Vieux Garçons* n'avait déployé plus de verve ni plus d'esprit. Les mots tombent comme des coups de cravache, bien appliqués et bien cinglants. L'un n'attend pas l'autre; le public n'a pas le temps de se remettre; il tressaille à chaque coup; il en est ébloui, perdu, aveuglé.

Les deux autres font moins d'effet, non peut-être qu'ils soient moins bons par eux-mêmes : mais ils répètent le premier, en forçant la note. Cette famille Benoiton, qu'on avait d'abord aisément acceptée comme le type légèrement poussé à la caricature, de nos familles d'aujourd'hui, a semblé en certains endroits trop pencher vers la charge. Quelques traits ont paru excessifs. L'argot des jeunes filles a déplu à beaucoup de personnes; ces grenouilles qui leur tombent de la bouche ont fait l'effet de crapauds répugnants.

Il faut pourtant bien avouer que le goût de ces locutions hasardées est aujourd'hui très répandu, que nombre d'honnêtes femmes, même dans la petite bourgeoisie, donnent en riant dans ces travers, et qu'il n'est pas bien étonnant que des demoiselles *très lancées* s'y enfoncent jusqu'aux oreilles. Le public s'est montré là plus susceptible que de raison.

Où il n'a pas eu tort, c'est de trouver trop vive, trop brutale, la façon de parler et d'agir du jeune Formichel discutant avec son père et son beau-père les conditions de son contrat. La scène est tirée des *Faux Bonshommes*. Mais qu'elle était mieux faite dans la pièce de Barrière ! C'était l'homme de la loi, l'impassible notaire qui parlait à M. Péponet de sa mort ; il le faisait en style officiel, et dans un acte authentique. Mais là, c'est un fils qui pousse du coude son père dans la tombe. Cela est trop cruel en vérité.

M. Sardou passe souvent la mesure. Il sait qu'au théâtre il faut frapper fort, et ne ménage pas les coups ; il s'en trouve dans le nombre ou qui portent à faux, ou qui semblent trop rudement assénés. Le patient crie et se révolte ; quelques-uns ont déjà disparu depuis la première représentation ; il en reste encore qui voudraient être adoucis.

Les détails ont d'ailleurs peu d'importance au théâtre, et peut-être ceux dont on a parlé n'auraient-ils pas ainsi inquiété le public, s'il ne s'était pas senti obscurément travaillé d'un malaise général. Ces trois actes ont un défaut qui ne se marque pas à un endroit plutôt qu'à un autre, mais dont l'influence se répand insensiblement partout. Ce ne sont que des scènes détachées, des tronçons de route qui ne semblent mener nulle part.

C'est à peine si, vers la fin du troisième acte, on soupçonne un commencement d'action. Je ne suis pas, certes, de ceux qui croient que toutes les comédies doivent être jetées dans le même moule. J'admets fort bien qu'une pièce de théâtre ne soit qu'un grand tableau de mœurs, où les scènes, juxtaposées et sans lien apparent entre elles, concourent, sinon à un but commun, au moins à une impression générale. Autrement il faudrait retrancher du théâtre les meilleures comédies de ce temps, et notamment celles d'Émile Augier.

Mais à défaut d'action, Émile Augier nous présente des caractères dont l'étude emplit la scène, occupe l'esprit et le tient sans cesse en mouvement. De caractères il n'y en a pas ombre dans l'œuvre de Sardou. Ses personnages sont des mannequins. Et, pour ne parler que d'un, est-ce un homme réel et vivant, que ce M. Benoiton, qui a eu l'esprit de gagner trois millions dans les lits en fer, et qui parle comme un imbécile ; qui a la bosse de la paternité assez développée pour se donner cinq enfants, et qui néanmoins les élève si mal et s'en applaudit ; qui dit à visage ouvert, comme si ces sortes de choses s'avouaient jamais : « Peu importe d'être malhonnête, si l'affaire est bonne. »

Prenez l'un après l'autre chacun des types que Sardou nous présente. Il sonne creux ; ouvrez-le, vous en tirez le foin dont il est rempli. Que reste-t-il donc pour tenir le spectateur en haleine ? des tirades, des mots, de l'esprit, du mouvement de scène, c'est beaucoup sans doute ; ce n'est pas assez. Sardou a beau porter dans ces trois actes son feu et sa fièvre ; en vain ses personnages rentrent, sortent, lancent le trait, et semblent emportés par une sorte de furie française, l'impression à la longue est fatigante. Chaque morceau est ravissant ; on se récrie, on est charmé, et pourtant il se glisse peu à peu un certain sentiment de lassitude.

Mais Sardou est l'homme du monde qui sait le mieux son métier. Il comprend bien qu'après tant de préparations qui ne préparent rien, nous avons besoin, nous avons soif d'une action, et c'est là, au quatrième acte, qu'il place une grande scène de drame, une des plus belles que nous ayons vues au théâtre, d'un naturel, d'un pathétique admirable, qui a emporté le premier soir tous les bravos, et qui, hier encore, a été applaudie à tout rompre par une salle frémissante.

Marthe est soupçonnée par son mari d'une infidélité; tout l'accuse, et fiez-vous à Sardou pour que les preuves accumulées contre elle aient toute la vraisemblance nécessaire au théâtre. Elle est pure néanmoins, et n'est coupable que d'une légèreté, condamnable sans doute, mais qui n'entache en rien son honneur, ni celui de son mari. Clotilde, la femme sensée de la pièce, a juré à ce mari désolé, et d'autant plus malheureux qu'il doute et cache ses angoisses au fond de son cœur, elle lui a juré de savoir la vérité.

Elle va à Marthe et l'interroge. Mais pourquoi vous déflorer cette belle, cette admirable scène par une sèche analyse? Les indignations, les pudeurs, les aveux de Marthe, la joie de Clotilde et son embarras de tout dire au mari, tous ces sentiments si divers sont marqués avec une science de progression, une exactitude de détail, un rendu de mouvement, un naturel et un passionné de style dont rien ne peut donner l'idée.

C'est à ce moment que s'est décidé le triomphe. La salle tout entière a éclaté en bravos furieux. Dans chacune de ses pièces, Sardou a une de ces scènes hardies où il ramasse toute sa force, et qui emporte la victoire. C'est la charge des cuirassiers d'Eylau.

Le succès a été complet. Le dernier acte ne pouvait plus rien changer à un triomphe certain. Il est absolument mauvais, ce dernier acte, et, à mon avis, tout à fait absurde. Mais à quoi bon s'appesantir sur les défauts? Il y en a de très grands et de très nombreux dans l'œuvre de Sardou; mais les qualités sont de premier ordre. On se sent en face d'un esprit jeune, hardi, original même.

Oui, original, je le dis à dessein. On a malignement relevé les emprunts de Sardou ; ici une scène des *Faux Bonshommes,* là une situation des *Lionnes pauvres ;* qu'est-ce que Clotilde ? le Desgenais de Barrière. Eh ! qu'importe ? Est-ce que de toutes ces pièces d'argent, prises à droite et à gauche, Sardou ne se fait pas un trésor bien à lui ? Ces accusations sottes de plagiat me révoltent toujours.

Voyons, monsieur ! volez donc à votre tour, puisqu'il est si facile de voler. Mais, non, cela n'est guère plus aisé que d'inventer par soi-même. Clotilde, dites-vous, c'est Desgenais ? — Fort bien ! mais ne voyez-vous pas qu'en changeant de sexe, Desgenais a changé aussi de langage : Est-ce que Desgenais eût pu dire, sans se moquer de lui-même, cet éloge si ému, si tendre, de l'antique mousseline, la parure des jeunes filles d'autrefois ?

Laissez à Sardou ses vrais défauts ; il en a bien assez : de la caricature dans les personnages, de l'indécision dans les caractères, des mots forcés, un tableau de la vie parisienne vu au travers d'une lunette trop particulière et grossissante, une action trop complexe, une grande étude de mœurs aboutissant à un drame très spécial, où la plupart des acteurs deviennent inutiles, et passent au rang de comparses après avoir occupé le premier plan ; de petits moyens, comme ces lettres oubliées sur une table, qui ont failli, le premier soir, faire chavirer le drame ; un dénouement bizarre et qui ne termine rien. Ai-je oublié quelque chose ? Cela est possible ; mais je ne m'en soucie point.

La pièce a des parties superbes ; que voulez-vous de plus ? Elle est amusante d'un bout à l'autre. Que vous faut-il davantage ? Vous la critiquerez, mais vous irez la voir, et, l'ayant vue, vous la reverrez encore, et vous aurez l'ennui de vous y plaire une seconde fois, en dépit de vos fameuses règles et de votre célèbre bon goût.

Moi aussi, je voudrais bien que Sardou fût sans défaut. Moi aussi, je désirerais qu'à cette merveilleuse entente de la scène, à ce don inestimable de la vie, il joignît (car il en est très capable) des qualités plus profondes d'observation ; qu'il creusât mieux un caractère, qu'il agençât plus fortement une pièce : je vois les défauts aussi bien et plus douloureusement que personne ; mais enfin, j'en reviens toujours là, les qualités sont de beaucoup supérieures, et trouvez-moi trois auteurs dramatiques qui en possèdent aujourd'hui de pareilles. Il ne fallait qu'un juste pour sauver Israël. Il y a dix scènes excellentes dans la *Famille Benoiton* et une hors ligne.

La pièce a été parfaitement jouée. Honneur tout d'abord aux deux femmes, Mlle Fargueil et Mlle Jane Essler. Je ne veux point les séparer ici, ni faire de comparaison entre elles ; toutes deux ont bien mérité de l'auteur et du public. Mlle Fargueil a mis au service de son rôle sa diction nette et vibrante, quoique saccadée par instants, son art d'enfoncer le trait, son masque ironique, et des robes peut-être un peu riches pour ses prédications en faveur de la simplicité ; Mlle Jane Essler, ses admirables élans de sensibilité, des cris de passion, et cette physionomie pleine de feu qui remue profondément l'âme.

Félix, qui donne la réplique à Mlle Fargueil, dit toujours avec cette justesse et cette force qui ajoutent tant de prix à chacune de ses phrases. Il porte sur le public. Le rôle de Febvre est plus ingrat ; c'est celui du mari qui se croit outragé. Il l'a joué avec énergie et passion. Quelques sanglots sont de trop peut-être.

La surprise de la soirée a été une petite fille de sept ans, qui a ravi le public par son ingénuité, sa grâce et son esprit. Le rôle que lui a écrit Sardou est très joli ; mais il nous l'a paru bien davantage. Que deviendra ce petit enfant prodige? Je ne sais. Si j'avais un conseil à donner aux parents, ce serait de ne pas exploiter ce talent précoce, de le laisser dormir, après ce premier triomphe, jusqu'à l'âge de quinze ans, et d'attendre la saison des fruits pour les cueillir mûrs. C'est Boudeville qui a découvert et instruit cette jeune merveille. Le plus grand service qu'il puisse lui rendre est de la laisser croître en liberté, sans lui parler de théâtre. Les enfants prodiges, quand on les surmène, deviennent rarement de grands artistes.

13 novembre 1865.

II

Je n'ai pas écrit moins de trois feuilletons sur la pièce de Sardou, l'un à la création en 1865, l'autre à la première reprise qui s'en fit deux ans après, le troisième en 1871, lorsqu'on s'avisa, après la guerre, de remanier la pièce. Le premier est débordant d'admiration; ce n'est pas que je n'y eusse glissé quelques critiques. J'avais mis le doigt sur quelques-uns des défauts de la comédie, et ces restrictions paraissaient si en désaccord avec l'opinion générale, à cette heure de premier enthousiasme, que Sardou, à qui elles avaient été très sensibles, a pu se plaindre, à diverses reprises, que j'eusse éreinté sa pièce.

Déjà le thermomètre a baissé de quelques degrés en 1867; mais c'est aux acteurs que je me prends surtout de la désillusion. Delessart a remplacé Febvre et Mme Cellier Jane Essler. En 1871, la température se rapproche de zéro. Je constate que les défauts se sont plus fortement accusés, que les qualités ont perdu cette grâce de nouveauté qui les rendait si séduisantes.

« Cette reprise, disais-je en concluant, a laissé le public froid. Est-ce la pièce, est-ce nous qui avons vieilli ? Je ne sais ; je croirais plutôt que c'est l'œuvre. Le Gymnase nous a tout dernièrement redonné *Froufrou*. La *Froufrou* de Meilhac et Halévy est séparée de nous, tout comme la *Famille Benoiton*, par cette terrible année 1870, où trois siècles ont tenu. Elle avait donc, elle aussi, perdu le mérite de l'actualité ; on l'a bien senti en la revoyant. Elle n'en a pas moins plu ; elle est restée jeune.

« C'est que Froufrou... »

Et je m'embarquai dans un long développement d'où il résultait que Froufrou était un type creusé d'une main délicate ; que, dans la *Famille Benoiton*, l'observation était à fleur de peau. Je ne veux point le reprendre ici ; aussi bien n'ai-je plus à parler du mérite de la pièce, mais de l'impression qu'elle a produite sur nous, à différents intervalles.

Avant-hier, à l'Odéon, c'était la glace fondante. Non, vous n'imaginez pas le froid qui s'est répandu dans la salle, et qui est allé croissant d'acte en acte. On était gelé, et il semblait que les claqueurs eux-mêmes, figés comme ces clairons de la retraite de Russie qu'a peints Victor Hugo, ne pouvaient plus remuer les mains et applaudir. La sensation a été si générale et si forte qu'il me semble impossible de l'expliquer uniquement, comme l'ont fait quelques-uns de nos confrères, par la vue plus claire des défauts de l'œuvre. Ces défauts, je les connais bien, mais ils n'empêchent pas la *Famille Benoiton* d'être une pièce très adroitement faite, pleine de vivacité et d'esprit, qui amuse même à la lecture. Oui, elle amuse : comment se fait-il que nous nous soyons si parfaitement, si outrageusement ennuyés, et cela tout le temps, d'un bout à l'autre, avec aggravation d'acte en acte ?

Il faut dire qu'il y a dans notre fait un peu de dépit.

Ceux mêmes d'entre nous qui se méfient volontiers de Sardou croyaient sincèrement, sur de vieux souvenirs, que la *Famille Benoiton* était une comédie, un peu superficielle peut-être, mais très vivante et très gaie, que ce serait, après tout, une soirée agréable. On s'était assis dans son fauteuil avec l'idée qu'on allait s'amuser.

La déception a été vive lorsqu'au premier acte on s'est aperçu qu'on ne s'amusait pas du tout, oh! mais, là, pas du tout. On avalait sa langue. On en a conçu tout de suite contre la pièce un chagrin, une irritation que la suite n'a fait qu'augmenter. Vous avez vu des enfants, furieux d'une bosse qu'ils se sont faite en jouant, taper dessus et se faire plus de mal pour s'en venger. Nous ressemblions à ces enfants. Ah! il ne nous amuse pas, eh! bien, nous allons crever d'ennui. Oui, entre nous, je crois que nous y avons mis de la complaisance et même une sorte d'acharnement.

Mais, à mon avis, la vraie, la grande raison de cet insuccès mémorable, c'est que la pièce n'a été jouée ni dans le ton, ni dans le mouvement où elle avait été écrite.

Sardou, voulant fustiger le goût du luxe effréné, l'amour des plaisirs, la dissipation dans la famille, et généralement ce qu'on appelle la corruption de l'Empire, avait choisi, pour mener l'action, deux raisonneurs, dont l'un était un raisonneur en jupons, Clotilde, un Desgenais femelle, et M. de Champrosé, un Parisien légèrement sceptique, mais qui, s'il prenait femme, la voudrait simple, attachée à son ménage, et n'ayant d'autre souci que d'être heureuse en rendant son mari heureux.

Tous deux sont chargés de représenter la morale éternelle, la grande morale. Ils en sont les avocats. C'est ainsi que les deux personnages ont été conçus, c'est ainsi qu'ils ont dû être joués. Mlle Fargueil avait une autorité souveraine.

Par quel artifice cette actrice, qui était en réalité de petite stature, paraissait-elle en scène de haute taille et dominait-elle tous ceux qui l'entouraient? C'était affaire d'autorité, affaire de diction aussi. Comme la sienne était nette, incisive, avec un léger grasseyement parisien qui lui donnait plus de mordant encore! Comme elle détachait la phrase et la lançait à son but! C'était Félix qui lui donnait la réplique. Il semblait, quand il vantait le foyer conjugal, qu'il sonnât le clairon en son honneur.

Tous deux étaient des raisonneurs et jouaient en raisonneurs.

Mme Réjane est une charmante comédienne, personne ne l'aime plus que moi; personne n'en a dit plus de bien; mais, voilà le diable : elle joue nature, et elle le fait exprès. Cela est exquis, si vous voulez, mais cela ne passe point la rampe. Ce jeu fin, discret, rentré, ne convient point au personnage de Clotilde qui doit être toujours en dehors. Elle a fort joliment dit le célèbre morceau sur la sainte mousseline; elle n'a pas fait le quart d'effet de sa devancière. C'est qu'elle l'a dit en femme du monde, qui regretterait sincèrement la mousseline d'autrefois, mais qui aurait quelque pudeur à la vanter trop haut, de peur d'être traitée de madame Prudhomme. Mais pas du tout, Clotilde représente la morale, elle doit donc parler haut et ferme. Elle formule des vérités immortelles.

Elle n'a pas à baisser la voix; elle n'a pas à presser le débit, comme si elle avait honte de ce qu'elle va dire. Il faut qu'elle enfonce dans tous les esprits la vérité dont elle est l'apôtre; elle parle à la rampe, face au public.

Et de même pour Champrosé. Dumény affecte l'air discret, l'amabilité souriante d'un homme du monde. Mais non; dans ce rôle-là, il faut du mordant, et encore du mordant, et toujours du mordant. Il n'y a pas à dire : il faut donner de la voix ; il faut avoir une trompette dans le gosier et un fouet à la main.

Dumény et Mlle Réjane vont se récrier ; mais le naturel... mais la vérité !...

La vérité ! Mais, au théâtre, il n'y a d'autre vérité que de jouer son rôle comme il a été écrit. Allez donc me faire du Rodolphe de *l'Honneur et l'Argent* un homme du monde qui cause, quand le rôle est d'un raisonneur qui prêche ! Got y a essayé et n'en est pas venu à bout.

Le premier acte, ce premier acte de la *Famille Benoîton*, qui est resté étincelant à la lecture, a passé à l'Odéon sans exciter même un sourire d'approbation. On ne l'a pas entendu. On voyait deux personnes du meilleur monde, qui causaient à demi-voix de leurs petites affaires : mais on ne s'y intéressait point...

23 septembre 1889.

III

Je suis retourné à la *Famille Benoîton*. J'y avais été convié par une lettre qui est si joliment troussée que je ne résiste pas au plaisir de la mettre sous vos yeux. Elle est, comme vous le verrez plus bas, signée de Mlle Réjane :

« Mon cher maître,

« Je ne me récrie pas quand vous me trouvez bien ; je n'ai donc rien à dire, quand c'est tout le contraire.

« Mais êtes-vous bien convaincu que le public de 1889 goûterait dans une comédie de M. Sardou le ton qu'on lui donnait en 1865 ?

« Mlle Fargueil, qui avait, paraît-il, autant d'esprit que de talent, s'écriait en sortant de *Froufrou*, pour rendre son impression sur l'admirable Desclée : « Ah ! mes enfants, ce qu'elle nous démode ! »

« Avec ces deux grands noms, nous voilà bien loin de moi, mon cher maître, mais croyez bien que quand je joue mal un rôle, je ne le fais jamais exprès. J'écoute avec soumission l'auteur, qui sait mieux que moi ce qu'il a voulu faire ; et quand cet auteur est Sardou et qu'il me dit : « Soyez une raisonneuse aimable, cela vous ira mieux et « plaira davantage au public actuel ; vantez la mousseline « modestement, puisque, pendant plus de trois cents jours, « Fargueil l'a vantée énergiquement sans convaincre per- « sonne », je n'ai qu'à m'incliner.

« La pièce a fait grand effet hier soir ; ne nous portez pas la guigne. Quand vous reviendrez, si la location continue d'aller comme elle promet, j'aurai la joie de vous voir sur un mauvais strapontin. Mais non, vous aurez un fauteuil. Vous le voyez : vous me perdez, et moi, je vous protège, comme on dit à la Comédie-Française. Ne craignez rien, je ne suis pas la duchesse de Bouillon.

« Ceci dit, un peu longuement ; mais j'ai pris l'habitude des tirades, j'ai lu votre article avec plaisir quand même, parce qu'il... (je supprime le reste qui est inutile).

« Je vous serre la main.

« RÉJANE. »

Quand j'eus lu ce petit chef-d'œuvre de grâce et d'ironie gamine, j'écrivis à la signataire pour obtenir d'elle l'autorisation de la donner à nos lecteurs.

Elle me répondit tout aussitôt :

« Vous trouvez la lettre spirituelle ; publiez-la donc, si

vous voulez. Mais je vois bien que nous ne serons jamais du même avis. »

Nous en avons été pourtant quelquefois, notamment quand Mlle Réjane jouait la Parisienne du *Décoré*. Ce n'est pas tout à fait ma faute si un rôle de raisonneuse ne va pas à son visage éveillé, à son œil malicieux, à son jeu discret et fin, à sa diction simple et rapide, serrant de près la nature.

J'avais, dans mon dernier feuilleton, loué Mlle Antonia Laurent d'avoir retrouvé parfois, sous la phraséologie de Corneille, la vérité vraie des sentiments humains. Et l'on me contait que Mlle Réjane, un peu agacée des critiques que je lui avais adressées, s'était écriée : « Ah ! bien, il est logique ; il loue Antonia de jouer le Corneille nature, et moi, quand je lui joue nature du Sardou, il me bêche. » Le mot est très drôle, il n'est pas tout à fait juste.

Si l'on peut jouer Camille nature, c'est qu'elle est très nature elle-même. Il est vrai que, pour exprimer ses sentiments, elle se sert de la langue du dix-septième siècle. Elle s'en sert comme elle se servirait de la langue grecque, si nous étions en Grèce. Mais les sentiments, de quelque forme qu'ils se montrent revêtus, sont pris sur le vif de la nature humaine, et c'est à l'artiste à les découvrir sous cette forme et à les rendre sensibles au public qui les écoute.

Mais la Clotilde de Sardou est un personnage de convention pure, comme le Cléanthe du *Tartufe*, dans Molière. Jamais de la vie je ne conseillerai à un acteur de débiter « nature », puisque nature il y a, les tirades de Cléanthe sur la tolérance ; il trahirait Molière, qui a fait de Cléanthe le héraut de la raison éternelle. Molière a eu soin, plaçant près des vrais personnages de la pièce un personnage de convention, de ne lui attribuer qu'un rôle secondaire. Ce n'est pas ma faute encore si Sardou a donné toute sa pièce à conduire à sa raisonneuse. Sa Clotilde se mêle de tout, arrange tout, fait tout; et elle n'a point de caractère propre! c'est un être abstrait; je ne puis rien à cela, ni vous non plus, ma chère Réjane, je le reconnais.

Le rôle avait été taillé sur le patron du talent de Mlle Fargueil, qui avait beaucoup d'autorité et de mordant. Il n'y a pas à dire : il faut le jouer comme Mlle Fargueil. Quand un rôle a été profondément creusé et fouillé par l'auteur, quand il est plein de vérité humaine, nombre d'artistes peuvent le prendre tour à tour, en montrer une face nouvelle et lui imprimer une physionomie particulière sans en altérer les grands traits généraux. Mais un rôle de convention, il faut le jouer dans la convention. Et vous-même, ma chère Réjane, vous avez beau regimber très gentiment; vous l'avez senti. Vous avez quelque peu, aux représentations suivantes, élargi votre jeu, ralenti et accentué votre diction. Vous cherchez un compromis sortable entre votre manière accoutumée et les exigences du personnage.

De cette épreuve, il ne faut tirer qu'une leçon, c'est de prendre garde à ne pas accepter tous les rôles que l'on veut vous confier. Il y a un vieux poète latin qui a, dans un bout de vers que vous vous ferez traduire, exprimé une vérité de bon sens : *Non omnia possumus omnes.* Vous serez bonne partout, cela est évident, parce que vous êtes très intelligente et que vous savez votre métier. Vous ne serez exquise que dans les rôles appropriés à vos moyens, et vous n'avez plus le droit de n'être pas exquise.

Au reste, il ne me coûte rien d'avouer que la salle de l'Odéon était pleine, le soir où j'y suis retourné, et que le public paraissait s'y divertir énormément. Sardou, le grand amuseur, le merveilleux magicien, a eu cette fois encore raison, près de la foule, contre nos critiques. Elles ont pourtant bien justes, et je les ai trouvées plus justes encore à cette nouvelle audition. Et vous pouvez par là voir le peu d'influence de la presse, même lorsqu'elle donne tout entière d'un côté, quand le public est de l'autre. Je n'ai pas vu un seul article où cette reprise de la *Famille Benoiton* n'ait soulevé les mêmes objections. Nous ne nous étions, certes, pas donné le mot dans la presse; oncques ne vit-on cependant une pareille unanimité.

Le public vient ensuite qui casse notre jugement. Je n'aurais rien à dire; car j'ai pour principe qu'en fin de compte, c'est le public qui a raison, puisque c'est pour lui qu'on travaille. Il tient le bon bout, puisque c'est lui qui paie. Mais nous ne sommes pas cette fois en présence du public parisien. Tous les théâtres sont pleins; les énormes multitudes que l'Exposition attire, que le froid en chasse le soir, refluent dans nos salles de spectacle. Elles y apportent de notables dispositions à s'amuser. Elles veulent, comme le baron de Gondremark, s'en fourrer, s'en fourrer jusque-là. J'en suis bien aise.

30 septembre 1889.

PATRIE

I

La Porte-Saint-Martin a donné cette semaine *Patrie*, drame en cinq actes et huit tableaux de M. Victorien Sardou. Voilà bien longtemps que nous attendions Sardou au drame. Quand il s'attaquait à la comédie de mœurs, il nous laissait regretter parfois, malgré de grandes et incontestables qualités d'esprit, une étude plus approfondie de son sujet, une analyse plus vraie et plus juste des caractères, une ordonnance plus sévère de l'action. On se souvient que sa comédie pouvait presque toujours se décomposer en deux parties, dont la seconde n'était rattachée à la première que par un lien très faible.

Le drame pur n'exige impérieusement, pour être goûté même des connaisseurs, que des situations fortes, habilement traitées. Sardou excelle à les trouver et à les mettre en scène. Il a, plus que personne, le mouvement; il ne possède pas seulement l'art de faire agir ses personnages, il sait faire manœuvrer les décors, la figuration, et les intéresser à l'action du poème. *Piccolino* et *Don Quichotte* étaient des modèles en ce genre. Nous avions donc plus d'une fois souhaité que Sardou appliquât à un genre qui allait se mourant, ses admirables facultés dramatiques, et le renouvelât.

La chose est faite et bien faite. *Patrie* est un des plus vifs succès qu'ait obtenus Sardou sur aucune scène, et, disons-le aussi, un des mieux mérités. Ce n'est pas que la pièce soit sans défauts. Il y en a et de très grands, et je demanderai la permission de les signaler, car encore faut-il que, même en cet enivrement du triomphe, la critique garde ses droits; mais les belles parties sont nombreuses; elles ont enlevé le public et gagné la partie.

Le drame est, de l'un à l'autre bout, traversé par deux courants : l'un de politique, et l'autre d'amour. Qui croyez-vous des deux qui a excité l'intérêt des spectateurs et remué leurs âmes ? L'amour, sans doute; car c'est lui qui est en possession, au théâtre, de plaire et d'émouvoir. Eh! bien, point du tout. Si étrange que puisse paraître le fait, il est certain : tout ce qui, dans le drame, est pure histoire de passion amoureuse a laissé le public assez froid. Il a éclaté en applaudissements enthousiastes, toutes les fois que l'auteur, touchant des cordes plus nobles, a parlé d'honneur, de dévouement, de vertu patriotique.

Berton et Mlle Fargueil croyaient avoir les premiers et les plus beaux rôles; ils comptaient beaucoup, j'imagine, sur leurs duos de tendresse exaltée et violente; le succès a été pour Dumaine, ce vieux patriote, qui conspire pour la liberté des Flandres, et se voue tout entier à son pays. Où la politique et l'amour vont de compagnie, c'est la politique qui prendra toujours le pas devant. Elle éveille des idées plus hautes et des sentiments plus généreux. Il y a dans l'amour, même le plus pur, comme un fond d'égoïsme; le patriotisme est une passion désintéressée, dont l'image a naturellement plus d'action sur la foule.

Sardou a fondu, avec un art infini, ces deux éléments dans sa pièce. Ce ne sont pas deux actions qui courent parallèlement et tirent chacune à soi l'attention du public.

Elles sont sans cesse mêlées l'une à l'autre ; toute péripétie née de la passion des amoureux a son contre-coup immédiat sur la partie politique de l'œuvre ; et, en revanche, toute décision, prise par les patriotes, frappe, par ricochet, les amants au cœur. Le drame est conduit avec une habileté et une science incomparables, et ce n'est pas un petit mérite, en notre temps, où s'était si bien perdue la tradition de cet art.

Le premier acte est une merveille d'exposition. Je ne sais rien au théâtre de plus clair, de plus rapide, de plus poignant. Nous sommes en Flandre ; le duc d'Albe y règne au nom du roi d'Espagne, et répand le sang comme l'eau. On conspire, il le sent plus qu'il ne le sait, et condamne tout suspect à être pendu. Nous voyons le tribunal se livrer à sa terrible besogne : derrière lui, des soldats armés ; tout autour, un peuple morne. Les accusés sont appelés l'un après l'autre : c'est un bon bourgeois inoffensif, puis une mère, puis un enfant de quinze ans. Le procès est bientôt instruit : à la corde !

Le tour du comte de Rysoor arrive. C'est un patriote, qui n'a que deux amours au cœur, sa patrie d'abord, puis sa jeune femme dona Dolorès. Il s'est absenté durant quatre jours, malgré l'édit du roi ; et, bien qu'on ne sache point où il est allé, son affaire est sûre. Il se prépare à la mort. On fait venir les témoins, et, le premier de tous, le capitaine qui loge chez lui en garnison. O surprise ! ce capitaine raconte qu'il a vu son hôte la veille : il rentrait au logis, un peu ivre, à minuit, et faisant tapage, quand le comte est sorti de sa chambre à coucher, l'a interpellé vivement, poussé sur l'escalier, et, se retournant vers dona Dolorès, qui l'éclairait : « Rentrez chez vous, lui a-t-il dit, et ne craignez rien. »

Ce témoignage sauve le comte et le désespère. Il conserve

encore quelques doutes, et tirant le capitaine à part :
« Merci, capitaine, pour le service que vous venez de me
rendre. » Mais l'autre n'a rendu aucun service ; il a dit la
vérité.

— Vous m'avez reconnu, sortant de ma chambre ?
— Qui aurait pu en sortir que vous, à minuit ?...
— C'était bien moi, dit le comte.

Et il apprend que la personne, quelle qu'elle soit, s'est
blessée à la main. « Je la reconnaîtrai ! » pense-t-il.

Tout ce dialogue se fait rapidement, à coups pressés et
à voix presque basse. L'effet en est prodigieux au théâtre.
En cinq minutes, de la façon la plus naturelle et la plus
ingénieuse, nous sommes mis au courant et de la conspiration et de l'adultère, et il plane sur ce double événement
une incertitude qui accroît encore la curiosité.

Dès l'acte suivant, le secret nous est révélé. La comtesse
de Rysoor est la maîtresse de Karloo Van der Noot, un
jeune homme de bonne famille flamande, l'ami du comte,
et son second dans ses projets patriotiques. Elle s'est prise
pour lui d'un amour furieux ; elle est prête à tout pour ne
point le perdre, et quand son mari lui vient demander
compte de la nuit dernière, elle lui avoue le front haut
qu'elle a un amant ; que, pour lui, elle ne l'a jamais aimé :
il est Flamand, elle est Espagnole ; il est calviniste, elle
est catholique ; elle veut un amour sans partage, il lui préfère sa patrie.

Toute cette scène, qui est très montée de ton et violente
de langage, ne produit pourtant aucun effet. C'est qu'on n'y
est point préparé. Comment, lui, le comte de Rysoor, a-t-il
épousé une Espagnole et une catholique ? Il l'aimait ; mais
la logique de son caractère défendait qu'il s'abandonnât à
une passion qui lui va devenir si funeste. Je lui en veux
d'avoir un jour sacrifié toutes ses haines à un désir d'amou-

reux. Je me demande comment une femme, que je vois si impétueuse et si hardie, a pu jusqu'à ce jour cacher le secret de ses répulsions. Elle aime Karloo : mais Karloo est, lui aussi, Flamand hérétique et patriote. Il ne vient dans la maison du comte que pour conspirer avec lui.

Comment n'en sait-elle rien ? Comment peut-elle lui demander, en lui parlant de la conjuration flamande : « Tu n'en es pas, n'est-ce pas ? » Eh ! quoi, elle sait si peu ce que fait et médite l'homme qu'elle aime si éperdument ? Quand elle prend la résolution de dénoncer son mari aux Espagnols, elle ne se doute pas que, du même coup, elle leur livre son amant qui fait cause commune avec lui !

Voilà bien des points d'interrogation ! Ils me gênent ; outre que je ne puis me défendre d'une certaine répugnance pour une si odieuse trahison, je ne m'en explique pas suffisamment les motifs, et cela me refroidit. La comtesse arrive chez le duc d'Albe. Elle lui conte les menées des conspirateurs, et leur lieu de réunion, et le coup de filet par où on les pourra prendre tous. Il est très animé, ce récit, très pathétique, et il ne touche pas. Il révolterait presque. C'est, encore une fois, que l'auteur ne nous a point fait entrer dans les raisons qui poussaient cette femme.

Je ne dis pas que l'action qu'elle commet soit impossible ni même improbable. Il y a des furies de cette espèce. Mais la vraisemblance théâtrale exige bien plus de ménagements que la vérité vraie. Il ne suffit pas qu'un personnage agisse conséquemment à son caractère ou à sa passion ; il faut encore que le spectateur en soit persuadé. Il me reste des doutes sur dona Dolorès.

Tandis qu'on les trahit, les conspirateurs se réunissent dans les caveaux de l'Hôtel de Ville. Tout est prêt : le prince d'Orange est aux portes de la ville ; et sur un signal parti du beffroi, il doit entrer et se mettre à la tête de la population. C'est le comte de Rysoor et Karloo, en attendant, qui mènent tout. Le vieux patriote a devancé l'heure avec son jeune ami. Il l'échauffe de sa flamme ; il lui offre le commandement de l'entreprise, que son âge lui interdit de prendre ; il l'exhorte à vaincre ou à mourir ; il lui demande de renouveler le serment de se dévouer à la patrie ; et comme Karloo lève sa main nue, le comte y voit le sillon d'une blessure.

Ah ! je vous réponds que la salle ne chicanait plus son émotion, cette fois ? Il y a eu dans tout le public un frémissement d'attente et d'anxiété. La situation est très belle, et Sardou en est sorti par un coup de maître, par une scène, qui, j'ose le dire, est admirable et vraiment digne de Corneille. Karloo se jette aux pieds de l'époux outragé : « Tue-moi, s'écrie-t-il avec désespoir ; tue-moi, je ne me défendrai pas ; j'ai mérité la mort. Je me fais horreur à moi-même. »

Le comte reste quelques instants immobile, incertain, et relevant Karloo :

« Je ne veux point, lui dit-il, à cette heure, où la Flandre a besoin de tous nos bras, lui enlever un de ses plus braves enfants. Je n'ai pas plus le droit de t'arracher la vie que tu n'avais celui de me ravir l'honneur ! Tu m'as pris ma femme, rends-moi ma patrie ! »

A ce dernier mot, des acclamations se sont élevées de toutes parts ; c'était comme une explosion d'enthousiasme. Et que Dumaine a bien dit la tirade, sans faux éclat ni forfanterie de générosité, d'un ton de bonhomie simple, grande et émue, avec cette voix douce et profonde qui remue les plus secrètes fibres du cœur !

Le reste de l'acte ne dément pas les premières scènes. A peine les conspirateurs sont-ils assemblés qu'on entend au loin des roulements de tambour et des cris de trompettes : de droite, de gauche, par en haut surgissent des soldats espagnols; on échange des coups de feu, et les Flamands, massés sur le milieu du théâtre, voient de tous les côtés des fusils dirigés sur leurs têtes : « Mais tirez donc, s'écrie Karloo, vous voyez bien que nous ne nous rendrons pas. »

Rien de plus pittoresque que ce tableau; voilà donc enfin la vraie mise en scène, celle qui illustre l'action du drame et qui la complète. Ici tout est à souhait pour le plaisir des yeux; mais ce plaisir n'est pas le dernier but que s'est proposé l'auteur. Décors, figuration et mouvements de scène sont arrangés pour donner aux sentiments des personnages plus de lumière et d'éclat.

Le duc d'Albe interroge les prisonniers, et n'en tire aucune réponse. Il veut connaître le signal qui doit attirer dans la ville le prince d'Orange. Il s'empare du sonneur, qui, lui, doit être au courant.

« Le signal? ou tu es fusillé! »

Le sonneur se jette à genoux; c'est un pauvre homme, il a femme et enfants, il obéira. Il monte au beffroi, et là, au lieu du signal convenu, il sonne le glas des morts; le duc d'Albe voit, au mouvement de joie des prisonniers, qu'il est pris pour dupe, et il fait abattre le sonneur, dont on apporte en scène le cadavre, porté sur un faisceau de fusils. Tous les Flamands se découvrent respectueusement devant cet obscur martyr, et le duc d'Albe, grinçant des dents, commande qu'on les traîne en prison.

N'y eût-il que ce tableau dans la pièce de Sardou, il justifierait à lui seul l'immense succès qu'elle a obtenu. Cela est tout à fait supérieur, et vraiment beau. L'effet y est obtenu par des moyens simples; les sentiments exprimés sont grands, sans enflure de style. La langue est sobre et vigoureuse, la mise en scène splendide, et ajoutant, par la vivacité de son coloris, à l'impression générale de l'ensemble.

Et cependant, il y a dans *Patrie* un autre moment qui

est superbe encore. Le comte est en prison, promis au tortionnaire, et il s'entretient avec Karloo. Karloo est honteux et désolé de n'avoir pu racheter sa faute. Il demande et redemande pardon à son ami ; sa douleur est d'autant plus vive que, seul des condamnés, il a reçu sa grâce et un sauf-conduit, sans comprendre d'où lui vient cette faveur. Il ne peut soupçonner la trahison de Dolorès, et ne sait pas qu'elle a demandé et obtenu sa grâce. Il s'en excuse, le front humilié, près de son vieil ami. Il lui offre encore une fois sa vie et son sang.

« A cette heure, lui dit le comte avec une grandeur chevaleresque, l'affront fait à mon honneur par une femme m'est de bien peu de chose. »

Et il lui explique qu'en face de la mort, encourue pour sauver la patrie, tous les mesquins intérêts s'effacent de l'âme et la laissent tout entière à une magnifique idée.

Il continue en lui disant que sa vie importe à la vengeance de tous. Ils ont été trahis. Par qui? C'est à lui de le chercher, et, le Judas trouvé, de l'immoler aux mânes des libérateurs de la patrie :

« Jure, lui dit le comte, jure de vouer ce qui te reste de jours à chercher le coupable, et de le punir de son infamie ! »

L'autre prête le serment. Et comme les bourreaux viennent chercher le condamné, on le voit qui les suit, répétant à demi-voix, le doigt sur les lèvres : « Songe à ton serment ! souviens-toi ! »

Une émotion indescriptible s'était emparée de toute la salle. Il y a dans toute cette scène un mélange de noblesse et de passion qui remuait tous les cœurs. Ce désintéressement d'un patriote, planant, sans effort, au-dessus des passions vulgaires de l'humanité ; ce serment demandé à un jeune homme, et qui va le conduire inévitablement au moment où il trouvera sa maîtresse, et sera, de par son ser-

4.

ment, obligé de lui percer le cœur : les sentiments exprimés, et le dénoûment que l'on devinait, s'agitant au loin dans l'ombre, tout cela se résume dans un dernier mouvement qui emporta tous les cœurs. Le comte, en franchissant le seuil de la chambre où il doit être livré à la question, s'est frappé d'un coup de poignard. Karloo saisit l'arme qu'on rapporte : « C'est bien ! dit-il ; de ce même fer, je tuerai le traître ! »

J'ai à dessein insisté sur ces scènes patriotiques, parce qu'elles sont hors de toute comparaison avec les autres. Vous pensez bien que, tandis que les hommes s'entretiennent ainsi des destinées de la patrie égorgée et des nécessités de la vengeance, dona Dolorès poursuit le cours de ses menées amoureuses. C'est elle qui, réclamant le prix de sa trahison, a demandé la vie de son amant. Le duc d'Albe la repousse d'abord, mais elle se jette aux genoux de la fille du fier duc, une pauvre enfant poitrinaire, qui obtient de son père tout ce qu'elle veut, en appuyant un mouchoir sur sa bouche ensanglantée ; et elle la touche jusqu'aux larmes.

Toutes ces scènes sont bien faites ; elles m'ont agacé. Quand les âmes sont montées au ton des nobles et patriotiques dévouements, elles ont quelque peine à se réduire aux mesquineries des passions vulgaires. Il leur devient assez indifférent que Gustave rentre en possession de Caroline, ou Caroline de Gustave. Tout ce petit trantran des amours contrariées sonne faux et déchire l'oreille.

Vous voyez d'ici le dénoûment : Karloo court, muni du poignard sacré, à la recherche du traître. Il retrouve sa maîtresse, qui l'attend, pour l'emporter, loin des Flandres, et jouir de l'amant qu'elle a reconquis, au prix de si abominables trahisons ! Tous deux sont très passionnés, et l'auteur a évidemment fait grand fond sur cette scène d'amour. Je ne saurais vous dire l'impression de froid que jettent sur le public ces transports qui ne sont plus à leur place. Elle a beau, cette farouche Espagnole, se coller à la poitrine de son amant, et lui crier : « Je t'adore ! » Elle me fait l'effet d'une honteuse courtisane qui vous jette à l'oreille un : « Veux-tu monter chez moi ? »

J'ai beau me dire que cette impression est injuste ; je ne puis m'en défendre. Cette femme est répugnante ; elle me dégoûte. Karloo a beau lui répondre, emporté par le souffle brûlant de cette passion qui se déchaîne : « Et moi aussi, je t'adore ! Je ne vis que pour toi ! » J'ai envie de leur crier : « Ce n'est pas vrai ! non, ce n'est pas vrai ! Il a bien d'autres idées en tête, et de plus généreuses et de plus vaillantes ! » Quelle différence, si ce caractère de la femme eût été fouillé, si c'eût été une Phèdre, avec ses ardeurs ! On croit à Phèdre, et l'on s'y intéresse ! Mais dona Dolorès n'est qu'une cavale frémissante ! Va-t'en, prostituée ! tu me fais horreur !

Karloo, qu'un détail imprévu, par un coup de lumière soudaine, a mis au fait de la trahison, lui enfonce au cœur le poignard dont s'est frappé le mari, et lui-même, il saute par la fenêtre, dans le bûcher allumé pour ses complices. Ainsi finit ce drame, et de tous les personnages qui l'ont traversé, il ne reste debout que le duc d'Albe et ses acolytes. Tous les autres ont péri.

Parmi les artistes, il faut donner la première place à Dumaine. C'est lui qui a le plus beau rôle, mais il s'en est montré digne. Berton porte peut-être dans le personnage de Karloo une élégance un peu froide. Il a eu de superbes moments, ceux où le sentiment de la patrie lui inspirait des accents nobles et convaincus. On veut le désarmer, et, sur la prière de sa fille, le duc d'Albe lui rend son épée, en le nommant capitaine dans les légions d'Espagne. « Je n'en veux point, dit Karloo, à qui cette réponse doit coûter la vie ; quand la Flandre m'appelle, mon épée frémit dans le fourreau, et s'élance d'elle-même joyeusement au devant de l'ennemi ; je ne la reprendrai jamais au service de l'Espagne. » Vous ne sauriez croire de quel air digne, de quel ton chevaleresque Berton a dit cette phrase, que je vous gâte en la citant. Je l'ai trouvé plus faible, et presque commun dans les duos d'amour.

Mme Fargueil avait un rôle antipathique, celui de Dolorès, et je crains qu'elle n'en tire pas grand profit pour sa gloire. Les uns prétendent qu'elle était malade, d'autres qu'elle n'avait pas le diapason de cette vaste salle. Ce qu'il y a de certain, c'est qu'elle a paru faible. L'auteur a eu le tort de tailler le rôle sur le patron de son talent ; en sorte que nous avons vu revenir une foule d'effets déjà connus, et un peu usés : notamment un je ne sais quel mélange de détails, jetés du ton le plus simple, à travers des tirades très pathétiques.

Dona Dolorès conte au duc d'Albe que les conjurés se sont réunis au pied des remparts, sous les yeux même des sentinelles; et s'arrêtant tout à coup : « C'est ainsi que les choses se passent sur vos remparts. » Elle lance cette incise en changeant tout à coup d'allure, de geste et de voix ; l'effet est sûr, mais il y a si longtemps que nous le connaissons ! et il est là si peu en situation !

Charly joue le duc d'Albe. Il lui donne une figure sèche et impassible, un costume sévère et une voix cassante, qui sont très mélodramatiques. Sa fille se présente sous les traits aimables de Mlle Léonide Leblanc. Elle est bien jolie, et d'un organe si tendre, si pénétrant, qu'on excuse un peu ce rôle, qui vous semblera inutile, et même un peu davantage. Laurent représente, avec sa rondeur habituelle le pauvre sonneur, tué pour son dévouement à la patrie.

Charles Lemaître est chargé d'un rôle épisodique de

marquis français, qui m'a semblé très joli d'un bout à l'autre, et dont il n'a presque rien tiré. Outre qu'il était affligé d'un fort enrouement, il n'a pas l'aisance d'allures et de voix nécessaires au personnage. Il assène la plaisanterie quand il devrait persiffler. Montal s'est composé une tête suffisamment sombre et farouche d'inquisiteur espagnol.

La mise en scène est d'une exactitude et d'une splendeur qu'il faut louer sans réserve. Peut-être retrancherais-je cependant un tableau, qui n'est qu'un décor et un décor dont l'effet est nul pour l'orchestre et le parterre, celui du trou creusé dans la glace. L'avant-dernier nous montre une procession d'auto-da-fé, avec ses terribles moines, dont les yeux seuls brillent à travers leurs noires cagoules.

C'est un hors-d'œuvre aussi, mais d'un effet saisissant. Il n'a pas l'extrême mérite du tableau où les Espagnols s'emparent des conjurés; il ne fait pas corps avec l'action; mais il ajoute à l'émotion produite, et ce serait dommage de l'enlever.

A la chute du rideau, tous les artistes ont été rappelés avec enthousiasme, et par deux fois. On a réclamé l'auteur, qui a eu le bon goût de ne point reparaître, et l'on s'est séparé à une heure et demie du matin.

22 mars 1869.

II

Je me souviens encore comme si j'y étais du premier soir où nous fut jouée *Patrie*. Quel enthousiasme! Que d'acclamations! Quand le rideau eut tombé sur le dernier acte, ce fut une explosion de cris et de bravos : on demandait Sardou, on voulait qu'il parût en personne. Il fallut qu'un acteur vînt affirmer, à deux reprises, que Sardou avait quitté le théâtre. Voilà seize ans de cela! Hier, l'enthousiasme a été moins bruyant, cela est certain, mais l'admiration a été tout aussi vive. On m'assure que Sardou a retouché quelques parties de son drame, et, notamment, dans le rôle du comte de Rysoor. Ces corrections doivent être peu importantes ; je ne m'en suis pas aperçu. J'aurais souhaité qu'il retranchât l'épisode, fort inutile, des soldats de garde jetés au fond d'un trou creusé dans la glace et recouverts de neige. Il allonge, sans grand profit pour elle, une œuvre qui est déjà de développements démesurés.

La pièce a un défaut plus grave et qui est, celui-là, irrémédiable, parce qu'il tient à la contexture du drame. Je l'avais déjà très nettement indiqué dans le feuilleton que j'écrivis en ce temps-là, au lendemain de la première représentation. Il m'a plus encore frappé à cette reprise. C'est, à mon sens, le seul point noir de cette œuvre admirable.

Dolorès n'est point intéressante. Il semble, à voir les choses en gros, qu'elle soit la principale figure du drame, que ce soit elle qui en porte tout le poids ; elle est toujours au premier plan ; et l'auteur ne la montre jamais qu'animée de sentiments farouches, dans de grands et extraordinaires mouvements de passion. Regardez-y de plus près vous verrez qu'elle n'est, au fond et en réalité, qu'un personnage chargé de pousser les ressorts d'une action où sont mêlés les personnages vraiment intéressants de *Patrie*. C'est une grande utilité. Elle ouvre et ferme les portes par où les héros sortent ou entrent ; elle les ouvre bruyamment, avec des cris furieux ; elle les ferme, en les faisant claquer avec un bruit sinistre ; mais son office se borne à les fermer ou à les ouvrir. Sans elle, rien n'irait ; la machine du drame s'arrêterait à chaque instant ; elle pousse le ressort, et il se remet en marche. Mais elle n'est pas le drame.

Non, elle n'est pas le drame. Le drame, c'est le comte de Rysoor, sacrifiant son désir légitime de vengeance au besoin que la patrie a de l'épée de Karloo. C'est Karloo, écrasé sous un pardon généreux, et courant, pour effacer son crime, rejoindre ses camarades dans la mort. L'amour de Dolorès pour ce Karloo n'est qu'un moyen de théâtre pour amener les situations pathétiques où l'idée de patrie sera en jeu.

Si Sardou avait voulu faire tomber la lumière sur les amours de Karloo et de Dolorès, il nous aurait dit comment ces amours étaient nées, il nous aurait exposé pourquoi le comte de Rysoor, patriote et calviniste, avait épousé cette ardente Espagnole, cette catholique furieuse. Il nous aurait expliqué comment, femme de Rysoor, maîtresse de Karloo, il pouvait se faire qu'elle ignorât que son amant conspirait avec son mari, et que trahir l'un, c'était livrer l'autre aux Espagnols.

Nous aurions eu la genèse de cet amour, et ses progrès et son histoire. Mais point ; M. Sardou ne se donne pas cette peine. Il faut que nous prenions sa Dolorès telle qu'il nous la montre, d'un bloc, une femme enragée d'amour et capable, pour en sauvegarder les intérêts, des plus abominables coups de tête, des folies les plus exécrables. Elle est comme cela, parce qu'elle est comme cela. C'est à prendre ou à laisser.

Nous sommes bien forcés de l'accepter ainsi ; et aussitôt la voilà en besogne, car c'est elle qui fera toute la grosse besogne du drame. C'est elle qui s'en ira dénoncer les conjurés et avertir le duc d'Albe ; elle le fait avec des roulements d'yeux terribles, d'effrayants éclats de voix, frappant à tour de bras sur la table, se roulant par terre; mais elle a beau multiplier les gestes et les cris, toutes ces clowneries de fureur et de désespoir me sont indifférentes, parce que ce n'est pas à elle du tout que je m'intéresse, mais aux conséquences que sa dénonciation aura sur la conjuration et sur les conjurés. S'il ne s'agissait que d'elle, je lui dirais paisiblement :

— Crie, ma fille, crie si ça peut te faire plaisir, je n'écoute pas.

Et pourquoi l'écouterais-je ? Est-ce que je la connais ? Est-ce que je sais rien de son passé ? Est-ce que j'ai eu le temps de m'intéresser à sa faute et de l'excuser ? Elle a beau bramer d'amour, comme une biche aux abois, je ne sens pas, là-dessous, une vraie passion. Cela sonne faux.

C'est elle encore qui, les conjurés une fois pris, ira solliciter la grâce de Karloo, avec autant d'impudeur que d'impudence. Elle me dégoûterait fort (car c'est une très vilaine drôlesse), si je ne sentais bien que M. Sardou a besoin, pour son drame, de délivrer Karloo, le réservant, après la mort de Rysoor, à quelque mystérieuse et sanglante vengeance. Aussi, ne suis-je point touché de ces violences de gestes et de paroles; elle a beau se retordre les bras, se rerouler par terre, je n'en ai cure. Ce n'est pas d'elle qu'il s'agit. Elle a ouvert la porte, tout bonnement.

Et même, au dernier acte, quand elle a retrouvé Karloo, et que, comme une louve affamée, elle se jette sur lui et veut l'emporter au loin, dans quelque tanière obscure, où ils cacheront leur amour, je ne crois pas encore à la sincérité de ce dévergondage d'hystérie. C'est Karloo qui m'attache et qui m'émeut. J'attends avec impatience le moment où il va lui plonger au cœur le poignard teint du sang du mari et se livrer ensuite lui-même à la main des bourreaux.

Dolorès n'est donc qu'une utilité, une « grande utilité »,

comme on dit en style de coulisses, et Sardou, pour nous faire illusion sur l'importance subalterne du rôle, l'a soufflé, en quelque sorte, et démesurément grandi. C'est là, je crois, le point faible du drame. Il s'y trouve toute une partie de passion qui n'est point passionnée, dont la passion tout au moins est factice, superficielle et, si j'ose ainsi parler, d'applique. Cela se sent et refroidit les scènes que l'on s'imaginerait devoir être les plus émouvantes.

Les réflexions que je viens de présenter expliquent comment personne ne m'a complètement satisfait dans le rôle de Dolorès. J'y ai vu Mlle Fargueil, qui l'a créé; puis, en 1872, Mlle Daguéret; et, enfin, Mme Tessandier.

Mlle Fargueil avait, dans ce rôle, fait preuve d'une incomparable puissance; elle nous avait laissés pénétrés d'admiration pour les ressources de son talent, mais froids. Ce n'était pas sa faute.

Mme Tessandier n'a pas eu cette souveraine élégance de mouvements qui distinguait sa devancière; Mlle Fargueil, même dans les mouvements les plus désordonnés de la passion, restait grande dame. Mme Tessandier n'est plus, dans cette scène, la comtesse de Rysoor; mais c'est une femme du peuple, ou, si vous aimez mieux, une bête déchaînée. Elle arrive à l'effet par la vulgarité violente de l'attitude, du geste ou de la physionomie. L'effet ainsi produit est d'un goût contestable, mais on ne saurait s'y soustraire.

Marais a fort bien dit un morceau de bravoure, où son prédécesseur Berton enlevait la salle : le morceau de l'*Épée*. Quelle drôle de chose que le théâtre, quand on y réfléchit! Cette tirade est d'un effet immense sur le public, et, à la bien prendre, elle est d'une révoltante absurdité. Karloo, qui est un des chefs de la conjuration, est venu chez le duc d'Albe pour obtenir de lui, à l'aide d'un conte imaginé à plaisir, que les chaînes ne seront pas, ce soir-là, tendues dans le quartier, où ils doivent opérer. Il a réussi dans cette négociation ; il a trompé le duc d'Albe. Voilà qui est bien.

Il l'a trompé, grâce à l'intervention de la fille du duc, qu'il a, quelques jours auparavant, sauvée d'un pressant danger. Cette jeune personne intercède pour le héros et demande qu'on lui rende son épée. Le duc d'Albe y consent, et, par la même occasion, il le nomme à un poste quelconque.

Qu'est-ce qu'il reste à faire à Karloo ? Qu'est-ce que le plus vulgaire bon sens lui conseille de faire ? Il doit nécessairement, lui conjuré, accepter, vaille que vaille, le nouveau titre qu'on lui inflige, courir retrouver ses amis et leur dire :

— Eh ! bien, j'ai réussi : les chaînes sont levées ; c'est pour ce soir.

Point du tout. Voilà ce nigaud qui se met à faire de belles phrases :

— Quand c'est la Flandre qui m'appelle, mon épée frémit dans le fourreau et s'élance d'elle-même, joyeusement, au-devant de l'ennemi. Jamais je ne la tirerai au service de l'Espagne...

C'est la meilleure manière de se faire arrêter sur-le-champ et conduire en prison ; et, de fait, il y serait fourré à l'instant même, si sa protectrice ne simulait pas une quinte de toux et une syncope ; quand elle inspire de ces inquiétudes à son père, il ne sait rien lui refuser, et il relâche l'imprudent. Mais Karloo l'a échappé belle.

Il a parlé comme un niais. Mais cette niaiserie a grand air ; elle empaume le public. Sur le moment, on ne réfléchit pas à l'impertinence de ce discours ; on est pris par le grandiose de la pensée et par le brillant de l'expression. Sardou nous a mis dedans.

26 avril 1886.

RABAGAS

Rabagas, tous nos lecteurs le savent déjà, est une pièce essentiellement politique. Je n'aime pas beaucoup, à vrai dire, la politique au théâtre. Je l'y trouve inopportune et irritante. Je ne crois pas cependant qu'on doive avoir de parti pris sur cette question. Il est permis à la comédie de toucher à tous les sujets dont l'attention publique est préoccupée; et s'il lui plaît de parler politique, elle le peut assurément à ses risques et périls.

C'est affaire à l'auteur de voir s'il veut, devant le public du jour, traiter des sujets si brûlants, et toucher des points si sensibles. Il y a certes, en morale, des préjugés, qu'il ne fait pas bon de froisser au théâtre; mais les opinions sont bien plus tendres encore en politique; et quel que soit le détachement qu'affecte un spectateur, il ne lui est guère possible de voir traîner dans la boue, sous ses yeux, le parti dont il est, sans laisser échapper un cri de révolte.

C'est donc toujours un jeu dangereux à jouer; il l'était plus que jamais au lendemain de nos guerres civiles, quand la France est cruellement divisée en factions, dont aucune n'a pris le dessus, quand toute émotion du public peut se tourner en émeute, quand les Prussiens guettent l'heure de revenir. J'estime donc qu'il eût été plus sage et plus patriotique à Sardou de s'abstenir.

Cependant, j'ai un tel respect pour les droits de l'art, qu'une fois l'œuvre faite, je ne lui demanderai que d'être une œuvre excellente. D'autres, dont la politique est la première de toutes les préoccupations, pourront se prononcer plus sévèrement sur une semblable tentative ; je serai moins rigoureux, et me sens tout disposé à l'admettre, quels qu'en puissent être les inconvénients, si elle remplit les conditions imposées au genre.

Il me semble que la première de toutes est d'exprimer d'une façon définitive des vérités qui soient éternelles.

Je m'explique.

Quand il ne s'agit que de morale courante, il est loisible à l'écrivain dramatique de badiner légèrement sur un travers passager, d'atteindre un ridicule d'une piqûre légère et de le dégonfler, ces plaisanteries ne tirant pas à conséquence. On en rit un soir, et c'est tout.

Mais si vous touchez à la politique, vous ne pourrez vous excuser du trouble jeté dans les âmes, de la guerre civile attisée au feu de vos railleries, que par le sérieux visible des intentions, par la souveraine grandeur des idées mises en œuvre, par l'étude approfondie des caractères, par je ne sais quel goût d'immortelle beauté répandue sur toute l'œuvre.

Une comédie politique a le droit d'être un pamphlet ; elle n'a pas le droit de n'être qu'un pamphlet.

Le *Mariage de Figaro* a bien été la satire des institutions politiques du dix-huitième siècle ; mais il a exprimé des vérités qui sont de tous les temps, qui n'ont rien perdu de leur actualité aujourd'hui même, et qui traverseront les siècles sous la forme que Beaumarchais leur a donnée.

Si j'en veux à Sardou, ce n'est donc point d'avoir écrit une comédie politique : c'était son droit de poète ; ce n'est pas non plus de l'avoir faite dans un sens plutôt que dans un autre : c'était son droit de citoyen ; Aristophane a été le premier réactionnaire de son temps, et il était applaudi de toute la démagogie d'Athènes. Non, ce qui me fâche dans l'œuvre nouvelle de Victorien Sardou, c'est qu'elle est fort médiocre, autant du moins que j'en ai pu juger à cette première audition ; c'est qu'elle n'est qu'un pamphlet, et un pamphlet, qui n'est pas de premier ordre.

Le premier acte se passe à Monaco, chez le roi de cette principauté microscopique et fantaisiste. Il roule tout entier sur les ennuis de ce pauvre prince en butte aux attaques incessantes d'une opposition tracassière, qui excite contre lui son peuple, et travestit tous ses actes. Il y a certainement beaucoup de vivacité et d'esprit dans ces conversations, qui ont amusé le public. Il y manque... je suis bien embarrassé pour trouver le mot. Mais l'acte fini, j'entendais autour de moi tous les journalistes, répandus dans les couloirs, se dire les uns aux autres : « Mais nous avons dit tout cela mille fois ! mais ce sont des mots pillés de droite et de gauche, chez nous ! mais ces prétendues hardiesses sont des *truismes !* » Eh ! oui, sans doute, nous avons dit tout cela, et fort souvent, et tout aussi bien ! Mais voulait-on que Sardou inventât rien en cette matière ?

Est-ce qu'avant le *Mariage de Figaro*, toutes les idées que Beaumarchais y a reprises n'avaient pas été cent fois, mille fois traitées et ressassées par des hommes qui n'étaient rien moins que Voltaire, Diderot, Montesquieu, d'Alembert et les autres encyclopédistes ? Quel a donc été le mérite propre de l'écrivain dramatique ? Il a ramassé ces vérités éparses, toute cette lumière diffuse, en traits acérés, qui se sont enfoncés dans la blessure. Toute la gent des écrivailleurs avait dit, avant lui, que les hommes étaient égaux, et que la naissance n'était qu'un hasard qui ne préjugeait rien du mérite. Toutes ces dissertations sur l'égalité se sont condensées en cette flèche aiguë, immortelle : « Il s'est donné la peine de naître ! »

Eh ! bien, c'est là ce qui manque à Sardou. Il a écrit, en journaliste de talent, dans ce premier acte, une série d'articles très vifs et sémillants, qui ne seraient pas sans faire honneur à la feuille où ils paraîtraient, dont cinquante personnes parleraient sur le boulevard Montmartre, à la sortie de la Bourse, et qu'on aurait oubliés le lendemain. Il n'a pas aiguisé ces vérités en flèche, il n'a su leur donner ni une pointe, ni des ailes. Pas un de ces mots à l'emporte-pièce qui résument un millier de dissertations et qui sont, comme l'algèbre du journalisme, une algèbre vivante, passionnée, qui éblouit l'imagination de la foule en même temps qu'elle satisfait la raison du philosophe, et qu'on sent marquée du sceau de l'immortalité.

La prose de Sardou est jolie, coquette, frétillante ; elle a même l'allure dramatique ; mais essayez d'en détacher une de ces phrases qui sont comme les médailles en or pur du bon sens, qui reluisent et sonnent, vous ne le pourrez pas. Tout cela est sautillant et dispersé.

Le second acte nous mène à la brasserie du *Crapaud volant*, qui est en même temps le bureau de rédaction du journal de l'opposition. C'est là que nous faisons connaissance avec Rabagas, qui donne son nom à la pièce.

J'aurais souhaité que Rabagas fût un type, comme l'est Giboyer, comme l'est Figaro, le type du déclassé ambitieux, et que toutes les époques se pussent reconnaître à ce portrait aussi bien que la nôtre. La chose valait la peine d'être tentée ; elle eût demandé une longue réflexion, et beaucoup d'art. Mais je crains bien que Sardou ne soit décidément qu'un improvisateur.

Son *Rabagas* n'est qu'un composé de morceaux hâtivement pris aux illustrations de ces derniers temps et mal cousus ensemble. Ce n'est pas un caractère qui se tienne, c'est une caricature, où l'on a pêle-mêle mis la bouche d'Émile Ollivier sous le nez de Gambetta, sans oublier l'oreille de Darimon, et tout cela grossi, chargé, criant.

Le Rabagas qui fait son entrée au *Crapaud volant*, avec ses allures de bohème, ne peut pas être le même Rabagas qui accepte si aisément une invitation à la cour, et n'a d'autre ambition que d'être ministre. L'un rappelle les légendes qui ont cours sur Gambetta jeune; l'autre fait souvenir d'Ollivier. Quoi de plus dissemblable que ces deux hommes !

C'est qu'avant tout, Sardou cherche le succès du jour, et il n'y en a pas de plus aisé que celui de l'allusion qui fait scandale. Il ne s'est pas mis en peine de concevoir un caractère et de le proposer à l'étude des hommes qui pensent. Il a charbonné sur le mur de son *Crapaud volant* une silhouette amusante, comptant sur la curiosité en éveil du public, pour faire éclater de rire.

Il est certain que cet acte est d'une turbulence fort gaie. La verve en est un peu grossière et tumultueuse, d'accord; les plaisanteries ne sont pas neuves, il s'en faut, et la plupart sont d'un goût douteux. Mais enfin, il y a dans toutes ces scènes beaucoup de ce brio particulier à Sardou ; c'est un piétinement sur place, qui trompe sur le peu de chemin parcouru.

Le troisième acte nous transporte au bal de la cour, où Rabagas a été invité, et s'est rendu en culotte courte, selon l'étiquette. La maîtresse du prince s'est chargée de museler le lion, de lui couper les dents et les ongles et de le rendre plus doux qu'un mouton. Ceux qui seraient curieux de s'assurer combien l'art de Sardou est gros, et je dirai presque brutal, n'ont qu'à comparer la scène où

Éva fait au tribun les offres de la cour, à une autre scène à peu près semblable qu'ils trouveront dans *Richard d'Arlington*.

Dumas père n'était pourtant pas de ceux qui ont la main très délicate et bien légère. Et pourtant, comme cette scène de la séduction est mieux ménagée chez le vieux maître! On se sent presque tenté d'excuser l'homme d'État qui faiblit et qui cède. Rabagas n'est qu'un malotru vulgaire, et miss Èva, une entremetteuse de cour.

Voilà donc le bohème devenu ministre. La sédition qu'il avait commandée lui-même pour le soir, ignorant son élévation future, éclate sous les fenêtres du prince; il veut haranguer le peuple, et il en est hué. Il perd un peu la tête, et ne cesse de s'écrier : « Mais qu'est-ce qu'ils peuvent demander encore, puisque je suis ministre? » Enfin, il donne les ordres les plus sévères pour qu'on balaye toute cette canaille, et il ose, du premier coup, user de moyens de répression devant lesquels avaient reculé jusqu'à ce jour le prince et ses ministres.

Toute cette fin de tableau est encore pleine de mouvement, et assez drôle par intervalles. Mais c'est toujours de la caricature. On y sent trop que Rabagas se moque de lui-même, pour l'amusement du public. Il me semble que des bohèmes, arrivés au pouvoir, se prendraient bien plus au sérieux que cela, et qu'au lieu de se dire à eux-mêmes : Nous sommes d'indignes pleutres, ils se feraient des phrases sur le bonheur du peuple, et seraient dupes de leur propre éloquence.

Jamais ambitieux, arrivé au souverain pouvoir par un coup de fortune, a-t-il dit à ses anciens acolytes : « Voyons! pas de blague entre nous! qu'est-ce que nous voulions? Des places, n'est-ce pas? Eh! bien, nous allons nous les partager. » On se les partage, mais sérieusement, au nom du peuple, dont on prétend faire le bonheur. Il est vrai que la chose tournée de cette façon n'exciterait pas le rire facile de la foule; mais elle serait, je crois, d'une observation plus vraie et plus profonde.

Tous ces gens, mis en scène par Sardou, ne sont que des pantins grotesques dont il tient la ficelle. A l'un, il fait lever le bras ou la jambe; à l'autre, tirer la langue; à l'autre, faire la grimace; aucun n'agit en vertu de son caractère. *Rabagas* n'est qu'une vaste pochade en cinq actes, et j'en reviens là : a-t-on le droit de risquer la paix publique pour une pochade?

Les deux derniers actes sont d'une faiblesse déplorable. Sardou a, suivant une malheureuse habitude, cousu une intrigue vulgaire d'amoureux à sa pièce politique; et jamais il n'a été moins heureux dans ses inventions. C'est une berquinade, et dont le pire défaut encore est que personne n'a rien pu y comprendre le premier soir.

Il faut, pour se rendre compte de l'action, faire une attention extrême à des détails de portes, qui conduisent à une partie du palais plutôt qu'à une autre; si l'on oublie une seule circonstance, on perd le fil de l'intrigue; c'est ce qui est arrivé l'autre jour à toute la salle. Il est vrai qu'elle ne s'en souciait guère.

Tout cet imbroglio de lettres surprises, de rendez-vous donnés, de jeune fille compromise, et se mariant à son amoureux est si vieux, si usé; il était si peu en harmonie avec les passions soulevées chez les spectateurs par les premiers actes, il avait été même si maladroitement combiné pour l'effet scénique, que les plus chauds partisans de Sardou l'ont abandonné à ce moment. Cela était décidément trop mauvais. J'imagine qu'on en aura coupé la plus grande partie depuis la première représentation.

Rabagas n'apparaît qu'une fois au dernier acte. L'auteur lui a mis dans la bouche un long récit de révolutions qui est la parodie de nos dernières insurrections. Est-ce le récit qui est mal venu? est-ce Grenier qui l'a mal dit? Le public était-il plus agacé, plus nerveux? Je n'ai pu m'en rendre compte, à travers l'agitation croissante d'une salle, qui était, depuis trois heures, si violemment surexcitée? Le fait est que cette longue tirade a été accueillie par des murmures, et qu'à la fin, elle a provoqué de nombreux sifflets.

Je ne l'ai pas trouvée spirituelle, pour mon compte. Mais je me défie de mon impression à ce moment. Je dois même loyalement mettre en garde mes lecteurs contre ce feuilleton, bien que j'aie tâché d'y observer beaucoup de mesure. Mais comment voulez-vous qu'on écoute impartialement une pièce dans cet air chargé d'orage, au milieu de gens qui vous agacent de leurs applaudissements de parti pris ou de leurs coups de sifflet intempestifs.

C'est Grenier qui faisait Rabagas. Était-il bien nécessaire d'enlever Grenier aux Variétés, pour lui confier ce rôle? La troupe du Vaudeville est une des meilleures de Paris, et quand Sardou apporte une pièce à ce même Vaudeville, il ne veut d'aucun des acteurs qui la composent. Il lui faut Lafont, il lui faut Grenier. Tout cela est bien étrange. Enfin, c'est son affaire et celle du directeur.

Grenier était fort ému. Il m'a paru accentuer encore ce qu'il y a de grossier et de vulgaire dans la figure de Rabagas. Il l'a joué en pitre; mais peut-être était-il difficile de le jouer autrement, et a-t-il suivi les indications de l'auteur. Lafont n'était pas, lui non plus, bien à son aise. Il a manqué une ou deux fois de mémoire, et c'est dommage; car il a été parfait de dignité et de bonne grâce.

Et maintenant, quel sera le succès de la pièce?

Je n'en sais rien. Je voudrais bien qu'on permît à l'essai

de se faire jusqu'au bout, et que si elle doit tomber, ce fût dans l'indifférence publique. Les gens que l'on égorge ont toujours le droit de crier au martyre. Pourquoi le leur donner?

5 février 1872.

LA HAINE

Ce drame est d'une grande sobriété d'action, et rien n'est plus facile que d'en dégager les deux scènes capitales, les deux moments décisifs, ceux qui font coup de théâtre.

Une jeune fille de famille patricienne, Cordélia Saracini, a, dans une fête publique, insulté un homme du peuple, Orso Savagnano. Il a juré de s'en venger. C'est le temps de la guerre des Guelfes et des Gibelins. Toute ville d'Italie est divisée en deux factions : Sienne comme les autres. Orso profite de cette situation, se met à la tête d'hommes déterminés du parti guelfe, y joint quelques aventuriers allemands, et donne l'assaut; il est vainqueur, il arrive au palais qu'habite Cordélia; il en force les portes. Les frères de Cordélia se sont repliés pour organiser la résistance plus loin; elle est restée seule. Orso monte, la saisit et la déshonore. C'est la nuit; elle n'a point vu le visage du misérable; elle ne sait que l'outrage. Elle le conte à ses frères, elle les anime à la vengeance; il lui faut le coupable; elle est folle de colère et de désespoir.

Enfin un hasard la met sur la piste; elle a entendu la voix de l'homme, et cette voix, elle la reconnaît : c'est

Orso. Elle s'attache à ses pas ; elle épie l'heure, et au moment même où sonne l'angelus qui termine la trêve entre les deux partis, elle se jette sur lui et lui enfonce un poignard dans le cou ; il s'affaisse, et elle s'enfuit, sans s'assurer s'il est bien mort.

Cette crainte la poursuit : s'il avait échappé ? Elle se décide à faire, de nuit, une revue des morts tombés dans la bataille du jour. Elle les examine les uns après les autres, sans trouver ce qu'elle cherche. Parmi ces cadavres, un blessé se soulève et demande une goutte d'eau. Elle tressaille à cette voix : c'est lui. Il continue de gémir.

— Je ne puis pourtant lui refuser une goutte d'eau.

Elle la recueille dans le creux de sa main à la fontaine, et la lui porte. Elle se penche sur lui, lui met la tête sur ses genoux, et le regarde.

Elle l'aime.

La haine a cédé devant la pitié, qui mène à l'amour.

Voilà un coup de théâtre ; c'est le pivot sur lequel tourne la pièce.

Ce coup de théâtre, je l'ai déjà entendu beaucoup discuter ; on contestait la vraisemblance de ce changement soudain.

Ce n'est pas là la vraie critique, à mon sens. Ce revirement est très admissible, très humain. Ce que je reprocherai à l'auteur, c'est de ne l'avoir pas expliqué, préparé, c'est de ne pas nous avoir fait entrer dans les raisons qui le rendaient nécessaire. Ces raisons, il faut que nous les inventions nous-mêmes ; il faut que nous retrouvions la logique d'une action qui semble au premier abord si inconséquente.

Tous les développements de Sardou n'ont jusqu'à ce moment porté que sur un point : la fureur de Cordélia, la rage de ses frères, la haine qui sépare les Gibelins des

Guelfes, le mépris des nobles pour ce ramas de va-nu-pieds ; nous n'avons vu que tableau de batailles, qu'expression de sentiments farouches, que caractères entiers, violents, tout d'une pièce. Rien n'a pu nous faire prévoir que sur un simple cri de douleur, Cordélia, qui doit pourtant être habituée aux scènes de carnage, dont l'âme parait vigoureusement trempée, va s'émouvoir d'une compassion telle que son cœur s'ouvrira à l'amour.

Songez que ce revirement se fait sur un simple mot, se traduit par un seul geste, et que la pièce va être lancée dans une direction nouvelle.

C'est là toute mon objection.

Remarquez que je ne la ferais point, si tout le public était saisi, emporté par ce mot et par ce geste. C'est qu'alors le revirement serait si naturel qu'il n'aurait aucun besoin d'explication. Mais point ; il m'a paru étonner le public et le déconcerter.

Pour moi, personnellement, il m'a semblé curieux et m'a laissé froid.

Poursuivons : Cordélia a recueilli chez elle l'ennemi de sa maison, le larron de son honneur ; elle le soigne, il est guéri. Pendant ce temps-là la guerre civile a continué, et le parti d'Orso est vainqueur ; mais l'empereur d'Allemagne, profitant des dissensions de la ville, est venu mettre le siège devant Sienne. Il menace à la fois Guelfes et Gibelins, et demande, pour lever le siège, une grosse somme d'argent.

L'amour de Cordélia a transformé Orso. Il serait digne d'elle, il conquerrait le droit de lui demander sa main si, réunissant Guelfes et Gibelins contre l'ennemi commun, il chassait l'Allemand de la terre de la patrie ! Il court accomplir ce projet. — Tu n'as été jusqu'à ce jour qu'un bandit, sois un héros, lui a dit Cordélia.

C'est là le second point culminant dont je parlais, la situation capitale du drame.

La scène se passe sur la place publique. Les Gibelins sont vaincus, sont enchaînés, et le bourreau est là, tenant sa hache. Le parti d'Orso s'est érigé en tribunal ; tous les soldats forment un grand cercle autour, et le populaire assiste à toute cette délibération.

C'est alors qu'Orso arrive.

Il s'ouvre de son projet à cette foule.

— Rendez-moi ces prisonniers que vous allez tuer, donnez-leur des armes et marchons tous ensemble contre l'ennemi commun.

Vous pouvez vous figurer sa harangue : elle est pleine de beaux sentiments, exprimés d'un style très rapide. Pourquoi n'a-t-elle pas soulevé dans la salle les mêmes frémissements qu'y excitait jadis le comte de Rysoor, dans *Patrie*, quand il pardonnait à l'homme qui l'avait outragé, à condition qu'il sauvât la patrie? La scène est pourtant, cette fois, bien plus pittoresque ; pourquoi l'impression est-elle moindre?

C'est qu'au fond personne ne s'intéresse ni à cet Orso, qui n'a été en effet qu'un bandit, ni à cette Cordélia qui, d'un côté comme de l'autre, donne, sans motif suffisant, dans les extrêmes de la passion violente. L'injure qu'elle a subie n'est pas de celles qui émeuvent ; chacun se dit en secret qu'il vaudrait mieux n'en point tant parler, ou que si le souvenir en est évoqué sans cesse, c'est précisément entre ces deux personnages, amants aujourd'hui, qu'il devrait se dresser comme un spectre, imposant la réserve.

Nous nous sentions tous pris de compassion pour le comte de Rysoor. Il était si bon, si grand, si tendre! Il aimait d'un tel cœur sa femme et sa patrie! et l'homme, qui l'avait deshonoré, en éprouvait de si cruels regrets, il sentait si bien l'indignité de son crime, il avait un si brûlant désir de le réparer, que toutes les âmes tressaillaient de plaisir, d'attendrissement et d'orgueil, quand l'époux outragé remettait aux mains du jeune héros l'épée qui lui permettait d'effacer son crime.

Mais ici! je n'estime point Orso; Cordélia ne me touche en aucune façon; je suis fort indifférent au sort de Sienne, et l'empereur Charles IV, qui l'assiège, ne m'a jamais été présenté. Enfin, que vous dirai-je? Tout cela m'est égal. Orso dit de fort belles choses; mais il y a dans le *Conciones* une foule de harangues en ce genre, et j'en sais toutes les beautés par avance.

Il faut un dénoûment à tout drame; celui qu'a choisi Sardou est bien cruel, après tant de scènes atroces.

Le frère de Cordélia sait que sa sœur veut épouser un plébéien. Comment ne le saurait-il pas? Au moment où Orso, grâce à son éloquence patriotique, a su entraîner la foule derrière lui, une femme s'est levée, lui criant devant tout le peuple assemblé : « Je t'aime! » Le frère est indigné; il est bien vrai que ce plébéien (dans l'entr'acte) a battu l'empereur et sauvé Sienne. Mais ces grands services n'effacent ni la tache originelle de sa naissance ni son crime.

Cordélia est aux pieds des autels, remerciant Dieu de la victoire remportée. Son frère arrive, et à la suite d'une querelle très courte et très violente, elle tombe pâmée sur les marches de l'autel. Le farouche Saracini tire son poignard pour la tuer; mais il n'ose répandre le sang dans le lieu saint. Comme tout bon Italien, il a du poison dans sa poche. Il en verse sur les lèvres de sa sœur évanouie, et par un geste plein de grandeur triste, il prend quelques-unes des roses offertes à la Vierge et les jette sur le corps, qui gît inanimé à ses pieds.

A ce moment, la foule entre à l'église pour célébrer la victoire, Orso en tête. On lui signale ce cadavre perdu dans l'ombre, et qu'ont trahi de sourds gémissements. Cordélia se tord dans les souffrances.

— C'est la peste! s'écrie un des assistants.

La peste n'arrive pas là à l'improviste, pour les besoins du dénoûment. On en a parlé tout le long du drame. Tout le monde recule avec horreur; seul, Orso s'élance et prend la jeune fille dans ses bras.

La loi est formelle : tout pestiféré, toute personne qui l'a touché doit être retranché du nombre des vivants et muré. Les portes se ferment; le prêtre bénit ce couple qui va mourir, et laisse seuls les deux nouveaux époux. La scène devrait être touchante; car enfin ils sont unis pour l'éternité, et vont, dans un suprême baiser, s'envoler vers la mort. Personne n'est ému.

Que manque-t-il à tout cela? Il manque... il manque... ma foi, je vais lâcher le mot, il manque de la musique. Ce sont là des situations d'opéra; c'est-à-dire que les scènes sont arrangées pour l'effet pittoresque, et que les sentiments humains qu'elles provoquent ont ce je ne sais quoi de vague que peut seule traduire une belle mélodie soutenue des voix puissantes de l'orchestre.

Comme drame, — il est bien entendu que je ne donne ici que mon impression personnelle, que je ne prétends l'imposer à personne, — je me suis franchement ennuyé. Il n'y a pas un moment, dans cette pièce, où je me sois intéressé à quelqu'un ou à quelque chose.

Est-ce à dire pour cela que ce soit une œuvre médiocre?

Assurément non. Il y a de grandes qualités dans cette vaste composition. Ce n'est déjà pas un petit mérite de l'avoir su ordonner avec cette clarté et cette puissance, à travers de si nombreux prétextes à mise en scène.

Sardou a le maniement aisé des masses chorales. De même qu'autrefois nos vieux poëtes voyaient une action se dérouler dans ce milieu abstrait de l'âme humaine, il sait distribuer la sienne, avec une grandeur et une habileté merveilleuse, en tableaux qui mettent l'imagination en branle. Ne croyez pas que ce soit là un art facile; ne vous dites pas : Parbleu! avec un directeur disposé à dépenser cent mille francs et un bon metteur en scène, j'en ferais bien autant.

Non, mon ami, mon jeune ami, vous n'en feriez pas autant. Vous prodigueriez les décors, les processions, les batailles; mais vous ne sauriez choisir parmi les scènes de la pièce, celles qui peuvent être à effet, celles qui seront en quelque sorte les illustrations nécessaires du drame. Vous, vous jetteriez les cent mille francs dans le trou à côté. On a beaucoup vanté, en ces derniers jours, la prodigieuse habileté de metteur en scène que possède Sardou. Mais ce n'est là qu'un mérite vulgaire.

Sa grande qualité, c'est de savoir juste ce qu'il faut mettre en scène; c'est d'être un auteur dramatique. Elle éclate à tous les moments de ce drame, et voilà pourquoi je n'ose pas trop en vouloir à Sardou.

Il est certain que sa pièce, prise à un certain point de vue, est très remarquable. C'est un livre illustré par Doré, dont personne ne lit plus le texte. Les gravures vous le révèlent; car elles tombent à pic sur les situations intéressantes, et elles vous l'expliquent en même temps.

Et cependant je ne pouvais me défendre d'une réflexion. Mme de Staël conte, dans son *Allemagne*, qu'un jour un spectateur, écoutant dans une de nos tragédies le récit d'une bataille, demanda qu'on levât la toile de fond pour qu'il la vit de ses yeux. Eh! bien, j'éprouve un sentiment contraire quand je vois ce genre de pièces.

Supposez que Corneille, composant le *Cid*, eût intercalé ce tableau : c'est la nuit; le ciel est piqué d'étoiles qui la rendent plus obscure; un fleuve coule au fond de la scène, et derrière, une ville s'enfuit à l'horizon lointain, éclairé de quelques rares lumières.

Une trentaine de figurants au plus s'avancent discrètement sur la scène, et, de temps à autre, des compagnons viennent se joindre à eux. Ils échangent quelques mots à voix basse, se postent le long du cours d'eau et, de temps à autre, quelqu'un dit : Attention! les voilà!

Dans la brume, on distingue à peine des barques qui glissent silencieusement sur la rivière; les soldats en descendent; ils sont accueillis par de grands cris; combat sur la scène, poussée des deux partis de figurants, les uns sur les autres, jusqu'à ce que le côté vaincu se rembarque avec des cris, et qu'un combat singulier s'engage à la rampe, entre le Cid et le chef des assaillants.

Mettons que ce tableau soit réglé avec la précision pittoresque de Sardou, cet incomparable metteur en scène, vaudra-t-il jamais pour la postérité les beaux vers de Corneille :

> Nous partîmes cinq cents, mais par un prompt renfort
> Nous nous vîmes trois mille en arrivant au port...

Et ce mot admirable :

> Nous nous levons alors......

Ce ciel de fond piqué de jets de gaz fera-t-il sur nos neveux le même effet que le vers mélancolique et charmant :

> Cette obscure clarté qui tombe des étoiles......

Décidément l'ancien système avait du bon : il était trop

exclusif; celui que Sardou prétend lui substituer ne l'est-il pas davantage encore?

Ce sont les figurants et les accessoires dont le rôle est prépondérant à cette heure. La foule est le personnage principal. Les tableaux succèdent aux tableaux, et dans l'œuvre nouvelle, ils sont tous uniformément sombres.

Le champ de bataille ou l'église, on ne sort pas de là; l'orgue ou le clairon, et des morts partout. Je ne sais qui demandait un loup dans les bergeries de Florian. Une larme de tendresse, une vraie, belle larme au travers de toutes ces tueries, Sardou!

Il est possible que je me trompe; car j'en reviens là; ce drame est plein de talent, et il a été profondément étudié par un artiste que je crois très convaincu. Mais je ne puis pourtant m'abstraire de ma sensation première; tout cela m'a laissé parfaitement froid.

On s'est tant extasié sur la splendeur de la mise en scène, que j'aurais comme une envie sourde de n'en point parler. Ce devrait être un détail de peu d'importance; on lui donne à présent la première place. Il n'est que juste cependant de reconnaître que, parmi ces décors, quelques-uns sont des chefs-d'œuvre d'un goût exquis; le dôme vu de face est une merveille de légèreté et de grâce; l'intérieur de l'église est superbe.

Les paysages italiens crient de couleur locale. Toute la figuration est habillée avec un soin intelligent et consciencieux, qui fait honneur et à l'auteur et à la direction. Les chants sont beaux et bien exécutés. C'est, à tout prendre, un spectacle digne d'être vu.

C'est Mlle Lia Félix qui a emporté le meilleur du succès. Elle a trouvé des accents superbes d'indignation, de douleur et de désespoir, lorsqu'elle raconte à ses frères l'outrage dont elle a été victime. Elle a été magnifique d'enthousiasme, quand elle a envoyé son amant réconcilier les Guelfes et les Gibelins et chasser l'Allemand de la terre natale.

Tout ce que je puis reprocher à ce rôle (ce n'est pas la faute de l'actrice), c'est d'être d'une violence uniforme; il n'y a pas un moment de rémission; toutes les phrases vibrent; tous les mots sont à effet; il faut tout crier; tout mettre en dehors. Il y a pour la comédienne et pour le public une certaine fatigue à cette tension perpétuelle.

Mme Marie Laurent s'était chargée d'un rôle à côté; un rôle très long, mais qui tient si peu à l'action, que j'ai pu la raconter, sans même avoir besoin de prononcer son nom.

Elle y est également très belle; mais c'est encore, c'est toujours la même note, une note de haine et de fureur.

— Ceux qui aiment cette note-là..., disait Bilboquet.

C'est moins ici un jugement qu'une impression que je donne. L'impression n'est pas favorable au drame nouveau; mais lorsqu'on ne consulte, en fait d'art, que la sensibilité, elle est sujette à tant d'erreurs, qu'il ne faut pas trop s'y fier.

Une action très mince perdue dans un cadre immense, des passions d'une violence uniforme et dont l'expression a toujours je ne sais quoi d'épileptique, une merveilleuse entente du décor et de la figuration, de belles situations d'opéra, un éblouissement perpétuel des yeux, rien pour le cœur, presque tout pour l'imagination, tel me paraît être à cette heure le nouveau drame de Sardou.

7 décembre 1874.

FÉDORA

Le Vaudeville a donné la première représentation de *Fédora*, drame en quatre actes, de M. Victorien Sardou. Jamais soirée ne fut attendue par les Parisiens avec plus d'impatience, non pas même celle du *Roi s'amuse*, et n'excita chez nous plus de curiosité. Le nom de Sardou a le privilège d'attirer et de passionner la foule. Il était joint, cette fois sur l'affiche à celui d'une comédienne qui, après nous avoir quittés, avait durant dix-huit mois empli l'Europe du bruit de ses aventures. Il n'était personne qui ne fût désireux de juger ce qu'avait gagné ou perdu Mlle Sarah Bernhardt à ces fugues poussées à travers tant de pays. C'étaient là deux attractions si puissantes, qu'avant même que le rideau se fût levé sur la première scène de la première représentation, la salle était louée pour les vingt-cinq premières.

Contons, en historien fidèle, les événements de cette soirée.

Nous sommes à Saint-Pétersbourg. La princesse Fédora n'a pas vu de la journée le comte Wladimir, qu'elle doit épouser dans quelques jours, et qu'elle aime éperdument. Inquiète, elle vient chez lui à la sortie du théâtre. Elle craint pour le comte, qui est le fils du ministre de la police, et qui doit, pour cette raison, être détesté des nihilistes. Comme elle interroge les domestiques, l'oreille tendue aux bruits de la rue, le roulement d'une voiture la fait tressaillir. C'est le comte qui rentre !

C'est lui, en effet, mais blessé, mais mourant. Il a été victime d'un guet-apens, car il a été ramassé dans une maison d'un faubourg isolé, où sans doute il a été attiré par ceux qui voulaient se venger de son père.

Si vous voulez vous rendre compte de ce que c'est au théâtre que le génie de la mise en scène, regardez avec soin ce premier acte au Vaudeville. Au fond, il n'y a pas grand'chose. Une femme attend un homme ; on l'apporte mourant ; elle se lamente, elle demande comment le malheur est arrivé. C'est une entrée en matière qui n'a rien d'extraordinaire ; vous la retrouverez dans plus d'un drame.

Ce qui n'appartient qu'à Sardou, c'est l'art merveilleux avec lequel il rassemble toutes les petites circonstances qui, dans la vie ordinaire, accompagnent ces sortes d'aventures : on transporte le corps du blessé dans sa chambre, dont la porte s'ouvre au fond de la scène pour le recevoir. Les serviteurs vont et viennent, d'un pied suspendu, l'air désolé. Des chirurgiens passent et repassent, affairés, jetant un ordre à voix basse, et répondant d'un hochement de tête à de muettes interrogations.

Un domestique arrive portant une fiole qui doit contenir quelque remède. Fédora s'en saisit au passage et va frapper d'un doigt discret à la porte de la chambre à coucher ; on n'ouvre pas. Elle frappe de nouveau, mais un coup faible encore, comme si elle craignait d'être trop entendue ; elle attend, penchée, anxieuse.

La porte continue à rester fermée ; mais un valet de chambre qui a fait le tour paraît à l'entrée de gauche, la mine affligée, un doigt sur les lèvres ; il prend la fiole des mains de la princesse et se retire, sans un mot échangé.

Ce n'est rien que ce détail : l'effet en est immense. Tout l'acte est plein de semblables trouvailles. Il est clair que je ne vous donne pas cette prodigieuse habileté de metteur en scène pour le comble du grand art. Je préférerai toujour à ces adresses de main un développement de caractère ou un sentiment vrai, exprimé dans une belle langue. C'est de l'art inférieur, si l'on veut, mais un art tout-puissant sur la foule, car il la prend par les yeux ; nous ne l'avions jamais vu poussé à ce degré.

Tandis que les chirurgiens soignent le blessé, la police procède à une enquête sommaire, que la princesse suit et dirige avec une exaltation fiévreuse. On apprend qu'une lettre a été apportée dans la journée au comte, une lettre qui sans doute lui donnait un rendez-vous. Il a jeté négligemment cette lettre dans un tiroir de son bureau. Où est-elle ! Qui l'a prise ? On s'assure qu'un seul homme est entré dans le cabinet du comte. C'est lui qui doit avoir volé la lettre ; c'est lui qui doit être l'assassin. Il se nomme Loris Ipanhof, et demeure en face.

— Courez ! arrêtez-le, crie Fédora aux agents de la police.

La maison est fouillée. L'homme a fui ; il n'y a plus de doute. C'était lui le coupable.

La porte de la chambre se rouvre : le comte est mort.

— Je le vengerai ! s'écrie Fédora.

Tout ce premier acte est, je le répète, une merveille de mise en scène. Il est fait avec rien ; et il s'en dégage une émotion inexprimable. C'est la vie même, la vie réelle, portée sur le théâtre. La malice de l'auteur (je me sers à dessein de ce mot), c'est d'avoir mis l'enquête sur le devant de la scène, et tous les soins donnés au blessé au fond, derrière une porte fermée. A chaque fois que la porte s'ouvre pour un détail de service, l'image du mourant apparaît, traverse et interrompt l'interrogatoire qui reprend aussitôt après.

Le succès est grand, et Sardou peut le prendre pour lui tout seul. Car les interprètes ont été médiocres. Mlle Sarah Bernhardt qui s'attendait peut-être à des explosions d'enthousiasme, a été accueillie avec une réserve qui tenait de la froideur ; elle a été saisie, décontenancée ; elle est horriblement nerveuse. Elle joue, les dents serrées, avec cette voix de la gorge qui marque chez elle cette sorte de frayeur irraisonnée, incoercible, que les comédiens désignent d'un mot d'argot : *le trac*. Ses camarades ont tous pris trop bas ; on a peine à les entendre. Colombey, qui est chargé de faire, sous les traits d'un vieux joaillier juif, l'exposition de la pièce, et de conter au public ce qu'il a besoin de savoir pour la comprendre, est si ému que l'on n'entend pas dix lignes de son récit ; le domestique qui lui répond ne parle pas plus haut. Mais qu'importe ! l'action se traduit toute seule aux yeux par les mouvements des acteurs en scène. Mlle Depoix obtient un succès de beauté. Elle est jolie à ravir dans son costume de moujick.

Au deuxième acte, nous sommes à Paris, chez la comtesse Olga Soukareff, une grande dame russe, très jolie, très coquette, très perverse, toujours en quête d'émotions violentes, et qui raffolerait volontiers du nihilisme, parce qu'après tout le frisson de la peur est encore une sensation, et que le bonheur se mesure au nombre des sensations éprouvées. Dans son salon, nous faisons connaissance avec ce Loris Ipanhof dont nous avons appris la fuite au premier acte. Nous y retrouvons Fédora, qui, s'étant promis de venger la mort de Wladimir, est venue à Paris s'attacher aux pas de Loris Ipanhof. Pour mieux gagner sa confiance, elle feint d'avoir été exilée, comme il l'est lui-même. Elle veut s'emparer de sa confiance, l'amener à confesser le crime, et le punir après. La police russe entretient à Paris des agents chargés de surveiller les menées des nihilistes. C'est elle qui écoute leurs rapports, qui dirige leurs recherches.

Toutes ces intrigues ténébreuses se poursuivent en pleine fête, chez la comtesse, qui reçoit beaucoup. L'acte s'ouvre par une de ces conversations épisodiques que Sardou aime à jeter au milieu de ses drames, pour les égayer. Il a été, cette fois, moins heureux que dans beaucoup d'autres. La conversion est terne; elle ne porte point. Mais le drame ne tarde pas à faire son entrée, et aussitôt il s'empare de toutes les âmes.

Fédora ne s'est pas épargnée à rendre Loris Ipanhof amoureux fou. Mais on ne joue pas impunément ce jeu. Il est beau garçon, ce Loris Ipanhof; il est éloquent; il a quelque chose de romanesque; il est très séduisant. Fédora serait-elle en effet séduite? Se serait-elle prise à son propre piège?

Elle n'en sait rien elle-même; elle ne voit pas clair dans son propre cœur. Est-ce bien par esprit de vengeance qu'elle cherche et attire ce Loris? N'obéit-elle pas, à son insu, à quelque sentiment secret qui l'entraîne vers lui? C'est une question qu'elle s'adresse. Si pourtant cela était vrai!

Voilà un sujet et un beau sujet de drame! Certes, si quelqu'un était capable de le traiter et d'en faire une œuvre vraiment forte, c'était bien Sardou. Mais il sait que les savantes analyses de la passion, il sait que les études psychologiques paraissent aujourd'hui fâcheuses à un public qui vient au théâtre uniquement pour s'amuser. Il préfère être un amuseur. Mais il n'y a pas à dire, c'est le premier des amuseurs; et même alors qu'il n'est que cela, il y a chez lui des parties de grand écrivain dramatique. Ah! que de belles facultés il gaspille! et quel chagrin se mêlait l'autre jour au plaisir que je sentais avec tout le monde!

Il faut que Fédora ait avec Loris Ipanhof une explication définitive; il faut qu'elle sache enfin la vérité. Car, plus elle creuse le problème, moins elle arrive à une solution certaine. Loris est-il un nihiliste? est-il un assassin? Il n'y a que sa fuite qui l'accuse. Mais, à Paris, il ne se cache pas : la police n'a jamais pu surprendre une démarche suspecte; son visage est loyal. La princesse se donne toutes ces raisons de douter, et elle éprouve, en se les donnant, un certain dépit contre elle-même.

La scène de l'explication est d'une habileté... d'une malice... pardon! si ces mots reviennent sans cesse dans cette analyse; c'est qu'en effet ce qu'il y a d'admirable surtout dans le nouvel ouvrage de Sardou, c'est le prodigieux tour de main du faiseur, c'est une adresse incomparable dans l'exercice de la prestidigitation dramatique.

Le stratagème dont se sert Fédora pour arracher son secret à Loris est une merveille d'ingéniosité : elle apprend brusquement à Loris qu'elle est rappelée à Saint-Pétersbourg.

— Vous partez! s'écrie Loris, et moi, je suis exilé! je ne puis vous suivre.

Et Fédora alors, du ton le plus simple :

— Oui, sans doute, pour le moment; mais cet exil peut être levé par l'empereur. Je m'y emploierai; et dans un mois, dans un an au plus...

Voilà Loris au pied du mur.

S'il ne peut pas rentrer à Saint-Pétersbourg, ce n'est pas seulement qu'il est exilé pour cause politique. Il est accusé d'un crime. C'est lui qui a tué le comte Wladimir.

— Ah! misérable, c'est toi!

— Oui, c'est moi, mais de la façon la plus loyale. Il n'y a pas eu crime, je suis innocent.

— Il n'y a pas eu crime! Prouve-le! mais prouve-le donc.

Et ici permettez-moi d'attirer votre attention sur un nouveau truc plus subtil encore que tous les autres.

La logique voudrait que Loris Ipanhof mis en demeure de s'expliquer donnât tout de suite les raisons qu'il a de se croire innocent d'un crime, commis réellement par lui.

Il y a là sans doute une histoire que nous ne savons pas, et sur laquelle s'opérera le revirement familier aux dramaturges

Oui, mais si cette révélation se fait tout de suite, voilà la pièce terminée; et puis le public est déjà saturé de l'émotion première; la seconde risque de manquer son effet. Ajoutez que les deux acteurs ont mené la scène avec une intensité de passion, avec un déploiement de voix tout à fait extraordinaire et qu'ils sont épuisés. La contre-partie n'aura pas toute son action.

Que fait Sardou?

Il trouve moyen de renvoyer l'explication à l'acte suivant.

— Ce n'est pas ici, dit Loris à Fédora, dans cette maison, le lieu de révéler le mystère d'une pareille histoire.

Avouez que cet esprit de précaution lui pousse tard. Car tout ce qu'ils ont dit jusqu'à présent était tout aussi secret, et ils ne se sont pas gênés pour le dire, pour le crier même.

Ce n'est là qu'un artifice de dramaturge expert. Mais voyez comme l'intérêt est suspendu à propos. C'est le feuilleton coupé au bon moment sur la phrase légendaire : Quelle était cette main? Quelle était cette tête?

Et voilà qu'en effet, le rideau baissé, tout le monde se répand dans les couloirs. Quelle scène ! Quelle admirable scène ! — Et ce qui lui donne plus de saveur encore, c'est qu'on en attend la contre-partie, dont il est impossible de deviner la surprise. Oh ! Sardou a ménagé ses effets ! et ce n'est qu'un cri sur Sarah, la grande Sarah ! Elle a été admirable de félinerie et de violence ! Elle a jeté des mots avec une simplicité brusque, qui a fait frissonner tout l'auditoire !

Elle parle encore trop vite, et ce débit précipité, qui est chez elle un des signes visibles de l'émotion intérieure, fait que l'on perd quelques-unes de ses phrases. Mais le visage est si expressif, toutes les passions s'y peignent avec une violence si farouche, qu'on lit sur sa physionomie mobile et vivante les mots que l'on n'entend pas.

C'est une merveilleuse artiste assurément ; mais comme on nous dit qu'était Mme Dorval. J'avoue que, tout en l'admirant de tout mon cœur, si passionnée, si frémissante, je me prenais à regretter le temps où elle était plus harmonieuse, où voltigeait autour d'elle un idéal parfum de poésie.

Je ne sais quel journal contait l'autre jour que Sardou avait pris soin de hacher son dialogue, pour enlever à Mlle Sarah Bernhardt tout prétexte à sa mélopée d'autrefois. Eh ! bien, au cas où l'assertion serait véritable, je ne pourrais m'empêcher d'y avoir quelque regret. Elles étaient d'une grâce si pénétrante, ces caresses de voix de la charmeuse du temps passé ! Ah ! cette voix d'or, qui était si délicieuse dans *Hernani*, dans *Ruy Blas* ou dans *Phèdre*, nous ne l'avons pas une seule fois entendue l'autre soir ! Quel dommage !

Au troisième acte, nous sommes chez la princesse. Elle

attend Loris Ipanhof, à qui elle a donné rendez-vous pour la fameuse explication à une heure du matin.

Mais admirez ici encore l'ingéniosité de Sardou.

Avant d'introduire Loris, il nous montre Fédora avec les agents de la police russe. Elle assigne à chacun d'eux son rôle. Loris sortira par telle porte qui donne sur le quai. Ils l'attendront, le bâillonneront, l'emporteront sur un yacht préparé exprès jusqu'au Havre et de là à Saint-Pétersbourg, où il sera livré à la justice. Elle écrit tous ces renseignements à Saint-Pétersbourg au ministre de la justice, et elle ajoute à ses dénonciations le nom du frère d'Ipanhof qu'on vient de lui signaler.

Le chef de la police est enchanté de ces instructions. Il ne cache pas à Fédora qu'elle a eu raison de prendre son parti, car on la soupçonne à Saint-Pétersbourg de quelque connivence avec les nihilistes, et si elle avait hésité plus longtemps, on avait ordre de s'emparer de Loris et de lui faire son affaire, malgré elle.

Voilà tout bien disposé. Tout cet arrangement ne laisse pas d'être romanesque. Mais, vous le savez, les faits sont pour nous de peu d'importance. Ce qui importe, c'est la vérité des caractères et des sentiments.

Loris arrive et en moins de rien tout s'explique... Oh! mon Dieu! c'est bien simple!... Loris était marié avec une femme nommée Wanda, et le comte Wladimir lui faisait la cour. Elle donnait des rendez-vous à son amant dans une maison écartée. Loris a surpris le secret d'un de ces rendez-vous. Et comment? Il a su qu'elle avait écrit une lettre au comte Wladimir. Il est venu chez lui et il a volé cette lettre que le comte, avec une imprudence qui ne se justifie que par les besoins du drame, avait jetée dans un tiroir ouvert. Il a lu cette lettre accusatrice : il a appris l'heure et le lieu du rendez-vous. Il est entré, il a surpris les deux amants. Wladimir, en voyant le comte, a fait feu; Loris a riposté. Le comte est tombé atteint d'un coup mortel.

Voilà toute la vérité. Le récit en lui-même n'est pas bien intéressant, et il soulèverait de nombreuses objections. Mais, outre qu'il est fait avec ce mouvement qui est familier à Sardou, il a été dit par Berton avec une simplicité et une émotion incomparables, il a été écouté par Mme Sarah avec une nervosité d'attitude et de physionomie dont rien ne saurait donner l'idée.

A un moment, Loris raconte qu'il a vu les deux amants s'embrassant:

— Passe les baisers! s'écrie-t-elle impatiente, tue-le! tue-le donc!

Toute la salle a été secouée d'une émotion singulière. On nous avait beaucoup dit que nous fondrions tous en larmes dans ce drame. Non, je vous assure, on n'a pas envie de pleurer. C'est une curiosité haletante et fiévreuse, mais sèche. Je ne trouve dans toute cette succession de scènes rien de vraiment pathétique, pas un mot du cœur qui prenne aux entrailles. Mais on a la sensation d'un homme ardemment collé au cou d'un cheval qui s'est emballé. C'est quelque chose de vertigineux; on a la gorge serrée d'une terrible angoisse.

Fédora reconnaît son erreur à ce récit: l'amour, qui se dérobait au fond de son cœur, s'est éveillé tout à coup. Ce Wladimir la trahissait donc! C'était un infâme! Loris, en le punissant, l'a vengée; Loris est un héros. Elle l'aime; elle ne s'en cache pas; elle le crie.

Le temps a passé dans ces confidences. Il est deux heures du matin. Il parle de se retirer. Mais, s'il sort, la police russe l'attend. C'est la mort s'il résiste; car on le tuera dans la lutte. Et s'il se laisse faire, s'il est emporté en

Russie, c'est la condamnation, c'est l'exécution infamante. Non, il ne faut pas qu'il parte.

Il insiste.

La scène est fort longue et très montée de ton. J'avoue que pour moi elle me touche médiocrement. Ipanhof est jeune, amoureux ; il ne craint pas de compromettre la princesse, puisqu'il est entré mystérieusement, sans être vu de personne. Fédora fait tout ce qu'elle peut pour le retenir. A sa place, il me semble !... et il n'a d'autre raison, pour justifier sa résistance, que de prolonger la crainte que nous avons de le voir livré en proie à la police russe. Cette crainte est chez nous moins vive qu'il n'imagine. Nous connaissons M. Sardou. Nous savons qu'il ne tiendra pas rigueur à son héros. Ce héros pourrait se décider plus vite. Cette lutte d'un homme qui résiste aux supplications d'une femme, qui s'obstine à la respecter alors qu'elle s'abandonne, cette lutte de Joseph contre Mme Putiphar ne va pas sans un soupçon de ridicule. Ici, il me semble que Sardou a forcé la note.

Au quatrième acte... Et, au fait, pourquoi y a-t-il un quatrième acte ? Ipanhof n'est pas coupable ; Fédora l'aime ; Wanda, la femme d'Ipanhof, n'a qu'à mourir ; on ne s'y intéresse guère ; on ne l'a jamais vue. Voilà la pièce terminée.

M. Sardou, qui avait écrit un prologue admirable, mais inutile, a écrit de même un épilogue, moins admirable, mais tout aussi inutile.

Inutile ? Pas tout à fait. Car il a donné occasion à Berton de se révéler grand artiste. Nous avions vu plus d'une fois jusqu'à ce jour Berton intelligent et consciencieux comédien. Nous ne nous serions jamais douté qu'il pût déployer la sensibilité profonde dont il a témoigné dans ce dernier acte. Il a trouvé des cris de passion qui ont soulevé le public ; il s'est montré le digne partenaire de l'éminente actrice avec laquelle il jouait.

Je n'entrerai pas dans le détail de ce quatrième acte, qui est romanesque et, à mon avis, peu intéressant. La lettre qu'a écrite Fédora à la police russe au commencement du troisième acte a eu pour effet de faire prendre le frère d'Ipanhof, qui a été jeté en prison, où il a été noyé par une crue de la Néva. La mère des deux Ipanhof, en apprenant cette fin terrible, est morte elle-même. Toutes ces nouvelles arrivent à Loris, apportées par un télégramme, qui lui annonce une lettre où lui sera livré le nom de la dénonciatrice.

Ce nom, il le sait enfin ; il court sur Fédora et va l'étrangler dans un accès de fureur ; mais elle a bu du poison, afin de fournir à Mᵐᵉ Sarah Bernhardt l'occasion d'une mort pathétique.

Il est certain que Berton a été, dans ces dernières scènes, merveilleux de tendresse, de désolation, de fureur ; que Mˡˡᵉ Sarah Bernhardt a étalé sur la scène une mort des plus pathétiques. Je ne puis pourtant m'empêcher de remarquer le peu de vraisemblance de cet acte, et combien les sentiments y sonnent faux. J'ajouterai que sur le moment on n'y prend pas garde ; le mouvement dont M. Sardou emporte son public est si endiablé, qu'on n'a jamais avec lui le temps de se reconnaître et de respirer.

Vous avez pu voir par cette analyse que *Fédora* n'est qu'un fait divers découpé en tranches, et mis en scène avec une habileté prodigieuse de main, avec un incomparable brio de dialogue. C'est une œuvre supérieure dans un genre qui n'est que de second ou même de troisième ordre.

18 décembre 1882.

DIVORÇONS (1)

Ne vous trompez pas à ce titre : ce n'est point là une comédie de mœurs, une étude sociale ou politique, quelque chose comme *Madame Caverlet*, par exemple, qui mette sous forme dramatique une thèse de philosophie. MM. Sardou et Najac (et il faut les en louer, puisqu'ils écrivaient pour le Palais-Royal) n'ont pas affiché de visées si hautes. Ils n'ont eu d'autre but que d'amuser le public.

La donnée première du vaudeville est celle-ci : Il y a de par le monde une foule de jolis jeunes gens qui font la cour aux femmes mariées ; ils n'ont d'autre mérite à leurs yeux que de n'être pas les maris. Ah ! s'ils étaient les maris, c'est-à-dire la régularité de la vie quotidienne, le devoir, la maison à tenir, les enfants à débarbouiller... mais ils sont l'inconnu, l'idéal... Le jour où ils passeraient maris à leur tour, les femmes s'apercevraient peut-être qu'elles ont perdu au change.

Cette idée n'est pas neuve. Mais il importe assez peu au théâtre qu'une idée soit neuve ou vieille, pourvu qu'elle soit renouvelée par la façon dont on la présente, pourvu qu'elle soit rejetée dans le courant de la vie contemporaine.

(1) En collaboration avec E. de Najac.

Ces messieurs ont usé, pour la remettre sous les yeux du public, de la faveur avec laquelle sont accueillis en ce moment les projets de loi sur le divorce.

Ils auraient pu aisément transporter l'action de leur pièce dans un pays ou dans un temps, usons du mot à la mode, dans un milieu où le divorce serait légal.

Ils nous auraient montré dans un premier acte un mari détesté de sa femme, tandis que l'amant a toutes les qualités et toutes les vertus. Le divorce intervient; au second acte, la femme, qui a divorcé, fait l'épreuve dont je parlais tout à l'heure; au troisième acte, elle reconvole avec son premier mari, qui est infiniment supérieur à l'amant devenu mari.

Remarquez que cette donnée pourrait parfaitement se mettre à la scène sans que l'idée du divorce intervînt.

Supposez — le cas n'est pas rare dans la vie moderne — supposez une femme qui ait pris un amant, tout en demeurant avec son mari, soit que son mari ignore ce commerce, soit qu'il le regarde avec l'indulgente indifférence d'un philosophe. L'amant finit par passer second mari, et plus mari que le premier, par devenir aussi insupportable, plus insupportable que n'était le vrai mari, et il est permis de croire que la femme, comparant les deux hommes, se dira un beau jour avec un soupir : Décidément mon premier valait mieux encore.

Cette situation se trouve dans l'*Ami des femmes*, d'Alexandre Dumas.

Sardou et Najac ont préféré ramener la chose aux proportions du vaudeville fantaisiste. Un ménage va mal; le mari est en baisse et l'amant en hausse près de la femme. La femme se donnerait volontiers à l'amant; mais des scrupules l'arrêtent; des scrupules qui seraient levés si la loi sur le divorce était votée. Que lui importerait alors de céder à un amant qui aurait le droit un jour de passer mari ?

Que fait l'amant ? Il suppose une dépêche télégraphique qui annonce le vote de la loi. Puisque c'est à ce fil que tient la vertu de la femme qu'il aime, voilà le fil coupé. Il sera heureux.

Mais le mari n'est pas un sot ; il surprend le secret de ce télégramme fabriqué par un faussaire. Au lieu de dire à sa femme : « Tu sais, cela n'est pas vrai, le divorce n'est pas voté, » ce qui remettrait au lendemain la solution de difficultés toujours pendantes, toujours aiguës ; il fait semblant de prendre le télégramme pour bon ; il y a mieux : il le confirme par un mot qu'il va chercher à la préfecture, si bien que non seulement sa femme donne dans le panneau, mais que l'amant même est pris à son propre piège.

— Et maintenant, dit-il à sa femme, que nous allons divorcer, nous ne sommes plus que de bons camarades... C'est l'autre qui est ton mari. Causons...

Ne m'objectez pas, je vous prie, que la fable offre peu de vraisemblance. Cette considération n'est d'aucune importance en ce genre de pièces. Tout le monde sait bien que cela n'est pas vrai et ne saurait l'être. C'est un de ces rébus qui commencent ainsi : *Étant donné que...*

Il faut accepter la donnée.

Et savez-vous ce que je reprocherais aux auteurs dans ce premier acte ? Ce n'est point du tout d'avoir choisi une donnée impossible ; c'est d'avoir passé un acte à la rendre vraisemblable. Voilà des préparations fort inutiles. Tout ce premier acte m'a paru un peu long et vide. En deux mots, l'affaire pouvait être bâclée. C'est une convention à conclure entre les auteurs et le public :

— Acceptez-vous l'hypothèse ? demandent les auteurs.

— Dame ! oui, répond le public, si vous en tirez des scènes plaisantes ;

— Allons-y donc ! reprennent les auteurs.

Eh ! bien, il faut rendre justice à MM. Sardou et Najac : une fois l'hypothèse admise, les scènes à faire ont été faites et merveilleusement faites. Il y a dans le second acte, le plus important, le plus essentiel, deux scènes qui sont de la meilleure comédie, et de la plus désopilante.

Le mari, donnons-lui son nom, M. Desprunelles, cause avec Mme Desprunelles, qui n'est plus que sa camarade, la chose est convenue. Au point où ils en sont ensemble, il a bien le droit, n'est-ce pas ? de demander à sa femme, à celle qui va être son ex-femme, car le divorce leur permettra à chacun de se remarier, ce qu'elle a jusqu'à ce jour accordé à l'homme qui lui faisait la cour.

Vous voyez d'ici l'interrogatoire : vous imaginez combien il peut être piquant, la femme racontant à son mari, à son ex-mari, les privautés qu'elle s'est permises, les occasions où sa vertu a failli sombrer. C'est la fameuse scène d'Arnolphe et d'Agnès... — *il m'a pris le...* — refaite, et de la façon la plus drôle. Car M. Desprunelles est, comme Arnolphe, très intéressé à connaître le dernier mot de ces confidences. De même qu'Arnolphe a envie de savoir si celle qui doit être sa femme a failli, M. Desprunelles, qui nourrit le machiavélique espoir de reconquérir celle qui fut sa femme, n'a pas un moindre intérêt à apprendre les hasards qu'a courus son honneur et s'il y a sombré.

La scène est faite avec un esprit et un brio étourdissants.

Elle a sa contre-partie qui n'est pas moins heureuse.

M. Desprunelles, qui feint d'avoir abdiqué toute prétention sur Mme Desprunelles, lui annonce qu'il va dîner au restaurant, afin de la laisser avec ce charmant Adhémar qui doit devenir son mari.

Mais que voulez-vous ? depuis que le charmant Adhémar est un mari en perspective, il fait à Mme Desprunelles l'effet d'un vrai mari. Elle le trouve *in petto* un peu exigeant, un peu sot ; elle ne peut s'empêcher de le comparer à son ex-mari.

La jalousie la mord au cœur.

— Et avec qui vas-tu dîner au restaurant en cabinet particulier ?

Elle passe en revue les femmes à qui son ex-mari peut songer, et elle les lui drape de la belle façon, et il l'interrompt avec un air de doux reproche :

— Ah ! ce n'est pas gentil ! Moi, je ne t'ai pas débiné Adhémar.

La scène est admirable d'ingéniosité et d'entrain. C'est à coup sûr une des plus jolies et des plus vivantes qu'ait écrites Sardou. Elle est même relevée par une petite pointe de sentiment qui lui donne encore plus de saveur.

Vous devinez comme elle se termine.

M. Desprunelles emmène sa femme dîner en cabinet particulier, et Adhémar mangera tout seul le dîner officiel préparé à la maison.

Ah ! si la pièce s'était terminée là, et que l'on eût resserré le premier acte dans une scène de préparation rapide, quel délicieux chef-d'œuvre en un acte Sardou nous aurait donné sous le titre : *Divorçons !* C'eût été une merveille.

Mais voilà... on tire à la ligne... Le premier acte n'était amusant qu'à demi et peu utile. Le troisième n'est qu'une superfétation qui n'ajoute rien à l'idée désormais complète.

M. Desprunelles dîne en tête à tête avec sa femme, et tous deux se mettent à bavarder ensemble. Il y a dans ce dialogue bien de la verve et de l'esprit. Oserai-je dire que j'y trouve deux défauts ? Le premier, le plus grave, c'est que toute cette conversation ne nous apprend rien de nouveau, c'est qu'elle n'est que d'ornement, la pièce étant finie.

Le second, c'est un point plus délicat, c'est qu'elle me semble passer la mesure des grivoiseries permises.

Vous me direz qu'il y en a bien d'autres dans le répertoire de M. Labiche et dans celui de Lambert Thiboust. Oui, je le reconnais. Mais c'étaient des gaillardises bon enfant, qui étaient sauvées par une gaieté franche. Cela avait l'innocence du bébé qui se roule sur le tapis avec un rire frais, montrant à plein tout ce que l'on cache d'ordinaire.

Ici, c'est la gaudriole à froid, la gaudriole voulue, préméditée, sur laquelle on insiste.

Je n'en donnerai qu'un exemple :

M. et Mme Desprunelles, passant en revue les jours qu'ils ont vécus ensemble, font le compte des heures qui ont été agréables.

Combien consacrées à ceci... à cela...

Et enfin, combien consacrées à l'amour?

Et ils se livrent, avec une foule d'allusions polissonnes, à une arithmétique sérieuse sur ce chapitre.

Je ne suis pourtant pas prude, il s'en faut. J'étais cependant mal à l'aise. Il n'y a rien que je haïsse en littérature comme le nu pour le nu. Ces plaisanteries grasses peuvent être l'effervescence ou d'une imagination légèrement surexcitée ou de sens mis en émoi ; mais, quand elles partent d'un dessein formé de présenter à l'esprit des images lubriques, c'est de la pornographie pure.

Sardou a trop d'esprit et de grâce de style pour tomber si bas. Je crois cependant qu'il est allé trop loin, et qu'un public qui n'eût pas été de longue main formé ou déformé (comme on voudra) par des lectures malsaines, l'aurait arrêté sur cette pente dangereuse.

Je dois à la vérité de dire que ce sont là des réflexions toutes personnelles; que je les offre comme miennes, et non comme justes, que, le premier soir, la salle leur a donné tort absolument. Car je n'ai guère vu de succès plus éclatant, plus universel que celui de *Divorçons* à la première représentation.

13 décembre 1880.

THÉODORA

La toile se lève : nous sommes dans la chambre de réception du palais impérial à Byzance ; un jeune Franc, Caribert, arrive tout neuf de son pays sauvage ; il apporte à l'impératrice Théodora des présents de son pays, des chevelures blondes des belles filles de Lutèce ; il s'informe près du grand maître des cérémonies de la façon dont on aborde l'empereur et l'impératrice et l'eunuque le met avec complaisance au courant de tous les usages de la cour byzantine. Il nous les apprend par la même occasion. M. Sardou nous fait là un cours de cérémonial archéologique. Ce Franc lui sera de même fort utile dans quelques autres occasions ; à chaque fois que M. Sardou ressuscitera sous nos yeux quelques-uns des étranges accessoires de la vie des Grecs au sixième siècle, Caribert demandera curieusement des détails, que l'on s'empressera de lui fournir et dont nous profiterons.

Et, pour le dire tout de suite, ce petit artifice dont M. Sardou est obligé d'user aurait dû l'avertir que la science archéologique au théâtre est un bagage plus embarrassant qu'utile ou pittoresque. Ce que je viens chercher au spectacle, c'est un drame qui mette en jeu des événements, des caractères ou des passions ; la peinture exacte du milieu où s'agitent tous ces éléments d'intérêt m'est à peu près indifférente. Si l'on veut me restituer trop exactement ce milieu, je sens là comme un goût de bric-à-brac qui peut amuser un instant les yeux, mais qui ne fixe point l'attention de l'esprit. Si l'on est obligé de me donner des explications pour me faire comprendre et accepter de ces détails de vie intime, oh ! pour le coup, ç'en est trop.

Imaginez une pièce, jouée sur un théâtre chinois, où serait retracée une aventure arrivée en France. Au moment le plus pathétique, l'amoureux se jette sur un téléphone pour prévenir sa maîtresse du danger qui la menace. Mais le public chinois ne connaît pas le téléphone ; l'exactitude dans le détail pittoresque veut néanmoins qu'un Parisien corresponde avec le téléphone. Que fait l'écrivain chinois : il introduit un personnage épisodique, qui arrête l'amant et lui demande :

— Quelle est donc cette tablette sur laquelle vous appliquez votre bouche ?

— Les barbares appellent cela un téléphone.

Il va sans dire que, pour mieux faire entendre ma pensée, je l'exagère. Mais je crois qu'en thèse générale cette restitution du détail de la vie extérieure d'un peuple aboli ne vaut pas au théâtre le mal qu'elle donne, le temps qu'elle prend et le prix qu'elle coûte. Elle n'a jamais beaucoup réussi à M. Sardou : ni le *Roi Carotte,* où se trouve une restitution de Pompéi, ni la *Haine,* ni les *Merveilleuses* n'ont réussi, malgré la fidélité et la richesse de la mise en scène. Que le public ait tort ou raison, la vérité est qu'il se soucie de l'exactitude archéologique comme un poisson d'une pomme. Je suis public en cela, et très public. Que m'importe que l'on doive, en présence de l'impératrice, ployer le genou selon un certain rite, l'appeler *divinité*, et lui baiser le bout de sa bottine? Si j'ai besoin d'apprendre ces détails, je n'ai qu'à ouvrir mon Larousse et je serai aussi docte que le camarade. Mais, au théâtre, qu'on salue comme on voudra et Justinien et sa femme, qu'on les traite de *seigneur* et de *madame*, comme dans nos anciennes tragédies, l'essentiel est que l'auteur nous fasse entrer dans leur âme et nous intéresse à leurs passions.

Vous voyez tout de suite par là que je fais assez peu de cas, pour ma part, de tout un côté du drame nouveau, qui semble avoir le plus séduit nos confrères. Restituer une époque, à mon sens, ce n'est pas nous montrer comment les hommes du temps saluaient, mangeaient et se mouchaient : c'est nous montrer de tour particulier qu'affectait en ce temps-là l'éternelle passion humaine.

Tout ce bric-à-brac autour duquel et l'auteur, et le directeur, et les critiques se sont si fort échauffés me laisse absolument froid. Je me contenterai de dire d'un mot qu'en effet, à la Porte-Saint-Martin, le spectacle est très varié et très beau; j'ajouterai même, si l'on veut, qu'il est réglé avec un goût exquis; que la magnificence des décors et des costumes, tout éblouissante qu'elle soit, ne détourne pas trop à son profit l'attention qui est due au drame même; le cadre n'empêche pas de voir le tableau; mais on me permettra de m'attacher au tableau plus qu'au cadre. Nous laisserons donc de côté notre jeune Franc. Aussi bien, après avoir fait son office de guide, disparaît-il à peu près de l'action qu'il a ouverte.

Voici Théodora qui entre. Théodora, il n'y a pas à dire, c'est Mlle Sarah Bernhardt. Oui, sans doute, M. Sardou a eu pour idée première de nous peindre cette écuyère du cirque, cette courtisane devenue impératrice, mais on ne m'ôtera pas de la cervelle qu'il a écrit ce rôle pour Mlle Sarah, qu'il l'a taillé sur le patron de son talent. Il en connaît de longue date toutes les faces, et il s'est dit : Je m'en vais les mettre l'une après l'autre en lumière ; l'occasion est bonne.

Ainsi je montrerai au premier acte Mlle Sarah couchée sur un lit de repos, en costume d'impératrice et donnant des audiences. Sa grâce souveraine et son grand air de nonchalance aristocratiques feront merveille dans ce tableau. Elle donnera à l'un sa main à baiser ; son pied à l'autre ; réglera d'un mot bref ou ennuyé les plus grandes affaires de l'empire ; réconciliera Bélisaire avec sa femme, la belle et dévergondée Antonine. Il est vrai que tout cela ne servira de rien au drame futur, qu'il ne sera plus guère question de la femme de Bélisaire et que Bélisaire lui-même ne jouera qu'un rôle assez effacé dans le drame qui va suivre. Mais il ne s'agit pas de drame pour le moment. Mlle Sarah est-elle une magnifique impératrice ? A-t-elle un aspect oriental ? Oui, n'est-ce pas ?. Que vous faut-il davantage ?

Vous allez la voir, au tableau suivant, en fille des rues, courant incognito les quartiers douteux de Byzance, et retrouvant l'odeur grisante de son premier métier. Le contraste sera des plus piquants. Elle s'en va demander à une vieille Égyptienne un philtre dont lui a parlé Antonine, à l'aide duquel on se fait éperdument aimer de l'homme qu'on a choisi. Elle a jadis connu cette Égyptienne au bon temps où elle était si malheureuse. L'Égyptienne, qui n'a jamais vu l'impératrice, est enchantée de retrouver sa petite Théodora, et l'invite à partager son « fricot ». Théodora est ravie, et la voilà attablée, mangeant un morceau d'agneau aux pois, buvant de l'eau claire et trouvant la chère excellente.

Mlle Sarah est dans tout ce tableau d'une gaminerie très

spirituelle et très gaie, que gâte par intervalles un soupçon d'afféterie. Elle fera bien d'y prendre garde : elle a par deux ou trois fois forcé la note.

Au troisième tableau, on vous montrera Mlle Sarah... Ah ! ça, mais, il n'y en a donc que pour Sarah ! Et l'action ? Et le drame ? — Patience ! il va s'ouvrir. Il n'est encore que neuf heures et demie. Vous êtes bien pressés.

Nous sommes donc au troisième tableau, chez Andréas, un Grec d'Athènes, dont l'âme noble s'est échauffée au souffle de Platon, qui méprise la servilité des Byzantins, et rêve de la liberté reconquise, par un coup de force, sur l'abominable Justinien. Il a enflammé quelques jeunes hommes du feu qui le brûle. Nous les trouvons qui, à la fin du repas, parlent de leurs projets. Ils en parlent bien haut et avec une liberté terrible ; ils en parlent aussi bien longtemps, car les conspirateurs, à moins d'être des conspirateurs d'opérette, ne sont jamais amusants. Voyez Cinna.

Il faut dire pourtant qu'Andréas lance sur la décadence du Bas-Empire une tirade pleine de verve et qui est d'un beau mouvement oratoire. Je ne sais ce que le morceau deviendrait à la lecture, mais à la scène l'effet en est superbe. Les conjurés ont résolu de s'introduire le soir même par une porte secrète et de s'emparer du tyran, qu'ils transporteront dans un monastère pour l'y tonsurer à la mode du temps.

Et maintenant tout à l'amour ! Andréas a une charmante maîtresse, qu'il a rencontrée un soir dans la rue; effrayée d'un péril soudain, elle s'était jetée dans ses bras. C'est ainsi qu'ils ont lié connaissance. C'est la plus chaste des femmes et la plus poétique. Elle est veuve, elle vit chichement d'un petit bien qu'elle a près d'un oncle qui la garde sévèrement. Que de précautions elle prend pour venir en cachette voir son Andréas ! Elle n'a même jamais voulu qu'il l'accompagnât au retour.

7.

Elle entre : c'est Mlle Sarah. Ah ! cette fois, ce n'est plus ni l'impératrice hautaine, ni la gamine perverse de tout à l'heure : c'est l'ange de la pureté et de la tendresse. Elle se fond d'amour dans les bras de son Andréas ; elle s'enroule autour de lui, avec des câlineries d'une chasteté idéale. Jamais Mlle Sarah n'a déployé plus de grâce jeune, pudique et attirante : c'est le second acte de la *Dame aux Camélias* : Marguerite avec Armand ; c'est l'acte de la terrasse : Juliette aux lèvres de Roméo.

Mais voilà que tout à coup on entend dans le lointain un couplet de chanson, où le nom de Théodora revient au refrain, avec un : « Ah ! ah ! » lancé comme un crachat au visage. L'air, pour le dire en passant, est d'une originalité tout à fait curieuse. Il est signé Massenet, et j'imagine que le : « Ah ! ah ! » avec son intonation méprisante va devenir populaire.

Théodora se dresse, frémissante : Qu'est-ce cela ?

Cela, c'est la révolte des verts qui commence. L'auteur a eu soin de nous ménager une petite conférence sur la rivalité des deux factions, *verts* et *bleus*, qui se disputaient le prix dans les combats du cirque, en sorte que nous sommes au courant. Les empereurs avaient l'habitude de demeurer neutres entre les deux partis ; mais Justinien avait marqué sa préférence pour les bleus, en sorte qu'il avait réussi à exaspérer les verts.

Ce sont les verts qui chantent : « Ah ! ah ! Théodora ! » et voilà Andréas parti, lâchant contre l'infâme souveraine, qu'il ne connaît pas, des bordées d'injures ; et Mlle Sarah, dont le visage trahit la douleur et l'effroi, cherche en vain à l'arrêter. Il va même jusqu'à répéter l'ignoble couplet, et elle lui met la main sur la bouche : « Oh ! non, pas toi ! pas toi ! »

Le tableau qui vient de s'achever nous a enfin découvert

le grand ressort de l'action future. Théodora, l'impératrice, aime d'un amour violent, exclusif, un jeune républicain, qui, ne sachant pas le vrai nom de sa maîtresse, l'adore sous celui de Myrta, et a juré de lui ravir, à elle ainsi qu'à son mari, l'empire et la liberté. Elle a deviné une partie de son secret; mais elle ne sait rien du complot tramé pour le soir même.

Voilà la situation.

M. Sardou nous ramène au palais, où Justinien attend sa femme qu'il a fait chercher partout et qu'on n'a pas trouvée. La longue absence de Théodora a éveillé sa jalousie, que les rapports de ses espions ont surexcitée. Ils lui ont dit qu'on l'avait suivie, dans les vilains quartiers de Byzance, en conversation réglée avec une Égyptienne. Il se promène agité, fiévreux.

Mlle Sarah Bernhardt entre. Mais j'ai tort cette fois de dire Mlle Sarah. C'est bien Théodora que l'auteur nous présente. Je tiens la scène qui suit pour une des plus belles que M. Sardou ait jamais écrites. Voilà les sentiments vrais! Voilà des caractères pris sur le vif de la réalité! Voilà de sincères emportements de passion! Tous deux, l'impératrice superbe et le magnifique empereur, se disputent, je ne dirai pas comme de simples bourgeois, mais comme un cocher de fiacre et une courtisane; et le fait est qu'ils ne sont pas autre chose. Car tous deux sont nés de la boue, et il y a dans leur langage comme un souvenir de leur origine première. Ils échangent les propos les plus grossiers, les plus horribles accusations. Théodora, lasse de son rôle de grande dame, le jette à la tête de ce misérable époux qu'elle méprise. Et lui, après l'avoir insultée, revient lâchement à elle, car elle le tient, non pas seulement par l'attrait de la volupté, mais par l'ascendant d'une âme supérieure.

— Vos espions, lui dit-elle, ne vous ont pas tout dit. Tandis qu'ils étaient occupés à me suivre, ils oubliaient de surveiller les menées des conspirateurs.

Et elle lui raconte tout ce qu'elle vient d'apprendre dans l'entretien avec son amant. Et lui, tremblant de peur, mande son préfet de police et son général Bélisaire. Il y a là tout un conseil de politiciens cherchant les moyens de réprimer une émeute. M. Sardou a cru la scène très curieuse. Elle n'intéresse point : au théâtre, il n'y a que les passions qui émeuvent ; ces hommes d'État s'entretenant des affaires de l'empire font longueur.

Un avis donné à propos leur a révélé l'endroit par où doivent s'introduire les conspirateurs. C'est un long couloir, donnant sur un oratoire, qui communique avec la chambre de l'empereur. Les conjurés ont surpris la clef qui ouvre la porte du couloir. Ils entrent ; ils ne sont que deux. On les a vus, on les attend.

Que feriez-vous à la place du préfet de police ? Vous diriez à l'empereur et à sa femme : « Dormez tranquilles. Je vais prendre huit hommes solides, et, quand les assassins émergeront du couloir, on les empoignera, on les liera solidement, on les interrogera, et nous éclaircirons l'affaire. »

Tout cela est trop aisé, trop simple.

Le désordre est inexprimable au palais, Justinien tremble de tous ses membres, et le spectacle de cette peur, pour un danger si peu réel, a égayé un instant le public. On laisse la scène vide pour donner aux complications que M. Sardou prépare le temps et la place de se produire.

L'un des deux conjurés entre dans l'obscurité et, assommé d'un coup de poing, il crie : A l'aide, Andréas !

L'autre, c'est donc Andréas. Théodora veillait. Elle se jette sur la porte et la ferme au verrou, sur le nez d'Andréas, à qui il ne reste plus d'autre ressource que de s'enfuir par où il était venu, car personne n'a pris la précaution d'envoyer un soldat pour garder l'issue.

Tout cela est déjà fort extraordinaire ; ce qui suit l'est bien davantage. Marcellus, le premier conjuré, n'a été qu'étourdi du coup. L'empereur et le préfet de police reviennent gaillards et l'interrogent sur ses complices. Comme il refuse de répondre, Justinien mande le bourreau, et prend plaisir à nous détailler par le menu la variété des supplices que comportait la torture au sixième siècle. Ce petit cours d'inquisition nous est une distraction rafraîchissante.

Théodora tremble que Marcellus, vaincu par la douleur, ne trahisse Andréas. Elle demande la permission d'interroger seule le criminel. Elle prétend obtenir de lui par la douceur les aveux que ne lui arracheront pas les tourments.

On se retire avec une complaisance quelque peu étonnante.

Elle reste seule avec lui. Elle lui explique, à voix basse, en phrases précipitées, la situation telle qu'elle lui apparaît ; il aura beau faire, il cédera comme ont cédé tant d'autres ; il dira le nom d'Andréas, et elle ne veut pas que son nom soit prononcé.

Il semble qu'à cette confidence Marcellus devrait se dire : Ah ! c'est toi, Théodora, la maîtresse d'Andréas ! C'est donc toi qui nous a trahis ! Je vais me venger ! A moins que ce ne fût une âme bien généreuse ; auquel cas il aurait répondu : C'est bien ! Je sais braver la douleur.

Mais point du tout. Il reconnaît qu'il peut faiblir, et il dit à Théodora : Tue-moi ! De cette façon je ne courrai pas le risque de devenir un traître.

Cette conversation est de temps à autre interrompue par Justinien, qui s'impatiente :

— Eh ! bien, avons-nous fini ? demande-t-il à Théodora.

— Attendez donc! répond-elle énervée.

Et l'entretien reprend :

— Vous tuer? interroge l'impératrice. Avec quoi? Je n'ai pas d'arme.

— Ce stylet dans vos cheveux?

— Il est en or.

— En frappant au cœur.

— Où est le cœur? Là...?

— Non, plus haut! Voyez, il bat!

— Je ne peux pas... non, comme cela, de sang-froid... je ne peux pas.

Elle a été admirablement jouée, cette scène. Mais ne vous semble-t-il pas qu'elle ait été faite uniquement pour prêter aux jeux de visage et d'attitude d'une actrice? Lorsque, dans *Rome sauvée*, la vieille aveugle disait à sa fille : — C'est bien là la place de ton cœur? l'angoisse était terrible; c'est qu'on sentait en effet qu'il n'y avait pas d'autre moyen de sortir de la situation qu'un coup de poignard dans le cœur. C'est que toutes les mères y eussent songé, au cas même où elles n'auraient pas eu le courage d'aller jusqu'au bout.

Ici, rien de pareil. Toute la scène sent l'arrangement et le parti pris. Les sentiments sont faux; fausse la situation. On est étonné; on n'est pas ému. Il est impossible de rester indifférent, mais c'est comme un cauchemar qui pèse sur la poitrine et l'oppresse, sans qu'on puisse se l'expliquer dans les ténèbres du rêve.

C'est maintenant le conjuré qui, par crainte de la torture, veut absolument que Théodora frappe. Il la menace de crier le nom d'Andréas si elle hésite. Et, de fait, il lance le nom à pleine voix; mais au même moment le stylet tombe sur lui, et il s'affaisse, percé au cœur.

— Il m'a insultée, dit Théodora, je l'ai poignardé.

Tout cela est d'une invraisemblance fantastique. L'effet n'en pas moins prodigieux, et c'est là que commence à se dessiner le succès de la soirée.

Le tableau qui suit nous mène dans l'asile où s'est réfugié Andréas. Théodora, qui pour lui est toujours Myrta, vient l'y rejoindre. Ce ne serait qu'une nouvelle scène d'amour et de caresses trop semblable à la première si, au cours de l'entretien, Andréas ne révélait à Théodora les nouveaux projets de ses amis et les noms des chefs de l'entreprise. Mlle Sarah Bernhardt a marqué avec une habileté merveilleuse le changement qui se fait soudain, de la femme aimante qui s'abandonne à son amant, à l'impératrice en quête d'un secret dont l'intérêt est poignant pour elle. Il faut la voir, le cou ardemment tendu, arracher une à une à force de cajoleries, qu'elle interrompt d'interrogations brèves, les confidences que lui livre ce grand innocent d'Andréas.

C'est jour de fête au cirque. Andréas a résolu d'y venir pour y voir face à face l'empereur et sa Théodora.

— Non, n'y va pas, lui dit-elle, car elle craint d'être reconnue par lui. On te cherche, tu te ferais prendre.

Elle l'enjôle si bien qu'il finit par promettre de demeurer à la maison. Elle le quitte un peu plus rassurée. Mais les amis d'Andréas reviennent; cette maîtresse inconnue les inquiétait; ils ont pris des informations. Qui elle est au juste, ils n'en savent rien encore. Mais elle n'est pas ce qu'elle prétend être; et ils lui en donnent toutes les preuves, qu'ils ont ramassées.

— Mais je lui ai tout dit, s'écrie Andréas désespéré, tout, tout.

— Eh! bien, précipitons les choses.

L'empereur vient justement de s'aliéner les bleus, ses amis, par un acte de sévérité. Il a donc contre lui et les bleus et les verts. Il faut profiter de la circonstance et donner des chefs à la sédition.

Le tableau qui suit nous transporte aux jeux du cirque dans la loge impériale. C'est une merveille de mise en scène ; exacte, je le crois ; mais pittoresque à coup sûr et magnifique. Je passe sur toutes ces splendeurs, qui ont ébloui le public, pour ne m'occuper que de la suite de l'action.

Le peuple a éclaté en murmures. Une ignoble injure a été jetée par un énergumène à la face de l'impératrice. On se doute bien que c'est Andréas qui l'a lancée. Les gardes le saisissent et le jettent, au milieu d'un indescriptible tumulte, aux pieds de l'impératrice. Déjà le bourreau lève la hache.

— Cet homme m'appartient, s'écrie Théodora effarée.

Et comme Andréas jette des mots entrecoupés qui la peuvent compromettre :

— Bâillonnez, dit-elle, mais bâillonnez-le donc !

Et comme on n'obéit pas assez vite, elle-même (la dompteuse du cirque reparaissant en elle et se déchaînant) prend son mouchoir de cou et l'applique sur la bouche de son amant.

Le procédé a tout de même paru un peu vif. Mais l'émotion du spectacle était telle que personne ne s'en est offusqué.

Nous sommes cette fois chez l'empereur au lever du rideau. La révolte a éclaté furieuse, elle s'est étendue dans tout Byzance. Et Justinien, effaré, attend, réfugié dans une crypte de son palais, des nouvelles de l'insurrection.

J'ose dire encore que cet acte est d'une beauté et d'une grandeur rares. Il n'y manque que le retentissement du sonore alexandrin pour en faire un morceau achevé. Car ces sortes de scènes ont besoin absolument ou de poésie ou de musique. La prose n'y suffit pas. Je ne crois pas que les terreurs d'un tyran poltron et violent en face de l'adversité aient été marquées jamais d'une touche plus vigoureuse. Ici, c'est de la vraie et grande psychologie, avec ce mouvement que comporte le drame moderne. L'homme nous ouvre son âme, non pas en l'analysant lui-même, à la façon des héros de nos tragédies classiques, dans un long et superbe monologue, mais en s'emportant aux actes où sa passion le pousse.

On apprend la victoire définitive des troupes impériales, et aussitôt Justinien passe de l'extrême lâcheté de la peur à l'extrême lâcheté de la colère. Il veut tout tuer, tout noyer dans le sang. Il a eu des mots qui ont fait frissonner toute la salle.

— Mais, lui dit un de ses familiers, c'est vingt mille malheureux qu'il faudra égorger.

— Pas plus! répond-il.

Philippe Garnier avait été prêté par la Comédie-Française à la Porte-Saint-Martin pour jouer ce rôle. Il a rendu ces fureurs avec une énergie qui nous a rappelé à tous le souvenir de Taillade.

Il a merveilleusement composé ce personnage très complexe, mêlé d'astuce, d'hypocrisie, de bassesse et de rage. Un imbécile, vaniteux, couard et exaspéré, tel est l'homme. C'est la première fois que nous voyons Philippe Garnier se dégager de la gangue de l'école; cette soirée comptera comme un des grands triomphes de sa vie.

A travers ce va-et-vient de nouvelles tantôt alarmantes et tantôt joyeuses, Justinien a eu avec Théodora une explication plus violente encore que toutes les autres. Théodora se sent perdue si elle ne reconquiert pas sur son mari l'empire qu'elle a longtemps exercé et qui lui échappe.

— Le philtre! s'écrie-t-elle. Il me faudrait le philtre.

Juste à ce moment entre la vieille Égyptienne. Elle a perdu son fils, tué dans la bagarre. Ce fils, c'est à peine si nous l'avions entrevu et nous ne nous y intéressions guère. La bohémienne ne nous en conte pas moins sa mort dans un récit qui est aussi long que celui de Théramène. Il fallait bien, le rôle étant joué par Mme Marie Laurent, lui donner son morceau de bravoure. A quoi bon pourtant ? Mme Marie Laurent avait été, au second acte, en préparant son fricot, d'une bonhomie si puissante, d'une gaieté si vraie et si simple, que ce bout de scène suffisait à la mettre hors de pair. Et puis l'auteur aurait dû songer que son drame n'aura pas toujours Mme Marie Laurent au nombre de ses interprètes.

Elle apporte à Théodora le philtre promis, et lui donne des nouvelles d'Andréas, qu'elle a recueilli blessé et mourant dans la casemate de belluaire, où elle enfermait ses tigres, qui se sont enfuis ou qui ont été tués.

— Partons, dit Théodora.

Comme Antonine trouve décidément que cette dernière escapade est par trop forte et que Justinien ne la pardonnera point, Mlle Sarah répond par un de ces gestes qui signifient par tout pays :

— Mon mari ? Je m'en moque !

Nous touchons au dénouement.

Nous voilà dans la casemate, un décor d'une sombre horreur, peint par Tomson, l'élève favori et aujourd'hui l'associé de MM. Rubé et Chaperon. Théodora accourt anxieuse, effarée. Elle veut sauver Andréas et ne se rebute point des outrages que son ancien amant lui crache à la figure. Décidément, cette courtisane, qui en a tant vu de toutes les couleurs, s'est refait, non une virginité, mais un amour à toute épreuve. Peut-être aurait-il fallu mieux expliquer cette passion ; car on ne comprend guère que, chez une Théodora, le caprice se soit changé en un dévouement si tenace et si absolu. Mais Sardou, dans ce drame, ne nous montre guère, en général, et sauf exceptions, que des surfaces d'âmes et des détails de vie pittoresque.

La scène entre les deux amants est longue, beaucoup trop longue à mon avis. Le public sait bien que tout est fini entre eux; quand on s'est dit de certaines choses, il n'y a plus à y revenir. Théodora a beau expliquer à ce jeune homme qu'il aura en elle deux maîtresses, la courtisane et la vierge, l'impératrice et la petite bourgeoise, nous voyons bien que ce sont là des mots, et nous sommes pressés d'en finir, d'autant mieux qu'il est plus d'une heure du matin.

Théodora, au désespoir de se voir repoussée, songe au philtre. Elle l'avait demandé pour l'empereur. Si elle le donnait à son amant? Elle le verse dans la coupe. Il boit. C'est la mort qu'il a bue. La vieille Égyptienne avait voulu venger sur Justinien la mort de son fils. Elle avait livré à Théodora du poison. La malheureuse femme se jette sur le corps de son amant, et, tandis qu'elle se lamente en l'embrassant, la porte s'ouvre. C'est le bourreau suivi de ses estafiers. Il présente en silence à l'impératrice le cordon fatal, et, comme il va le lui passer autour du cou, la toile tombe.

J'ai parlé, chemin faisant, de Mlle Sarah Bernhardt, de Mme Marie Laurent et de Philippe Garnier. Tous trois ont été admirables. Il _ sans dire que je mets à part Mlle Sarah Bernhardt. Elle _ t, à elle seule, le drame tout entier. Elle y a déployé une _ riété merveilleuse de talent; on ne pourrait lui reprocher qu'une diction trop rapide, trop fiévreuse par instants. Mais nous savons tous qu'aux premières représentations Mlle Sarah Bernhardt n'a jamais la pleine possession de soi-même. Elle est sujette à *s'em-*

baller. Elle ne retrouve son équilibre que quand ses nerfs se sont calmés.

Un scrupule m'inquiète. Comment fera-t-elle pour jouer tous les soirs un si terrible rôle? Cette frêle comédienne est d'acier, nous ne l'ignorons pas; mais la plus solide machine s'use à des exercices trop violents et trop prolongés. Il est probable qu'elle laissera dans l'ombre quelques parties du drame, celles qui lui plairont moins. Le premier soir, elles les a toutes mises au plein vent et s'est donnée tout entière.

Et maintenant, si l'on me demande quel sera le succès de l'œuvre nouvelle de M. Victorien Sardou, je répondrai que je crois à un grand et à un long succès de curiosité, de curiosité plutôt que d'émotion. Ce drame tient l'attention sans cesse en éveil; il ne prend jamais par les entrailles. L'imagination est étonnée, éblouie et quelquefois même charmée; on n'est point touché au cœur. La vérité est qu'on ne s'intéresse à personne là dedans, pas plus à Théodora qu'aux autres.

M. Sardou me répondra qu'il a voulu que l'on s'intéressât simplement aux mœurs du Bas-Empire. C'est une autre affaire.

29 décembre 1884.

LE CROCODILE

J'étais, hier matin, assis devant mon feu, tisonnant et morose. Car je rêvassais à l'article que j'avais à écrire le lendemain sur le *Crocodile*, de Sardou. La chose ne me paraissait point aisée : le *Crocodile*, il n'y a pas sur ce point de doute possible, avait peu réussi le premier soir ; le public, que l'on avait préventivement fatigué de réclames sans nombre, s'était pris de mauvaise humeur et avait à diverses reprises témoigné par des signes non équivoques de son désappointement. On ne pouvait pas dire que ce fût une chute. C'était loin d'être le succès qu'avaient de compagnie rêvé l'auteur et le directeur.

Je sais d'autre part, grâce à une longue expérience, combien peu, dans ces sortes de pièces qui sont des manières de féeries, pèse l'opinion des habitués des premières près de ce grand public qui ne vient chercher au théâtre qu'une distraction passagère. Il y avait à prévoir que, les premiers nuages dissipés, le *Crocodile*, comme il est arrivé à d'autres pièces de Sardou, poursuivrait glorieusement sa carrière, versant des torrents de lumière électrique sur ses obscurs blasphémateurs.

Comment s'y prendre pour expliquer les répulsions que nous avions tous senties et se garder en même temps contre un retour possible, probable même, de la vogue? Ah! le métier de critique, quand on veut être juste et vrai, n'est pas aussi commode que le croient beaucoup de braves gens.

J'en étais là de mes réflexions quand on me fit passer la carte de Sardou. J'eus un moment d'embarras; mais, après tout, Sardou a tant d'esprit qu'il met tout de suite son monde à l'aise.

— Eh! bien, me dit-il, me tendant la main, vous n'avez pas été content, je le sais.

— L'impression, en effet, n'a pas été bonne; mais c'était une impression générale, et je l'ai partagée avec tout le monde. Vous êtes trop habitué aux choses du théâtre pour n'avoir pas senti le froid qui s'élevait de la salle et croissait d'acte en acte.

— Oui, me dit-il, mais reste à savoir si c'est la faute du public ou de la pièce.

— Oh! lui dis-je en riant, je pars de cet axiome, qui me paraît indiscutable: c'est que le public a toujours raison. Vous vous êtes chargé de l'amuser; il s'ennuie, c'est vous qui êtes le coupable.

— A la bonne heure! mais il arrive à ce public de se déjuger. Il adore le lendemain ce qu'il avait brûlé la veille. La pièce est restée la même; c'est donc lui qui a changé de sentiment. Il s'était trompé; il a reconnu son erreur. L'erreur peut venir de vingt causes différentes. Ici, dans l'affaire du *Crocodile*, c'est un simple malentendu.

— Un malentendu! Comment l'entendez-vous vous-même?

— Oui, un malentendu, et je vais vous l'expliquer, et c'est précisément pour cela que je suis venu, contre toutes mes habitudes, vous voir avant votre feuilleton. Je ne suis pas journaliste; je ne puis pas plaider moi-même ma cause devant le public; c'est vous que je prie d'écouter et d'exposer mes raisons. Vous direz ensuite de la pièce tout ce qu'il vous plaira; vous la déclarerez exécrable, si c'est votre avis. Je ne vous en voudrai en aucune façon. Mais vous aurez dit à vos lecteurs ce que je souhaite qu'ils sachent, et c'est le service que je suis venu tout bêtement vous demander.

— Diantre! répondis-je, mais cela ne me paraît pas si bête que vous dites ce que vous avez fait là. Il me semble au contraire que c'est assez malin. Eh! bien, voyons en quoi consiste le malentendu?

Et voilà Sardou qui, avec des grâces inexprimables de langage et un extraordinaire pétillement d'esprit, m'expose sa thèse, qu'il tourne et retourne en cent façons, rappelant tour à tour les principales scènes du *Crocodile*, les commentant à sa manière et les ramenant à son premier thème, et tout cela avec une verve abondante et animée, avec un feu d'éloquence dont j'étais ébloui. Ce diable d'homme vous ferait, s'il le voulait, voir des étoiles en plein midi.

Je suis obligé de resserrer son argumentation pour l'enfermer dans les limites d'un article de journal; comme je trahirais Sardou en le faisant parler lui-même, je ne donnerai qu'une sèche analyse de son plaidoyer.

Qu'est-ce que s'était dit le public, quand on l'avait convié à venir à la Porte-Saint-Martin écouter le *Crocodile?* Il avait tout de suite pensé : Sardou est académicien; Sardou a fait une trentaine d'œuvres importantes; il est l'auteur de la *Famille Benoiton*, de *Patrie!* de *Divorçons!* de *Rabagas*, de *Théodora*. On a mis à sa disposition un vaste théâtre, une troupe excellente, des décorateurs de premier ordre, et toutes les facilités possibles pour mettre en mouvement une figuration nombreuse et richement costumée. Nous allons donc avoir ou une grande comédie, ou un drame puissant, quelque chose enfin qui soit en rapport et avec le nom de l'écrivain, et avec la prodigalité bien connue du directeur. On penchait plutôt pour la comédie; on s'attendait à voir un pendant comique à *Théodora*.

C'était là une idée préconçue, une idée que rien n'avait motivée, que rien ne justifiait. Car il n'y avait pas de raison pour que Sardou fût contraint de donner un pendant comique à *Théodora*. Et la vérité est qu'il n'y avait point songé. Son ambition avait été plus modeste.

Il ne s'était proposé qu'un but : écrire pour les enfants de douze à quinze ans, garçons et filles, une pièce qui fût aisée à comprendre, qui, tout en divertissant leur imagination par la variété du spectacle, leur laissât dans l'esprit un petit bout de leçon morale. Il est permis à Daudet et à Theuriet de composer des livres d'étrennes pour les enfants. A ces ouvrages on ne demande point les qualités que l'on exige à bon droit des romans faits pour les hommes. Pourquoi interdirait-on à un auteur dramatique d'écrire, lui aussi, une pièce qui serait uniquement destinée à récréer nos fils et nos filles? Pourquoi n'y aurait-il pas un théâtre à leur usage, comme il y a déjà une littérature?

Il n'y a guère eu jusqu'à ce jour pour nos petits collégiens que la féerie. Je ne veux point dire du mal des *Pilules du Diable* ni du *Pied de Mouton*, qui nous ont beaucoup amusés en notre enfance. Mais on peut concevoir pour eux d'autres spectacles, plus sensés tout ensemble et plus instructifs. Le *Tour du monde en 80 jours* et *Michel Strogoff* ont été d'heureux essais dans ce genre, qui est une mine toute neuve à exploiter.

Le public s'est-il formalisé, dans le *Tour du monde en 80 jours*, de ce que des tableaux très disparates fussent reliés par un semblant d'action qui ne supporte pas l'examen? A-t-il chicané l'invraisemblance de quelques incidents?

S'est-il étonné de l'incroyable obstination du détective à soupçonner d'un vol absurde un irréprochable gentleman ? Non, il a accepté cette fable, parce qu'elle ne lui paraissait pas tirer à conséquence, du moment que c'était un prétexte à montrer une suite de tableaux amusants et variés à de simples collégiens.

Mais quand le public de la première représentation s'était rendu à l'invitation qu'on lui avait faite d'aller voir le *Tour du Monde*, il était prévenu par avance de ce qu'on prétendait lui montrer. Il avait lu le roman de Jules Verne. Il savait, depuis longtemps, que la pièce ne serait pas une pièce au vrai sens du mot, mais une série d'illustrations destinées à rendre sensible aux yeux un texte qu'il connaissait déjà.

Il n'y a donc pas eu pour lui de déception, ni de désillusion. Il a trouvé précisément ce qu'il était venu chercher. Et comme, en effet, ces illustrations étaient distribuées avec beaucoup d'art, comme elles étaient pleines d'animation et de goût, il les a applaudies de bon cœur. Peut-être, s'il fût arrivé avec cette idée que d'Ennery allait lui proposer un drame bien sombre, eût-il tout bousculé dans son désappointement.

— Ah ! s'écriait Sardou...

Car il n'y a pas moyen, il faut que je lui rende la parole ; aussi bien, est-ce lui qui parle en ce moment, — et que n'avez-vous entendu le monstre lui-même !

« — Ah ! si, avant de donner le *Crocodile* sur la scène, j'eusse écrit sous ce titre un roman à l'usage des enfants, un nouveau *Robinson suisse !* Car ma pièce, c'est le *Robinson suisse*. Au lieu d'une famille jetée dans une île déserte, j'ai pris tous les passagers d'un vaisseau, pour avoir une plus grande variété d'effets et des incidents d'un intérêt plus vif. Mais c'est le *Robinson suisse* et pas autre chose Eh! bien, chaque genre a ses lois. Il y a une action dans le *Robinson suisse*. Vous la rappelez-vous ? »

J'avouai que je n'en avais qu'une vague souvenance.

« — C'est que, dans les ouvrages de cette sorte, l'essentiel n'est pas, comme dans les romans ou les drames sérieux, d'intéresser à une intrigue puissante, qui accapare l'attention. Non, il suffit de relier les incidents et les tableaux qui diversifient la pièce par un fil très léger et pourtant aisé à suivre.

« Voyons, mon cher Sarcey, vous me croyez capable d'agencer et de compliquer, lorsque la fantaisie m'en prend par hasard, un drame émouvant. Je ne l'ai pas fait cette fois-ci ; c'est apparemment que je n'en sentais pas le besoin. J'ai imaginé l'aventure la plus simple du monde, la mieux à la portée du petit monde à qui je m'adresse. Mon héros a commis un vol ; je m'arrange pour que les circonstances de ce vol soient telles qu'on ne lui puisse refuser un peu de sympathie, malgré l'infamie de son action. Je le mets ensuite dans un cas si exceptionnel qu'il lui serait possible, s'il le voulait, d'être, loin du monde et en dehors des lois sociales, très heureux avec celle qu'il aime et qui ignore son crime. Mais c'est au fond un cœur honnête. Il lui répugne de jouir et d'une estime et d'un bonheur qu'il ne mérite plus. Il fait sa confession juste à l'heure où il aurait le plus d'intérêt à garder son secret. Eh! bien, la voilà, la leçon! Soyez sûr qu'au sortir de la pièce, cette idée germera dans le cerveau des enfants : que, lorsqu'on a commis une faute, le mieux encore est de décharger sa conscience en l'avouant, et que l'on est récompensé plus tard de cette honnêteté qui semble pénible au premier abord!

« Je ne donne pas cette morale comme bien transcendante ; mais est-ce que la morale de la *Morale en action* a quoi que ce soit de transcendant? C'est de la morale appropriée au jeune âge. Vous avez chipé un porte-plume à un camarade; vous avez ensuite perdu le porte-plume; personne ne le sait; avouez-le, c'est encore ce qu'il y a de mieux, car ce porte-plume volé troublera votre vie. Vous ne pouvez vous réconcilier avec vous-même et avec la fortune que par cette confession.

« Il se trouve que mon héros, au lieu d'être puni de son vol, en est récompensé. Car il hérite de l'oncle dans la caisse de qui il avait indûment puisé et qui lui pardonne un crime qu'il a noblement confessé. Le public s'est révolté là-dessus. Quelle puérilité! s'est-il écrié; cela est enfantin, c'est du Berquin tout pur.

« Eh! bien, oui, c'est du Berquin. Mais si j'ai voulu justement faire une berquinade! Mes collégiens se sont intéressés à ce pauvre garçon qui est si triste de la faute commise, qui aimait de si bon cœur une jeune fille dont il était en retour tendrement aimé; je l'enrichis et les marie tous les deux au dénouement. Et l'on se fâche! Mais c'est la règle des ouvrages de ce genre. Je n'ai rien innové; je n'ai fait que me conformer à tous les précédents. C'est le public qui, en me demandant autre chose, rompt avec tous les usages. C'est donc lui qui est dans son tort.

« Ce n'est pas là, au reste, qu'a été le point aigu de notre dissentiment. Jamais un dénouement mal venu n'a empêché une pièce qui avait plu jusqu'à la dernière scène de réussir en son ensemble.

« Le public est entré en défiance presque dès le premier acte. Et pourquoi?

« — Pourquoi? interrompis-je. Je m'en vais vous le dire. Car la sensation a été très vive chez moi. C'est que votre premier acte m'annonce ou me fait prévoir, dans sa première moitié et jusqu'à la dernière scène, une grande comédie de mœurs, et que tout à coup je m'aperçois que, par un terrible à gauche, vous donnez dans la féerie. Moi, cela me déconcerte et m'agace.

« — Eh ! voilà justement le malentendu. Vous avez cru à une grande comédie. Et d'où vient ? C'est vous qui vous étiez forgé cette idée. Je n'y suis pour rien. Tous mes passagers sont sur le bateau *le Crocodile*. J'aurai besoin plus tard, quand ils auront été jetés dans une île déserte, que vous les connaissiez. Car les scènes épisodiques que je prépare n'auront de sel que si vous êtes au courant des caractères et des mœurs de chacun d'eux. Il faut donc que je vous les présente et que je vous les peigne ; je le fais d'un trait rapide et je n'insiste que sur les deux amoureux, laissant déjà pressentir, par un incident que j'ai mis en relief, qu'il y a dans la vie du jeune homme un secret terrible, tandis que la femme est digne de tout intérêt et de toute admiration. C'est vous qui, à la suite de cette exposition, vous êtes dit : le train chauffe pour une comédie de mœurs. Je n'ai rien promis de pareil.

« Il y a une règle qui est absolue : c'est que pour un vaudeville, pour une féerie, pour une bouffonnerie, comme pour une comédie de mœurs, on doit d'abord présenter ses personnages au public. C'est en vertu de cette règle que je vous fais faire connaissance avec les miens. Vous en déduisez, vous, de votre grâce, que je vous mène à une grande comédie de mœurs. Pourquoi me prêtez-vous des intentions que je n'ai jamais eues, que je n'ai pas indiquées d'un seul trait.

« A la fin de l'acte, le feu éclate ; le vaisseau va sombrer. Si c'était un drame, j'aurais insisté sur les scènes de désolation et de terreur auxquelles prête aisément ce spectacle. Qu'ai-je fait ? Je vous ai montré une Anglaise ridicule...

« — Quand la pièce émigrera en Angleterre ou en Amérique, votre Anglaise deviendra une Française, n'est-ce pas ?

« — Je vous ai donc montré une Anglaise ridicule qui a fait pouffer de rire toute la salle. Est-ce que ce n'était pas vous dire : Prenez garde ! Il n'y a rien de sérieux dans tout cela ! Ce sont des contes de la Mère l'Oie, bons pour amuser les enfants, et il peut se faire que les grandes personnes y prennent goût aussi quelquefois.

« Le second tableau est de décoration pure.

« — Et c'est même un des plus beaux que j'aie vus : le grand vaisseau qui s'enfonce lentement dans la mer, tandis que le canot où les passagers se sont réfugiés est ballotté par les vagues furieuses, forme un spectacle vraiment admirable.

« — Il est, en effet, très réussi. Voilà nos passagers dans l'île. Eh ! bien, nous sommes en plein *Robinson suisse*. Le *Robinson suisse* amuse, depuis un siècle, les collégiens des deux sexes. Je l'ai transporté à la scène, en l'agrandissant. Il faut se nommer un chef, et on l'élit au suffrage universel. Ce chef impose à chacun sa tâche ; et les enfants, conviés à cette représentation, tirent tout naturellement de ces scènes, qui ont paru plaire au public...

« — Et qui lui ont beaucoup plu...

« — Cette leçon profonde qu'un homme ne vaut que par ce qu'il sait et peut faire. Miss Chipsick, qui a des millions, épluche les herbes, parce qu'elle est incapable d'un autre travail ; tandis que sa femme de chambre, Liliane, qui a de la tête et de l'esprit, des connaissances, passe au premier rang et lui commande.

« Remarquez même que c'est là un cadre où l'on peut fourrer, l'idée une fois admise, tout ce que l'on voudra. Les enfants ont la manie, quand ils ont vu une pièce de la rejouer pour leur propre compte. Ils refont le dialogue à leur mode. Tout ce qu'ils inventeront d'eux-mêmes dans cet ordre de sentiments, tournera au profit de leur esprit. Car ils se convaincront plus profondément de cette idée : que les distinctions sociales ni la fortune ne font point le mérite vrai de l'homme; qu'il ne vaut que par son mérite personnel.

« — Mais, objectai-je, ce qui nous a encore inquiétés en ces deux tableaux de la vie dans l'île déserte, ce sont les discussions philosophiques que vous y avez introduites; cette philosophie nous a paru tout à fait superficielle et puérile.

« — Ah! mon cher Sarcey, que vous me faites plaisir en me disant cela. Eh! oui, c'est de la philosophie enfantine, parce qu'elle s'adresse à des enfants. Vous devez bien penser que, quand je paraphrase Berquin, ce n'est pas pour vous que j'écris. Vous ne me tenez pas pour un nigaud. Cette philosophie, qui vous fait l'effet d'être puérile, est pour l'enfant fertile en réflexions nouvelles. Il n'est pas, comme nous, comblé et accablé d'idées générales. Les lieux communs, s'ils se présentent sous la forme attrayante d'incidents romanesques, frappent son imagination et de là passent jusqu'à son esprit. Relisez, je vous en supplie, ce *Robinson suisse*, qui a été l'enchantement de notre jeunesse. Vous verrez que, du moindre fait, l'auteur fait jaillir une ou deux pages de réflexions morales qui, aujourd'hui, nous paraissent fades, mais qui, en ce temps-là, ont pénétré jusqu'au plus profond de notre cœur.

« Voilà qu'une opposition s'est formée contre le chef qu'avait désigné le suffrage universel. Les matelots, qui aiment la paresse et l'eau-de-vie, se révoltent contre le gouverneur qui, au nom du salut public, exige le travail et la sobriété. Est-ce que nos collégiens ne trouveront pas là comme une réminiscence de leurs petites rébellions? Pourquoi font-ils ce qu'ils appellent du chahut? Qu'ils rentrent en eux-mêmes. Sauf des cas bien rares, ils n'ont pas d'autres motifs que ceux qui excitent Roubion et Strapoulos. Ces motifs, au théâtre, leur apparaissent dans toute leur vilenie.

« Je vous abandonne tous ces incidents romanesques du gouverneur saisi, garrotté et emporté au fond des bois; de Liliane, sa bien-aimée, accourant à son secours et insultée par ces bandits; des pirates malais survenant juste à l'heure où ils vont lyncher le commandant et égorger la jeune femme, et les emmenant prisonniers, tandis que les deux amoureux, qui ont échappé à leur vue, restent seuls dans l'île; vous comprenez que je fais bon marché de toutes ces imaginations. Elles en valent d'autres; ce sont des prétextes ingénieux à décors amusants, à mises en scène pittoresques. Tout cela vous laisse froid, car vous n'y croyez pas. Mais, vous, ce n'est pas le grand public, ce n'est pas le public pour qui j'ai travaillé. Vous avez une fille, n'est-ce pas?

« — Oui, elle a seize ans environ.

« — C'est déjà peut-être un peu tard. Mais n'importe! je vous en supplie; retournez voir cela avec votre fille; et si elle ne s'amuse pas, et si toute cette friperie de brigands et de pirates, se jetant à la traverse d'amours innocentes, ne parvient pas à l'intéresser, j'aurai tort, je l'avoue. Mais je suis sûr de mon affaire. Car déjà, dès la troisième, le petit peuple qui garnissait le parterre et le balcon riait, battait des mains, poussait des exclamations de surprise, d'effroi ou de douleur. Comment! vous n'en voulez pas au chanoine Schmidt d'avoir écrit ses contes. Ils sont pourtant, à votre point de vue d'homme fait, d'une insignifiance rare et d'un extrême ridicule. Mais vous vous mettez pour une heure à la place des enfants à qui ils s'adressent. Et quand vous êtes au théâtre, vous ne voulez pas vous verser dans l'âme de vos enfants, écouter et penser par eux !

« Et à mesure qu'il parlait, Sardou s'animait davantage.

« — Voyons! me disait-il, en avez-vous déjà tant de spectacles pour vos enfants? Votre fille, où la menez-vous?

— Oh ! moi, lui dis-je, j'ai des idées particulières sur l'éducation. A quinze ans, je menais ma fille voir du Molière ou de l'Augier. Je tiens que tout ce qui est beau est sain. Un vaudeville douceâtre m'inspire plus d'inquiétude qu'une comédie du maître où se trouve un gros mot malsonnant.

« — Soit, mais tout le monde n'est pas de votre avis là-dessus, et vous-même, j'en suis convaincu, n'en êtes pas toujours. Eh! bien, il faut à Paris une pièce où l'on puisse aller en famille, le père, la mère et les enfants; une pièce qui soit au théâtre ce que sont cette année à la littérature la *Belle Nivernaise* d'Alphonse Daudet, ou les *Contes pour les vieux et les jeunes* de Theuriet. Cette pièce, j'ai essayé de l'écrire. Ce qui m'enrage, ce n'est pas que vous la trouviez mauvaise ; c'est que, la trouvant mauvaise, ce soit pour des raisons qui marquent que vous n'avez pas compris mon but, que vous n'êtes pas entré dans mes intentions.

« Je sais bien qu'on pourra me dire : Ce n'est pas là une ambition très reluisante. Mais ce n'est pas vous qui me ferez cette objection; vous n'ignorez pas qu'en art tout est difficile. Il semble au premier abord qu'il n'y ait rien eu de plus aisé que de tirer de l'ouvrage de Jules Verne le *Tour du monde en 80 jours*. Il y a fallu pourtant la main experte et sûre de d'Ennery, et il en a cuit à Verne d'avoir voulu un jour s'en passer. Peut-être les plus grands de nos confrères n'auraient-ils pas réussi mieux que moi à écrire cette chose si simple : une pièce de théâtre pour les enfants.

« Je m'étais essayé dans une foule de genres ; c'en est un que je n'avais pas encore abordé. Est-il défendu à l'artiste de s'engager à ses risques et périls dans des voies nouvelles ? Académicien tant que l'on voudra ; si l'on m'a fait académicien, c'est peut-être parce que j'ai poussé des pointes dans tous les sens, et c'est se montrer digne de ce titre que d'en pousser d'autres encore.

« Je ne demande pas mieux que l'on me dise qu'en donnant le *Crocodile*, j'ai manqué mon coup. Mais encore faut-il qu'on sache où je visais. J'ai écrit pour les enfants ; si les enfants s'amusent, qu'avez-vous à dire ? »

Et, tandis que Sardou plaidait ainsi *pro aris et focis*, je ne pouvais m'empêcher d'admirer cette dextérité d'esprit et cette malice. Il avait prévu un feuilleton peu agréable. Au lieu de s'y prendre comme auraient fait tant d'autres, de m'alléguer les dépenses faites, la nécessité pour le théâtre, pour les comédiens, de ne pas tout perdre dans l'effondrement d'une chute, il m'apportait un thème curieux à développer ; il faisait appel à mon esprit d'impartialité pour le présenter moi-même au public ; il savait que je mettrais une sorte de coquetterie artistique à plaider contre mon sentiment, et il espérait qu'il ne resterait plus de place pour exposer le mien.

Et il espérait juste ! Il y a du vrai, après tout, dans cette thèse, et, si j'allais revoir la pièce, — j'y retournerai un de ces jours, soyez-en sûrs, avec ma fille, puisqu'il veut que j'emmène ma fille, — il est fort possible que je reviendrais tout entier à son avis. Ce Sardou est le plus prestigieux des causeurs ! Et l'on est sans cesse tenté de lui dire, comme Sganarelle à don Juan : « Quand vous parlez, il semble que vous ayez raison, tant vous parlez bien, quoique, au fond, on sente que vous avez tort. »

Que de choses j'aurais pourtant à dire si je parlais de mon cru. Toutes se résument d'un seul mot : c'est que l'impression laissée par le *Crocodile* n'est pas une, et il n'y a pas d'œuvre d'art sans unité d'impression. La pièce vous donne au premier acte la sensation d'une grande comédie de mœurs ; elle se tourne en satire philosophique aux deux suivants ; elle se change en drame noir, passe ensuite à l'idylle et se termine en berquinade. On est à chaque instant déconcerté, dérouté. Il peut se faire que les enfants de quinze ans subissent ces influences diverses, sans les discuter ni même s'en apercevoir. Cette indifférence nous est impossible. Nous aimons, si l'on nous a annoncé que ce serait sérieux, que ce le soit jusqu'au bout, et nous dirions volontiers comme Agnès :

Je ne m'aperçois pas, pour moi, quand on se moque.

Sardou a, durant dix minutes, l'air de croire que c'est arrivé, et puis, tout à coup, il éclate de rire et montre qu'il n'est pas lui-même dupe de ses inventions. Mais, s'il s'en moque tout le premier, comment veut-il que je m'y laisse prendre ? Le grand défaut de Sardou, c'est de n'être pas sincèrement naïf.

Il a des arrière-pensées, et il a beau faire, on les devine. Le *Crocodile* est sans doute, comme il me l'a dit, une pièce écrite pour les enfants ; mais c'est aussi, c'est peut-être plus encore, une pièce pour l'exportation.

Prenez ces tableaux, les uns après les autres. Ce sont des cadres merveilleusement disposés pour servir de passepartout. Tous ces gens que le naufrage a jetés dans l'île, vous pouvez, selon le pays où se jouera la pièce, les habiller comme il vous plaira et leur faire dire tout ce qui pourra agréer au public. La situation restera la même ; tous les détails sont, comme on dit en argot de théâtre, *ad libitum*. Les naufragés, au bout de six mois, se sont, avec les ressources que l'île leur a fournies, composé des costumes de fantaisie. Ces costumes, il vous sera permis de les varier en cent façons, et ils seront la grande curiosité de la pièce.

Rien de plus facile, au besoin, que de changer certains tableaux en pantomime pure. Je mets en fait que l'acte où le gouverneur est emporté dans la montagne par les révoltés et délivré par les Malais se pourrait jouer sur n'importe quel théâtre où le public ne saurait pas un mot de français. L'action est si simple et si claire que le mouvement seul des acteurs en scène suffit à la rendre intelligible. Certains rôles même peuvent se modifier sans que la pièce en souffre. J'ai fait, au cours du feuilleton, remarquer que l'Anglaise ridicule deviendrait aisément, en Amérique, une Française ridicule. Il y a de même un avocat beau parleur, qui est membre du Parlement hollandais et bavard infatigable. On en fera aisément un Anglais, un Allemand, et il suffira de lui mettre dans la bouche d'autres discours ; ils feront également rire.

Le *Crocodile* me fait l'effet de ce morceau de feutre dont les prestidigitateurs, dans les foires de village, font tour à tour un chapeau, une maison, un bateau, une écuelle et mille autres objets divers. Quand il aura diverti nos collégiens et nos filles, il fera son tour du monde et s'accommodera aux goûts de toutes les nations qu'il traversera. Quelques légers coups de pouce, et ce sera une besogne faite.

A ce point de vue, mais à ce seul point de vue, le *Crocodile* est un chef-d'œuvre. On a autour de lui accumulé toutes les chances de succès. La première, et à mon avis la plus importante, c'est la musique de Massenet. On se rappelle que le jeune et illustre maître avait écrit pour *Théodora* un chœur d'un rythme singulier et qui avait beaucoup de couleur. Sa part de collaborateur est cette fois bien plus considérable. Il a écrit une ouverture et quelques entr'actes qui ont ravi le public.

27 décembre 1886.

THERMIDOR

Je n'avais, dans mon dernier feuilleton, porté qu'un jugement sommaire sur le *Thermidor* de M. Sardou, me réservant d'y revenir le dimanche suivant et de développer mes conclusions. Je croyais avoir du temps devant moi; la pièce semblait partie pour un long et fructueux succès. Qui pouvait s'attendre à ce qui est arrivé? La répétition générale et la première représentation avaient été des plus paisibles. Il n'y avait pas même eu dans la salle, à aucun endroit du drame, un de ces petits frémissements d'inquiétude ou de révolte par où se trahit un état latent d'excitation dans les esprits. Des journalistes radicaux étaient là; et ils n'avaient témoigné en rien qu'ils fussent indignés ou furieux. On citait même dans les couloirs un mot fort spirituellement gai de M. Clemenceau, qui était une critique littéraire bien plus que politique. C'était au premier acte : Coquelin débitait sa tirade sur la tristesse de Paris aux jours de la Terreur. Elle est un peu longue, cette tirade; M. Clemenceau la trouvait telle, et, se penchant à l'oreille de son voisin, à demi-voix :

— Votons, avait-il dit; passez les urnes.

Ce mot ne partait pas d'une âme noire. A la sortie, j'avais entendu s'engager de nombreux colloques sur l'œuvre nouvelle. On en discutait vivement le mérite ; personne ne paraissait avoir pris garde aux tendances politiques de l'auteur. C'est qu'à vrai dire ses tendances pouvaient se résumer en deux cris : « Vive la République ! A bas la guillotine ! » Au fond, c'était ou ce semblait être l'avis de tout le monde.

Parmi les journalistes qui s'occupent d'art dramatique, un assez bon nombre avaient été invités par M. Gunsbourg, l'impresario du théâtre de Nice, à venir voir la première représentation du *Richard III* de M. Émile Blavet et Gaston Salvayre. Nous avions tous demandé que cette première, qui devait primitivement être donnée dans la première quinzaine de janvier, fût reculée jusque après *Thermidor* où nous étions tenus d'assister.

Thermidor s'était donné samedi ; nous partîmes tous le lendemain, contents et le cœur à l'aise, comme dit la chanson, sans nous douter de la traînée de poudre que nous laissions derrière nous, qui a ébranlé la Comédie-Française et failli faire sauter le ministère. Ah ! si j'avais su ! il est clair que je ne serais pas parti ; non, je ne serais pas parti. Mais à présent que la chose est faite, je ne suis pas fâché d'avoir été mis une fois, par le hasard des circonstances, à même de voir l'effet en province des événements qui se produisent à l'improviste à Paris.

Vous est-il arrivé de regarder un bal sans entendre le piano qui règle le pas des danseurs ? Vous ne voyez que des jambes qui s'agitent et tous ces mouvements que ne justifie pas la musique semblent incohérents et bizarres. On a comme une idée que tous ces gens sont fous de se démener ainsi sans raison ni motif. Eh ! bien, nous avons eu l'autre jour à Nice une sensation de ce genre. Nous ne comprenions rien aux nouvelles que nous apportait coup sur coup le télégraphe : nous devinions bien qu'à Paris les cerveaux étaient fort échauffés ; mais à propos de quoi cette ébullition ? tant de fumée et point de feu, c'était à jeter sa langue aux chiens.

Nous ne prîmes pas trop au sérieux le premier de ces télégrammes. Il était pourtant fort long et d'un style éperdu. Il parlait de désordres graves pour le lendemain, etc.

Des désordres graves !... Allons donc ! Ils étaient, pensions-nous, une douzaine en tout d'enragés ou de fumistes, qui avaient trouvé plaisant de manifester et de faire du tapage. S'ils s'avisaient de revenir, on les cueillerait d'une main délicate, on les enverrait siffler au poste. A supposer qu'ils tinssent bon trois ou quatre soirs, comme ils auraient contre eux le public et la police, ils ne tarderaient pas à se lasser.

Cependant, les télégrammes se succédaient plus effarés et plus inquiétants les uns que les autres. La troisième représentation devait être le théâtre d'une bataille ; on s'y disputerait à coups de canne.

Et moi, je rassurais tout le monde :

— La troisième, c'est un mardi. Que voulez-vous qu'il arrive un mardi à la Comédie-Française. La salle est louée du haut en bas, par un public très homogène, qui a grande envie de voir la pièce de Sardou. Il ne reste de places disponibles qu'aux troisièmes galeries. Rien de plus simple que d'y distribuer une trentaine d'agents qui auront l'œil sur les perturbateurs, s'il s'en introduit quelques-uns. Quant à la foule qui doit envahir la place du Théâtre-Français, elle se composera surtout de badauds, et rien ne sera plus aisé que de la faire circuler. Mais si elle devenait trop compacte, le gouvernement a fait ses preuves. Il a montré qu'il savait, quand il voulait, et dans des occasions où la foule était bien plus surexcitée, réprimer et dissoudre les manifestations inopportunes. On peut compter sur lui.

Et voilà comme on raisonne à Nice! On s'imagine, quand on est loin de Paris, que les choses iront selon le bon sens et la logique! Comment vouliez-vous que, là-bas, à deux cents lieues du Palais Bourbon, j'allasse me mettre en tête qu'un ministre à poigne dirait à la Chambre : Quelques personnes ont déclaré qu'elles viendraient faire du tapage à la Comédie Française ; je ne peux plus répondre de l'ordre. Je n'ai pas en main les moyens d'avoir raison des douze manifestants qui mettent en échec la liberté et le gouvernement. Le plus court est de supprimer tout prétexte à querelle.

Non, vous ne pouvez vous figurer notre stupeur quand cette cheminée nous tomba sur la tête sous forme de télégramme : interdiction de *Thermidor*. Quoi! la pièce avait été acceptée par la censure, visée par le directeur des beaux-arts, approuvée par le ministre de l'instruction publique. Elle avait subi, sans froisser aucune susceptibilité, la double épreuve de la répétition générale et de la première représentation, et, parce qu'il plaisait à douze ou quinze agités de s'apercevoir après coup qu'on n'y louait pas la guillotine et ses pourvoyeurs, voilà tout le gouvernement qui faisait des excuses, qui obéissait!

Les habitués du mardi s'étaient fâchés ; ils avaient eu, parbleu! cent fois raison. Comment! voilà des gens qui ont acheté fort cher le droit de voir une fois par semaine les pièces de la Comédie-Française et surtout les nouveautés qu'elle donne. Il en paraît une qui est curieuse; bonne ou mauvaise, peu importe! elle est curieuse. Et on les empêche de l'entendre!

Ah! bien, si c'est par ces faiblesses que le cabinet pense enfoncer dans les esprits des provinciaux l'idée que le gouvernement sait et fait ce qu'il veut! Mais voilà que je m'emporte à parler politique, et ce n'est pas mon affaire. C'est qu'il n'y a plus moyen à présent de traiter la question littéraire. Comment voulez-vous que je discute avec vous les scènes qui m'avaient paru faibles dans l'œuvre de l'éminent académicien? La pièce s'est, pour ainsi dire, dérobée à la critique, et ce serait conscience de paraître s'acharner sur un drame à terre. Je ne puis toucher que les points qui ont quelque rapport avec cette politique, dont *Thermidor* a été la victime.

J'ai lu avec soin tout ce qui a été dit sur ce sujet à la Chambre : je n'ai pas besoin de vous dire que, parmi les orateurs, il n'y en a que deux avec qui je me sois trouvé parfaitement l'accord : c'est Fouquier, d'abord, un des lettrés pour qui j'ai la plus vive estime, et Reinach, qui a su, avec une rare éloquence, exprimer des vérités de bon sens. Mais ni l'un ni l'autre n'ont pu ni voulu, dans l'enceinte législative, présenter des arguments qui fussent d'ordre purement littéraire. Il est bien probable qu'à leur place je me serais abstenu comme eux; mais ici, je suis chez moi.

Qu'est-ce que le *Thermidor* de Sardou? Je l'avais dit dimanche dernier, et j'ai été ravi de voir le mot confirmé par Lemaître : c'est une pièce anecdotique. Il s'agit purement et simplement des amours de Martial Hugon et de Fabienne Lecoulteux. Fabienne, qui a été chassée de son couvent au moment où elle allait prononcer ses vœux, qui a été reprise plus tard par sa supérieure et endoctrinée par un vieux prêtre, comme Jocelyn par l'évêque de la prison, sera-t-elle envoyée à la guillotine, ou bien y échappera-t-elle? Voilà la pièce. Tout le reste tourne autour de ce point d'interrogation.

Je ne dis pas que ce soit là la grande manière des puissants artistes. Ça, c'est une autre affaire. La pièce est ainsi conçue. Prenons-la telle que l'auteur nous la donne. Il va sans dire qu'il est obligé de nous intéresser aux amours de cette béguine désencornettée avec son jeune héros, Martial Hugon. Il s'ensuit naturellement qu'il ne peut nous inspirer aucune sympathie pour la guillotine, qui, en tranchant la tête de Fabienne, coupera le fil de ses amours avec Martial.

A supposer que M. Victorien Sardou eût pour le régime de la guillotine en permanence une tendresse secrète, qui d'ailleurs me paraît peu vraisemblable, son devoir d'auteur dramatique serait de nous en parler avec horreur. C'est en effet la guillotine dont l'ombre se dresse entre Martial Hugon et Fabienne Lecoulteux. Tout l'intérêt du drame se réduit à cette question : Fabienne épousera-t-elle Martial ou montera-t-elle sur l'échafaud ?

La guillotine ne manœuvre pas toute seule. Elle a ses pourvoyeurs, et ces pourvoyeurs ont un nom dans l'histoire. Parmi ces noms se trouve celui de Robespierre.

Je vois dans une interview de M. Ernest Hamel, qui s'est fait, comme vous savez, l'historien et le défenseur de Robespierre, je vois qu'il a déploré que M. Victorien Sardou eût contribué à propager cette idée que Robespierre était le représentant du régime de la Terreur. M. Ernest Hamel affirme que le coup d'État de Thermidor a été fait, au nom de la Terreur, contre Robespierre qui ne souhaitait, lui, que l'exacte justice.

Mon Dieu! cela est possible ; je n'en sais rien, ou plutôt je n'en veux rien savoir au théâtre. L'auteur dramatique n'est pas un professeur d'histoire. Pour lui, qui s'adresse à la foule, qui doit faire effet sur la foule, le préjugé de temps, c'est la vérité vraie. Est-il véritable que dans l'opinion populaire (qui est même celle de beaucoup d'historiens très documentés), Robespierre était si bien l'incarnation de la Terreur que, lui tombé et mourant, les prisons s'ouvrirent comme par enchantement et rendirent leurs victimes? Il n'y a pas à discuter là-dessus. Que le fait soit exact ou ne le soit pas, il est admis par la généralité du public. Je suis assez vieux pour avoir causé avec des gens qui en étaient persuadés. Toute ma génération, toutes celles qui ont suivi ont été pénétrées de cette idée, qui, vraie ou fausse, fait aujourd'hui office de vérité.

Eh! bien, je l'ai démontré cent fois, mille fois, et je ne cesserai d'y revenir, car c'est une des lois primordiales du théâtre. L'auteur dramatique est obligé de mettre sur la scène, non la vérité vraie, mais la vérité qui est crue telle par le public à qui il a affaire. Il est obligé de montrer aux spectateurs les fantômes nés de leur éducation, de leurs préjugés, de leur imagination, sous peine d'être traité par eux de faussaire.

C'est ce qu'avait fait Sardou pour Robespierre. Il peut se faire qu'il y ait des robespierristes convaincus, qui croient que leur idole a sauvé la Révolution. C'est là une opinion très respectable, comme toutes les opinions sincères. Mais c'est une opinion restreinte. Les robespierristes eux-mêmes m'accorderont bien qu'ils forment une petite église, une chapelle tout au plus.

En théâtre, il n'y a pas de petites églises, il n'y a pas de chapelles. Il faut prendre les personnages historiques comme les donnent la tradition et la légende, interprétées par les préjugés du moment. Quelle est l'idée que se fait à tort ou à raison le grand public du rôle de Robespierre dans la Révolution et de la journée de Thermidor? C'est que Robespierre maintenait à Paris le régime de la Terreur; c'est que Thermidor, en le renversant, a renversé la guillotine. L'auteur dramatique ne peut que partir de ce point qui est en quelque sorte acquis. S'il heurtait de front l'opinion préconçue, il serait sûr de l'irriter contre son œuvre.

J'ignore pour ma part si le Robespierre de Sardou est celui de l'histoire, et je n'en veux rien savoir. C'est le Robespierre de la légende; il ne m'en faut pas davantage. Car je suis au théâtre où la légende parle plus haut que l'histoire. Et remarquez que dans cette pièce Sardou n'a pas donné un rôle actif à son Robespierre, il l'a laissé dans la coulisse, à la cantonade, comme on dit en argot dramatique.

Martial Hugon, Fabienne Lecoulteux et leur ami Labussière attendent les résultats de la bataille qui se livre à la Convention : si Robespierre est vaincu, ils sont persuadés (comme tout le monde l'était alors) que c'est la fin des exécutions et que la dernière charrette ne partira pas. L'auteur ne vous dit pas qu'ils ont raison de penser ainsi. Il ne fait pas intervenir Robespierre, il ne lui met pas dans la bouche ni apologies ni discours qui puissent exciter l'horreur contre lui. Non, les trois personnages du drame sont tenus au courant, minute par minute, des péripéties de la discussion parlementaire, dont le contre-coup se fait sentir sur leur destinée, jusqu'au moment où ce cri s'élève : « Le tyran est à terre... » et aussitôt Labussière et Martial, fous de joie, jettent au vent les feuillets des dossiers devenus inutiles.

Théâtralement parlant, et nous sommes au théâtre, en dehors de toute vérité historique, ils sont dans leur droit de danser ainsi sur le cadavre de Robespierre. Comment! Voilà des gens promis à la guillotine; ils vont y monter; cela ne fait pas de doute; cela a été, durant deux actes, sérieusement et fortement établi. Un incident arrive qui les délivre de cette obsession; et vous ne voulez pas qu'ils se réjouissent, et vous venez leur dire :

— Mes amis, vous n'avez pas étudié et fouillé l'histoire. C'était un très brave homme, que ce Robespierre; il pleurait sur le triste sort de ceux qu'il envoyait à la guillotine, et c'était pour le bien de l'humanité qu'il les y envoyait.

Grand merci ! il ne s'agit pas ici d'histoire, mais de drame. Quand l'amoureuse, à qui je m'intéresse, doit avoir le cou coupé, je suis toujours ravi du coup de sang qui emporte le bourreau, s'appelât-il Robespierre. Je voudrais qu'on jugeât les œuvres de théâtre en gens de théâtre; je voudrais qu'on fît comme le public qui vient dans une salle de spectacle pour voir une œuvre intéressante et qui lui plaise, et qui ne s'inquiète guère si l'on a pris quelques libertés avec l'histoire qu'il ne connaît pas.

Ajouterai-je que, par sa faiblesse, le gouvernement se trouve, dans une certaine mesure, responsable du désarroi où se trouve à cette heure la Comédie-Française ?

Elle se plaindra avec raison d'un incident dans lequel elle n'a été pour rien, mais qui lui coûte de quatre à cinq cent mille francs et deux mois de travail.

Que voulez-vous, mes amis ? C'est la fatalité; nous n'y pouvons rien. Il faut se remettre au travail. Voyez par cet incident quelle est la force de l'institution qui vous groupe et vous tient unis. Tout autre théâtre resterait terrassé sous un coup pareil et le directeur ferait faillite. Pour vous, c'est un trou énorme sans doute; mais ce n'est pas la ruine. Il vous reste le répertoire : tout le monde sur le pont ! Soyez sûrs que toute initiative de votre part sera en ce moment suivie avec faveur et par la presse et par le public. Mais ne vous laissez aller ni au dénigrement ni au désespoir. Il faut rebondir. Nous comptons sur le dévouement de tous et, en particulier, sur celui de Coquelin, qui est le plus atteint dans cette bagarre, mais qui tiendra sans doute à honneur de faire bon visage à l'adversité et de s'unir à ses camarades pour traverser cette passe difficile.

2 février 1891.

MADAME SANS-GÊNE (1)

Le Vaudeville nous a donné *Madame Sans-Gêne*, pièce en quatre actes, dont un prologue, de MM. Victorien Sardou et Émile Moreau.

L'accueil fait à la pièce s'est ressenti de la faveur qui semble revenir, en littérature et en art, au régime impérial. L'empereur et son temps reviennent à la mode. Qui de nous n'a lu les *Mémoires* de Marbot et le *Napoléon intime* de M. Arthur Lévy? Ameublements et toilettes rappellent en ce moment l'empire. Au théâtre ce retour de goût est sensible. Il n'y a pas longtemps notre confrère Henry Fouquier faisait jouer à l'Ambigu un drame tiré de cette époque. La pièce n'eut pas de succès; mais la seule scène qui fut goûtée était celle où Napoléon, vu de dos, passait silencieux et pensif, tandis que les soldats criaient : « Vive l'empereur! » Au Château-d'Eau, *Madame la maréchale*, qui traite le même thème que viennent de reprendre MM. Victorien Sardou et Émile Moreau, a eu plus de cent représentations très suivies.

Pour cette raison, et pour bien d'autres, dont la moindre n'était pas la popularité de Mlle Réjane, la principale interprète du drame, le succès de *Madame Sans-Gêne* était

---

(1) En collaboration avec M. Émile Moreau.

assuré. Il a égalé ou à peu près les espérances des directeurs et l'attente du public ; il ne les a point dépassées.

Comme en ce genre de théâtre, chaque acte, selon le mot de Boileau, est dans la pièce une pièce entière, permettez-moi de suivre l'ordre des tableaux, sans les rattacher à un point unique, que je ne saurais inventer, puisqu'il n'existe pas.

Le premier acte est charmant. Nous sommes au 10 août 1792, dans l'atelier de Catherine, la blanchisseuse. Le canon tonne au dehors ; dans le fond, par les croisées ouvertes, on voit passer des soldats, des hommes du peuple en armes ; les petites ouvrières, tantôt courent aux croisées pour voir, tantôt se rejettent, effrayées, en arrière, c'est un va-et-vient de gens qui apportent des nouvelles. Catherine s'inquiète de ce qu'est devenu son amoureux Lefebvre, qui est en train de prendre les Tuileries ; elle est très fière de le voir si bon patriote et si brave ; mais elle craint pour lui un mauvais coup. On la rassure. Un des survenants l'a vu dans la bagarre ; il était d'attaque et enlevait les bandes révolutionnaires.

Comme elle ferme l'atelier, voilà que par la petite porte entre éperdu un officier autrichien ; il est blessé, poursuivi ; il demande asile. Catherine est bonne patriote ; mais elle est bonne fille aussi. Elle le cache dans sa chambre, dont elle ôte la clef. Des coups de crosse l'avertissent que Lefebvre demande à entrer, avec les camarades.

Elle a beau se dépêcher ; il s'impatiente. Pourquoi cette lenteur à ouvrir ? Il entre, les mains noires de poudre. Il conte le Louvre pris d'assaut, embrasse sa Catherine et il demande à se laver les mains. Il veut entrer dans la chambre de sa maîtresse. Point de clef ; cette clef, il la veut, il l'exige. Car il est jaloux et brutal. Il la prend de force, tandis que les camarades contiennent Catherine furieuse et menaçante. Il ouvre, entre, ressort et se dirigeant vers Catherine :

— Pourquoi ne m'as-tu pas avoué qu'il y avait là un mort? lui dit-il tout bas.

— Il est mort! s'écrie-t-elle désespérée et toujours à voix basse.

Et à travers des sanglots étouffés, d'une voix haletante, elle lui conte comment s'est passée la chose :

— C'est bien, répond Lefebvre, je voulais t'éprouver ; il vit ; garde-le, je reviendrai ce soir le faire évader.

— Ah! mon homme! que tu es bon!

Et elle se jette dans ses bras.

La scène est d'une vivacité surprenante; elle a été jouée à merveille par Mlle Réjane et par M. Candé. Elle a obtenu un succès fou. Mlle Réjane y a été, comme à son ordinaire, exquise comédienne. Il faut pourtant bien le dire : Mlle Réjane n'est point la femme du rôle : c'est Germinie Lacerteux plutôt que Catherine ; mais ce défaut est encore peu sensible dans ce premier acte : il s'accentuera aux actes suivants.

Dix-huit ans se sont passés dans l'entr'acte, qui a été fort long. Nous sommes en 1811. Lefebvre est devenu maréchal et duc de Dantzig : Catherine a suivi sa fortune, mais elle a gardé dans sa situation nouvelle le sans-façon de ses allures plébéiennes et les verdeurs de langage qui lui avaient jadis, dans sa boutique, valu le sobriquet de *Mademoiselle Sans-Gêne*. Peut-être les a-t-elle trop gardées. Je crains qu'ici Sardou, cédant au plaisir de faire rire à bon compte, n'ait forcé la note. La leçon de maintien que Despréaux, le maitre de danse, donne à la maréchale, l'embarras de Catherine à rejeter d'un coup de pied la traine de sa robe, sa prise de bec avec la reine Caroline et la princesse Élisa m'ont semblé excéder la mesure de convention qu'autorise le vaudeville. Ajouterai-je que Mlle Réjane, si fine comédienne qu'elle soit, n'est pas bien bonne dans ces scènes ; et peut-être n'y est-elle pas bonne parce qu'elle est trop fine. La blanchisseuse de Sardou a été vivandière ; elle a fait aux côtés de son mari les campagnes de l'empire ; elle a été blessée ; c'est une robuste et vaillante fille, qui est restée franche du collier, haute en couleur comme son langage. Mlle Réjane est une gamine de Belleville, futée, délurée, qui a l'air de s'amuser elle-même du contraste de ses manières avec les magnificences de la cour où elle tient rang de duchesse.

C'est elle qui reçoit au palais de Compiègne. Sardou et Moreau en ont profité pour nous déployer une mise en scène qui a été un régal pour nos yeux émerveillés. C'est un ruissellement d'épaules nues, de diamants et de costumes chamarrés de dorures. Je ne demande pas mieux que de me servir du mot à la mode, bien qu'il me semble un peu plus grand que la chose : c'est une reconstitution de milieu. Ces reconstitutions doivent coûter fort cher. Heureux les auteurs qui peuvent se les payer ! Et nous aussi, nous sommes heureux de les voir. C'est un véritable éblouissement que tout ce second acte. Toutes les jolies femmes du Vaudeville figurent dans cette soirée et ajoutent à la beauté du spectacle : entre Mlles Verneuil, Drunzer et Sorel, Pâris eût été le berger le plus embarrassé du monde : joignez encore à ce trio de déesses l'aimable Mlle Thomsen, et Mlle Avril, et Mlle Suger, et tant d'autres encore. Pour appliquer une épithète particulière à chacune d'elles, Homère lui-même serait embarrassé.

Vers le milieu de ce second acte, nous retrouvons le vrai Sardou, le Sardou des bons jours, dans un joli bout de scène. Lefebvre est arrivé soucieux ; il sort de chez l'empereur. Catherine lui demande ce qu'il a. L'empereur vient de lui signifier qu'il eût à répudier sa femme, dont les pataquès faisaient scandale, et à épouser une princesse qu'il lui destine.

— Qu'est-ce que tu aurais répondu à ma place? lui demande-t-il.

— Ce que j'aurais répondu? dit-elle.

Et alors dans un couplet charmant, et qui a été dit par Mlle Réjane avec un inexprimable accent d'émotion discrète, elle rappelle les travaux supportés et la gloire conquise ensemble, leurs deux vies fondues l'une dans l'autre, elle s'indigne qu'on puisse songer à les désunir; elle déclare qu'on ne les désunira jamais.

— Voilà ce que j'aurais répondu à ton empereur!

— C'est justement ce que je lui ai répondu, dit simplement Lefebvre. Embrasse-moi, ma femme.

Voilà la note juste tout ensemble et exquise.

Le troisième acte est délicieux. Sardou (je demande pardon à son collaborateur si ce nom revient presque toujours seul sous ma plume), Sardou n'a rien écrit de plus fin, de plus léger, de plus plaisant.

Nous sommes chez l'empereur. Napoléon est préoccupé, mécontent. Il donne des ordres d'un ton bref, irrité. « Il a ses mauvais yeux, ce soir, » dit Fouché.

Les deux sœurs, Caroline et Élisa, viennent se plaindre de l'algarade que leur a faite la maréchale Lefebvre. Napoléon est excédé de toutes ces querelles; il est en famille, c'est le moment de laver son linge sale. Il frotte d'importance les oreilles de ces deux pimbêches, les phrases tombent de sa bouche, saccadées et cinglantes. Vous pensez si elles ragent; mais les voilà qui s'attrapent l'une l'autre, et dans un accès de colère, elles retrouvent pour s'injurier le patois de leur pays. Napoléon, qui les écoute, se lève furieux, et, emporté à son tour par la situation, il les apostrophe en italien-corse. Toute la salle est partie d'un fou rire; c'est une trouvaille de vaudevilliste que ce jeu de scène.

Les princesses se retirent; on annonce la maréchale Lefebvre, duchesse de Dantzig; l'empereur est fort mal disposé; il est clair que « Catherine va écoper ».

Cette scène, nous l'attendions tous; elle était nécessaire dans l'économie de la pièce. Elle a été faite à ravir et jouée de même. C'est un bijou, un pur bijou. Napoléon débute avec la maréchale par les brutalités qui étaient familières à ce grand homme, fort mal élevé. Il cachait sa timidité avec les femmes sous ses brusqueries.

Il lui reproche la scène qu'elle a faite à ses sœurs; il s'anime en parlant. Catherine s'excuse, et, tout en gardant quelque chose de ses manières et de son langage, elle en atténue adroitement le ton; la scène file ainsi jusqu'au mot sur lequel elle revire.

— Sire, dit la maréchale, je n'ai pu me contenir; la reine avait mal parlé de l'armée...

— De l'armée!

A ce mot, Napoléon tressaille... De l'armée! Elle a mal parlé de nos soldats?

Soldat, Catherine l'a été; elle conte à l'empereur ses campagnes, ses blessures...

— Je ne savais rien de tout cela, dit Napoléon, intéressé et charmé.

— Vous l'avez oublié, comme vous avez oublié d'autres choses.

— Et lesquelles?

Au temps où elle avait sa boutique, Catherine blanchissait le linge d'un jeune officier, très pauvre, qui est parti sans lui payer sa note. Cet officier, elle le trouvait bien gentil de ce temps-là; elle n'était pas mariée, et s'il avait voulu !... Elle était allée un jour dans sa chambre lui reporter son linge ; elle était bien décidée à sauter le pas ; mais il l'a à peine regardée, car il était penché sur une carte de géographie. Elle s'en est retournée, le cœur gros, avec son panier vide et sa vertu intacte.

Non, vous ne sauriez croire que de grâce, que de malice discrète, que d'émotion contenue Mlle Réjane a mises dans ce récit scabreux. C'est la perfection même. Napoléon, amusé, demande à voir cette fameuse note ; il en discute le chiffre par badinage. Elle n'en peut rien rabattre : c'est 60 francs. Il fouille dans sa poche :

— Justement, je ne les ai pas.

— J'ai attendu dix-huit ans ; je peux bien attendre un jour de plus.

On rit ; je croyais la scène terminée. Sardou, avec une hardiesse que seul, avec sa sûreté de main, il pouvait se permettre, l'a poussée plus avant. Ce récit, le bras que Catherine lui a montré nu, pour lui faire voir sa blessure, ont émoustillé Napoléon. Il mène discrètement la maréchale jusqu'à un canapé ; il lui prend les deux bras pour en relever la manche :

— Il n'y a de blessures qu'à un bras, lui dit-elle.

La scène est rapide, discrète, charmante. C'est du meilleur Sardou.

Là, pour moi, s'arrête la pièce ; et c'est à partir de ce moment que le drame commence. C'est l'histoire d'un officier autrichien qui s'est glissé dans le palais pour entrer chez l'impératrice ; l'empereur l'a saisi en flagrant délit. Il se croit trompé ; il est jaloux. Cet officier, c'est celui que Catherine a sauvé dans sa chambre au premier acte, en sorte qu'elle s'y intéresse. Elle veut le sauver ; comment le sauvera-t-elle ?

Toute cette aventure m'a déplu, non parce qu'elle est

peu vraisemblable, non parce qu'elle n'est pas historique, — ah! l'histoire, voilà dont je me soucie au Vaudeville, comme un poisson d'une pomme! — mais parce qu'elle n'est pas amusante du tout. Je ne m'intéresse aucunement à cet officier que je ne connais pas, ni à Marie-Louise qu'on ne m'a pas même montrée. S'il est son amant, tant mieux pour elle; si on le fusille, tant pis pour lui. Moi, ça m'est parfaitement égal. Tant et si bien que le dernier acte, avec tout son mouvement, toutes ses colères, toutes ses frayeurs, m'a laissé froid. Je savais bien que ça s'arrangerait à la satisfaction de tout le monde; et le fait est que ça s'est arrangé.

Je crois avoir donné une idée assez exacte de la sorte de plaisir qu'il faut demander à *Madame Sans-Gêne*. C'est une suite de tableaux, dont quelques-uns sont ravissants; ils sont coupés de scènes épisodiques, qui nous ont paru délicieuses. De drame, il n'y en a pour ainsi dire pas, et je préférerais qu'il n'y en eût pas du tout. On pourra faire toutes sortes de critiques au nouvel ouvrage de Sardou; il y en a une qu'on ne lui adressera jamais : c'est d'être ennuyeux.

30 octobre 1893.

MEILHAC ET HALÉVY

ÉTUDE GÉNÉRALE

Tandis qu'au retour des obsèques de Meilhac, je feuilletais, pour me les remettre en mémoire, quelques-unes de ses plus jolies comédies, je me disais à moi-même, à mesure que me remontait à l'esprit le souvenir de ses premières représentations et de toutes celles auxquelles j'ai assisté depuis quarante ans :

Comme on est injuste envers son siècle! Comme on est porté à le dénigrer, en le comparant aux âges qui l'ont précédé! Il nous arrive de nous plaindre du nôtre, de croire, après une année infertile, qu'on ne fait plus de chefs-d'œuvre, qu'il n'y a plus de génies. Savez-vous bien que le siècle au terme duquel nous touchons aura vu l'une des plus belles floraisons théâtrales qui se soient jamais épanouies chez aucun peuple? Il peut soutenir la comparaison avec les plus grands? Je n'en excepte pas même le moment unique où Sophocle alternait avec Aristophane et se faisait battre à la fin de sa vie par Euripide; je n'en excepte pas non plus les heureuses années où Corneille collaborait avec

Molière, tandis que Racine allait d'*Andromaque* à *Phèdre*.

Je ne sais, à vrai dire, car la reculée me manque pour juger l'ensemble et les arbres me cachent la forêt, je ne sais si le dix-neuvième siècle, passé au creuset de la postérité, laissera un aussi brillant résidu de chefs-d'œuvre avérés, authentiques, absolument parfaits et dignes d'entrer dans le Panthéon classique. Il l'emportera par la variété des génies, par la multiplicité des beaux ouvrages, par la hardiesse de ses pointes poussées en tous sens.

J'abandonne les premières années, qui sont celles de la Révolution et de l'Empire. Collin d'Harleville, Andrieux, Picard, Alexandre Duval, Étienne n'ont donné que des ouvrages qui avaient ce qu'on appelle la beauté du diable. Leurs pièces ont plu aux contemporains par certaines qualités piquantes, d'arrangement et de dialogue, que nous ne goûtons plus guère. Presque toutes ont disparu du répertoire, et nous leur trouvons, quand on nous les rend, un goût de fade et de rance.

On ne nous rend jamais, et l'on a quelque raison, les tragédies de Chénier, de Luce de Lancival, non plus même que celles de Népomucène Lemercier, qui fut pour son temps un novateur, mais si timide! Je ne parle pas du mélodrame qui n'était représenté que par Guilbert de Pixérécourt, dont le nom a surnagé et dont l'œuvre a péri.

Voici venir la Restauration. Pourquoi, de 1815 à 1848, cette soudaine et magnifique éclosion de chefs-d'œuvre en tous genres? A cette question, on donne toutes sortes de réponses, tirées de la politique ou de l'état social; car ce nous est besoin d'expliquer même ce qui est inexplicable. La vérité est que nous n'en savons rien. Pourquoi y a-t-il une année où la vigne livre une récolte exquise, et d'autres où le fruit se racornit sur le cep? Mystère! le mystère a des causes sans doute; elles nous échappent. Nous en sommes quittes pour dire que ce sont là jeux de la nature. D'où vient qu'après une longue période de disette, tout à coup, d'une race qui semblait épuisée, surgissent de grands talents qui abondent en œuvres admirables? La chose est, nous la constatons, et c'est là que se borne notre science.

Quand on pense qu'à la fois voilà Victor Hugo, qui jette au vent *Hernani* et *Ruy Blas*; Alexandre Dumas, qui prélude par *Henri III et sa cour* à cette foule prodigieuse de drames et de comédies où l'originalité d'une invention toujours en mouvement s'allie à une fougue d'exécution merveilleuse; Alfred de Vigny, le poète impeccable, le pessimiste serein et fier, qui sort de sa tour d'ivoire pour donner *Chatterton*; Alfred de Musset, qui enfouit dans la *Revue des Deux Mondes* les proverbes, que l'on y découvrira vingt ans plus tard, et où nous retrouverons la fantaisie ailée de Shakespeare unie à l'exquise préciosité de Marivaux; Frédéric Soulié, qui fait jouer la *Closerie des Genêts*, le chef-d'œuvre des mélodrames passés, présents et futurs, où se rencontre la plus belle et la plus pathétique situation que je connaisse; Casimir Delavigne, que l'on affecte de dédaigner comme poète de transition... Ah! si l'on nous donnait aujourd'hui des œuvres qui, tout en répondant à notre goût, fussent intrinsèquement de la valeur de *Louis XI* et de l'*École des Vieillards*, quels cris de triomphe nous lancerions!

Voilà enfin Scribe, qui a poussé le vaudeville à son plus haut point de perfection. De sa verve intarissable coule un fleuve de grandes et de petites pièces, toutes amusantes, qui ont fait les délices de la première moitié de ce siècle. Quelques-unes sont des merveilles d'ingéniosité. *Une Chaîne*, la *Camaraderie*, le *Mariage de raison*, et tant d'autres ouvrages que les critiques malmènent à cette heure, n'en divertissent pas moins encore la foule, quand on les remet à la scène. Et à la suite de Scribe, il faudrait citer toute son école, à commencer par Bayard. Car il n'y eut jamais de temps où les vaudevillistes furent plus nombreux, plus féconds, plus habiles, et donnèrent à ce genre, un peu inférieur sans doute, des formes plus diverses. Puis-je oublier Duvert et Lausanne, dont les œuvres se lisent encore avec plaisir et évoquent dans notre esprit l'image de l'incomparable acteur Arnal, qui jouait à ravir ces fantaisies.

Toute cette pléiade d'auteurs nous mène en 1848. On pouvait croire que le sol avait été épuisé par cette production incessante, qu'il se mettrait de lui-même en jachère. De 1848 à 1870, c'est une nouvelle moisson, et plus abondante encore en chefs-d'œuvre.

Tandis que George Sand, qui n'avait pas encore écrit pour le théâtre, lui donne ces charmantes idylles : *François le Champi*, *Claudie* et cet aimable *Mariage de Victorine*, qui fait un digne pendant au chef-d'œuvre de Sedaine ; tandis que Ponsard, qu'il ne faut pas trop dédaigner, renouvelle avec éclat la tentative de Casimir Delavigne, voici que trois nouveaux astres d'inégale grandeur paraissent à l'horizon : Théodore Barrière, Alexandre Dumas fils, Émile Augier.

Je ne crois pas que l'avenir garde grand'chose de Théodore Barrière. Il y a pourtant éparses dans son œuvre quatre ou cinq scènes de toute beauté, et, dans la *Vie de Bohème*, il a, en compagnie de Murger, marqué d'un trait ineffaçable un moment de la jeunesse de tous les temps ; il a peint, dans les *Faux Bonshommes*, de couleurs très vives, qui sont par malheur poussées au noir, la sottise importante et gonflée, l'égoïsme béat du bourgeois tel que l'avait fait la monarchie de 1830. Mais Barrière a été rejeté dans l'ombre par ses deux grands rivaux, Dumas fils et Augier, qui se sont loyalement disputé la prééminence à la Comédie-Française.

A qui des deux restera la palme? Hier, précisément, je voyais le *Gendre de M. Poirier*, où Coquelin cadet prenait à son tour le terrible rôle du bonhomme Poirier, et je ne pouvais m'empêcher de penser, à mesure que se déroulait cette pièce dont pas un mot n'a bougé depuis cinquante ans, que c'était là un pur chef-d'œuvre, le chef-d'œuvre de la comédie moyenne au XIX° siècle, et qu'il durerait aussi longtemps que notre civilisation et notre langue. C'est quelque chose d'avoir écrit un ouvrage destiné à devenir classique; et prenez garde qu'à côté du *Gendre de M. Poirier* se placent l'*Aventurière*, *Philiberte*, les *Effrontés*, tant d'autres œuvres aimables et fortes.

Mais Dumas a pour lui d'avoir, avec la *Dame aux Camélias*, fait une révolution au théâtre, d'avoir donné à l'art dramatique une orientation nouvelle. Et songez que cette *Dame aux Camélias*, qui date de 1852, elle faisait encore, il y a huit jours, fondre toute une salle en larmes avec la Duse. Et que d'œuvres de premier ordre ont suivi celle-là! Le *Demi-Monde*, la *Visite de noces*, le *Fils naturel*, que sais-je? Si Dumas n'est pas un maître, à qui donnera-t-on ce nom? C'est à coup sûr un maître, et l'un des plus séduisants et des plus robustes que le théâtre ait connus. Il est aujourd'hui en pleine gloire. Cette gloire subira des éclipses : c'est la loi commune; mais elle aura ses retours, vous pouvez en être sûrs.

Un peu au-dessous, mais pas bien loin, vous savez, mettez Labiche. C'est un homme unique dans la littérature française que ce Labiche, dont le rire a, durant quarante années, allumé le nôtre, qui a renouvelé le vaudeville et qui, dans quelques-unes de ses pièces, *Célimare le bien-aimé*, par exemple, — un chef-d'œuvre, ce *Célimare le bien-aimé* — s'est élevé jusqu'à la comédie amère, a pressenti la comédie rosse.

Pouvons-nous oublier que Pailleron, après cinq ou six ouvrages d'un rare mérite, a écrit une comédie qui a fait le tour de l'Europe ; qui n'a pu, après cinq cents représentations, lasser la curiosité du public, le *Monde où l'on s'ennuie,* qui est comme les *Précieuses ridicules* du XIXe siècle.

Nous avons vu Scribe revivre dans Sardou, un Scribe aussi ingénieux, plus alerte, plus trépidant, d'un style plus vif, dont cependant il restera peut-être moins que du premier, car ses œuvres sont moins pondérées et moins solides. Et pourtant il a écrit *Patrie !* Cela est à considérer.

Quel rayonnement de talents divers ! et notez que je n'ai point parlé de ce pauvre Gondinet, qui a laissé de si jolies bluettes, de si fines peintures de notre société contemporaine ; d'Octave Feuillet, dont le *Roman d'un jeune homme pauvre* sera mis par la postérité à côté des *Fausses Confidences ;* de Legouvé, qui fut l'heureux collaborateur de Scribe, et qui composa seul une demi-douzaine d'œuvres où la dextérité de l'auteur dramatique se double d'une science profonde du théâtre ; de Coppée à qui l'on doit, en cette période, le *Passant,* une fleur délicieuse de mélancolie, une si belle espérance qui n'a pas été trompée.

Et dire que je n'ai pas soufflé mot du mélodrame, où tant d'écrivains, Félicien Mallefille, Erckmann-Chatrian, Ferdinand Dugué, se sont taillé une grande et juste renommée. Mais tous ces noms se fondent dans l'éclat que jette d'Ennery, un écrivain assez médiocre, si l'on veut, mais l'un des plus féconds inventeurs de situations qu'il y ait jamais eu.

Il semble qu'à partir de 1870 il y ait eu comme un temps d'arrêt. On l'a beaucoup dit, répété ; on le crie encore. D'arrêt, non ; d'incertitude, oui. Je suis étonné, au contraire, du nombre de talents nouveaux qui ont surgi depuis

1870, dont les uns (surtout dans le vaudeville) ont trouvé leur voie, dont les autres la cherchent encore, et qui éclateront un de ces jours aux yeux du public stupéfait. Il faudra qu'un jour j'établisse ce bilan ; car personne ne semble se douter que le théâtre est aussi vivant qu'il ait jamais été : *mens agitat molem.*

Mais ce n'était pas mon dessein aujourd'hui de faire cette étude. Je ne voulais que marquer la place qu'occupait au milieu de toutes ces illustrations Henri Meilhac. Il est bien entendu qu'en parlant de Meilhac il ne faut jamais oublier qu'Halévy a été pour moitié dans la plupart de ses meilleures œuvres. Ces deux noms sont inséparables.

Quelle a été la part de la collaboration de chacun dans l'œuvre commune? C'est un problème fort délicat, et qu'il est impossible de résoudre. Meilhac m'a dit plus d'une fois, et on peut le croire sur parole, que dans toutes ses collaborations, quelles qu'elles fussent, c'est toujours lui qui a tenu la plume. « Il n'y a pas, m'a-t-il affirmé, dans le moindre de nos vaudevilles, une phrase qui n'ait été écrite, et souvent, hélas ! dix fois, vingt fois récrite par moi. » Le mieux est de s'en tenir sur le mystère de la collaboration au joli mot d'Augier dans sa préface des *Lionnes pauvres*, qu'il avait signée de compte à demi avec Paul Foussier :

« Il est vrai que le public, trouvant devant lui deux auteurs, ne sait à qui s'adresser, s'embarrasse et se dit : Lequel des deux ? Nous serions bien en peine nous-mêmes de lui répondre, tant notre pièce a été écrite dans une parfaite cohabitation d'esprit. Pour être sûrs de ne pas nous tromper, nous ferons comme les époux, qui se disent l'un à l'autre : « Ton fils ! »

Mais comme c'est surtout de Meilhac qu'il est question aujourd'hui, sans oublier jamais qu'il eut des collaborateurs, et le premier de tous Ludovic Halévy, nous ferons abstraction d'eux, et nous parlerons de son œuvre comme si elle lui appartenait tout entière.

Vous voyez ce qui est arrivé à Marivaux. Il n'a pas été de son temps prisé à sa juste valeur, non qu'on ne le tînt pour un des beaux esprits de l'époque, mais on ne l'avait pas mis à sa place : Voltaire avait stigmatisé son genre d'un de ces mots cruels qu'il excellait à trouver, et qui est resté dans la langue : *marivaudage*. La Harpe écrivait de lui, avec une nuance de dédain : « Quelqu'un qui aurait dit à Marivaux que, comme auteur comique, il était au-dessous de Dancourt, l'aurait bien étonné et pourtant lui aurait dit vrai. » C'était l'opinion des contemporains.

Elle dura longtemps encore; Geffroy, le critique attitré des *Débats*, en parlait avec détachement, comme d'une quantité négligeable. Le revirement se fit, grâce un peu à Mlle Mars. Larroumet, à qui il faut toujours en revenir quand on parle de Marivaux, car il semble avoir épuisé la matière, montre fort bien que dans le genre comique ce fut, après Molière, le seul qui ait créé un genre; et il lui donne la seconde place, même par-dessus Beaumarchais; ce qui est peut-être excessif. Car Beaumarchais fut, lui aussi, un créateur; et toute la comédie de la Restauration est fille des deux *Barbiers*.

Meilhac n'a pas eu le chagrin qui a parfois agacé Marivaux, de n'être pas compris et admiré de sa génération. Il a joui dès son vivant d'une grande renommée; est-ce trop s'avancer pourtant de dire que ce n'est guère qu'en ses dernières années que l'on a senti et goûté son extrême mérite ? S'il m'en fallait une preuve, je la trouverais dans la difficulté qu'il eut à vaincre, je ne dirai pas les répugnances, mais les doutes de l'Académie. On ne le tenait, dans ce milieu et même dans quelques autres, que pour l'auteur de très jolies bluettes, qui ne tiraient pas à conséquence, que pour le librettiste qui avait improvisé des farces

> Qu'Offenbach réchauffa des feux de sa musique.

On avait des préventions contre lui ; c'était un Parisien, disait-on, très affiné, très spirituel, mais dont les ouvrages, légers et capiteux comme une mousse de champagne, ne dureraient pas plus que la génération boulevardière à qui ils avaient plu. C'étaient ce qu'on appelle des déjeuners de soleil. Je crois que Meilhac, au moins jusqu'en ces dernières années, a souffert de ne pas se voir estimé à sa juste valeur, mis par le grand public à côté des Augier et des Dumas. Il était victime d'un préjugé qu'il trouvait avec raison peu justifié et, tranchons le mot, fort sot.

Meilhac a eu sur les grands écrivains comiques de notre temps un avantage qui n'est pas des plus petits : il a mis sur la scène des femmes et des jeunes filles, prises sur le vif de la réalité, des Parisiennes copiées sur nature, et, si j'ose user de cette métaphore, frappées au millésime de 1868. Émile Augier n'a guère fait qu'une jeune fille idéale, et, quand il l'a mariée, il lui a prêté les mêmes vertus et la même grâce : sérieuse et digne, raisonnable avec une pointe de sensibilité fière ; quand il a peint des courtisanes, il l'a fait de chic, sur un modèle fourni par la tradition : Olympe et l'Aventurière, sans même en excepter la Séraphine du père Pommeau, qui n'est point marqué de traits précis où notre génération ait pu la reconnaître.

Les jeunes filles de Dumas sont des raisonneuses prudentes, ou de jeunes frivoles petites demoiselles mal élevées; ses femmes sont ou des guenons de Nod, ou des amoureuses exaspérées. Très curieuses sans doute à étudier, mais qui ne renseigneront guère nos arrière-neveux sur ce que furent la jeune fille et la femme entre 1852 et 1880.

C'est chez Meilhac qu'il faudra venir chercher des documents certains, circonstanciés et pittoresques, et par là encore il se rattache à Marivaux.

C'est Marivaux qui, le premier au théâtre, a jeté sur les planches la femme de son temps. A Dieu ne plaise que j'oublie l'Henriette de Molière; mais Henriette, il n'y a pas à dire, flotte dans les régions merveilleuses de l'absolu. Henriette n'a jamais existé. Marivaux a évoqué l'image de la Française du XVIII° siècle. C'est une remarque que notre docte et ingénieux confrère Gaston Deschamps a mise en tout son jour dans une étude qu'il vient de publier sur Marivaux et qui a paru dans la collection des grands écrivains français, d'Hachette.

« Ainsi se dessinait dans l'esprit de Marivaux, ce type idéal de la jeune Française, qui se généralisera peut-être un jour, que nous commençons à apercevoir çà et là dans le monde où l'on travaille; la jeune fille comme nous la souhaitons, la figure nécessairement nouvelle que de nouvelles mœurs façonnent parmi nous dans l'élite. Cette jeune Française n'a plus, j'en conviens, les paupières baissées d'Agnès, ni le maintien d'Angélique, ni les retraites pudibondes et les attitudes penchées de Mlle Nitouche. Les vieux messieurs disent peut-être au cercle que son allure est trop vive et trop décidée... »

C'est précisément cette jeune fille ou cette jeune femme dont l'allure est trop vive et trop décidée, que Meilhac a recueillie des mains de Marivaux ou plutôt qu'il a photographiée sur les mœurs du second empire. Les femmes de Marivaux étaient d'honnêtes femmes, qui n'avaient que des vapeurs. Celles de Meilhac ont des nerfs; des nerfs délicats, douloureux, exaspérés ; honnêtes presque toujours. Vous pouvez parcourir toute son œuvre; vous verrez que presque toutes s'arrêtent au bord de la faute, ou que, si elles y tombent, c'est invinciblement poussées par un imbécile de mari. Elles ont plus de curiosité que de tempérament; elles ont le goût de l'amour, sans être franchement et sérieusement amoureuses, comme les héroïnes de Porto-Riche. Elles jugent l'homme pour ce qu'il vaut, et elles en ont le parfait mépris, aussitôt qu'une circonstance leur a dessillé les yeux. Elles ne sont pas perverses, comme les détraquées que nous présenteront plus tard les Donnay, les Lavedan et les Marcel Prévost; mais elles manient la blague avec une terrible aisance. Elles se jouent des passions qu'elles excitent; elles se moquent des dadais, hommes du monde et de cercle, qui leur font la cour. Elles sont impitoyables et amusantes, comme la petite marquise, en qui elles se résument toutes.

Aucune de ces femmes n'a eu, par malheur, une physionomie assez distincte pour que son nom passât dans la langue et servît à désigner un caractère. Je ne vois guère que Froufrou qui aurait pu entrer dans cette galerie d'héroïnes où les Ophélie donnent la main aux Sylvia, où la Rosine de Beaumarchais voisine avec l'Henriette de Molière. Mais Froufrou, cette délicieuse Froufrou, si mal élevée, si gentille, si nerveuse, une fois le troisième acte passé, tourne à l'héroïne du mélodrame : elle a fait, dans ces deux derniers actes, couler des torrents de pleurs; mais ce n'est plus *Froufrou*.

Il faut chercher dans la foule des pièces qu'a écrites Meilhac, les traits épars de l'honnête femme du second empire. Quant à la courtisane ou à celle qui est en disposition de l'être, jamais elle n'a été mieux peinte, et de façon plus ressemblante, que par Meilhac. Tout ce côté de la vie parisienne a été exploité par lui avec une sûreté et une malice d'observation incomparables. Si l'on veut dans cent ans connaître les mœurs de ces dames à ce moment de notre siècle, ce n'est point du tout le *Demi-Monde* ou le *Père prodigue* qu'il faudra lire. Suzanne d'Ange et Albertine sont des créatures idéales, qui ont jailli du cerveau de Dumas, comme Minerve est sortie tout armée de celui de Jupiter. C'est Meilhac qui, dans toutes ses petites comédies, comme dans un album de vignettes ou de caricatures, donnera des portraits de la cocotte, à une époque où le mot même qui la désigne aura disparu de la langue.

Et de même que Meilhac a été le peintre exact de ces dames, il a laissé des caricatures inoubliables des cercleux qui les ont aimées et payées. Son œuvre est une galerie vivante de portraits, dont pas un ne sort d'un poncif où n'est fait de chic, qui tous sentent la vie du modèle et le pouce de l'artiste qui observe.

C'est à mon sens le premier mérite de Meilhac; il avait le don, précieux par-dessus tout, de bien voir et de rendre d'un trait net, précis, légèrement caricatural, ce qu'il avait vu. Il en possédait d'autres, et en première ligne la fantaisie.

Chose singulière : cet observateur exact et minutieux des mœurs contemporaines s'échappait constamment en scènes qui s'envolaient par-delà la vérité, qui étaient bien plus vraies que la vérité même. En voulez-vous un exemple? Prenez dans la *Vie parisienne* (une de ses moindres œuvres pourtant) la scène où Gardefeu et Bobinet expliquent en stances alternées pourquoi, se rencontrant dans une gare de chemin de fer, ils ne se saluent plus. C'est une merveille de fantaisie, car Meilhac a su donner à une observation d'ordre courant une forme que l'on peut ensuite détacher et appliquer à toutes les observations du même ordre. Molière ne procède pas autrement.

Ce serait une louange un peu mesquine pour un tel nomme que de faire remarquer que ses pièces sont presque toujours agencées avec art, surtout celles qui sont courtes, comme l'*Été de la Saint-Martin*, les *Sonnettes*, l'*Autographe*, des merveilles de composition logique et serrée ; mais celles mêmes dont la composition est un peu lâche plaisent encore par ce dédain des artifices accoutumés du faiseur. Il est vrai qu'elles n'ont pas toujours agréé au grand public et que si quelques-unes, qui étaient pourtant pleines de détails exquis, n'ont pas rencontré la fortune qu'elles méritaient, c'est que l'auteur les avait laissé aller de guingois, à la grâce de Dieu. Mais nous ne lui en savions pas mauvais gré ; et je crois que quelques-uns de ses ouvrages, qui se sont heurtés à des résistances de ce genre, feront bonne figure dans une vingtaine d'années : ainsi la *Petite Marquise* et *Gotte*.

Je n'ai point parlé, dans cette causerie à bâtons rompus, des opérettes de Meilhac. Ce n'est pas au moins que je les dédaigne. J'ose même dire qu'il a été là un inventeur ; qu'il a, sinon créé de toutes pièces, au moins porté à son point de perfection un genre qui n'est nullement méprisable.

Je sais gré à Scribe d'avoir trouvé une formule d'opéra-comique, aujourd'hui vieillie, mais qui a donné des chefs-d'œuvre. Meilhac a imaginé un scénario d'opérette, qui est resté un modèle, et un modèle si parfaitement inimitable qu'il n'a jamais été reproduit. C'est un art de mettre au théâtre une action lâche et flexible, où l'on puisse ménager tantôt de larges espaces pour la musique et ses ensembles, tantôt des scènes *ad libitum*, où se donne carrière la verve des artistes devenus improvisateurs. C'est de faire jaillir de cette action ou des parodies piquantes, ou des railleries spirituelles, dont la portée passe de loin le genre de l'opérette. Rappelez-vous dans les *Brigands* la scène étonnante où le caissier de la cour d'Espagne faisait voltiger un billet de banque de mille francs aux yeux de don José, et celle où dans la *Grande-Duchesse* le général Boum exposait son plan de bataille : « Couper et envelopper, tout est là. »

Ajoutez que, dans tout l'œuvre de Meilhac, et Dieu sait s'il est considérable ! si vous trouvez beaucoup de mots osés, vous n'en rencontrerez pas un seul qui choque la bienséance ; que les idées les plus hardies s'y présentent toujours sous une forme acceptable aux honnêtes gens ; que le sytle est d'une propriété et d'une vivacité rares, et que ce style a le mérite singulier d'être, tout en restant français, le style des boulevardiers du jour.

Je suis convaincu que la gloire de Meilhac montera à mesure que le temps fera découvrir chez lui des beautés nouvelles ou tout au moins des raisons nouvelles de l'étudier plus curieusement.

12 juillet 1897.

LA BELLE-HÉLÈNE

La destinée de cette pièce est des plus singulières. Elle tomba le premier soir, ou peu s'en faut; elle fut ensuite condamnée par toute la presse, et les plus bienveillants se contentèrent de plaider pour elle les circonstances atténuantes. Les douze ou quinze représentations, qui suivirent la première, ne furent pas beaucoup meilleures. Le public était nombreux, mais froid. Le succès se fit peu à peu, jour à jour ; il finit par se tourner en vogue. Toutes les loges étaient louées quinze jours à l'avance ; l'orchestre envahi jusque dans les couloirs. Vers la centième représentation éclatèrent les terribles chaleurs de la fin de mai ; elles portèrent un rude coup aux *Vieux Garçons,* qui ne s'en relevèrent qu'avec peine, et aux *Jocrisses de l'Amour,* qui en moururent subitement. Elle ne purent absolument rien sur la *Belle-Hélène;* c'est à peine si la recette baissa de cinq cents francs.

Dans les derniers jours, quand le bitume enflammé brûlait encore le soir les pieds des Parisiens, et qu'on respirait à peine un air brûlant, le public s'entassait avec le même empressement pour entendre cette farce; les figures ruisselaient de sueur; mais les yeux ne sommeillaient point, et l'on voyait toutes les têtes dodeliner de satisfaction, quand l'orchestre attaquait la ritournelle d'un air connu.

Il fallut se rendre enfin ; mais ce furent les acteurs qui tombèrent les premiers de fatigue. Ils étaient épuisés ; ils n'en pouvaient plus. Et cependant la *Belle-Hélène* faisait son tour de France et d'Europe ; on la montait dans la plupart de nos grandes villes, et elle y obtenait le même succès qu'à Paris. Elle était représentée en même temps à Bruxelles, à Vienne, à Berlin, et elle y faisait également fureur. Cette vogue si persistante, si universelle, succédant à la condamnation des premiers soirs et donnant un démenti aux meilleurs juges de l'art dramatique, ne laisse pas d'être un incident curieux dans l'histoire du théâtre ; il y a là un problème irritant pour la curiosité des amateurs.

Je sais bien qu'on s'en tire assez aisément en accusant le public de mauvais goût. Cette raison, qui me paraissait excellente, il y a quelques années, ne me suffit plus aujourd'hui. Elle a le tort de ne rien expliquer. Qu'est-ce que le bon goût ? Il est évident que, pour moi, c'est le mien, et celui de quelques amis qui voient les choses de la même façon que moi. Et ainsi pour chacun de nous. Affirmer que le public a mauvais goût, c'est simplement dire qu'il n'a pas le nôtre, et répondre à la question par la question : car, ce qu'on demande, c'est précisément pourquoi il n'a pas notre goût.

Cette sorte de critique qui consiste à dire : telle pièce est mauvaise car elle s'écarte de l'idéal que je me suis formé, nous semble assez stérile. Elle n'apprend qu'une chose au public, c'est votre goût particulier, dont il n'a que faire, à moins que vous n'ayez un nom qui impose. Mais en revanche il est aussi utile que curieux de fouiller le goût du public, d'en trouver les raisons, de lui montrer les rapports secrets qu'il y a entre la tournure actuelle de son esprit et l'œuvre qu'on joue devant ses yeux ; comment et pourquoi il en est affecté d'une façon plutôt que d'une autre. C'est une étude très passionnante, et d'où l'on a cet avantage de tirer des résultats certains. Car il ne s'agit là que de faits bien observés et de conséquences logiquement déduites.

La *Belle-Hélène* est une espèce d'opéra-bouffe. Elle se compose donc d'une partie musicale et d'un livret. Que la musique ait été pour quelque chose dans ce prodigieux succès, cela ne fait doute pour personne. La plupart des motifs de la *Belle-Hélène* sont devenus populaires; on les a mis en quadrilles, en polkas, en vaudevilles, et l'on trouverait difficilement un homme aujourd'hui qui ne pût fredonner quelques notes du *Roi barbu* et de la *Vertu qui cascade*.

Je ne crois pourtant pas que la musique ait eu le premier rôle en cette affaire. Il est à peu près démontré par l'expérience qu'en ces sortes de farces, chez nous au moins, le compositeur aide au succès, il ne le fait point. *Geneviève de Brabant* est, au dire des connaisseurs, une des meilleures partitions d'Offenbach ; il s'y trouve deux ou trois mélodies qui sont vraiment délicieuses ; mais comme le livret était absurde, la pièce est tombée le premier soir, pour ne se relever jamais. On peut affirmer, en revanche, que la *Belle-Hélène* est une des plus faibles partitions de l'auteur d'*Orphée*. Mon confrère Azevedo l'a dit et prouvé, avec une autorité de langage que je ne saurais avoir.

Il faut donc nous rejeter sur le livret. La *Belle-Hélène* est, comme *Orphée aux Enfers*, une parodie de la mythologie antique. J'ai cru longtemps, et beaucoup de personnes croient encore que le succès de la *Belle-Hélène* était précisément dans cette moquerie perpétuelle de noms qui avaient jusque-là semblé sacro-saints, dans ce mélange burlesque de deux civilisations. Mais chaque fois que j'allais à la *Belle-Hélène*, et j'avoue que j'y suis allé fort souvent, je remarquais que les endroits où le public s'amusait le mieux, et où moi-même je riais le plus, n'étaient pas ceux où étaient mis en jeu les procédés habituels de ce genre de parodie.

Prendre un billet d'aller et retour pour Cythère. — *La sonnette de l'augure.* — *Il n'y a que les cocottes pour savoir s'habiller.* — Toutes ces plaisanteries n'excitaient qu'une gaieté assez médiocre. Ce n'était pas évidemment là ce qui charmait la foule. Pour les hommes instruits, le contraste burlesque d'une expression moderne appliquée à une idée antique, a été si souvent exploité depuis Scarron, qu'il paraît bien fade. Pour les autres, il n'existe pas. Qu'y a-t-il de si comique dans la *Sonnette de l'augure*, pour une personne qui n'a jamais su ce qu'était un augure ? La parodie a pu donner à la pièce quelques mots plaisants ; elle n'en a pas été la gaîté première, la gaîté de fond.

S'il était véritable que ce fût elle qui eût décidé le succès, elle l'eût fait bien plus vite. Pourquoi la foule eût-elle attendu quinze jours à rire de plaisanteries qui ne touchent guère que les habitués des premières représentations ? Si la pièce s'est lentement mise en route pour le succès, si elle n'y est arrivée que peu à peu et après plusieurs semaines, c'est qu'apparemment il s'y est aussi développé, jour à jour, des scènes amusantes qui n'y étaient qu'en germes, qui n'ont eu tout leur effet qu'après leur complet épanouissement.

C'est là le nœud de la question. La *Belle-Hélène* est, à vrai dire, ce que les Italiens appellent une *commedia dell'arte*. Il est fâcheux que nous n'ayons pas de termes pour ce genre de pièces, mais *comédie improvisée* ne comprend pas l'ensemble d'idées que le mot italien présente à l'esprit ; *comédie de l'art* serait peu intelligible.

La plupart des personnes qui ont entendu parler de la *commedia dell'arte*, s'en font une idée très fausse. Elles s'imaginent que, sur un scénario affiché le matin dans les coulisses, les artistes jouaient le soir, sans préparation, improvisant leurs rôles à mesure. Jamais les choses n'ont dû se passer ainsi.

Il peut se faire que cinq ou six gens d'esprit, dans un château, aient, pour tuer le temps, joué avec cette liberté d'allures, quelques charades en action. Mais s'ils répètent seulement cet exercice un mois de suite, ils ne tarderont pas à s'écarter peu à peu de l'improvisation pure. M. Maurice Sand conte, dans un livre charmant et trop peu connu, *Masques et Bouffons*, qu'il prit un jour fantaisie aux hôtes que sa mère réunissait à Nohant, de s'essayer ainsi dans la *commedia dell'arte*. Les premiers soirs, ils jouèrent sans préparation aucune. On imaginait à dîner un scenario quelconque, emprunté le plus souvent aux farces de la foire Saint-Laurent ou Saint-Germain, on le rédigeait au dessert ; puis chacun entrait en scène, à son tour, et s'en fiait au hasard.

Tout allait de travers ; mais il n'y avait point de public ; on ne jouait qu'entre soi et pour soi ; on s'amusait, et il n'en fallait pas davantage à des gens d'esprit. On devint plus difficile avec le temps ; deux ou trois personnes, puis dix, puis vingt arrivèrent en spectateurs ; ce fut un public et tout changea de face.

On continua bien d'improviser, mais après un certain nombre de répétitions préalables. Là, on convenait des principaux mouvements ; on réglait avec soin et dans le dernier détail les situations importantes, et enfin on apprenait par cœur les scènes capitales, celles sur qui portait tout l'effort de la pièce, toute l'attention des spectateurs. C'était la vraie *commedia dell'arte;* l'improvisation y avait encore une large part; mais elle était soutenue par un scenario très arrêté, et dont la plupart des scènes étaient écrites.

C'est ainsi que faisaient ces bouffons d'Italie, dont le président de Brosses admirait si fort la verve d'improvisation, le jeu naturel et plein de feu. Ils improvisaient sans doute, en ce sens qu'il se laissaient aller à la situation et qu'ils ajoutaient de leur cru ce que leur suggérait, sur le moment, la chaleur de la scène; mais ils étaient maintenus par un texte convenu d'avance.

Que ce texte eût jamais été écrit, peu importe. Il était su par cœur, à force d'avoir été répété. Les situations que comportaient les farces de la *commedia dell'arte,* étaient peu nombreuses; les acteurs retombaient sans cesse dans les mêmes séries de dialogues, et pouvaient s'abandonner, sans défiance d'eux-mêmes, à des plaisanteries dont ils étaient sûrs.

C'était l'usage, il y a vingt ans, parmi les étudiants parisiens, de jouer à un jeu, que les *Confessions de Sylvius* de Champfleury avaient mis à la mode. Il consistait à prendre la dernière syllabe d'un mot prononcé par le voisin, et à en former un autre mot ou une autre phrase, que le suivant reprenait à son tour. Ainsi : Comment te portes-tu? disait quelqu'un en entrant. — *Rlurelle,* répondait l'autre; — *range,* ajoutait un troisième — *du bon Dieu* — *sà la neige,* etc.

L'adresse consistait à aller très vite, en sorte que c'était comme un tourbillon de syllabes qui se heurtaient avec un bruit incompréhensible. Tous ceux qui se sont amusés à cette niaiserie (hélas! que cela est loin!) savent qu'on retombait toujours sur une série, et qu'alors on partait comme le vent. Il suffisait que la suite du jeu amenât un *tu* pour qu'aussitôt arrivassent à la file *rlurette — range — du bon Dieu*, etc.

Il y avait de ces séries dans les pièces de la *commedia dell'arte*.

Les acteurs qui repassaient tous les soirs par la même situation, attrapaient infailliblement de certains jeux de scène, où ils n'avaient plus qu'à se laisser aller, moitié improvisant, moitié récitant. Le public ne se lassait point de ces répétitions ; il attendait les plaisanteries dont il avait déjà ri cent fois, et il en riait encore, qu'elles fussent bonnes ou mauvaises, parce que c'était l'usage d'en rire.

Car si bizarre que cela puisse sembler, on rit par mode. Nous en avons sans cesse des exemples au théâtre. Telle plaisanterie, absurde en elle-même, fait éclater le public, tant qu'il est de convention qu'elle est drôle.

La partie de notre histoire dramatique que je connais le moins va de 1825 à 1850 ; car elle n'est écrite nulle part : j'ignore donc si dans cet intervalle on trouverait beaucoup d'exemples de cette sorte de comédie, où une place est laissée à l'improvisation. De mon temps, c'est avec le théâtre des Bouffes-Parisiens qu'elle a reparu, et jeté le plus vif éclat. *Orphée aux Enfers* en a été le point culminant.

Les acteurs qui jouaient cette bouffonnerie se sont trouvés précisément dans les conditions où étaient les bouffons de la *commedia dell'arte*... Une pièce où l'on pouvait faire entrer tout ce qu'on voulait, sans autre soin que d'obéir au bâton du chef d'orchestre, qui rappelait de temps à autre le dialogue à l'ordre ; des acteurs fantaisistes, rompus de longue main à jouer les uns avec les autres ; un public composé en grande partie d'habitués qui venaient là pour passer une heure et rire à l'aise, de n'importe quoi et n'importe comment. Il s'était établi peu à peu entre le public et les acteurs une communication si rapide, si intime, que le moindre clin d'œil était aussitôt compris et faisait pouffer la salle.

Beaucoup de ces plaisanteries étaient grossières. C'est l'inconvénient du genre. Comment un comédien aurait-il tous les soirs de l'esprit, et du plus fin, du plus délicat? Il ne faut pas être plus difficile pour lui que pour les gens du monde, qui, non plus, ne sont pas toujours en train. Mais les Léonce et les Désiré gagnaient à cette liberté d'allures une qualité que rien ne remplace : le naturel. Ils n'étaient plus là sur des planches, pour le plaisir du public. Ils jouaient pour s'amuser, et ils n'en jouaient que mieux.

Les pièces ainsi taillées ne pouvaient obtenir leur succès d'emblée, à la première représentation. Si elles s'étaient présentées franchement pour ce qu'elles étaient, peut-être eussent-elles, dans une certaine mesure, réussi de prime saut ; car les acteurs y auraient apporté quelque abandon, et le public une certaine dose de bonne humeur. Mais point : les vieilles traditions de la comédie soutenue, la crainte de la censure, qui ne permet pas qu'on ajoute rien au dialogue autorisé, arrêtaient net tout écart : l'acteur ne disait que son rôle, et il le disait froidement; cette froideur s'aggravait encore de celle du public, mécontent de voir une pochade sans verve ni gaieté, là où il espérait un vaudeville spirituel. Les folies hasardées par le librettiste semblaient détonner sur ce fond gris et monotone : elles ajoutaient encore à l'effet sépulcral de la représentation.

C'est ce qui est arrivé à la *Belle-Hélène*. Cette bouffonnerie n'est revenue que lentement au genre de *commedia dell'arte*, pour qui elle avait été faite. Il a fallu que le public s'habituât à la considérer pour ce qu'elle était en réalité, un simple canevas ; il a fallu que les acteurs qui la jouaient s'enhardissent peu à peu à la broder de fantaisies grotesques.

Ils y arrivent assez vite quand le canevas qu'on leur donne est bien fait. Je conviens que je m'étais trompé le premier jour sur celui de la *Belle-Hélène*. Je l'avais trouvé tout à fait manqué, et beaucoup de gens étaient de cet avis. C'est qu'il semble à première vue que la condition indispensable d'un scénario de comédie improvisée, soit de présenter des situations très nettes, qui frappent l'esprit et se figurent aux yeux par des mouvements de scène.

Un modèle en ce genre, c'est le *Brésilien*. En dix minutes, l'intrigue est parfaitement expliquée, et elle conduit à des situations extrêmement comiques qui peuvent s'étendre comme on veut et prêtent à tous les lazzi imaginables.

Je citerais encore, si l'on voulait remonter plus haut, l'*Ours et le Pacha*, un des livrets les mieux coupés qu'il y ait au théâtre. Je suis toujours surpris que M. Offenbach n'ait pas eu l'idée de mettre de la musique sur cette action si vive, si amusante. Ce vaudeville, qui a tant diverti nos pères, est moins connu de la génération nouvelle, et la musique en renouvellerait le plaisir.

Il faut bien avouer que dans la *Belle-Hélène* les situations comiques font absolument défaut. Il n'y a point d'action, et les scènes principales ne mettent point aux prises des passions ou des intérêts contraires. Mais ce que je n'avais pas remarqué, et ce qui a fait le succès inouï de ce scénario, c'est qu'à défaut de situations dramatiques, il y avait des caractères parfaitement tracés ; que les acteurs pouvaient pousser leurs improvisations de ce côté, et arriver à l'effet par l'exagération de la caricature.

La pente était si facile que tous y ont glissé naturellement. Aucun d'eux, sauf Grenier, qui, dès le premier jour, avait donné au grand prêtre une figure très caractéristique, aucun d'eux n'avait paru se douter que là était le comique de la pièce. Mais comme, à ce point de vue, elle était très bien faite, tous s'engagèrent l'un après l'autre dans cette voie, et s'y enfonçant tous les jours de plus en plus, y trouvèrent le succès.

Rappelez-vous cette fameuse partie d'oie qui, le jour de la première représentation, commença la débâcle; elle devint par la suite une des scènes les plus drôles de la *Belle-Hélène*. C'est que, par le travail de l'improvisation quotidienne, les acteurs étant arrivés à dégager la personnalité de leurs rôles, la portaient dans cette partie d'oie, et que la passion du jeu en mettait en relief les traits les plus grotesques.

On voyait le grand prêtre, avec ses airs sournois et libidineux, tantôt lancer des regards à la courtisane Lœna, tantôt mettre des dés pipés dans le cornet, ramasser avidement l'argent gagné, et quand on l'accusait de tricherie, dire tranquillement : Eh! bien, transigeons! Toutes les fois que le bouillant Achille se levait de sa place, il lui dérobait, par un mouvement de chat, le coussin de son siège, et s'asseyait dessus avec une satisfaction dévote.

Le bouillant Achille, c'était l'homme fort et bête. Il se jetait sur son coussin avec fureur et déployait pour le reprendre un bras à soulever une enclume. De quelle main puissante il poussait le cornet, et comme il tombait violemment sur son siège en criant d'une voix éclatante : Cinq!

Et Ajax, quelle bonne figure de ramolli, de crétin! Il laissait couler les dés, et, s'avançant à la rampe, à petits pas, avec une figure d'idiot et des gestes d'abruti, il disait d'une voix qui semblait sortir d'un cabanon de Bicêtre :

— J'ai gagné! j'ai gagné!

Ce rôle n'existait pas aux premières représentations; il

s'était fait peu à peu. Et il fallait voir quels accès de fou rire quand Pâris, rencontrant sans cesse dans ses jambes ce petit homme à face de brute, s'écriait d'un air impatienté :

— Qu'est-ce que c'est que cet idiot-là ?

Ménélas, c'était le mari prédestiné, l'homme aux nasardes, ce qu'on appelait jadis une bonne face à farce. Comme la sienne était bien ahurie ! C'était sur lui que tombaient toutes les claques, et sa figure semblait si bien faite pour les recevoir qu'on s'en pâmait de joie. Les acteurs, une fois le caractère admis, pouvaient impunément charger.

J'ai vu Agamemnon et Pâris, au troisième acte, ne plus parler à Ménélas qu'en lui appliquant une vigoureuse tape sur son occiput chauve ; Ménélas bondissait du coup par un prodigieux ressaut, se redressait ensuite avec dignité, et finissait par sourire, comme s'il comprenait la plaisanterie. Tout le public riait aux larmes. Je suis convaincu que les mêmes coups donnés par Ménélas à Agamemnon n'eussent point excité la même hilarité. C'est qu'ils n'auraient pas été à leur place. C'est que la plaisanterie n'eût pas été dans le sens du caractère.

Je demandais à quelqu'un qui a vu la pièce à Rouen, les *cascades* qu'avaient imaginées les acteurs rouennais. Il m'en citait quelques-unes ; ce n'étaient pas absolument les mêmes que celles qui nous amusaient à Paris ; mais elles s'étaient développées dans la même direction. Elles avaient invinciblement suivi la pente des caractères.

Le mérite des auteurs, c'est de les avoir tracés d'une main très ferme et très flexible. Celui des acteurs n'est guère moindre. Je doute que nulle part au monde, sauf peut-être au Palais-Royal, on ait pu arriver à monter aussi gaiement une pièce. Couderc, Kopp, Guyon, Hamburger, Mlle Schneider, composaient un ensemble vraiment merveilleux. Je mets à part Grenier, qui déployait, dans son rôle, outre une charmante fantaisie d'improvisation, une grande science de comédien.

De tous ces éléments réunis : une musique gaie et faite pour devenir facilement populaire, un livret bien coupé pour les nécessités de l'improvisation et fertile en caractères comiques, une troupe excellente, s'est composé un des plus amusants modèles de la *commedia dell'arte* que nous ayons jamais vus en France. L'engouement du public n'est donc pas aussi difficile à s'expliquer qu'on veut bien le dire : cet engouement, j'avais fini par le partager moi-même, et je crois que parmi ceux qui criaient le plus au mauvais goût, beaucoup se seraient également amusés à la *Belle-Hélène*, si l'idée leur avait pris d'y revenir.

26 juin 1865.

LA VIE PARISIENNE

Avons-nous besoin de parler de la *Vie parisienne*, qui se joue en ce moment au Palais-Royal? Tout le monde la verra. C'était de la vogue il y a huit jours; c'est de la fureur à présent, c'est de la folie. La salle est retenue trois semaines à l'avance, les places font cent sous et dix francs de prime.

Que d'autres se couvrent le visage! La pièce est charmante. A quoi bon accuser le mauvais goût du public? Il court où il s'amuse, et il a bien raison. Et plût à Dieu qu'il n'eût jamais d'amusements de plus mauvais ton! La *Vie parisienne*, après tout, est écrite d'un bout à l'autre dans la langue des honnêtes gens, sans un mot d'argot, semée de couplets agréables, et qui, même dépouillés du charme de la musique, supportent encore la lecture. Il y a de l'esprit, et du plus fin. Que veut-on de plus dans une bouffonnerie?

J'ai lu un peu partout que c'était le comble de la folie, que la scène se passait à Charenton, que tout cela n'avait ni queue ni tête... Mais non, mais non. Je tiens que la pure folie et l'extravagance idiote n'amusent personne. Si la *Vie parisienne* a si fort diverti le public, c'est que précisément elle n'a pas été écrite par et pour des échappés de Bicêtre.

Vous est-il jamais arrivé de commencer un songe en plein sommeil, de vous éveiller à demi, et de le poursuivre, moitié le dirigeant, moitié emporté par lui, avec un sentiment obscur et confus que les imaginations qui flottent devant vos yeux ne sont pas des vérités ? Il se produit alors un phénomène assez bizarre, mais que vous avez dû observer bien souvent. Les événements de ces rêves se déduisent les uns des autres par une logique tout à fait singulière et inattendue : ils ne s'enchaînent pas d'une ligne directe, comme dans la vie pleinement éveillée, où l'inflexible raisonnement est maître absolu ; ils font de continuels à-gauche, ils ont des soubresauts incroyables.

Du moindre accident de la pensée première jaillit soudain toute une grappe de visions bizarres, qui n'ont avec elle qu'un rapport caché, et semblent, par conséquent, les plus incohérentes du monde. Elles-mêmes en soulèvent d'autres qui tournent autour du premier fantôme, s'en détachent, y reviennent, et forment des tableaux fantastiques, qu'une relation inaperçue joint par des canaux souterrains.

Tous ceux qui ont passé par là me comprendront sans peine, et il est même des gens qui ont le privilège (si c'est là un privilège) de se jeter tout éveillés dans cette sorte de rêve et d'exciter ces visions qui se jouent capricieusement autour de leur imagination paresseusement engourdie. Mais pour les personnes à qui cette faculté manque, qu'elles prennent la peine de lire au hasard vingt pages du *Reisibelder*, de Henri Heine.

Henri Heine est un homme d'une imagination très allemande et d'une logique très française. Les idées vont chez lui suivant la grande route du raisonnement ; mais voilà que tout à coup un caillou, moins que cela, un brin d'herbe a lancé l'idée dans les champs du rêve, et le lecteur, tout ahuri, se cabre devant une effroyable solution de continuité ; mais il ne tarde pas à faire le saut à la suite ; il est tout étonné et tout ravi de se trouver au milieu de visions qu'il était loin de soupçonner ; il ne voit pas pleinement par quel chemin il y est arrivé, et ne se doute guère comment on le ramènera au point de départ ; mais il a comme un sentiment obscur de la relation imaginaire et poétique qui unit ces idées si disparates ; il se laisse enlever ; il s'abandonne au gré de cette logique accidentée et bizarre.

Henri Meilhac a un peu de cette sorte d'esprit, qui est fort rare en France. Vous trouverez dans la plupart de ses pièces, même dans les plus raisonnables, un coin d'imagination libre, où il a été en quelque sorte lancé, s'échappant par la tangente d'un mot, d'un détail à peine indiqué ; moins que cela encore, d'un sentiment inexprimé, mais entrevu, à propos de l'idée première, comme à travers une brume.

Il a donné dernièrement, dans la *Vie parisienne* de Marcelin, sous un pseudonyme, quelques histoires qui, à ce point de vue, étaient fort curieuses à examiner. La réalité s'y échappait sans cesse dans le champ des fantaisies tantôt gracieuses, tantôt burlesques, et l'on ne savait plus où commençait le rêve et finissait la vérité. L'auteur lui-même, qui se jouait en ces imaginations, y était pris, comme un homme aux songes où il se berce, et arrivé au terme d'un de ces contes, qu'il avait écrits avec un grand air de sincérité, il ajoutait en souriant, moitié de sa crédulité, moitié de la vôtre : « Et le seul tort de cette histoire, c'est qu'il n'y a pas un mot de vrai et qu'elle n'a pas le sens commun. »

J'ai vu de lui, dans la *Revue française*, une petite comédie en un acte et en vers, les *Païens*, qui n'était ainsi qu'un rêve éveillé, plein d'imagination, de grâce et de caprice. Tournez au grotesque ce procédé, et vous aurez la nouvelle pièce du Palais-Royal.

Toutes ces fantaisies de la *Vie parisienne* sont insensées, mais à la façon des songes, qui, partant d'une idée première, dévient, au hasard d'accidents imprévus vers des visions qui ont avec elle des relations obscures et lointaines. C'est toujours de la logique, il n'y a pas de théâtre sans cela, mais une logique souterraine et inaperçue.

Deux étrangers arrivent à Paris, un Suédois et sa femme. La femme est jolie. Tiens! tiens! si je les amenais chez moi, en leur disant que c'est un hôtel, en me proposant pour guide. Voilà le point de départ. Rêvez là-dessus maintenant.

Toutes les visions qui naissent de ce mot d'hôtel vont se présenter à la file : Ils voudront dîner à table d'hôte. Comment leur constituer une table d'hôte? Vous avez vu votre cordonnier dans la journée; votre imagination, lancée sur cette voie, peuplera de cordonniers votre table d'hôte, et comme il est impossible de penser à une table d'hôte sans songer au major qui découpe, vous vêtirez votre cordonnier de l'habillement fantasque d'un major de régiment. Ces deux idées de bottes et de grosses moustaches se mêleront incessamment dans des quiproquos que le contraste fera toujours plus grotesques : le major voudra vous prendre mesure de bottes, et le cordonnier vous pourfendra de son épée, etc., etc.

De là votre imagination se portera naturellement sur une fête de nuit à donner à ces nobles étrangers. Vous retrouverez ces mêmes personnages, affublés de costumes nouveaux et bizarres; il est impossible que vous n'y mêliez pas des cocottes, dont l'image, par une invincible liaison d'idées, se présentera à l'esprit. Toutes les fantaisies deviennent probables alors, même celle de ce célèbre amiral suisse, qui est né avec des éperons à ses bottes !

C'est ce qui explique comment le quatrième acte n'a pas réussi au premier soir. M. Meilhac s'était, je ne sais comment, avisé de rentrer dans les données de la logique ordinaire du vaudeville. Les personnages s'asseyaient et rendaient compte de leur conduite. Il semblait qu'une vraie pièce commençât. Tout le public s'est senti désappointé, comme un homme à cheval sur les hallucinations du rêve, qui en serait tiré tout à coup par le coup de sonnette matinal du porteur d'eau. Les visions se sont enfuies, au bruit sec et strident de la réalité, le songe s'est évanoui, et le plaisir en même temps.

Ce genre de théâtre a-t-il ses règles ? Hélas ! non ; pas plus que les autres, du reste. Il faut une imagination tournée au rêve, et qui ait encore le don de le rendre visible à la scène. M. Meilhac va, comme beaucoup d'artistes, au hasard, cédant à son goût, à ce que Boileau eût appelé son astre, et ne sachant pas trop, souvent, ce qu'il fait.

On assure qu'il ne comptait pas sur la *Vie parisienne.* Il est certain que le Palais-Royal, directeur et acteurs, en avaient une peur horrible et déclaraient que la pièce ne passerait pas le troisième acte. Ces erreurs sont communes au théâtre, et elles se comprennent mieux encore dans ces sortes de pièces, qui échappent aux lois de la logique ordinaire, et n'ont d'autres règles que de réussir.

Je me suis étendu avec plus de complaisance sur le livret ; c'est qu'il n'y a rien à dire sur la musique d'Offenbach. Elle est ce que vous l'avez vue dans toute partition. Beaucoup de gens affectent de la traiter avec mépris. Elle amuse pourtant, et ce n'est pas là un petit mérite. N'est-ce donc rien que d'avoir égayé toute une génération, d'avoir fourni des mélodies faciles et agréables à tous les théâtres de genre, des polkas et des valses à tous les bals de l'univers? Musiquette tant qu'on voudra, cette musiquette est charmante, et il y a dans la *Vie parisienne* nombre de morceaux qui vont devenir populaires, et qu'on retrouvera cet hiver sur tous les pianos.

12 novembre 1866.

LA GRANDE-DUCHESSE DE GEROLSTEIN

J'arrive à la *Grande-Duchesse de Gerolstein*, qui, après s'être fait si longtemps attendre, a paru hier soir sur la scène des Variétés. Toute œuvre nouvelle des auteurs de la *Belle-Hélène* est aujourd'hui un de ces événements parisiens qui ont le privilège d'occuper les conversations des oisifs du boulevard.

On se demandait avec une certaine curiosité si ce genre de bouffonnerie musicale avait fait son temps, ou s'il pourrait fournir encore une carrière de quelques années. La pièce nouvelle ne tranchera pas la question. Les deux derniers actes n'ont guère plu ; mais le premier a réussi par-delà tout ce qu'on attendait.

Il est délicieux, ce premier acte, d'une fantaisie incroyable et d'une étincelante gaieté. C'est la charge la plus bouffonne qui se puisse rêver de la gloriole militaire, de ses plumets, de ses galons et de toutes ses fanfreluches.

Coudero est impayable en général, portant sur son chapeau un superbe panache qui est l'insigne de son grade. Ce panache est le rêve de tous les ambitieux.

La grande-duchesse a distingué un jeune et beau soldat, et en cinq minutes, elle le fait caporal, lieutenant, colonel et enfin général. Le voilà en possession du panache.

Il discute des plans de guerre avec le général dégommé.

Il fait des théories sur l'art militaire : C'est bien simple, dit-il. On se met tous ensemble, on va en avant, et l'on cogne.

Ce système plaît à la grande-duchesse. Elle se fait apporter le sabre de son père ; elle le baise avec respect, et le ceint elle-même au côté du nouveau dignitaire. Cette scène, dont le comique est irrésistible, fait pouffer toute la salle de rire. Offenbach a trouvé pour le rendre une de ses plus heureuses inspirations, et tout Paris répétera bientôt le refrain devenu populaire :

> Voici le sabre de mon père !
> Tu vas le mettre à ton côté.

Près des guerriers, les diplomates ; Kopp représente avec sa dignité bête le baron Kupp, qui voit avec horreur les fantaisies de sa gracieuse souveraine ; et Baron fait Grog, le gouverneur du jeune prince, Paul de Shartenbourg, qui vient à la cour de la grande-duchesse pour l'épouser.

Ce jeune prince est, selon la tradition, un dadais couronné qui a un mépris parfait des journaux, et n'en est pas moins singulièrement flatté de leur approbation.

> Voilà ce que l'on dit de moi
> Dans la Gazette de Hollande,

chante-t-il avec satisfaction, et l'air est si aimable, que le public a voulu l'entendre une seconde fois.

Tout le monde, généraux, diplomates, princes, filles d'honneur, vivandières et soldats, semble piqué de la tarentule : il y a dans ce premier acte, tout pétillant de drôleries cocasses et de mélodies charmantes, un mouvement, un bruit, une gaité tourbillonnante et folle, dont rien ne saurait donner l'idée.

La salle était comme grisée de cette poésie bouffonne. Nous avons tous cru la pièce embarquée pour un immense succès. Les premières scènes du second acte ont encore bien marché. Le vieux général, le diplomate et le jeune prince se sont entendus tous trois pour conspirer la mort du nouveau favori.

Ils s'unissent dans un trio de vengeance, dont le sombre accent est d'un comique achevé. Nous nous imaginions que les auteurs, après avoir raillé les militaires de cour, allaient nous donner une parodie des conjurations de palais. Le thème était tout indiqué.

Ils ont tourné court, on ne sait pourquoi, et se sont jetés, sans rime ni raison, dans une farce vulgaire qui rappelle de loin *Monsieur Deschalumeaux*, qui a tant fait rire nos pères, et la *Sensitive*, que nous avons applaudie au Palais-Royal.

Mais ce n'était pas ici le lieu. Nous nous sentions déroutés, surpris. On se regardait les uns les autres, et un air de consternation, dont les progrès étaient visibles, se répandait sur tous les visages.

Ce n'est pas qu'il n'y eût par-ci par-là des mots plaisants où l'on reconnaissait l'ingéniosité de Meilhac ; mais ce tohu-bohu d'idées qui passaient tour à tour et s'enfuyaient sans laisser de traces, nous avaient tous jetés dans une sorte de désarroi.

Il faut un lien, même à ces folies. Que ces images ne se déduisent pas les unes des autres par un rapport d'étroite logique, rien de mieux ; mais encore doivent-elles naître d'un point commun d'excitation cérébrale, tourner légèrement autour d'une même idée, ou tout au moins d'une même impression. Le rêve même a ses lois.

MM. Ludovic Halévy et Henri Meilhac les ont méconnues, et ils sont tombés dans la pure extravagance. J'ignore ce que deviendra leur pièce ; ces sortes de bouffonneries ont des ressauts étranges, et se relèvent souvent aux représentations suivantes. Mais hier la soirée s'est terminée plus que froidement.

La température était allée baissant d'acte en acte. Un de plus, et l'on fût tombé au-dessous de zéro. Les mots ne portaient plus ; les airs même d'Offenbach — et il y en a de bien jolis dans ces trois derniers tableaux — ne faisaient plus le même plaisir. Une parodie de la bénédiction des poignards, de Meyerbeer, nous a causé une sensation désagréable.

Bref, on est sorti des Variétés sous une impression pénible. On avait été agacé.

Il reste le premier acte et une partie du second ; mais il faudra terriblement couper dans les autres, paroles et musique.

Un des malheurs de la pièce, c'est qu'elle est jouée par Dupuis, le plus funèbre des comiques. Il a fait quelque temps illusion avec ses grimaces du visage et des mains ; il faut bien se rendre à présent ; c'est un croque-mort qui a la voix juste.

M{\ie} Schneider a ravi la salle. Ceux qui ne l'ont point vue à ces premières représentations où elle est maintenue par un public qu'elle craint davantage, ne connaissent point cette charmante actrice. Elle reste de bon goût même dans les excentricités les plus folles. Elle a autant de finesse que de verve ! c'est une vraie artiste.

Comme elle a chanté au premier acte le spirituel rondeau : *Ah ! que j'aime les militaires ;* et au troisième elle a détaillé d'une façon coquette et délicate à la fois sa déclaration d'amour au soldat de fortune qu'elle a choisi :

> Dites-lui qu'on le trouve aimable.

Elle a tenu bon jusqu'au bout. Elle a été l'âme et la joie de cette pièce, qui lui devra, si elle dure, la meilleure part de son succès.

15 avril 1867.

LA PÉRICHOLE

Il se produit à toutes les premières représentations des pièces dues à la collaboration de ces messieurs, un phénomène bizarre, qui se renouvelle chaque fois. Le public y arrive avec les meilleures dispositions du monde. Il semble que chacun se soit dit d'avance : « Mon Dieu ! que je vais m'amuser ce soir ! Il faut absolument que je m'amuse ! » C'est une rage pour se procurer des billets; on montrerait moins d'empressement s'il s'agissait d'une comédie en cinq actes d'Émile Augier ou de Dumas fils. Les fauteuils d'orchestre montent à des prix extravagants, et on se les arrache.

La salle tout entière est émue, et vibre comme à l'attente d'un chef-d'œuvre. Elle se met de moitié dans l'opérette qu'elle va voir. Un roi se présente, et dit une bonne grosse bêtise. Le public éclate de rire; il se tord. Il voit là-dessous un million de choses, auxquelles l'auteur n'avait point songé. Ce n'est pas une simple farce; c'est une satire ingénieuse et bouffonne de la tyrannie. Un courtisan ôte son chapeau; la salle est aux anges! que d'esprit, ce Meilhac ! comme il tourne agréablement en ridicule les sottes flagorneries des valets de cour. Le moindre bout de mélodie qui passe, un nouveau costume qui entre, un vieux calembour, une tape sur l'épaule, un coup de pied, tout est applaudi avec transport. On se récrie, on bat des mains, on aspire avec joie ce qui va suivre.

Peu à peu cette grande animation se calme ; on se regarde étonnés, inquiets, interdits les uns et les autres. — « Eh ! mais, cela n'est pas si drôle que nous avions pensé ! » La température baisse insensiblement dans la salle, les scènes succèdent aux scènes, et le public, désespéré de l'ennui qu'il sent venir, se raccroche par intervalles à quelques plaisanteries qu'il rencontre ; il s'efforce à rire ; mais le goût n'y est plus. Le découragement s'en mêle, puis la mauvaise humeur : « Ah ! ça, mais, c'est une déception ! on n'a pas le droit d'être insupportable comme cela ! leur genre est usé, fini. » On ne se retient de siffler que par cet excès d'indulgence que tous les publics des premières représentations gardent toujours au fond du cœur pour leurs artistes favoris, même alors qu'ils se sont trompés. On sort du théâtre, fatigué, et se disant : Cela disparaîtra de l'affiche dans huit jours. On apprend avec surprise trois jours après que la chose se relève tout doucement ; elle finit par se jouer deux cents fois de suite, et fait ensuite son tour du monde.

Ce fut l'histoire de la *Belle-Hélène*, de *Barbe-Bleue*, de la *Grande-Duchesse*. C'est également celle de la *Périchole*, sauf le dénoûment, bien entendu, que je me garderai bien de prévoir. Un homme du monde m'a dit un mot significatif : « Cette fois les gandins ne sont pas contents. » Funeste présage ! Aux autres pièces de ce genre, tandis que nous tous, journalistes, hommes de lettres ou simples bourgeois, nous sortions déçus et irrités de la première représentation, il paraît que messieurs les gandins s'en allaient fredonnant *Bu qui s'avance* ou *Dites-lui*, et disaient à leurs amis du club : « Vous savez ! il faut aller voir ça ! » Les amis du club y allaient, et comme en ce genre d'ouvrages la mode est tout, ils en décidaient aussi souverainement que s'il se fût agi de la forme d'un chapeau ou de la coupe d'un gilet. Le troupeau des moutons de Panurge se ruait à la suite.

L'Europe et l'Amérique se fussent bien gardées de ne pas rire à l'*instar de Paris*. De toutes les supériorités que nous possédions autrefois, nous n'avons conservé que la royauté de la mode. Mais nous l'avons encore. C'est nous qui donnons le ton au reste du monde pour les frivolités du goût; c'est nous qui réglons ce que doivent porter les femmes, et de quoi les hommes doivent s'amuser. Cette influence nous est si bien restée tout entière, que les plaisanteries essentiellement parisiennes, celles qui ne peuvent être comprises qu'entre le boulevard Montmartre et la chaussée d'Antin, font rire à New-York et à Lima. On a joué la *Grande-Duchesse* et la *Vie parisienne*, dans l'univers tout entier, comme on faisait jadis du répertoire de Scribe, au Japon, en Australie, en Cochinchine, dans les pays les plus extravagants.

La *Périchole* aura-t-elle la fortune de ses aînés? Je suis retourné hier voir la quatrième représentation. Les auteurs ont coupé de toutes parts, et la pièce marche aujourd'hui plus allégrement. Il me semble pourtant que l'orchestre est resté singulièrement froid, et l'orchestre est le quartier général de messieurs les gandins. Mlle Schneider elle-même n'a déridé que de loin en loin un public ombrageux et défiant. J'entendais de tous côtés dire autour de moi : « Trop long! tout cela est inutile! » Mais, diantre! savez-vous bien que si l'on retranchait tout ce qui est inutile, il ne resterait plus grand'chose!

Ces sortes de pièces ne sont qu'une succession de petits tableaux qui, tournant autour d'une idée générale, et la présentant sous diverses faces au public, ont en même temps l'avantage d'offrir au compositeur des lieux de repos où sa musique ait la place de s'étendre. C'est un genre comme un autre, plus difficile même que bien d'autres ; car il doit se soutenir, sans le moindre intérêt d'action, à force d'ingéniosité et d'imprévu. Mais vous comprenez, qu'à la première représentation surtout, il suffit de deux ou trois scènes manquées ou languissantes pour jeter un froid sur le reste. Rien n'avertit les auteurs qu'ils font fausse route. Quand une pièce est construite sur un plan arrêté, on peut, avec un certain esprit de logique et une grande connaissance du théâtre, prédire que telle scène ne rentrant pas exactement dans le sujet ennuiera le public. Mais ici, nous nageons en pleine fantaisie : qui sait si le tableau dont on demande la suppression n'est pas précisément celui qui ira aux nues ? Affaire de mode, et qui dit mode dit caprice.

Le premier acte de la *Périchole* était assez heureux. C'est fête au Pérou, et le roi du pays a eu l'idée de se déguiser pour se mêler aux groupes, interroger ses sujets, et savoir la vérité. Ses ministres ont disposé sur son passage des affidés qui ne lui répondront que par des éloges de son gouvernement. Le roi flaire la ruse, et à chaque fois qu'il prend un de ses complimenteurs la main dans le sac, il s'écrie douloureusement : « Mon Dieu ! qu'il est difficile de savoir la vérité. »

La plaisanterie est assez drôle. Elle n'a pourtant pas produit tout l'effet qu'en attendaient les auteurs. Je crains que les bouffonneries sur les cours n'aient fait leur temps, et ne soient un peu usées. *Barbe Bleue* et la *Grande-Duchesse* semblent avoir épuisé toutes les railleries que le sujet comporte. Peut-être aussi notre patience est-elle à bout : c'est l'histoire du pâté d'anguilles.

Il ne faudrait pas croire d'ailleurs que tout ce commencement ait le moindre rapport avec ce qui va suivre. Toute la pièce est dans l'amour d'un roi pour une chanteuse des rues, qui aime un certain Piquillo, guitariste de carrefour. Vous voyez la liaison des idées : un roi, des chants, une rue. On part de là; il faut que le roi se promène à travers les rues, dans une fête, pour y rencontrer la Périchole. Qu'y faisait-il ? C'est là que les librettistes donnent carrière à leur fantaisie et font de la place au compositeur : ce roi cherchait la vérité.

L'arrivée de la Périchole et de son amant forme un autre tableau. Ils ont beau chanter et tendre le dos de la guitare aux gros sous : on les paie en monnaie de singe. Ils meurent de faim ; la Périchole se couche sur son vieux tapis, mettant là en pratique l'antique précepte, qui assure que qui dort dîne. Piquillo va chercher fortune à travers la fête.

La rencontre du roi et de la Périchole forme le troisième tableau. Nous assistons ensuite au désespoir du pauvre Piquillo, qui, n'ayant pas un maravédis, et ne retrouvant plus sa maîtresse, veut se pendre. Il monte sur un escabeau, s'attache la corde au cou, et, les préparatifs terminés :

« Il n'y a plus maintenant qu'à pousser l'escabeau ; oui, mais c'est la chose délicate, oh ! c'est la chose délicate. Il faut cependant pousser l'escabeau ! »

Il en est là de ses réflexions quand un homme arrive tout courant, renverse l'escabeau, sans prendre garde, et voilà mon Piquillo qui reste suspendu. On le secourt, on le rend à la vie, et son premier mouvement en rouvrant l'œil est de s'écrier furieux : « Ah ! çà, quel est l'imbécile qui a donné un coup de pied dans l'escabeau ? »

Cet imbécile, c'est le conseiller du roi, à qui son souverain a ordonné de trouver, dans les dix minutes, un mari à la Périchole; car l'étiquette défend qu'on introduise au palais une femme qui n'aurait pas de chaperons. Ce mari, le voilà ! ce sera ce garçon qui se pendait. Encore vaut-il mieux être marié que pendu ! On propose la chose à Piquillo, qui se fait tirer l'oreille. Il ignore celle qu'on veut lui donner pour femme, et il aime la Périchole. La Périchole, de son côté, fait des objections : elle aime Piquillo, et ne se doute guère que c'est précisément lui qu'on veut lui donner pour époux.

On les grise l'un et l'autre pour endormir leurs scrupules. Mais tout en les grisant, le roi et ses conseillers s'enivrent, et tout ce monde arrive titubant sur la scène. C'est le dernier tableau du premier acte. C'est celui qui, le premier soir, a commencé la débandade, et, hier même, je n'ai pas vu qu'il fît grand plaisir, bien qu'on en ait fort abrégé les préparatifs. Passe encore pour le roi, sa cour et Piquillo ! Mais voici que Mlle Schneider se présente en costume de mariée, couronne d'oranger à la tête, les yeux allumés et la démarche chancelante. La plaisanterie a paru un peu forte.

Ce n'est jamais un spectacle bien agréable que celui d'une femme ivre. Une légère pointe de vin aurait suffi. Mais non, les auteurs ont voulu qu'elle se tînt à peine sur les jambes. Il faut rendre justice à Mlle Schneider. Elle a sauvé cette scène avec un art exquis. Elle a gardé, même dans l'ivresse du peuple, une mesure étonnante, et elle a chanté à ravir de fort jolis couplets dont le sens est qu'elle est grise, mais qu'il n'en faut point parler. Je suis convaincu que toute autre, à sa place, eût été, ce soir-là, impitoyablement sifflée. La situation déplaisait, et il faut bien que ce sentiment soit fort puisque, même à la quatrième représentation, ces couplets, d'une facture charmante et dits avec une grâce inimitable, ont laissé le public froid. Nous les avons fait bisser le premier soir ; hier, la claque seule a battu des mains. Mais ce n'est pas la faute de Mlle Schneider.

Plût à Dieu qu'elle eût joué tout son rôle avec cette même discrétion! Son vrai mérite, le plus incontestable, c'est de porter la distinction et l'élégance dans l'expression vive des sentiments libertins; mais quand elle se livre aux excentricités d'une cascadeuse de second ordre, elle tombe au-dessous du médiocre. Le public de la première représentation le lui a durement fait sentir : dans un des couplets qu'elle chante au second acte, elle avait introduit un *ah!* qu'elle tenait sur une note gutturale, dont le timbre était extrêmement populacier. Il y a eu dans toute la salle un mouvement de répulsion; elle s'en est aperçue, a rougi sous son fard; mais, en vraie enfant gâtée qu'elle est, elle a poussé une seconde fois le même cri, comme si elle nous eût défiés. Ah! dam! cela a jeté un froid, mais un froid! Elle fera bien de n'y pas revenir, et aux représentations suivantes, elle n'y est pas revenue.

Où elle est excellente encore, c'est quand elle exprime la tendresse de l'amour véritable. On affecte trop souvent de prendre Mlle Schneider pour une excentrique; et c'est elle-même qui, en forçant sa nature, a contribué à répandre cette idée fausse. Il est si rare que les artistes se connaissent et poussent dans le sens de leurs qualités naturelles! Elle est comédienne, et sa voix chaude, dans les endroits passionnés, me rappelle Mme Ugalde. Songez comme elle chantait son *Dites-lui* dans la *Grande-Duchesse*. Elle a, dans la *Périchole*, une lettre à dire qui est la traduction en vers de la fameuse épître de Manon Lescaut à Desgrieux. « Mon cher amour, je t'adore et je te quitte; car c'est une vilaine mort que de mourir de faim; et je ne veux pas rendre le dernier soupir, en croyant pousser un soupir d'amour. » Offenbach a composé sur de jolis vers une musique aimable, tendre à la fois et légère et Mlle Schneider en a détaillé les grâces avec un charme qui a enlevé la salle. Nous ne saurions trop lui recommander de ne pas s'abandonner elle-même au mauvais goût, où la sollicitent des publics moins délicats. Elle verse aisément dans le bas ; elle a, si ces deux mots ne hurlent pas de se voir accouplés, des mignardises de trivialité qui blessent les connaisseurs. Il lui serait si aisé de se laisser aller à sa nature et d'être excellente !

Nous nous attendions que le second acte nous montrerait la Périchole bouleversant tout chez le vieux roi, soumettant la cour à ses caprices les plus fantasques, jetant l'imbécile à la porte pour couronner Piquillo ; je ne sais pas, moi ? Mais enfin, nous espérions quelque chose à la suite de ce premier acte, qui avait mis une chanteuse des rues sur le trône. Nous avons été cruellement déçus.

Le compositeur est resté debout ; quelques-unes de ses inspirations les plus heureuses se trouvent précisément dans cet acte, et notamment un chœur des dames du palais, qui saluent ironiquement l'époux de la favorite, et le prient de porter leurs compliments à madame. Mais les auteurs se sont dérobés. Rien de plus vulgaire, comme idées de tableaux, que ce qu'ils ont trouvé, et le dialogue même n'a pas de ces saillies auxquelles nous avaient habitués *Barbe-Bleue* et la *Grande-Duchesse*. C'est à peine si dans ces trois quarts d'heure on trouverait un seul mot spirituel ; il est vrai qu'il a beaucoup fait rire.

Piquillo, averti par l'accueil ironique de la cour, s'est aperçu du rôle qu'il jouait, et il cherche querelle à la Périchole, qui s'efforce de le dissuader. Elle n'accordera jamais rien au roi, et fera la fortune de son amant.

« Je sais bien, répond Piquillo ; mais, vois-tu, je ne peux pas : *c'est pour les camarades.* »

Cela est très fin tout ensemble et très inattendu. La salle est partie de rire. Mais voyez que j'en suis réduit à pêcher un mot dans cette pièce, qui dure toute une soirée. Nous ne pourrions pas les compter dans : *Un Monsieur qui suit les Femmes*, un vieux vaudeville qu'on nous rendait ces jours derniers au Gymnase, pour la rentrée de Ravel.

Plus j'observe ce qui se passe, plus je me persuade que ce genre de grandes bouffonneries à spectacles, coupées de musique, est sur son déclin. Il ne restera de toute cette effervescence que l'opérette en un acte, qui, au fond, n'est autre que notre ancien vaudeville à couplets, avec timbres nouveaux.

En somme, je ne me mêlerai point de prédire les destinées de la *Périchole*. J'en regarderai le triomphe ou la chute définitive d'un œil fort détaché. Au fond, tout le monde sent que ce genre n'en a plus pour bien longtemps à vivre. Il est assez indifférent que le caprice du public lui donne encore de temps à autre un regain de succès.

12 octobre 1868.

FROUFROU

I

Cette *Froufrou* a le premier soir emporté tous les cœurs. Il n'y a pas à dire : la pièce est charmante, et elle fait aux différents publics qui se succèdent le même plaisir que nous avons trouvé à la voir. Elle leur plaît même davantage ; car ils pleurent au dernier acte, qui nous a laissés froids, et qui nous aurait plutôt affectés d'une manière désagréable. Ils acceptent sans restriction le quatrième, qui nous a paru tout d'abord et qui nous semble encore aujourd'hui soulever de graves objections. Elle a donc réussi par delà même ce que nous espérions, nous qui avons, en son honneur, sonné le premier coup de trompette. Mais nous en sommes bien aises : le succès engagera sans doute MM. Henri Meilhac et Ludovic Halévy à renoncer pour toujours à cet insupportable genre de l'opérette bouffe. Tout le monde y trouvera son compte, sans nous excepter, nous autres critiques, à qui *Barbe-Bleue*, ou la *Diva* ne peuvent fournir que quelques lignes de dédaigneux compliments. *Froufrou* est une comédie qui vaut qu'on la discute sérieusement, et qui, dans les endroits même où elle agrée moins, prête à toutes sortes de réflexions utiles.

C'est dans un des plus jolis articles de Charles Yriarte, à

la *Vie parisienne*, que les auteurs sont allés chercher, sinon leur type de femme, tout au moins le nom qu'ils lui ont donné. La *Froufrou*, de Charles Yriarte, qui est plus connu sous le nom de marquis de Villemer, n'aurait guère pu être transportée sur le théâtre, dont elle eût choqué toutes les bienséances. Elle est cousine, au premier degré, de la Froufrou du Gymnase, une cousine qui a mal tourné.

« Ce sont, dit Yriarte, *ces messieurs* qui l'ont appelée Froufrou... Vous comprenez : on taille sa plume, on s'ennuie... Froufrou... On entend un petit bruit charmant... une robe de soie qui frôle les murs étroits du couloir... Ah! voilà Froufrou!... C'est bientôt fait : huit jours après, tout Paris connaît cela. »

Au Gymnase, Froufrou s'appelle de son vrai nom Gilberte Brigard. M. Brigard, c'est lui que je présente le premier, parce que le père explique la fille, est veuf depuis de longues années. Au temps même où vivait sa femme, il était si peu marié, si peu, que ce n'était pas vraiment la peine d'en parler. M. Brigard est immensément riche, et il a toute l'élégance, nous dirions, nous autres petits bourgeois, tout le débraillé de la haute vie. Il est au club plus souvent qu'à la maison; il aime dans le corps de ballet, et il rapporte dans ses habitudes de conversation au logis comme un parfum de ces entretiens légèrement cyniques, où toute plaisanterie paraît bonne, pourvu qu'elle soit amusante. On le voit, à soixante ans passés, l'habit bleu serré à la taille, un large camélia à la boutonnière, les cheveux entièrement teints — que voulez-vous, il déclare lui-même, en riant, qu'il a renoncé aux cheveux blancs, depuis qu'il ne s'est plus trouvé digne de les porter — parlant de ses conquêtes, et de la grande Charlotte du Palais-Royal, et d'Antonia Brunet de l'Académie impériale de musique; bon pour ses filles d'ailleurs (il en a deux) qu'il aime bien, qu'il élève mal, qu'il embrasse en courant, entre deux rendez-vous, et assez spirituel pour apprécier à sa juste valeur l'éducation qu'il leur donne.

« Je t'en prie, ma fille, dit-il un jour à Froufrou qu'il voit pleurer; sois heureuse. Tant que tu es heureuse, je ne suis qu'un père léger; si tu étais malheureuse, je serais un père abominable. Fais cela pour ton père, ma fille : sois heureuse. »

Quand des filles croissent ainsi sans mère, gâtées par un père qui ne les surveille point, au milieu d'une société qui couvre d'un vernis de bonne compagnie une corruption très réelle de langage et de mœurs, il faut qu'elles deviennent, par réaction, très sérieuses, et que, se repliant sur elles-mêmes, elles prennent le gouvernement de la famille qui s'écroule. C'est ce qu'a fait Louise, à qui la nature avait donné un caractère réfléchi, un cœur profond et tendre.

Elle garde le silence sur tout ce qu'elle voit : elle n'importune ni son père, ni sa sœur de remontrances qu'elle sait inutiles; elle se contente de faire dignement son devoir de maîtresse de maison. Elle a fini par inspirer du respect à son incorrigible père. Si bien que lorsqu'un prétendant viendra demander à M. Brigard la main de Gilberte :

« Oh! lui dit-il, adressez-vous à ma fille aînée; c'est elle que regardent les choses graves. »

De tout autre humeur est la cadette. Était-elle mal née? Peut-être non. Mais l'éducation, ou plutôt cette absence d'éducation a développé outre mesure chez elle cet instinct de caprice et de tyrannie qui est le fond de la Française. Elle est devenue, dans toute la force du terme, une enfant gâtée : c'est-à-dire un petit être fantasque, violent, amoureux de plaisir, ne doutant de rien, causant comme un moulin à vent; d'un seul mot, une fille nerveuse, toute faite pour désespérer un honnête homme qui l'aimerait d'un amour sérieux.

Et c'est ce qui arrive. Le comte de Sartoris fréquente beaucoup chez M. Brigard. Il est de grande noblesse ; il a le cœur haut, l'âme généreuse, les allures réservées d'un diplomate ; il est aux affaires étrangères, en passe de devenir ambassadeur. La pauvre Louise, qui le voit très aimable avec elle, s'imagine que c'est à elle que le comte en veut. Et comment croire, en effet, que ce jeune homme si sage, un peu froid même d'aspect, s'est allé prendre de passion pour cette petite folle de Gilberte ?

A la bonne heure, Valréas ! c'est un fou de la même espèce. Il est, lui, un Froufrou du genre masculin. Il papillonne autour de Gilberte, et lui fait, à propos de tout et à propos de rien, des déclarations sans conséquence, qu'elle accepte sans se fâcher.

— Ah ! tâchez d'être convenable, lui dit-elle ; et se tournant vers son père : — Gronde donc M. de Valréas, il est fort inconvenant avec moi.

— Vraiment ! reprend le père, passant son bras sous celui de Valréas... Et qu'avez-vous donc dit à ma fille, jeune scélérat ?

Vous voyez le ton de la maison. Ces deux êtres semblent faits l'un pour l'autre, Gilberte pour Valréas, et Valréas pour Gilberte ! mais un comte de Sartoris !

Quel coup pour la malheureuse Louise, quand le comte, après avoir tourné longtemps autour de la demande en mariage, lui avoue qu'il aime passionnément... qui ?... Froufrou, oui... Froufrou en personne ! Elle renfonce son chagrin ; elle se sacrifie : elle promet au comte ses bons soins ; et de fait, la voilà qui prend sa sœur à part, elle d'un côté, M. Brigard de l'autre, et tous deux de lui remontrer les avantages de cette union. Froufrou secoue sa jolie petite tête boudeuse : — Comtesse! oui, comtesse! ce n'est pas trop mal.

— C'est que voyez-vous, dit-elle, j'ai toutes sortes de défauts ; — et elle les énumère, — et ce qu'il y a de pis, ajoute-t-elle, c'est que je prétends ne pas m'en corriger, et que je suis très contente de ma petite personne.

Qu'à cela ne tienne! le comte est assez amoureux pour passer par là-dessus ; et puis, il espère bien qu'il aura raison de ces vivacités de jeunesse.

— Enfin, vous le voulez! dit Froufrou.

Et voilà un mariage bâclé.

— Et moi? s'écrie piteusement Valréas, qui avait fait aussi sa demande.

Mais Valréas n'est pas homme à se désoler longtemps. Il ira retrouver la grande Charlotte ; et quand il apprendra que la grande Charlotte lui a été volée par M. Brigard en personne, il se rabattra sur une autre.

Ce qu'il y a de charmant dans cet acte, qui est fait avec rien, c'est la mesure exquise, gardée par les auteurs, en un sujet si scabreux. Rien de plus difficile que de présenter au théâtre une jeune fille qui ne soit pas absolument chaste de parole et de pensée. Nous y admettons volontiers qu'elle ait commis une faute, si elle en sent un vif remords, si c'est le point de départ d'un drame. Mais cette façon légère de parler de l'amour, cette aisance à écouter des propos qui sont presque lestes, ce ton évaporé chez une jeune personne de seize ans, demandent, pour être portés sur la scène, une touche d'une délicatesse extrême. Rappelez-vous les demoiselles Benoîton. Il y eut, le premier jour, comme un sentiment de répulsion dans la salle, à les voir si fringantes, oublieuses de toute pudeur et laissant tomber de leur bouche ce hideux argot. Froufrou est, au fond, bien plus inquiétante que ne le furent jamais les héroïnes de

Sardou. Mais toutes ces nuances de mauvaise éducation sont indiquées d'une main si légère et si fine, qu'elles ne blessent aucune convenance. On n'est pas un instant troublé, ni choqué.

Le second acte est comme un pendant du premier. Nous avons vu la jeune fille s'essayant, sous le toit de son père, à une vie de dissipation et de folie. On nous la montre dans son ménage menant, à grandes guides, l'existence des cocodettes à la mode. Ce tableau n'est pas moins joli que l'autre. Quatre ans ont passé depuis le mariage; Froufrou est devenue mère, mais elle est toujours Froufrou. Son mari ne l'a point changée, et il sent bien maintenant qu'il ne la changera jamais. Il l'aime à la folie, cette délicieuse petite folle, mais sachant bien qu'elle restera la folle qu'il a épousée.

Elle laisse sa maison à l'abandon. Elle adore son fils, et s'il est malade, elle passe dix nuits à son chevet; mais quand il est en bonne santé, elle ne trouve pas dix minutes pour l'embrasser le matin. Elle a tant d'affaires! elle doit jouer, au profit des pauvres, *Indiana et Charlemagne*, avec M. de Valréas, chez la marquise de ***. Vous concevez : son rôle à apprendre, les costumes à préparer, et les répétitions!

Quand la toile se lève, elle est en grande conférence avec le second souffleur du Palais-Royal, qui lui apporte son rôle. Elle se met à son piano, et elle étudie, frappant d'un seul doigt les touches d'ivoire, le duo de la fin. Elle le chante à demi-voix, quand son père, toujours vert, toujours pimpant, ouvre la porte. Il a reconnu le morceau :

— Ah! Déjazet! s'écrie-t-il.

Et le voilà qui donne la réplique à sa fille; car il sait le morceau par cœur, lui, le vieil habitué des coulisses du temps jadis.

Ils alternent, l'un et l'autre, suivant les indications du manuscrit, et quand on vient au final :

— Ensemble ! s'écrie M. Brigard.

Vous pensez si tous ces préparatifs amusent le mari. Il vient d'être nommé ministre à Calsruhe, il l'annonce à sa femme, et quand elle apprend que Calsruhe est tout près de Bade :

— Ah ! tant mieux ! lui dit-elle, vous viendrez me voir pendant la belle saison.

Mais ce n'est point ainsi que l'entend M. de Sartoris. Il avait compté emmener sa femme.

— Calsruhe ! mais ce serait à en mourir... de bonheur, je veux bien... mais à en mourir.

Et la voilà qui boude, et puis qui câline, et qui, à force de petites mines et de gentillesses, finit par arracher au pauvre homme la promesse qu'il n'acceptera pas.

— Et en retour, pourrais-je obtenir, lui demande-t-il, une faveur de vous ?

— Tout ce que vous voudrez.

— Ce serait de ne pas jouer *Indiana*.

— Ah ! je croyais que vous m'alliez demander quelque chose de raisonnable, mon ami.

Et de fait, les répétitions continuent. Valréas joue avec Mme de Sartoris à ce jeu dangereux de la comédie de société. Une certaine baronne sert de régisseur. Elle est tout aussi évaporée que les deux autres. Mais elle ne fait jamais un faux pas, et la raison qu'elle en donne est excellente :

— Moi ! prendre un amant ! quand on a déjà reçu cinquante coups de bâton par devoir, on n'en cherche pas cinquante autres par plaisir !

A un endroit de la pièce, la brochure indique que Charlemagne doit embrasser Indiana. Valréas demande à répéter sérieusement, et comme Mme de Sartoris hésite, un peu interloquée, il insiste, et la baronne lui vient en aide.

— C'est pour les pauvres, dit-elle.

— Ah! si c'est pour les pauvres!...

Et elle s'exécute.

Telles sont ses grandes occupations. Peut-être à ces traits de vie dissipée, les auteurs en auraient-ils pu ajouter d'autres que je trouve dans la Froufrou d'Yriarte. Elle est solliciteuse enragée ; et comme elle ne sait rien des choses de la vie, elle demande à un magistrat une commutation de peine, et des crédits pour une commune à un député. C'est un autre tic très développé chez elle, de croire que tout le monde lui fait la cour ; et vingt fois par jour, en parlant du plus absorbé des conseillers d'État, elle ouvre une parenthèse : « Vous savez qu'il est très amoureux de moi. »

Il n'importe ! les traits dont MM. Meilhac et Halévy ont marqué leur héroïne sont assez distinctifs pour qu'on puisse aisément supposer tous les autres, et reconstituer, par analogie, tout l'ensemble de la physionomie. Ces deux actes, que j'ai déjà plus d'une fois entendu blâmer comme étant trop longs et chargés de détails oiseux, sont donc excellents. L'action n'est pas encore vivement engagée ; mais est-ce que le principal de l'action n'est pas le caractère de Froufrou? Est-ce qu'il y a ombre d'action dans les deux premiers actes du *Tartufe?* Ils préparent ce qui va suivre, en expliquant le personnage ; que veut-on de plus?

Au troisième acte, Louise est installée chez le comte, qui, voyant sa maison et son enfant mal surveillés, l'a priée d'en prendre la direction. Froufrou s'est jointe à lui pour décider sa sœur. Louise a longtemps résisté ; elle craignait que son ancienne passion ne se réveillât ; elle a cédé enfin. Nous la voyons qui a remis l'ordre partout. Le comte est le plus heureux des hommes ; il n'a plus besoin de gronder, car les fantaisies de sa femme ne tirent plus à conséquence. Il a, pour ainsi dire, deux femmes : l'une qui est l'ange, et l'autre qui est le démon du foyer.

Mais la comtesse ne tarde point à s'apercevoir qu'elle n'a point gardé la meilleure part. Elle se voit bientôt comme étrangère en sa propre maison. Comme elle s'est prise à aimer Valréas, et qu'effrayée du précipice où elle court, elle a cherché, en ce péril, à se rattacher à ses devoirs d'épouse, elle a senti avec épouvante d'abord, avec humeur ensuite, toutes les branches se casser dans sa main.

Son enfant, Louise l'a confisqué; son mari, il ne jure plus que par Louise. Quand elle vient lui proposer de reprendre le gouvernement de son ménage, il ne la prend point au sérieux, il la traite comme une enfant gâtée qu'elle est : « Louise n'est-elle pas là? Laisse faire à Louise. »

Toujours Louise! Froufrou n'est pas femme à couver longtemps une sourde rancune. Elle est primesautière; elle sent et la parole suit, le cri plutôt! C'est une enfant impérieuse et brusque, capable, à un moment donné, des coups de tête les plus extrêmes. L'orage gronde au fond de son cœur; il assombrit son visage, si frivole et si riant d'ordinaire. Au moindre prétexte, il va éclater.

Ce prétexte ne tarde pas à venir. Un mariage brillant se présente pour Louise, et Louise le refuse, et le comte n'en est pas trop fâché. Elle écoute, farouche, leur conversation; et quand son mari, s'approchant d'elle pour prendre congé, lui dit en lui serrant la main :

— Tâchez de décider votre sœur.

— J'essaierai, répond-elle d'une voix altérée de colère.

Et elle part. Oh! quelle explosion! comme on y sent Froufrou tout entière!

— Ah! tu t'occupais de mon mari! Eh! bien, ma sœur,

tu aurais mieux fait de t'occuper de moi, car j'aime Valréas, et tu ne t'en es point aperçue!

Et elle se promène, en parlant ainsi, enragée, fiévreuse, à travers l'appartement; elle ne répond à sa sœur, qui la suit en l'accablant de justifications, que par des exclamations entrecoupées par ces cris de fureur de l'enfant gâté qui trépigne de ce qu'on ne lui donne pas la lune.

— Tu m'as pris ma maison, mon mari, mon enfant, s'écrie-t-elle; eh! bien, garde tout!

Et elle se sauve, fermant sur soi la porte avec emportement.

Où va-t-elle?

C'est là qu'était le nœud de la pièce; et j'imagine que les deux auteurs ont bien longtemps examiné toutes les voies par où devait prendre le drame avant de se décider à celle qu'ils ont choisie. Je crois pourtant qu'ils se sont trompés. Au moment où le rideau se lève sur le quatrième acte, Froufrou est à Venise, au palais Barberini, avec Valréas, son amant.

Pourquoi à Venise? Sans doute, il est possible, dans la réalité, qu'une grande dame se sauve avec son amant en pays étranger; cela s'est vu déjà, et se verra encore. Mais le vraisemblable au théâtre ne suffit pas. Nous n'admettons que ce qui est logique. Or, les auteurs se sont engagés à nous montrer un coin des mœurs parisiennes : pourquoi en tirent-ils leur Froufrou? Que ne la laissent-ils dans son monde. Froufrou, à Venise, n'est plus Froufrou; c'est qui vous voudrez, la première bourgeoise venue qui aura fui le ménage en compagnie d'un chef de rayon gréviste.

Valréas n'a dû plaire à Froufrou que parce qu'il était le contraire de M. de Sartoris, un homme frivole, amusant, dissipé. Il l'a séduite en montant à cheval avec elle, en jouant la comédie, en organisant des parties de plage aux bains de mer. Il fallait donc lui conserver ce caractère. Si vous en faites un amoureux convaincu et profond, ce n'est plus un Valréas.

Tous deux, à Paris, dans leur monde, s'aimant de passion, si l'on veut, mais avec le ragoût particulier de leur position et de leurs caractères propres : c'était un tableau curieux, original. Valréas et Froufrou, à Venise, se répétant :

— Tu m'aimes ?
— Et toi, m'aimes-tu ?

Et le mari survenant, et provoquant l'amant en duel, cela est aussi vieux, aussi vulgaire, qu'une lithographie d'auberge.

Qu'il fût plus difficile, plus scabreux même de présenter sur le théâtre l'adultère, traité légèrement, comme il l'est dans nombre d'articles de la *Vie parisienne*, je n'en disconviens pas. Mais les trois premiers actes non plus n'étaient pas commodes à faire ; et cependant ils avaient passé !

Quel honneur pour MM. Meilhac et Halévy, s'ils nous avaient montré les premières ardeurs de Froufrou, se croyant amoureuse, puis quittant ou quittée, par caprice, par coup de tête, et sur le point de prendre un second amant ? Voilà où était la vérité — peut-être la vérité vraie — à coup sûr la vérité logique.

Ils restaient d'un bout à l'autre de leur œuvre, comme les maîtres, dans le ton de la comédie. Le drame est si usé ! les procédés en sont si communs, si bien à la portée du premier venu. Un mari qui dit à sa femme : « Je tuerai votre amant ! » Eh ! mon Dieu, oui ! on fait de l'effet avec cela, mais où est le mérite ?

Aussi, dans ce quatrième acte, ne m'amuserai-je point à louer l'action, qui est pourtant vive et rapide. C'est une qualité fort secondaire. Ce qui est vraiment remarquable, c'est l'accent parisien que gardent les personnages, même dans cette situation mélodramatique. Valréas et sa maîtresse sont à table à Venise, et tous deux ne s'inquiètent que de Paris :

— Qu'est-ce qu'on joue ce soir ? demande la femme.

Et tous deux regardent le journal, un journal, hélas ! qui date de trois jours. Aux Italiens, la Patti ; à l'Odéon... *Britannicus.*

Quand la compagne de Gilberte, celle qui, en un temps plus heureux, au temps des répétitions d'*Indiana et Charlemagne*, faisait le régisseur, vient voir son amie :

— Eh ! bien, qu'est-ce qu'on dit de mon aventure à Paris ? dit Froufrou inquiète.

— Oh ! dame ! il y a trois mois de cela ; on n'en parle plus guère.

Et voilà, entre les deux jeunes femmes, les commérages qui commencent. La baronne regarde ce palais, où Gilberte est venue cacher son bonheur.

— C'est très bien ici ! dit-elle ? A la bonne heure ! Tandis que cette chambre d'hôtel, où la marquise de... a été surprise par son mari... oh ! ma chère ! je suis allée voir cela ! quelle leçon ! des meubles... et le papier ; il représentait Poniatowski sautant à cheval dans l'Elbe ; ce dessin était répété partout... Voyez-vous cette malheureuse au milieu de tous ces poniatowski !...

Voilà le ton vrai de la comédie, celui qu'il eût toujours fallu garder. Et le public ne s'en fût point scandalisé, si la chose avait été touchée avec cette discrétion. Y a-t-il rien au fond de plus choquant que d'excuser l'adultère parce qu'il a des allures comme il faut, et qu'il habite un beau palais vénitien, et de ne s'en moquer que s'il a pour témoins d'ignobles poniatowski peints sur un papier d'auberge ? Et cependant, tout le public est parti de rire ! C'était aux auteurs à suivre cette veine.

Ils ont préféré les grosses émotions du drame. Le mari tue l'amant d'un coup d'épée, et Froufrou revient mourir chez elle, pardonnée de son mari, entre les bras de sa sœur et de son enfant. Beaucoup de larmes coulent à ces scènes d'attendrissement, et j'ai vu, surtout le soir de la troisième, bien des yeux rouges et des mouchoirs en l'air. Mais qu'est-ce que cela prouve? que MM. Meilhac et Halévy savent aussi bien que MM. d'Ennery et Dugué tirer partie d'une situation qui a traîné partout. Ce n'est vraiment pas la peine d'avoir écrit les *Curieuses*, et les trois premiers actes de *Froufrou*.

Nous supplions ces deux messieurs d'avoir, la prochaine fois, du courage jusqu'au bout; de mépriser les faciles succès de larmes, et d'écrire une comédie qui reste comédie jusqu'à son dernier mot. Ils en sont très capables. Peut-être la réussite matérielle sera-t-elle moins complète tout d'abord? Mais quel honneur pour eux devant les connaisseurs! Et l'on finira par ramener le public.

Qui sait même s'il sera aussi récalcitrant qu'on le suppose. Il a fort bien accueilli ces trois premiers actes, et ce qu'il a surtout applaudi au quatrième, ce sont les passages de comédie pure. *Froufrou* est assurément ce que MM. Meilhac et Halévy nous ont donné de meilleur jusqu'ici; elle nous promet une œuvre qui sera de tous points excellente.

La pièce est jouée dans la perfection. Le rôle de Froufrou avait été, dans l'origine, écrit en vue de Mlle Delaporte. Elle tomba malade au moment de le jouer, et partit ensuite pour la Russie. Mlle Desclée vient de le prendre avec un succès étourdissant.

Son grand mérite et sa vraie supériorité, c'est d'être une femme du monde sur la scène : tout son art consiste à n'en pas avoir l'ombre. Il n'y a pas jusqu'à un certain petit défaut de prononciation qui serait désagréable chez une autre et qui charme chez elle. Il ajoute à l'illusion ; on croit entendre une personne naturelle et non une actrice. Elle est Froufrou jusqu'au bout des ongles. Aussi rend-elle un peu faiblement ce qui est hors de son caractère, les moments pathétiques quand elle se jette au cou de son mari, le suppliant de ne pas tuer Valréas ; quand elle embrasse son fils et meurt. Mais quel naturel exquis dans toutes les scènes vraiment parisiennes ! Comme elle est admirable dans cette bouderie violente, où elle apostrophe sa sœur, dont elle est jalouse ! de quel geste cynique et terrible elle accompagne ce fameux : « Garde tout ! » qui est le premier pas vers l'adultère. Toute la salle l'a rappelée avec transport après ce mouvement superbe ! Elle s'est si bien incarnée dans ce personnage, que je vois déjà des gens soutenir qu'elle n'en jouera pas un autre. Je ne suis pas de leur avis, et nous verrons bien.

8 novembre 1869.

II

FROUFROU A LONDRES

— Il faut que *Froufrou* réussisse, disait Mlle Sarah Bernhardt ; *Froufrou* réussira.

On avait assez distraitement répété la pièce. On se mit à l'étudier avec fureur. Elle devait passer le lundi. Samedi, on jouait dans l'après-midi et le soir ; à minuit, Mme Sarah Bernhardt rassembla les artistes, et l'on répéta jusqu'à cinq heures du matin. On répéta dans la journée de dimanche. Le lundi, à cinq heures de l'après-midi, on répétait encore. Tout ce petit monde était énervé, sur les dents, mais fiévreux, mais enragé.

— Il nous faut un succès à tout casser, disait Mlle Sarah Bernhardt, nous l'aurons. A ce soir. Allons dîner !

Allons dîner ! cela est bientôt dit. Mais personne ne dîna. Les nerfs horriblement tendus font les estomacs trop serrés. Le cœur me battait fort au lever du rideau. Que voulez-vous ? on se laisse prendre, et il me semblait que j'étais pour quelque chose dans cette bataille qui allait se livrer sous mes yeux. La salle était fort brillante ; mais ce diable de public anglais est si froid ! Il écoute avec attention, avec courtoisie même. Mais il ne vibre pas. On ne sent presque jamais chez lui (au moins quand il écoute le français) ces soubresauts d'admiration dont le contre-coup se répercute sur l'acteur en scène. Une chute ! il n'y avait pas cela à craindre. Mais un triomphe, un vrai triomphe ! pouvait-on l'espérer ? Songez que tout le public avait vu Mlle Desclée dans le rôle. Et ce triomphe, on en avait besoin, absolument besoin. On périssait honteusement si on ne le remportait pas.

Le premier acte passa, mais sans exciter de vifs transports. Mlle Sarah Bernhardt n'y est que bien. Elle n'a pas l'exquise légèreté et l'imprévu charmant de Mlle Desclée. C'est au second acte que le succès commença à se dessiner. Chose singulière ! Mlle Sarah Bernhardt joua avec beaucoup de désinvolture et de gaieté la fameuse scène où Froufrou répète avec Valréas *Indiana et Charlemagne*. Je craignais les câlineries enfantines de voix dont elle a pris l'habitude. Mais non, tout cela était franc, net et spirituellement enlevé. Il y eut après le rideau tombé une longue salve d'applaudissements. Évidemment le public se dégelait.

C'était le troisième acte qui m'inspirait le plus de crainte. Mlle Desclée s'y était montrée incomparable comédienne. Vous vous rappelez cette fameuse scène où elle arpentait à grands pas le théâtre, secouant la tête comme un jeune poulain échappé et furieux, jetant en phrases entrecoupées à sa sœur les reproches les plus sanglants, tandis que cette sœur, courant après elle, s'accrochant à sa robe, ne trouvait à lui dire que : Gilberte ! Gilberte ! Comment Mlle Sarah Bernhardt pourrait-elle rendre ce mouvement, elle dont tous les mouvements sont réglés, qui est une harmonie vivante, une strophe en chair et en os.

Eh ! bien, elle en est venue à bout. C'est tout autre chose, et c'est aussi puissant. Mlle Sarah Bernhardt se tient droite presque immobile sur le devant de la scène, face au public, quand elle lance la terrible imprécation : — « Ah ! comme tu as bien su me faire vouloir ce que tu voulais !... Comme tu es habile, ma sœur, et comme je ne suis qu'un enfant près de toi ! etc. » — Mais le mouvement que l'autre avait dans les bras et dans les jambes, comme Mlle Sarah Bernhardt l'a porté dans sa diction ! quelle extraordinaire ampleur elle a donnée à ses doléances et à ses récriminations !

Je ne veux pas dire que Mlle Sarah Bernhardt ait vaincu le souvenir de Mlle Desclée, car, entre deux interprétations absolument différentes et parfaites également, il ne faut pas choisir ni donner de prix. La façon de provoquer l'émotion a changé. Mais l'émotion a été la même. Une émotion profonde, inouïe, invraisemblable. C'étaient des applaudissements furieux, et trois fois l'actrice a été obligée de revenir saluer le public. Et si l'on songe que toutes ces mains étaient des mains anglaises et gantées de blanc !

Au quatrième acte, il n'y a pas de discussion possible. Mlle Sarah Bernhardt s'est montrée supérieure à sa devancière. Là le grand drame, ou, si vous l'aimez mieux, la haute tragédie, fait invasion. Rien, pour qui n'a pas assisté à cette étonnante soirée, rien ne peut donner une idée des cris déchirants de Froufrou, jetant ses bras au cou de son mari, pour l'empêcher d'aller se battre. Train lui-même, au souffle de cette passion désordonnée, s'était animé et semblait jouer un rôle de la vie réelle. Il faisait, de bonne foi, tous ses efforts pour dénouer de ses épaules ces mains qui l'enserraient, il criait sincèrement : Non... non... tout cela est inutile...

Je ne crois pas que jamais au théâtre l'émotion ait été plus poignante. Ce sont là, dans l'art dramatique, des minutes exceptionnelles, où les artistes sont transportés hors d'eux-mêmes, au-dessus d'eux-mêmes, et obéissent à ce démon intérieur qui soufflait à Corneille ses rimes immortelles.

Quant au cinquième acte, qui m'avait toujours déplu au Gymnase, que voulez-vous que je vous dise? nous avons tous fondu en pleurs. Oui, j'ai vu pleurer des yeux anglais, et de fort beaux yeux ; et ce qu'il y a de plus inouï, ce qui est presque incroyable, mais qui est vrai cependant, c'est que Dieudonné et Train pleuraient à chaudes larmes sur la scène.

Qu'il n'y ait pas eu dans tout cela un peu d'énervement, je n'oserais pas l'affirmer. Nous étions tous surexcités. Mais, dame! le public l'était aussi! et quelle fête! et quels rappels !

Et aussi, dans les coulisses, quelle joie! quelles félicitations!

L'imprésario fit irruption dans la loge :

— Eh! bien, mes enfants, dit-il, ce n'est plus la peine de chercher ni de discuter!... Nous avons dix représentations de *Froufrou* sur la planche. J'ai entendu les causeries du couloir. C'est un succès monstre.

Et cependant Mlle Sarah Bernhardt, toute brillante de l'émotion de ce succès inespéré, donnait des poignées de main et fourrageait à travers d'énormes bouquets de roses, pour en offrir à tous ceux qui lui venaient présenter leurs compliments.

— Eh! bien, lui dis-je, voici une soirée qui vous rouvrira, si vous le voulez, les portes de la Comédie-Française.

— Ne parlons plus de cela, me dit-elle.

7 juin 1880.

III

Vous vous rappelez les critiques qui avaient grêlé, le lendemain de la première, sur l'interprétation de *Froufrou*. Elles étaient presque toutes justes ; la plus grave, c'est que le mouvement général de la pièce avait été pris trop lent. Vous ne la reconnaîtriez plus, si vous retourniez la voir.

Tous les acteurs ont pressé le mouvement ; ils sont arrivés, je crois, maintenant à la limite où l'allegretto est possible sur cette vaste scène. C'est une erreur de croire qu'on puisse marcher, parler, remuer, faire des passades aussi rapidement à la Comédie qu'au Gymnase ou aux Variétés. Tenez, un exemple : vous vous rappelez la terrible scène qui termine le troisième acte de *Froufrou ?* Gilberte, furieuse contre sa sœur, lui jette en phrases coupées et haletantes ses griefs et ses colères, et se sauve en lui criant : « Mari, enfant, tu m'as tout pris, c'est bien, garde tout. »

Je me rappelle le jeu de scène tel que l'avait réglé au Gymnase M. Montigny, de concert avec les auteurs. Desclée allait, revenait, impétueuse et tournant, comme un fauve en cage, tandis que Fromentin courait après elle éperdue et criant : « Gilberte ! Gilberte ! » L'effet était prodigieux. Si l'on n'a pas reproduit cette mise en scène, ce n'est pas assurément qu'on en eût perdu le souvenir : Halévy et Meilhac l'eussent au besoin enseigné aux artistes. C'est que la scène était petite au Gymnase, et qu'elle est immense à la Comédie-Française. Vous imaginez-vous Mlle Marsy remontant la scène, revenant sur ses pas, courant d'un bout à l'autre de ce vaste espace et Mlle Ludwig la suivant de près, penchée vers elle? On a été obligé de distribuer les divers mouvements de cette scène et de les modérer; on y a été obligé, non par l'insuffisance de l'actrice, mais par des nécessités matérielles. Mlle Desclée, elle-même, si elle eût créé *Froufrou* à la Comédie-Française, eût été forcée d'accommoder ses allures à l'amplitude de la scène.

Elle a fait des progrès énormes, Mlle Marsy. Elle avait, dès le premier jour, déployé dans les deux derniers actes beaucoup de force et de pathétique; elle n'a eu qu'à mieux fondre son jeu; car elle est sujette à des brusqueries de voix et de geste, dont elle se rend mieux maîtresse aujourd'hui. Elle est dans les deux premiers actes plus vive et plus légère; elle a beaucoup gagné. C'est le troisième acte qui, à mon sens, ne va pas encore. Mlle Marsy y est d'un sérieux qui va jusqu'à la tristesse. Je sais bien que Mme de Cambry dit à Gilberte : « Trop de sérieux sur ce joli front; beaucoup trop de sérieux. » Mais le sérieux de Froufrou n'est pas celui d'une autre femme; c'est un sérieux agité, agacé, nerveux. Songez qu'à ce moment-là Froufrou est irritée contre tout le monde et contre elle-même. Elle se sent glisser sur une pente mauvaise; elle a écrit à Valréas de la fuir, elle songe à l'algarade qu'elle ménage à sa sœur et à son mari. Il faut qu'on la sente inquiète et orageuse, et quand elle répond à Mme de Cambry : « Je n'ai jamais été plus calme et plus tranquille », il faut que le public se dise, ce que pense tout bas Mme de Cambry : « Voilà notre Froufrou qui va faire quelque sottise. »

La scène où, causant avec son mari, elle s'accuse de sa frivolité passée et lui redemande le gouvernement de la maison, ne doit pas être une scène de confession solennelle, aboutissant à une déception qui la jette dans le désespoir. Non, c'est Froufrou, elle est toujours en mouvement; elle cherche à prendre le ton grave; mais elle se dépite; elle sourit; elle a du chagrin; elle boude; elle en veut à son mari de ne pas la comprendre, et quand ce mari lui dit, pour conclure l'entretien, comme s'il parlait à une enfant gâtée : « Ces deux chevaux qui vous plaisaient tant et que j'avais trouvés, ma foi, trop chers, je vous les donnerai aujourd'hui. — Je n'en veux point, » répond-elle.

Ce n'est pas de la dignité offensée; c'est de la bouderie, une bouderie de femme nerveuse, qui tape du pied en disant : « Je n'en veux pas, de vos chevaux! gardez-les, vos chevaux! C'est bien de chevaux qu'il s'agit! »

Voyez-vous, mademoiselle, il faut que, durant tout cet acte, vous ayez présent à l'esprit le mot par lequel vous le terminez : « Garde tout! » Froufrou fait là une sottise irrémédiable, et elle la fait sans raisons suffisantes de la commettre. C'est le coup de tête d'une écervelée, qui, ce jour-là, était plus agacée, plus nerveuse que d'habitude. Il faut donc que l'on sente chez vous une agitation d'esprit, un déséquilibrement progressif, avec des retours et des sautes de vent; il faut que le public soit tout le temps inquiet de vos allures, qu'il se dise à chaque mot qui vous échappe : Qu'est-ce qu'elle va faire? Avec une fille, lunée comme cela, on n'est sûr de rien. Ah! si vous aviez entendu Desclée, quand elle recommandait à son mari de parler à Louise pour la décider à les quitter en épousant le marquis de Villorsel.

— Non, ce n'est pas moi, lui dit-elle, qui parlerai à Louise, c'est vous, et si j'ai un conseil à vous donner, c'est de parler bien et de décider Louise.

Ce n'était pas la menace d'une femme offensée, qui annonce des représailles. C'était la rage d'une enfant boudeuse, et, de fait, elle se jetait sur une chaise longue et s'y pelotonnait comme un bébé. C'était Froufrou.

Vous êtes trop uniformément sérieuse, pénétrée et digne. Vous allez à pas comptés vers la chute. Nous avons tous alors le loisir de nous demander pourquoi Froufrou préfère cette solution à d'autres infiniment moins graves et plus faciles. Qu'y avait-il de plus aisé que de prendre au mot Louise qui offrait de s'en aller, de disparaître ? Mlle Marsy devrait le faire ; Mlle Desclée ne l'aurait pas pu ; voilà la différence.

Je ne demande pas à Mlle Marsy d'être Mlle Desclée. Je ne suis pas aussi exigeant. Je crois qu'elle peut, en travaillant dans le sens que je lui indique, modifier heureusement ce que son jeu a de trop apprêté encore et de trop uniforme.

11 juillet 1892.

LE RÉVEILLON

C'est un des plus amusants vaudevilles que nous ayons vus depuis longtemps.

Toute la première moitié du premier acte est excellente, et il se trouve, au troisième acte, une scène de vraie comédie, qui ne déparerait aucune des farces de Molière.

M. Gaillardin a été condamné à huit jours de prison pour avoir appelé le garde champêtre imbécile. Le récit que fait Geoffroy de l'audience où il a été jugé est un chef-d'œuvre de bonne plaisanterie.

Songez que Gaillardin est l'ami intime du président, qui dîne tous les huit jours chez lui.

— Et savez-vous ce qu'il me demande quand j'arrive à la barre? Mon nom!... Votre nom, monsieur?

— Mon nom! Mais vous le savez bien!

— Répondez, monsieur.

— Voyons, tout ça n'est pas sérieux.

Pas sérieux! Le substitut se lève, poussé comme par un ressort, et le voilà qui requiert, qui requiert.

— Contre moi, qui lui prête mon tilbury deux fois par semaine!

Il faut entendre Geoffroy faire ce récit, dont l'analyse ne peut donner aucune idée. C'est un feu roulant de mots drôles, tous des mots de situation. On se pâmait de rire dans la salle.

Gaillardin a profité du prétexte que lui offrait sa première soirée de prison pour aller réveillonner, en cachette de sa femme, chez un prince qui a loué une villa aux environs. Pendant qu'il y dîne, on va chez lui l'arrêter; on y saisit un faux Gaillardin, qui faisait la cour à madame, et qui se laisse coffrer sans résistance, sous un nom qui ne lui appartient pas.

Au troisième acte, Gaillardin apprend, en venant se constituer prisonnier, qu'on l'a écroué la veille au soir. Qui donc a-t-on trouvé chez lui? Naturellement, cette idée le tracasse. Ce faux Gaillardin a demandé un avocat. Aussitôt le vrai Gaillardin revêt une robe, coiffe une toque.

— Et maintenant, amenez-le-moi, dit-il.

On va chercher le faux Gaillardin, qui n'est autre qu'Hyacinthe, et qui se met en devoir de conter son cas à son défenseur.

Non, rien n'est comique comme la fureur de Geoffroy, qui l'interrompt tout à coup.

— Ainsi, la misérable vous écoutait?

— Ah! mais, dit Hyacinthe, il ne faut pas dire ça. Vous êtes mon avocat, et pour vous elle doit être un ange de vertu et de candeur.

Et comme Geoffroy se contient à peine, Hyacinthe se recule, et, le regardant avec méfiance :

— Est-ce qu'il n'y aurait pas erreur?... On ne s'est pas trompé d'avocat, par hasard?

Et à chaque fois que revenait cette phrase si plaisante : « Est-ce qu'il n'y aurait pas erreur, » répétée comme les mots à effet de Molière, c'était dans toute la salle des reprises de fou rire.

Cette scène emplit le troisième acte : je la regarde comme

une des plus spirituelles et des plus gaies du vaudeville contemporain. Voilà du comique de situation, où tous les mots portent, où les effets de rire sont obtenus par les moyens les plus simples.

Le second acte est occupé tout entier par le réveillon. Mon confrère de la chronique quotidienne vous a déjà dit combien, au rebours de tous les soupers de théâtre, il était amusant et vif.

Geoffroy est excellent de tous points dans le *Réveillon*. C'est le naturel le plus exquis, la bonne humeur la plus franche, la gaieté la plus communicative, et toujours en scène ! Ah ! quel comédien il eût fait, si on l'eût plié jeune au grand répertoire !

16 septembre 1872.

LA PETITE MARQUISE

La *Petite Marquise* continue, dans un cadre un peu plus agrandi, cette série de pièces, qui ne sont que des articles de la *Vie parisienne* transportés à la scène et mises au point d'optique du théâtre. Toutes ont réussi jusqu'à ce jour, la *Petite Marquise* plus que toutes les autres ensemble. Elles constituent un genre, qui n'est peut-être pas bien fécond, dont je ne conseillerai l'exploitation à personne autre, mais qui, pris en soi et manié par les deux écrivains, a fourni des riens charmants, de délicieuses bagatelles.

L'idée première n'est généralement pas bien neuve. Elle est tirée des données les plus ordinaires de la vie. Ainsi, il s'agit cette fois de démontrer qu'un homme qui fait sa cour à une femme mariée, et qui lui dit : « Quel malheur que vous ne soyez pas libre! Je voudrais vous avoir à moi pour la vie » serait bien attrapé si la femme lui disait : « Je suis à vous! Prenez-moi pour toujours. » L'idée est si bien connue au théâtre que, sans parler de l'*Acrobate* de M. Octave Feuillet, Pailleron l'a tout dernièrement encore traitée à la Comédie-Française dans une comédie en un acte, l'*Autre motif*, que Mme Arnould-Plessy jouait avec infiniment de verve et de grâce.

L'idée comporte évidemment trois scènes :

Les protestations de l'amant, qui, sachant la femme bel et bien mariée, juge qu'elles ne l'engagent guère.

L'arrivée de la femme qui, rendue libre par un moyen quelconque (moyen à trouver), se jette dans les bras de son amant, lui disant : Me voilà ! s'aperçoit avec stupeur que cette nouvelle ne lui fait aucun plaisir, et se retire.

Enfin le retour de la femme chez l'époux qu'elle avait fui, et sa réintégration au domicile conjugal par un dénoûment à imaginer.

Jusque-là rien que de fort simple. Il n'y a pas un faiseur de vaudeville, pas un critique qui ne divisât ainsi la pièce, soit en trois scènes, soit en trois actes. C'est alors que commence le travail de Meilhac et d'Halévy, travail composite et curieux, où l'on pourrait, par l'analyse, retrouver deux éléments très distincts, dont l'un frappe bien plus les spectateurs de la première représentation, dont l'autre a plus d'action sur le public des soirées suivantes; si essentiels tous les deux, que le premier manquant, il n'y a plus qu'un de ces vaudevilles incolores, comme nos fabricants en expédient à la douzaine, et qu'à défaut du second, il n'y aurait plus de pièce du tout; ce ne serait plus du théâtre. Ce serait un simple article du journal de Marcellin.

Et quel est le premier ? C'est le tour fantaisiste, c'est le grain d'imagination personnelle jeté dans cette vieille histoire et qui en fait lever la pâte. Vous avez sans doute remarqué, vous qui avez lu souvent la *Vie parisienne*, ce goût de paradoxe, cette veine de scepticisme ironique qui circule à travers tous les récits. On ne sait jamais si l'écrivain ne se moque pas, et de son sujet, et de ses lecteurs, et de lui-même. Il se tient au-dessus.

Même aux endroits les plus émouvants, il ne s'abandonne jamais; il laisse voir un coin de lèvre qui sourit, ou il affecte de garder ce sang-froid diabolique, si caractéristique chez Cham, le grand caricaturiste, et qui ajoute tant de saveur à ses moindres plaisanteries.

Donner carrière à sa fantaisie, sans en être la dupe, et en avertissant d'un clin d'œil les gens d'esprit de ne pas s'y laisser prendre, c'est là l'originalité de cette manière ; originalité très piquante, où il est difficile de bien entrer, si l'on n'est pas familier soi-même avec ce genre d'esprit tout spécial, que les boulevardiers ont appelé la *blague*, et qui n'a point d'autre nom dans la langue.

Écoutez ce premier acte : il est au fond très vrai : voilà une femme qui est au bord de la faute ; elle est allée jusqu'à la porte de la maison où l'attend l'autre, et le cœur lui a failli au moment de sonner ; elle est revenue chez elle. Il la presse, il la supplie, il lui donne toutes les bonnes et toutes les mauvaises raisons qui sont de mise en pareille circonstance ; elle le repousse par le badinage, puis par la hauteur, et quand il insiste, elle se réfugie vers sa sonnette. Il sort, et elle est furieuse de son départ ; il revient, et elle est furieuse qu'il ose rentrer. Et lui à chaque fois s'enhardit...

Tout cela est très finement observé ; et cependant il y a dans l'air du dialogue, dans certains traits jetés à l'improviste, dans les intonations mêmes des deux acteurs de la scène, un je ne sais quel scepticisme ironique qui vous met en garde, qui semble vous dire : « N'allez pas croire que c'est arrivé, nous sommes en pleine fantaisie. » Les vieux fabliaux étaient franchement gaulois et mettaient les pieds dans le plat. Les fabliaux de Meilhac y trempent le bout de leur fin museau, ils sont d'une gaieté raffinée et curieuse.

Examinez-moi cette tête de mari ! Quelle bonne figure échappée d'un de ces proverbes de Musset, où il a peint si souvent la bêtise grave, sûre de soi et triomphante. C'est un marquis plein d'érudition, qui use sa vie à composer un mémoire sur les troubadours. Il est à sa table, environné d'in-folios, et il écrit : Troubadour vient du verbe *trobare*, *trouver*, et non, comme on l'a cru à tort, de troubade. Il en faut conclure que la fameuse chanson : « C'est un trou... c'est un trou... c'est un troubadour » n'est pas du quinzième siècle. » Un fou rire s'est emparé de toute la salle. Voilà de ces imaginations un peu singulières, très hasardées, mais dont la saveur irritante plaît par-dessus tout aux Parisiens, quand par aventure elle ne les choque pas.

C'est ce fantoche qui, fatigué de l'indifférence de sa femme pour ses travaux, et, s'en voyant détesté, lui propose de rompre. Il n'y a que deux moyens légaux d'obtenir une séparation, lui dit-il. Le premier, c'est de vous rouer de coups, devant témoin. Vous n'en voulez pas? Le second, c'est que j'aie entretenu une maîtresse dans le domicile conjugal. Je me suis arrêté au second.

— Une maîtresse, vous ! s'écrie la jeune femme.

Et elle lui jette un regard d'étonnement et de commisération.

— Il suffit qu'elle ait l'air de l'avoir été.

Et, de fait, il écrit à une cocotte pour la prier de venir souper avec lui. Elle est retenue, et envoie sa camériste faire ses excuses. Le marquis retient la femme de chambre : que lui importe!

— Il s'agit, lui dit-il, de passer la nuit ici.

— Ah! mais, c'est que je suis une honnête fille, moi... j'ai un amant!

Le marquis la rassure ; elle n'aura qu'à faire le semblant. Quand le domestique entre, il la prend sur ses genoux :

— Allons ! lui souffle-t-il, fais semblant de m'aimer.

Elle lui tapote les joues, et lui reste impassible. Ils se mettent à table, et le marquis, levant son verre, mais toujours grave, d'une voix sépulcrale se met à chanter :

— C'est un trou... c'est un trou... c'est un troubadour.

Nous pâmions dans la salle. Je ne sais pas ce que les autres publics penseront de ces inventions, qui vont se poursuivant avec moins de variété peut-être dans les actes suivants. Je sens tout ce qu'elles ont de bizarre, et combien elles peuvent effaroucher des esprits plus naïfs. Elles ont pour nous autres ce que Sainte-Beuve appelait du ragoût. C'est la note parisienne de 1873. Il n'y a pas une idée, pas un tour, pas un mot qui ne sente le boulevard. C'est aussi neuf, aussi original que l'était Marivaux en 1730.

Mais tout cela n'eût guère fait de plaisir hier, et tomberait certainement après demain sans cet autre mérite, dont je parlais tout à l'heure. Et ce mérite, on va trouver que j'y reviens bien souvent, c'est le métier. Ces deux messieurs savent le métier à un point que l'on ne saurait dire ; tout chez eux est en scène, et ils ont une certitude de procédé qui devrait être une leçon aux jeunes gens.

Deux ou trois exemples pour mieux faire comprendre ce que je veux dire.

C'est au premier acte : les deux amants se querellent, comme j'ai conté ; la scène est naturellement fort longue, et elle paraîtrait telle, malgré les sorties, malgré les sonnettes agitées, malgré les domestiques appelés et renvoyés. Meilhac et Halévy ont imaginé, pour la couper et la soulager, un truc qui est bien simple, qui n'est que du métier le plus vulgaire ; il n'en est pas moins vrai que c'est là qu'a commencé le succès.

Au plus fort de la dispute, entre un vieil oncle qui est sourd comme un pot. Il s'assied ; on croit que la querelle va être interrompue par la présence de l'intrus. Pas du tout ; elle repart de plus belle, et le sourd l'écoute de l'air d'un homme qui fait visite, à qui l'on dit des choses aimables ; il jette de temps à autres, à travers ces propos passionnés, les phrases de la politesse ordinaire :

— Merci... pas mal, et vous?... Oui, le temps est assez beau... Toujours ma diable de goutte...

Et comme l'amant, emporté par la passion, fait beaucoup de gestes et de très violents :

— Prenez donc garde! lui dit la femme; il est sourd, mais il n'est pas aveugle.

Et instinctivement, sur cette recommandation, tous deux baissent la voix.

Voilà du théâtre. Et ce sourd n'est pas introduit là uniquement pour donner lieu à une scène plaisante; ce serait une faute contre les règles de l'art dramatique. Non, c'est lui qui fera le dénoûment, grâce à cette même infirmité, et qui le fera sans même s'en apercevoir.

Écoutez le second acte; ce n'est qu'une scène à vrai dire, le scène de la femme venant se donner pour toujours. Admirez comme elle est industrieusement faite, par des ouvriers dont la main est incomparable. Je laisse de côté tout ce qu'il y a d'imaginations plaisantes, de mots fins, d'observations délicates et raffinées, je ne m'attache pour l'instant qu'au procédé, à ce que méprisent nos jeunes gens.

Il y a trois moments dans la scène : le premier, c'est l'arrivée de la femme qui s'offre. L'amant ne réfléchit ni pourquoi ni comment. Sa maîtresse lui tombe dans les bras; ils s'embrassent, ils s'accablent de protestations, tandis que deux petites servantes villageoises, furieuses de voir une Parisienne intronisée chez leur maître, la dévorent des yeux. Ils font des projets; elle n'a que quarante-huit heures; car il faudra qu'elle retourne à l'hôtel du marquis...

Quarante-huit heures! et ils rient, et ils chantent!

— Tu es bien plus heureux que tu ne crois, lui dit la femme.

Attention au second moment. Ce n'est pas seulement

quarante-huit heures, ce sera, une fois les affaires réglées, toute la vie : elle est libre.

Le visage de l'amant change.

— On dirait que tu n'es pas content ?

— Si ! seulement c'est un autre point de vue. Ah ! c'est un autre point de vue !

La scène continue ; on fait des projets ; on ira en Suisse, ou à Venise ; on lira ensemble ; dans quelques années on recevra : quelle bonne petite existence ! Et ces rêves sont coupés de l'éternel : « C'est un autre point de vue ! » de l'amant désappointé.

— Mais enfin, lui-dit-il, tu ne m'as pas expliqué comment tu étais libre.

Elle lui conte alors l'idée du marquis, et comment c'est lui qui, de lui-même, en reprenant sa liberté, lui a rendu la sienne.

— Comment ? s'écrie l'autre furieux, il te renvoie !

— Mais oui !

— Mais ça ne se fait pas ! mais il n'en a pas le droit ! mais le législateur, le prudent législateur s'y oppose ! mais c'est un tour abominable qu'il nous joue là.

Et sur ce mot, la scène tourne à nouveau et présente sa troisième face.

Eh ! bien, je voudrais que nos jeunes auteurs fissent leur profit de cet enseignement. Ils n'accuseront pas les auteurs de *Froufrou* et de vingt comédies charmantes, de manquer d'imagination, de grâce, de style et d'esprit. Et cependant ces écrivains ne méprisent point le métier. Ils l'ont appris avec beaucoup de peine ; ils le pratiquent avec grand soin ; ils lui doivent non la plus brillante, mais la plus sûre part de leurs succès.

La *Petite Marquise* est merveilleusement jouée. Mme Chaumont et Dupuis ont cette fois pressé le débit ;

ils sont excellents. Je n'ai qu'un conseil à leur donner ; c'est de ne pas verser du côté de la *blague*. Ils l'indiquent suffisamment ; s'ils appuyaient sur le trait, il deviendrait trop gros.

Baron est d'une fantaisie étonnante dans son rôle de mari.

16 février 1874.

LA BOULE

Rien de joli comme le premier acte de la *Boule*. Il pourrait se jouer tout aussi bien au Gymnase et au Vaudeville qu'au Palais-Royal. C'est d'une observation à la fois très vraie et très piquante. Il s'agit de deux époux, qui font mauvais ménage. La raison véritable, c'est que le mari a quarante ans passés et que la femme en a dix-huit. Mais cette raison, on ne se la donne d'aucun des deux côtés. Le premier prétexte venu a suffi pour faire éclater les querelles.

Madame a voulu introduire dans le lit conjugal une boule d'eau chaude ; elle prétendait avoir froid aux pieds ; c'était uniquement pour faire enrager monsieur son époux, car elle n'était pas plus tôt couchée, qu'elle lui repoussait doucement le *moine* dans les jambes ; si bien qu'un jour, monsieur, exaspéré, a pris la bouteille et l'a jetée par la fenêtre. Le lendemain une nouvelle boule, beaucoup plus grosse que la première, a été solennellement introduite dans la maison, et dès lors la guerre a été déclarée.

Elle est dans son paroxysme quand la toile se lève. L'art de Meilhac et d'Halévy a consisté à réunir une foule de petites circonstances de la vie quotidienne, par où se trahit la mésintelligence des deux époux. Aucune d'elles n'est importante en soi ; mais ce sont de légers coups d'épingle, qui, sans cesse répétés, finissent par exaspérer la patience la plus résolue.

Le déjeuner est servi ; madame n'arrive pas ; monsieur piétine : elle n'est jamais prête, elle n'en fait jamais d'autres ! Madame entre, on sert des œufs à la coque ; ils sont trop cuits ; madame se fâche ; monsieur fait remarquer que si l'on s'était mis à table à l'heure, les œufs n'eussent pas été durs : « Ils sont excellents en salade ! » répond madame aigrement. On continue de manger sans rien dire.

Monsieur déploie son journal, et l'accote contre la bouteille, pour le lire tout en déjeunant. Madame, sans faire attention, prend la bouteille pour se servir à boire. Le journal tombe ; ce que voyant monsieur, il passe la carafe de son côté et pose le journal contre. Mais madame se verse de l'eau et dérange le journal une seconde fois. Elle s'aperçoit alors de ce manège, se lève furieuse, et se retire à pas comptés.

— C'est bon, dit le mari à part, elle est vexée ; elle ne déjeunera pas.

Mais madame revient un instant après ; elle tient un livre à la main ; elle l'arrange contre la bouteille, tandis que monsieur a disposé son journal le long de la carafe, et tous les deux poursuivent le déjeuner en silence, lisant chacun de son côté.

Ce petit tableau est si vrai, il a été mis en scène avec tant de goût, les détails en sont à la fois si nombreux et si variés, et si exacts, que tout le public a été ravi. Il faut en convenir, nous mettons bien plus de comédie dans nos pièces de genre que n'en exigeaient nos pères.

Je voyais hier à l'Odéon les *Héritiers*, d'Alexandre Duval, que M. Duquesnel vient de reprendre pour ses vendredis classiques. Les *Héritiers* ont laissé une réputation, et le succès à l'origine en fut si grand qu'il fournit un proverbe à la langue; c'est de là que date la locution fameuse : Il y aura du bruit dans Landerneau. Je ne m'étonnais certes pas, en les voyant, de leur trouver un petit air vieillot et démodé. Je m'y attendais bien. Non, ce qui me surprenait, c'était combien peu on demandait aux vaudevillistes de ce temps-là. Un homme, que l'on a cru mort, revient au moment où ses héritiers vont se partager ses grands biens. Il assiste à leurs disputes, reconnaît ceux qui l'aimaient vraiment et démasque les hypocrites.

La situation est bien vieille; si vous saviez ce qu'il a fallu à Duval de préparations et d'explications pour l'amener ! et puis, quand il est dans son sujet, une ou deux scènes seulement, où il exploite son idée; tout cela étriqué, mesquin; une demi-douzaine de mots, qui sont tous de situation, et par cela même fort gais; mais aucune variété de types présentés au public; pas l'ombre de fantaisie; point d'esprit de dialogue; presque tout le comique fourré dans un rôle de domestique niais, rôle qui est tout de convention, et que l'on pourrait retrancher. C'est cela qui passait pour chef-d'œuvre, c'est avec cela qu'on arrivait à l'Académie.

J'ose le dire : il y a plus d'originalité, plus d'esprit, plus d'observations, plus de théâtre en un mot, dans la moindre bluette d'un Meilhac, d'un Labiche ou d'un Gondinet que dans tout le répertoire des Picard de la Restauration. Nous nous plaignons qu'on ne nous fait plus de pièces de genre; mais il faut avouer aussi que nous sommes bien plus difficiles qu'on ne l'était jadis.

La légende nous conte toujours que les Désaugiers improvisaient un vaudeville, entre la poire et le fromage, l'un bâclant le dialogue et l'autre les couplets. Je crois bien qu'elle exagère; ce qu'il reste de tous ces récits fabuleux, c'est qu'en effet un vaudeville en ces temps reculés se brochait très vite, et que le public était content, si à travers une situation déjà cent fois mise au théâtre, on jetait quelques bonnes gaietés.

Un vaudeville, comme le *Homard*, de Gondinet, est une œuvre qui demande à l'auteur trois ou quatre mois de réflexion patiente, et trente jours au moins de répétitions au directeur et aux comédiens. Meilhac me disait qu'il n'y avait point de phrases, dans la scène la plus indifférente, qu'il n'eût récrite quatre ou cinq fois, pesant chaque mot et en calculant l'effet d'après l'optique de la scène. Le métier est devenu infiniment plus difficile. Et c'est ce moment que les jeunes gens choisissent pour ne pas l'apprendre ; ils se fient à l'instinct, à ce qu'on appelle le tempérament ! Il n'y a qu'à voir si dans les fantaisies de Meilhac et Halévy, rien est donné au hasard.

Quand la discorde s'est mise dans un ménage, les avoués ne tardent pas à entrer en danse. Monsieur et madame ont mandé chacun le sien ; ils veulent l'un et l'autre une séparation de corps. Nous n'assistons qu'à l'une de ces deux consultations : celle de M. Paturel avec son avoué. Elle est charmante, et les deux auteurs, avec un sentiment bien vif de la réalité, ont mis le doigt sur le point précis de la question.

Quand M. Paturel est invité à articuler et à formuler ses griefs :

— Des griefs ! s'écrie-t-il, mais j'en ai de toute sorte ! Si vous saviez comme elle est acariâtre, comme elle me rend la vie impossible...

— Oui, mais citez-moi des faits, il me faut des faits !

— Des faits ! mais j'en ai plein les mains ; et tout à l'heure encore, la bouteille, les œufs, le livre, est-ce que je sais, moi ?

Rien n'est plus drôle, parce que rien n'est plus vrai.

Quand on est forcé de vivre avec une personne dont l'humeur est incompatible avec la vôtre, la plus légère vétille, la moindre riotte, comme disaient nos pères, prend des proportions énormes ; ce sont des riens, mais qui se répétant sans cesse et sous toutes les formes, vous font une existence insupportable. Si vous voulez vous en rendre compte et les exprimer, vous n'en venez pas à bout, parce qu'en effet chacun de ces détails est si peu de chose qu'il ne vaudrait pas la peine d'en parler ; ce sont de petits graviers imperceptibles qui se sont introduits dans votre chaussure et vous font mal au pied. Vous n'en souffrez pas moins pour ne pas les voir.

Ce qu'il y a de plus plaisant, c'est que tout le long de cette scène, Paturel qui sait sa femme en conférence, elle aussi, avec un avoué, ne cesse de répéter :

— Mais qu'est-ce qu'elle peut bien lui dire ? car elle, monsieur, elle n'a pas de griefs ; non, elle n'en a pas ; tandis que moi !... Mais qu'est-ce qu'elle peut bien lui conter ?

Et l'avoué écoute toutes ces niaiseries avec l'indifférence sceptique et railleuse d'un enfant de la basoche, qui a bien souvent assisté à des scènes pareilles. L'homme de loi conseille à M. Paturel d'affecter avec sa femme une grande douceur, afin de la laisser s'enferrer dans une querelle où elle ait tous les torts. L'essentiel est que la dispute éclate devant témoins. Vous pensez bien que l'avoué de Mme Paturel lui a fait les mêmes recommandations. En sorte que tous les deux, quand ils se revoient, devant un tiers, s'accablent de compliments et de tendresses.

Mon Dieu ! que ce tiers est un type plaisamment imaginé ! qu'il est parisien ! et parisien d'aujourd'hui ! Car ce n'est pas là un des moindres mérites de Meilhac et Halévy ; leurs bonshommes sont ceux que nous connaissons, avec le grossissement de charge qu'exige le genre du théâtre pour lequel ils écrivent ; tous leurs mots portent le millésime de l'année. Ces messieurs n'usent jamais des conventions dramatiques, qui traînent au théâtre, et dont tant d'autres se servent sans scrupule. Ils sont modernes et vivants.

M. de la Musardière est un homme qui a aimé les femmes, qui les aime encore, qui les aimera jusqu'à la fin de sa vie. Il faut qu'il ait toujours une maîtresse qui le gruge, qui se moque de lui, et le fasse marcher au doigt et à l'œil. Il croit en elle, et ne la tromperait pas pour tout l'or du monde. Un soir, on l'a rencontré dans un petit théâtre d'opérette en compagnie.

— Eh ! eh ! lui dit-on le lendemain, on vous a vu hier dans une loge avec une jolie femme, heureux coquin.

— Oh ! s'écrie-t-il d'un air pudique : c'était ma femme. Je ne voudrais pas faire une infidélité à Mariette.

Et comme Gil-Pérez a habillé ce vieux cocodès ! A son entrée, un fou rire s'est élevé dans toute la salle. Le costume seul expliquait le personnage. Ce M. de la Musardière vient chez les Paturel pour louer un appartement de huit mille francs, situé dans une maison que Mme Paturel a apportée en dot à son mari. Mais déjà le matin elle a déclaré aigrement à son mari qu'elle ne consentirait jamais à ce qu'on louât à une actrice dans une maison *bâtie par sa mère*. Or, M. de la Musardière est en cette affaire l'intermédiaire de Mariette.

Paturel et sa femme se font à l'instant même le même raisonnement : Voilà le témoin que je cherche ! il faut que je sois très doux, et que j'amène une bonne querelle.

— Je ne demanderais pas mieux que de vous louer, dit M. Paturel, mais ma femme a des scrupules ; elle ne veut pas, et moi, vous concevez... un bon mari...

14.

— Mais non, mon ami, repart la femme, tu sais que je me range toujours à ton avis.

— Oh! non, une maison bâtie par ta mère!...

Peu à peu la conversation s'aigrit, on échange des allusions désagréables, puis les impertinences se mettent de la partie.

— Vous vous exprimez comme une harengère, remarque le mari.

— Harengère! s'écrie la femme; il a dit harengère! monsieur, notez qu'il a dit harengère. On n'est pas plus mal élevé.

— Mal élevé! Retenez bien le mot aussi, monsieur. Vous en témoignerez au besoin.

La scène, lancée sur cette voie, continue avec une incroyable vivacité de répliques. Le mari et la femme, chacun de son côté, griffonne au crayon un mémento des injures qu'il a reçues, le fourrre dans le calepin de la Musardière, et lui demande son adresse pour l'assigner en témoignage. Mais le baron n'a point envie de paraître dans un procès où l'on pourrait parler du but de sa visite. Il donne à chacun des deux époux une fausse adresse différente et file.

Si je me suis étendu sur ce premier acte, c'est que d'un bout à l'autre il est charmant. Et avec quoi est-il fait? Avec rien. Un petit coin de la vie privée mise sur la scène. On parle beaucoup de réalisme dans la jeune école. Mais le réalisme, le voilà! Est-ce que tout cela n'est pas vrai? Est-ce que tout le monde n'a pas vu cette situation? Qu'ont fait les auteurs? Ils ont choisi parmi les détails ceux qui étaient le plus gais, le plus significatifs en même temps, et ils les ont revêtus du tour d'esprit qui leur est particulier. Ils ont copié la vérité, mais en l'arrangeant pour le théâtre, puisque leur intention était de la porter au théâtre.

Les deux actes qui suivent touchent à la farce ; mais qu'elle est animée, spirituelle et fertile en coups de théâtre amusants. La bouffonnerie du troisième acte est une merveille d'entrain. Elle se passe au palais, où comparaissent les deux époux et les témoins qu'ils ont assignés.

Personne n'ignore qu'il ne serait jamais permis de mettre la justice à la scène, si l'on ne poussait les choses jusqu'à un tel excès d'extravagance, qu'il devient impossible au public de faire la moindre application. Le style de la bouffonnerie pure est donc ici tout à fait de mise, puisqu'il est commandé par des nécessités de théâtre auxquelles il faut se résigner.

Il y a là une série d'interrogatoires d'une drôlerie inconcevable. Les mots partent comme des fusées ; c'est une suite de quiproquos, sans queue ni tête, mais si franchement gais, que toute la salle se tordait de rire. Au milieu de ces folies, l'observation ne perd pas ses droits. Tandis que l'avoué lit le réquisitoire dressé contre M. Paturel au nom de sa femme, Paturel est là qui se tortille sur sa chaise, voulant parler. Son avoué le retient par la basque de son habit.

— Ne répondez pas, lui souffle-t-il tout bas. Je répondrai quand il en sera temps.

— Mais c'est un tas de mensonges, hurle-t-il, et vous ne dites rien.

Et il se lève, et il s'exclame ; il ne décolère pas. Depuis ce procès, on ne l'appelle plus au palais que l'homme à la boule.

Et quand son avoué prend la parole :

— Mais ce n'est pas ça du tout, s'écrie-t-il désespéré.

Vous voyez d'ici Geoffroy, avec sa rondeur et sa verve ; il met le feu à ce rôle, déjà si gai et si turbulent par lui-même.

Le quatrième acte nous ramène aux scènes paisibles du premier, il est fort court et joliment traité. Le mari et la femme se réconcilient, comme l'exige la règle des dénoûments heureux dans le vaudeville.

Rarement nous nous sommes amusés d'aussi bon cœur au Palais-Royal. Je donnerais toutes les opérettes du monde pour le premier acte de ce spirituel vaudeville ; et les farces des deux autres sont infiniment plus ingénieuses et plus amusantes que celles qu'Offenbach et Lecocq réchauffent de leur musique.

Lhéritier est impayable au troisième acte en juge, et Lassouche prête sa bonne humeur sournoise à un rôle de valet de chambre méphistophélique. Mme Valérie joue très gentiment la femme mariée ; Mlle Alice Regnault est insolemment belle dans le personnage de Mariette ; les autres rôles n'ont besoin que d'être tenus par de jolies femmes ; Mlles Melita et Miette le sont à souhait.

30 novembre 1874.

LA CIGALE

On sait que MM. Meilhac et Halévy ont inauguré au théâtre une nouvelle manière, que je ne conseillerais à personne d'imiter, mais qui réussit entre leurs mains, grâce à des qualités d'observation et d'esprit qui leur sont personnelles. Ils ne s'occupent point de traiter le sujet choisi par eux, ni d'en poursuivre le développement logique. Pour eux, ce n'est qu'un thème, plus ou moins vieux et connu, peu leur importe, qu'ils renouvellent, par l'abondance et l'agrément des variations qu'ils exécutent autour de lui. Le sujet n'est pour eux qu'une patère où ils accrochent tantôt de fines études de mœurs, tantôt les fantaisies d'une imagination attendrie ou sceptique.

Une petite fille a été volée par des bohémiens à l'âge de quatre ans; ils en ont fait une saltimbanque. Quand elle a dix-huit ans et qu'elle est devenue une belle fille, ils se disputent son cœur avec une telle impudence qu'elle se sauve à travers bois, tout épuisée au pied d'un arbre, est retrouvée là par un des peintres de Barbizon, qui travaille en forêt. Il la ramène, et quand son imprésario revient la demander, son engagement à la main, il paie le dédit de trois cents francs.

La voilà donc libre, libre et, comme vous le pensez bien,

amoureuse de son libérateur, qui est d'ailleurs un bel homme. Que fera-t-elle? O bonheur! elle retrouve ses parents, ses nobles parents qui la faisaient rechercher partout. Elle est emmenée au château; elle revêt ses habillements et va être forcée de prendre les manières de sa nouvelle position.

Vous vous récriez : mais c'est la *Fille du Régiment* que vous nous contez là? On va lui proposer un parti superbe, qu'elle refusera par amour pour son peintre; elle scandalisera la baronne, sa tante, par la liberté de ses boutades et finira par épouser son peintre au dénoûment.

Oh! mon Dieu! oui; c'est la *Fille du Régiment*, et c'est toutes sortes d'autres pièces encore. Car cette situation d'une personne jetée par le hasard dans une condition sociale dont elle n'a pas les usages est féconde en contrastes, et partant fort propre à exciter le rire. Elle a donné au théâtre un chef-d'œuvre de gaieté : *Bruno le Fileur*.

Mais ces souvenirs ne gênent point MM. Meilhac et Halévy, pour une bonne raison, c'est que le sujet n'est pas leur objectif principal, c'est qu'ils ne se mettront point en peine d'exploiter la situation choisie expressément par eux. Il leur sera impossible de ne pas la marquer au moins dans quelques détails; mais ce ne sera pas leur faute, car ce n'est pas là qu'ils visent. Ils s'amuseront à toutes les scènes épisodiques qu'ils rencontreront sur leur route, et chacune d'elles sera si imprévue, si originale, si piquante, semée de traits si heureux, que le public charmé ira de l'une à l'autre, sans s'inquiéter de ce que devient le thème proposé.

Rien de joli comme le premier acte. C'est là que la petite saltimbanque, la Cigale, recueillie par le peintre Marignan et son élève Michu, raconte sa jeunesse, les obsessions auxquelles elle a été en butte, et son évasion de la baraque

… Carcassonne. Ce récit, qui est fait d'une main très habile, a été dit par Mme Chaumont avec cette intelligence vive, ce spirituel soulignement du détail, cet agrément inné de la diction, au-dessus desquels il n'y a rien, rien que le naturel avec son faire large et simple. Elle est incomparable, cette charmante actrice, on ne saurait dire plus juste qu'elle; on ne saurait être plus adroite comédienne; et cependant il lui arrive de fatiguer les gens qui ne sont pas absolument prévenus en sa faveur. Elle est de celles qu'il faut prendre tout entière avec ses grâces et ses défauts; je sais des gens qui l'adorent et d'autres qu'elle agace. Il y a en elle de quoi justifier ces deux manières de sentir.

Elle occupe la meilleure partie de cet acte; et pourtant, le public s'y est encore plus amusé peut-être des figures qui s'agitent à côté d'elle : l'homme d'affaires de la baronne, Pradeau, à la recherche d'un enfant enlevé treize ans auparavant, qui interroge l'une après l'autre toutes les filles du village, en leur prenant le menton; Carcassonne, Filoche et Bibi, les trois saltimbanques, représentés par Baron dont l'arrivée a soulevé une explosion de rires, Hamburger et Lamy; mais surtout, mais avant tous, les deux peintres Marignan et Michu.

Les autres ne sont que des caricatures d'une fantaisie plus ou moins grotesque. Marignan et Michu sont pris sur le vif des mœurs parisiennes. Marignan n'est pas précisément un impressionniste; c'est un luministe : il y a une nuance. Il s'attache à reproduire l'impression que fait la lumière : « Ainsi, vous dit-il, en ce moment je vous vois lilas, je vous ferais lilas si je faisais votre portrait. » Ce Marignan est bel homme; il le sait, il en tire avantage et se regarde souvent dans une petite glace de poche : « Vous êtes coquet? » lui demande-t-on. « Non, seulement j'aime à me voir. Voilà tout. » A côté de lui, Michu est un singe. Pourquoi les femmes aiment-elles Michu plus que Marignan? Pourquoi trompent-elles toutes le beau Marignan pour ce mal bâti de Michu? Mystère.

— Cela prouve bien, dit Marignan, la vérité de nos théories artistiques. On voudrait représenter un homme aimé des femmes; on s'adresserait à un membre de l'Institut : qu'est-ce qu'il ferait? Un bel homme, n'est-ce pas? On s'adresse à la nature pour avoir un homme aimé des femmes : elle fait Michu.

Ce n'est qu'à la fin tout à fait que Marignan arrive à ce haut degré de philosophie. Car il est trompé tout le temps par Michu, sans s'en apercevoir. Le premier acte s'ouvre par un de ces traits familiers à Meilhac et qui a provoqué un fou rire dans la salle. Michu reçoit une lettre qui le prie d'aller à la gare chercher sa Nini. Nini lui assure qu'elle l'adore, et elle ajoute en post-scriptum : J'écris la même chose à Marignan; mais toi, c'est sincère. Une minute après, Marignan arrive, sa lettre à la main, et de son air fat lit juste les mêmes protestations que nous venons d'entendre.

— Et il n'y a pas de post-scriptum? demande Michu d'un air intrigué et jaloux.

J'insiste sur ces détails, parce que ces détails sont la pièce même. C'est une suite non interrompue d'observations morales, de traits piquants, de critiques spirituelles des mœurs contemporaines; cela ne tarit pas. Ah! il faut bien des ressources d'esprit et bien de l'agrément d'imagination pour plaire au théâtre, sans situation ni sujet.

Au second acte, ce qui devrait exciter le rire, c'est le constraste des manières de l'ex-saltimbanque avec celles du monde où elle est forcée de vivre. Mais ce n'est point à cette source banale que les auteurs ont puisé leur rire. La meilleure scène de l'acte, une scène d'un comique achevé, ne tient que par un fil bien léger à l'idée première.

On laisse en tête à tête M. Edgar de la Houpe avec Mlle des Allures (c'est notre cigale après sa métamorphose), pour qu'il lui fasse sa cour. Car on veut les marier ensemble. Edgar ne veut pas plus d'elle qu'elle ne veut de lui; car ils aiment chacun de leur côté. Le commencement de l'entretien est donc assez guindé; mais, peu à peu, ils en arrivent à se faire des confidences.

— Que voulez-vous, dit Edgar s'oubliant, Adèle m'a donné dans l'œil.

Et, d'un geste pudique, il retire son expression, qui lui a échappé.

— C'est épatant! s'écrie la Cigale.

Et elle aussi se mord les lèvres, en sentant l'inconvenance du mot. Mais, de fil en aiguille, ils s'enhardissent, les propos deviennent plus salés, et enfin, quand ils sont sûrs de leur indifférence réciproque, elle lui saute au cou, l'embrasse sur les deux joues, et ils esquissent, l'un un pas de danse, l'autre un rond de jambe de sauteuse.

Il faut bien que Marignan et Michu paraissent dans cet acte. Ils ont fait avec Adèle une partie de canot; le canot a chaviré juste devant le château des Allures. On les ramène tous les trois, trempés comme des caniches.

Vous imaginez la joie de la Cigale.

— Ce serait dommage qu'il se fût noyé, dit la baronne en regardant Marignan évanoui; c'est un bel homme.

— N'est-ce pas? s'écrie la Cigale. Et il n'est pas à son avantage. Si vous le voyiez quand il est sec!

Et penser que c'est deux heures durant un feu continu de mots pareils.

L'acte se termine par une dispute violente entre Adèle et Mlle des Allures, qui se lancent d'abord de gros mots à la tête, puis font mine d'en venir aux coups. La salle a été prise d'un accès de fou rire quand elle a vu Mlle Chaumont se frapper sur les cuisses avec le mouvement familier aux lutteurs.

Dans le troisième acte, il n'y a plus rien du sujet, puisqu'il ne s'agit plus que de conclure un mariage auquel personne ne s'oppose. Eh! bien, c'est encore le plus amusant des trois. Nous sommes dans l'atelier de Marignan, au milieu des toiles des luministes. Non, rien, n'est plaisant comme les discussions sur l'art entre les deux amis. Les mots drôles pleuvent si drus que l'un n'attend pas l'autre.

— Qu'est-ce que cela représente donc? demande un visiteur regardant un des tableaux accrochés.

Marignan étudie un instant sa toile :

— Ah! je ne me rappelle plus, dit-il, mais regardez derrière. Quand j'ai fait un tableau, j'ai l'habitude d'écrire par derrière ce que c'est pour me souvenir.

Et d'un autre :

— Ah! ça, c'est un tableau à deux fins. Quand vous le regardez dans ce sens, c'est la mer immense, figurée par cette ligne bleue, et au-dessus le soleil couchant ; voyez cette ligne rouge ; c'est le ciel empourpré. Vous n'avez maintenant qu'à retourner le tableau, la tête en bas, c'est le désert enflammé, et au-dessus le ciel bleu.

Le public pâmait de rire à ces explications données par Dupuis avec une naïveté charmante. Quel excellent comédien que ce Dupuis! Naturel et fin, convaincu et spirituel.

Le succès de la pièce a été immense le premier soir. Mais je voudrais bien savoir ce qu'on en pensera à Carcassonne ou même à Étampes, qui est plus près de Paris.

8 octobre 1877.

HENRI MEILHAC

MA CAMARADE (1)

La camarade dont il est question dans la pièce, c'est Mme Adrienne, la femme de Gaston. Gaston est imbu des nouveaux principes : il ne veut dans sa femme voir qu'une amie, ou plutôt qu'une camarade. On va chacun de son côté; on se retrouve à déjeuner et à dîner; mais, si la salle à manger est commune, l'alcôve ne l'est pas. A quoi bon? entre camarades !

Ce n'est pas que Gaston ne souffre quelque peu de son isolement. Il aurait, lui, quelque velléité d'aimer sa femme d'une façon un peu plus sérieuse; mais il n'a jamais pris la peine de lui inspirer de l'amour; elle a toujours été pour lui aussi froide que bonne; aussi s'est-il vite lassé, et, ma foi! il a porté ses hommages à Mlle Sidonie, une cocotte lancée depuis peu, dont il est l'amant de cœur.

Ce n'est pas non plus qu'Adrienne laisse toute liberté à son mari. Elle n'en veut pas pour elle, parce qu'elle s'imagine que les témoignages de sa tendresse l'ennuieraient; mais elle serait furieuse si elle apprenait qu'il donne à d'autres ce qu'elle refuse pour elle.

Tous deux suivent la mode en se traitant de camarades; mais le fond est honnête et bourgeois; ce sont de jeunes

(1) En collaboration avec Philippe Gille.

mariés qui s'adorent, et qui, comme dans les contes de fées, auront beaucoup d'enfants, aussitôt qu'ils auront brisé la glace du préjugé qui les sépare.

Telle est donc la donnée de la pièce ; donnée tout à la fois très ingénieuse et très morale. Deux jeunes mariés vivant ensemble à la façon du dix-huitième siècle, mais s'aimant au fond, et tout près de se réconcilier, si les circonstances les y poussent, dans une alcôve commune. La réconciliation sera le dénoûment, comme dans *Un Mariage sous Louis XV*.

Car c'est la donnée première de *Un Mariage sous Louis XV*, mais transportée en 1883, avec ces traits de vérité pris à la vie contemporaine, et ce tour de fantaisie paradoxale et grotesque qui est familier au théâtre du Palais-Royal.

Le premier acte qui expose ce sujet est de comédie pure. Mais comme on sent que cette comédie est toute moderne! Le dialogue y étincelle de mots tout neufs, qui reluisent comme un louis frappé de la veille! C'est notre manière actuelle de penser et de dire. C'est ce raffinement curieux du sentiment et du langage, tel que nous l'aimons aujourd'hui, tel que la *Vie parisienne* nous en a donné de si jolis modèles.

Un exemple entre vingt :

Adrienne cause avec une de ses amies, qui lui demande confidemment si elle a grand plaisir à être embrassée par son mari. Adrienne convient que c'est là le côté fâcheux du mariage. Elle n'y trouve aucun plaisir.

— Ni moi non plus, reprend l'amie, et elle ajoute, se penchant à l'oreille : depuis que je connais Gontran.

— Mais, je n'ai pas de Gontran, répond Adrienne.

— Ah!... ni moi non plus, d'ailleurs... Je disais cela pour vous éprouver.

Et l'entretien continue, et par un de ces retours de conversation qui sont si naturels, l'amie revient à son Gontran, elle s'étonne qu'Adrienne aussi n'ait pas un Gontran. Peut-on vivre sans un Gontran ?

— Que voulez-vous? dit Adrienne. Presque tous les hommes fument et s'en trouvent bien. Il n'y en a qu'un petit nombre qui ne fument pas. Je suis de ceux qui ne fument pas.

— Au moins, reprend l'amie, la fumée des autres ne vous incommode pas?

Je cite inexactement, citant de mémoire. Et c'est dommage; car la grâce de ce dialogue si contemporain est précisément dans la discrétion du mot, qui donne plus de piquant à idée.

Adrienne, tandis que son mari se lance dans la vie facile, s'occupe aussi de ses plaisirs à elle. Elle a imaginé une fête de charité, où elle devra jouer un rôle de tireuse de cartes.

Mais comment apprendre à tirer les cartes ?

Elle ira se faire tirer les cartes chez Mme Eugène, une cartomancienne célèbre. Et c'est chez cette Mme Lenormant de 1883 que le second acte nous transporte.

Le premier acte avait beaucoup plu ; c'est au second qu'a commencé à se dessiner un des succès les plus étourdissants que j'aie jamais vus au théâtre. Mme Mathilde, une des meilleures duègnes de Paris, faisait la cartomancienne. Son air, sa tournure, son costume, sa voix, tout est d'une drôlerie impayable. Elle a perdu son chien ; elle veut s'en aller consulter une somnambule.

— C'est que, vois-tu, dit-elle à sa femme de chambre, les tireuses de cartes, moi, je n'y crois pas, et pour cause, mais les somnambules !...

Sa camériste lui fait observer qu'en allant, elle qui est cartomancienne, consulter une somnambule, elle se discréditera dans le quartier.

— Oh ! je me déguiserai, répond-elle, et la somnambule ne me reconnaîtra pas.

— Mais, si la somnambule n'est pas assez voyante pour vous reconnaître, comment voulez-vous qu'elle voie votre chien ?

Le dialogue de Meilhac abonde aussi en mots qui ne sont pas seulement plaisants par le tour de la phrase, mais qui sont des traits d'observation et laissent un long sujet de réflexions à l'esprit.

Adrienne arrive ; elle se fait tirer les cartes, et à toutes les révélations de Mme Eugène elle répond en souriant que ce n'est pas cela. Elle est venue pour apprendre le métier.

— Que ne le disiez-vous ? Je ne peux pas deviner cela, moi !

La cartomancienne lui propose alors de se déguiser, de recevoir elle-même les personnes qui viendront et de leur dire la bonne aventure.

Justement elle est avertie qu'une cocotte qui a nom Sidonie doit venir pour savoir s'il vaut mieux pour elle quitter *petit père* pour se vouer tout entière à *bon ami*.

Or, il faut que vous sachiez que bon ami n'est autre que Gaston, le mari d'Adrienne, et que petit père c'est Cotentin, un vieux cousin d'Adrienne, un Parisien parisiennant, dont elle demande souvent le bras pour faire des caravanes dans la vie boulevardière.

Voilà donc Adrienne déguisée en petite vieille bossue et attendant Sidonie. Sidonie, c'est Mlle Lavigne, et Adrienne, c'est Mlle Réjane. Non, rien ne peut vous donner une idée du fou rire qui s'est emparé de la salle quand Adrienne, distribuant les cartes, a lu clairement dans ces cartes que sa cliente s'appelait Sidonie, et qu'elle venait pour savoir s'il fallait quitter petit père pour bon ami. L'ahurissement de Mlle Lavigne était inexprimable :

— J'ai bien vu des tireuses de cartes, disait-elle ; je n'en ai jamais vu comme ça !

Et elle écarquillait ses yeux, écartait les doigts de ses mains !

Mlle Réjane s'avise alors de prendre un corbeau empaillé qu'elle voit sur un socle et de l'interroger, en mettant son oreille au bec de l'oiseau, sur la grave question qui se débat entre bon ami et petit père.

— Le corbeau, dit-elle, s'adressant au public, c'est une idée à moi ! Le corbeau conseille de lâcher petit père. Et Mlle Lavigne, pour le remercier, lui passe, d'un geste timide et reconnaissant, la main sur les plumes.

Mais tout n'est pas rose dans le métier de cartomancienne. Adrienne apprend, au cours des consultations qui se succèdent, que bon ami c'est Gaston, et qu'il doit, le soir même, conduire la belle Sidonie dans une soirée, chez une grande cocotte.

Son parti est pris : elle ira à cette soirée. Mais avec qui ? Bah ! n'a-t-elle pas le cousin Cotentin, qui l'accompagne dans ses expéditions ordinaires, et qui ne lui refusera pas son bras pour celle-ci.

Et, au troisième acte, nous sommes chez Cotentin, *aliàs* chez petit père.

Ce troisième acte, c'est une des comédies les plus fines et les plus gaies que nous ayons au théâtre. Le vieux garçon attend Sidonie, et il fait arranger son ménage pour la recevoir ; il a pour domestique un vieux concierge, tout plein de moralité, qui le sermonne sur ses fredaines et lui dit d'un air sentencieux : — Moi, monsieur, quand je m'amuse, c'est avec ma femme, et je travaille pour la patrie.

Sidonie entre ; elle vient dans l'intention de suivre le conseil de la cartomancienne, de rompre avec petit père :

— C'est fini nous deux, lui dit-elle en s'asseyant.

Et alors commence une scène délicieuse entre Daubray et Mlle Lavigne. Daubray croit d'abord que c'est une plaisanterie ; puis il se fâche, puis il revient, il s'excuse, il s'abaisse, il se met en colère ; et elle, toujours ferme en son propos : — C'est fini nous deux, répète-t-elle, et elle s'esquive.

— Ah ! ça m'est bien égal, s'écrie petit père.

Mais ça ne lui est pas égal du tout ! Il se promène dans la chambre, il s'habille pour courir après elle, puis se déshabille : mieux vaut se coucher. Il se met au lit, mais le sommeil ne vient pas ; il a beau se rouler dans ses draps, se coucher sur le dos, sur le côté, sur le ventre, plonger sa tête dans les oreillers, non, décidément, le sommeil ne vient pas. Il prend un livre et veut lire ; le livre l'ennuie. Il baisse, élève, éteint et rallume sa lampe ; il reprend sa promenade ; il se désespère :

— Je sais bien, se dit-il à lui-même, que c'est bête d'être bête comme ça, mais, comme je suis tout seul, ça m'est bien égal, d'être bête !

Cette scène, qui est presque toute de pantomime, a été jouée par Daubray en comédien consommé. Elle est fort longue et peut se prolonger à volonté. Daubray y est si naturel et si plaisant, qu'on la trouve courte.

Il entend un froufrou de robe de soie :

— C'est elle ! elle revient ! s'écrie-t-il ravi.

Pas du tout ; c'est Adrienne qui vient demander à son cousin de l'accompagner chez Mme Angélina, qui donne une soirée de cocottes.

Angélina ! Cotentin ne la connaît que trop, puisqu'il devait justement y aller ce soir-là et s'y amuser ferme... Mais il ne se soucie pas d'y mener sa cousine ; il fait des objections, tout en passant son pantalon pour être plus décent.

Le secret échappe enfin à Adrienne : elle sait que Gaston y sera avec une drôlesse du nom de Sidonie.

— Sidonie! s'écrie Cotentin; Sidonie avec Gaston? Partons tout de suite.

Et le voilà qui se jette sur ses cravates blanches, sur son gilet et son habit; il met le gilet par-dessus l'habit, noue ses cravates à tort et à travers, tant il est pressé et ému.

Toute cette fin de scène est d'une drôlerie inconcevable.

C'étaient, à chaque jeu de scène, à chaque mot, des éclats de rire qui partaient de tous les coins de la salle. Il y avait longtemps qu'on ne s'était si fort diverti au Palais-Royal.

Au quatrième acte, nous sommes chez Angélina; c'est l'acte le plus faible, car il est tout entier de fantaisie grotesque, et l'on n'y trouve plus ce grain d'observation vraie qui est nécessaire pour donner plus de saveur à la fantaisie. Mais que cette fantaisie est originale et piquante!

Cotentin et Adrienne, sachant que la belle Angélina attend, pour donner un intermède à ses invités, une troupe japonaise, se sont déguisés en Japonais; ils chantent un chœur japonais et font des tours de leur pays; Sidonie, qui a le cœur tendre, ne peut se tenir d'admirer ce Japonais qui est si étrange sous son costume superbe, et elle profite d'un moment où elle est seule avec lui pour lui déclarer sa flamme. Elle a quitté petit père pour bon ami, elle quittera bon ami pour son beau Japonais, et elle lui saute au cou et l'embrasse.

La voilà qui se passe voluptueusement la langue sur les lèvres :

— Quand on t'embrasse, dit-elle, ça a comme un petit goût de réglisse.

15.

Daubray s'est en effet passé sur le visage et les mains une couche de bistre. Mais il a une autre explication à donner :

— Cette saveur de la peau, dit-il avec dignité, est dans mon pays un indice de noblesse.

— Alors, tu es gentilhomme? demande Lavigne heureuse et fière.

Et Daubray, avançant la tête :

— Si tu veux goûter ?

Vous me direz que ce sont là des folies pures ; à la bonne heure ! mais cette extravagance est si amusante ! je vous assure que nous pouffions tous de rire, et vous en ferez sans doute autant quelque jour.

Adrienne s'est enfin convaincue que son mari la trompait. Dans un premier moment de colère, voulant rendre œil pour œil, dent pour dent, elle a écrit au petit vicomte des Platanes, qui lui faisait la cour : — Venez ! Je vous attends à deux heures du matin ! Et elle est rentrée chez elle pour l'attendre, en effet.

C'est là que nous la retrouvons au cinquième et dernier acte.

Mais, sa première colère tombée, elle a réfléchi. Est-ce qu'elle aime le vicomte des Platanes ? Quand il arrive, elle le fait cacher dans un cabinet noir ; car elle entend son mari.

C'est Gaston qui revient un peu confus, très repentant, mais aussi très furieux du billet qu'a envoyé sa femme, et dont il a eu connaissance.

Tous les deux s'expliquent dans une scène très osée, mais bien spirituelle. Si Gaston est allé chercher un plaisir douteux chez les cocottes, c'est que sa femme lui refusait à la maison les plaisirs réels que donne un amour partagé.

— Mais, répond la femme, vous n'avez jamais cherché à

m'inspirer le goût de ces plaisirs. Vous ne savez pas embrasser. Vous embrassez mal. Essayez pour voir.

— Est-ce comme cela ?... comme cela ?

Gaston finit par embrasser très bien, sa femme en sera parfaitement contente. On flanque le jeune des Platanes à la porte : les deux époux n'auront désormais qu'un lit, et quand ils s'amuseront, comme dit le concierge de Cotentin, ils travailleront pour la patrie.

Telle est cette comédie qui, de neuf heures du soir à minuit, a soulevé chez un public ravi des tempêtes de rire. Cette froide analyse n'en peut donner qu'une idée bien faible. Ce qui me plaît dans cet ouvrage, c'est qu'il est un des meilleurs spécimens d'un genre de vaudeville que je croyais presque perdu, et qui nous a donné un petit nombre de chefs-d'œuvre. Justement j'en parlais l'autre jour, en faisant un portrait de Geoffroy. C'est le vaudeville où l'observation la plus vraie et la plus piquante s'allie à la plus extravagante et à la plus grotesque fantaisie. Ce mélange se fait toujours à doses inégales. Dans la *Boule*, par exemple, le goût de vérité prenait plus de place ; dans *Ma Camarade*, la fantaisie s'espace plus volontiers. Mais quelle verve, quel éclat, quelle variété dans cette fantaisie !

La pièce est merveilleusement jouée. J'ai parlé chemin faisant de Daubray, qui n'a jamais été plus naturel et plus fin ; de Mlle Lavigne, à qui enfin on a fait un rôle, un vrai rôle, et qui l'a joué en comédienne. Savez-vous qu'elle était presque jolie et tout à fait élégante en cocotte ? Elle a sagement amorti l'extravagance ordinaire de son jeu, qui n'en a été que plus drôle pour être plus discret.

Il faut savoir gré à Mlle Réjane d'avoir tenu si bien un rôle qui est ce que l'on appelle en argot de théâtre un faux bon rôle.

Un faux bon rôle, c'est un rôle qui ramène sans cesse

l'actrice sous les yeux du public, mais qui est arrangé de telle sorte qu'elle provoque et aide tout le temps les effets de ses partenaires sans en avoir jamais pour elle. Il n'y a rien de plus terrible pour un artiste que ces sortes de rôles, car ils ont l'air de porter leur homme, et point du tout, c'est lui qui doit les traîner. Le public, qui n'est pas au courant de ces mystères, qui ne juge des choses que par les résultats, se dit ingénument : « Peut-on avoir tiré si peu de parti d'un rôle si long et si important ? A côté de lui, tout le monde faisait rire ; il n'y a que lui qui n'a pas trouvé moyen de nous dérider. »

Ni Daubray ni Mlle Lavigne n'auraient le succès d'hilarité qu'ils emportent chaque soir si Mlle Réjane ne leur donnait la réplique avec sa grâce et son esprit ordinaires.

Elle était le premier soir embarrassée et mal à son aise ; mais elle est d'esprit et de talent si souples, qu'elle prendra vite les allures de la maison. Je suis enchanté de l'y voir.

Raymond est fort gai dans le rôle de Gaston ; Hyacinthe dit avec une majesté désopilante son rôle de concierge, Pellerin est amusant dans un rôle épisodique de notaire viveur, et Numa fait gentiment le rôle de des Platanes. Oh ! qu'il a un joli mot, ce des Platanes, lorsque, après l'avoir fait venir à un rendez-vous et l'avoir caché dans un tas de coins sombres, Adrienne le renvoie.

— Ça ne se fait pas, madame, dit-il d'un ton piqué.

Numa a dit la phrase d'un air de dignité offensé, qui était bien drôle.

Citons enfin Mme Mathilde, qui est superbe en cartomancienne. Quand elle lève sa baguette magique et qu'elle dit d'un ton de pythonisse : « C'est vingt francs », la salle tout entière est secouée d'un prodigieux accès de rire.

15 octobre 1883.

DÉCORÉ

Enfin, voilà qui est donc fait! M. Henri Meilhac vient de remporter, dans une pièce qu'il a écrite tout seul, un succès éclatant, un succès incontesté, un succès qui aura beaucoup de lendemains; car, s'il y a dans sa comédie de quoi contenter les plus raffinés parisiens et les amateurs les plus délicats, il s'y trouve aussi de quoi divertir la foule. C'est la finesse d'observation la plus aiguisée et la plus exquise, la plus incroyable verve de bouffonnerie fantasque. Et, ce qui a toujours été rare chez M. Meilhac, même alors qu'il était soutenu d'un collaborateur prudent, sa pièce est composée avec le même soin qu'on admire dans les vaudevilles du temps passé. L'exposition est d'une netteté parfaite; le développement s'en fait avec une irréprochable logique, et tous les incidents, même les plus fantaisistes, sont préparés, expliqués et rendus vraisemblables. Je sais bien qu'aujourd'hui les critiques affectent de ne plus tenir grand compte de ce mérite : il entre cependant pour une grande part dans le succès définitif.

Ah! que le premier acte est joli, et comme il a mis tout de suite la salle en belle humeur. Non, vous n'imaginez pas comme tout le monde avait envie que Meilhac réussît, et comme on était heureux de voir, dans une exposition claire et méthodiquement conduite, pétiller les trouvailles plaisantes, les mots ou profonds ou drôles ! C'était dans la salle une joie dont vous n'avez pas l'idée.

Nous la connaissons depuis longtemps, cette jolie Mme Colineau à qui M. d'Andrésy fait la cour, depuis trois ans qu'elle est mariée à son meilleur ami. C'est une cousine de la Paulette de Gyp. Elle est honnête et ne demande pas mieux que de rester honnête. Mais elle a l'esprit aventureux, l'imagination débridée et hardie, la parole osée. Elle aurait besoin d'être tenue et gardée, et son mari s'en fie trop à sa vertu. Elle le lui dit elle-même :

— Mon ami, pour écarter les amoureux, il faut un mari décourageant ; vous n'êtes pas décourageant.

Et elle l'avertit qu'elle court un danger ; qu'elle n'aime point encore, mais qu'elle est sur le point d'aimer. Elle lui dit tout cela de ce petit ton leste et ironique où l'on sent un tour de blague parisienne. Le danger, c'est d'Andrésy. Ce d'Andrésy a eu l'impertinence de proposer à Mme Colineau une fugue à Harfleur. Pourquoi à Harfleur ? C'est que Mme Colineau a sur la même ligne, à Barentin, une cousine, chez qui elle pourra faire semblant d'être allée en visite. Mme Colineau a refusé parce qu'elle est honnête femme, elle lui a même interdit la maison ; mais, comme dit le poète,

On se lasse parfois d'être femme de bien.

Ce d'Andrésy est bien séduisant. Il est bien séduisant et bien tenace. On a beau lui fermer la porte au nez, il trouve toujours moyen de rentrer, et il presse et il supplie ; elle tient bon, non sans peine. Elle le chasse une dernière fois, et c'est l'imbécile de mari — les maris n'en font jamais d'autres — qui le ramène. Il n'a rien vu, ce mari ; il ne lui est pas venu à l'idée que le danger dont on l'a menacé lui vînt de son meilleur ami. Il a d'ailleurs bien d'autres pensées en tête. Il a, en revenant du Bois, rencontré la comtesse Floriani, une mondaine très élégante, qui lui a souri.

— Prends garde ! lui dit d'Andrésy, elle doit 40.000 francs à sa lingère.

— Ah ! tant mieux ; j'aime mieux ça.

Il l'a priée de venir à quatre heures voir Mme Colineau, et il savait qu'à cette heure-là Mme Colineau serait absente. Elle arrive ; il la reçoit : la scène est d'un osé délicieux, et elle a été fort gentiment jouée par une jeune actrice très jolie et très adroite, Mlle Crouzet, dont je parle tout de suite, parce que nous ne la verrons plus. La comtesse ne se défend que de la bonne façon contre les entreprises du galant Colineau. Il lui demande si elle connaît la *Chambre bleue* de Mérimée ; elle en a vaguement entendu parler. Il lui explique qu'une femme partant pour Rome, comme elle, s'arrête à Mâcon, prend une chambre d'hôtel, la chambre bleue, et alors... Elle non plus n'est pas décourageante ; elle annonce à M. Colineau qu'elle prendra le train le soir même ; elle a loué un coupé, où elle sera seule, car sa femme de chambre l'a quittée. Voilà qui est clair, n'est-ce pas ?

Colineau ne se tient pas de joie ; mais quel prétexte donner à un voyage subit ? Il a une idée de génie : « Tu m'as avoué, dit-il à sa femme, que tu courais un danger à Paris. Le mieux est pour toi d'aller passer quelques jours à Barentin, chez ta cousine.

— Ah ! c'est vous qui voulez que j'aille à Barentin.

— Oui, dit d'Andrésy, le bon apôtre, il faut aller à Barentin.

— J'irai donc ; mais vous, monsieur d'Andrésy, vous resterez pour tenir compagnie à mon mari et dîner avec lui.

Elle n'a pas plutôt tourné les talons que Colineau, prenant d'Andrésy par le bras :

— Tu sais, je ne peux pas dîner avec toi.

— Ah bien! je me sauve alors!

Colineau met des lunettes bleues, une fausse barbe, afin de n'être pas reconnu à l'embarcadère, et en route pour la gare de Lyon!

Vous voyez comme l'arrangement de toute cette exposition est ingénieux. Le mari s'en va pour jouer à son compte, avec une coquine, la *Chambre bleue,* de Mérimée. Et il ne se doute pas que, sur une autre ligne, à Harfleur, son ami d'Andrésy va donner avec sa femme une première de la même pièce.

Cette exposition ne serait pas complète si je ne disais qu'au premier acte nous avons vu un domestique, Léopold, se présenter chez Mme Colineau pour être valet de chambre; il a répondu de la façon la plus impertinemment fantaisiste et s'est fait congédier avant d'être entré au service. La scène est fort drôle en soi; mais je n'étais pas en peine de ce Léopold; nous devions le retrouver plus tard, et ce n'est pas pour des prunes qu'on nous l'avait montré.

Il avait été aux nues, ce premier acte, et cependant je ne pouvais me défendre d'une certaine appréhension. Qu'est-ce que Meilhac allait faire de cette Paulette aux prises avec un homme du monde? N'allait-il pas donner encore quelqu'une de ces scènes étonnamment risquées, qui font sourire les boulevardiers et les artistes, mais qui déconcertent les bonnes gens? Je me rappelais le fâcheux destin de cette *Petite Marquise,* que nous avons tous goûtée et admirée, et dont le public n'a jamais voulu. C'était le second acte qui devait décider du succès.

Ce second acte est une merveille. C'est un mélange singulier d'ingéniosité dans les combinaisons, d'imagination dans la bouffonnerie, de finesse pénétrante dans l'observation des mœurs, de grâce paradoxale et piquante dans le dialogue.

Nous sommes au grand hôtel d'Harfleur. L'hôtel est sens dessus dessous, parce que le sous-préfet y offre à dîner au jeune roi de la Sénégambie occidentale, que son père a envoyé visiter Paris. Le théâtre représente le vestiaire, et, par une porte qui s'ouvre au fond, on entend par intervalles le toast du sous-préfet, qui porte la santé du roi de Sénégambie, qui parle de l'intérêt que le gouvernement de la République porte à ces contrées lointaines où elle espère voir croître une nation sœur. Le prince répond dans sa langue, et l'interprète traduit son discours.

Mais une dépêche arrive à l'hôtelier : deux voyageurs demandent une chambre; il n'en reste plus; le prince a tout pris avec sa suite. En un tour de main, on transforme le vestiaire en chambre, et, tandis qu'on fait ces préparatifs, nous voyons accourir Léopold, le Léopold du premier acte, qui nous conte, avec force gestes d'admiration, qu'un voyageur, passant sur le pont, s'est jeté à l'eau pour sauver un pêcheur qui avait glissé dans la rivière et se noyait.

A ce récit, nous dressons l'oreille ; nous nous souvenons d'un détail qui ne nous avait pas trop frappés au premier acte. Mme Colineau nous avait conté que ce qui l'avait le plus touchée en faveur d'Andrésy, c'est qu'un jour, voyant un cocher maltraiter un cheval, il lui avait sauté à la gorge. Et comme elle le louait de sa générosité de cœur et de son courage :

— Oh! moi, avait-il dit, ce n'est pas ma faute ; quand je vois quelqu'un en danger, homme ou bête, il faut que je me précipite à son secours. C'est nerveux.

Ce doit être d'Andrésy qui a fait des siennes. Il entre derrière Mme Colineau : à sa vue, toute la salle est partie d'un fou rire. Il est trempé de la tête aux pieds, il grelotte ; il ne peut faire un pas sans éclabousser la jeune femme, qui est furieuse :

— Quelle idée d'aller repêcher ce pêcheur ! Vous n'avez donc pas réfléchi que vous me compromettiez ! Et si vous y étiez resté, qu'est-ce que je devenais ? Oh ! d'abord, je vous avais donné cinq minutes ! Si, au bout de cinq minutes, vous n'aviez pas reparu, je filais ! On n'est pas égoïste comme ça ! Vous vous êtes dit : Qu'elle s'arrange comme elle pourra ; moi, je suis bien tranquille : je suis noyé !

La querelle s'engage entre les deux amoureux : une querelle d'une fantaisie extraordinaire, dont on n'entend que la moitié, car elle fait partir à chaque instant d'énormes fusées de rire.

L'hôtelier apporte au pauvre homme, dont les dents claquent, un breuvage chaud, qui est froid, parce que la cuisine est très loin de la chambre. Il lui prête ses habits. Mais ils sont un peu justes pour d'Andrésy, dont la tournure sous cette veste et sous ce pantalon est d'un grotesque inénarrable.

— Il est affreux ! se dit Mme Colineau. Je ne savais pas qu'il fût si laid.

Il ne se doute pas de l'effet qu'il produit. Il se répand de nouveau en protestations d'amour ; c'est bien d'amour qu'il s'agit ! L'hôtelier annonce que M. le sous-préfet, qui vient d'apprendre l'histoire du pêcheur repêché, sachant que M. Colineau et sa femme sont descendus à l'hôtel, leur envoie ses compliments et demande l'honneur d'être reçu.

— Colineau ! s'écrie la femme, comment sait-il mon nom ?

C'est Léopold. Il a reconnu Mme Colineau, et la voyant au bras d'un monsieur, il en a conclu que c'était M. Colineau, et il l'a dit à tout le monde, et il a donné l'adresse de Colineau à Paris.

— Ah ! ça, vous ne pouviez pas prendre vos précautions ? s'écrie-t-elle furieuse, s'adressant à d'Andrésy.

— Est-ce que je pouvais me douter que Léopold était ici. Mais je ne le connaissais pas, Léopold, c'est vous qui le connaissez, Léopold ?

Et la querelle recommence sur nouveaux frais. Enfin ! le vin est tiré, il faut le boire. L'hôtelier a rapporté à d'Andrésy ses habits qui sont secs ; il a passé dans l'alcôve se rhabiller, et Mme Colineau en profite pour nous raconter comme quoi elle était partie avec l'intention formelle d'aller chez sa cousine, mais qu'au moment de descendre à Barentin, elle a rencontré les yeux de d'Andrésy, et que ces yeux étaient si tendres, si suppliants, qu'elle n'a pu passer outre ; elle est retombée sur le coussin et le train est reparti. Et ce récit est d'une grâce inexprimable, et Mlle Réjane l'a dit avec une émotion qui a d'autant plus charmé que c'était le premier moment où l'on pouvait s'attendrir.

D'Andrésy revient dans ses habits. — Il est vraiment bien, comme ça ! et puis, ce qu'il a fait, c'est très courageux ! Si nous soupions ! dit-elle gaiement.

Et l'on va se mettre à table, quand, tout à coup... Mais, avant de dire l'incident, il faut que vous sachiez qu'il a été préparé de longue main. Car, au théâtre, rien n'amuse que ce qui a été suffisamment préparé. De temps à autre, à travers les conversations et les querelles des deux amoureux, on a entendu pousser des rugissements de lion. C'est Bidel, le célèbre dompteur, qui a pris logement dans l'hôtel et dont la ménagerie est à côté. Ces lions, eux non plus, ne sont pas là pour des prunes.

Et voilà que Léopold entre effaré, hagard :

— Le lion ! le lion !

Et d'une autre porte jaillit le roi nègre qui se sauve éperdu : — Au secours ! au secours ! le lion !

D'Andrésy saute sur la première arme qui lui tombe sous la main. C'est un parapluie, et il s'élance dans la coulisse.

Mme Colineau s'évanouit. D'Andrésy revient bientôt triomphant, mais les habits déchirés et l'œil en feu.

Henriette lui demande le détail de sa belle action. Il a bourré le lion à coups de parapluie : l'énorme bête s'est dressée sur ses pattes, a approché le mufle de son visage et alors... alors, elle s'est mise à le lécher doucement. Je ne vous décrirai pas la joie folle de la salle à ce récit ; c'était du délire. Le dompteur est arrivé ; il a crié : A bas Brutus ! et le lion a été réintégré dans sa cage.

— Et voilà ! s'écrie Dupuis, qui a fait toute cette narration du ton héroïque de Rodrigue, contant les Maures défaits.

— O mon héros ! mon lion ! car c'est toi qui es le lion, s'écrie Henriette enthousiasmée.

— Si nous soupions ! demande d'Andrésy.

— Si nous ne soupions pas ! répond Henriette.

Édouard (il s'appelle Édouard) est au comble de ses vœux, quand la porte s'ouvre. C'est le sous-préfet qui entre, suivi des notables de l'endroit et de l'escorte du roi sauvé. Il a télégraphié au ministre la belle conduite de Colineau : le pêcheur repêché, et un roi ami de la France sauvé des griffes redoutables d'un lion farouche. Le ministre a répondu qu'il accordait à Colineau la croix d'honneur. C'est la nouvelle que le sous-préfet s'est fait un plaisir d'annoncer lui-même à Colineau, et qui sera demain à l'*Officiel.*

— Il lira ça demain à l'*Officiel*, s'écrie Mme Colineau.

Sur ce mot, d'une drôlerie épique, toute la salle repart d'un rire énorme. On n'en peut plus ; on écoute à peine la querelle des deux amants que ce nouvel incident a ranimée. Mme Colineau remet à la hâte son chapeau, sa pelisse. Il faut arriver à Paris avant que M. Colineau ait lu l'*Officiel*, afin de parer le coup, si l'on peut.

Le second acte est impayable ; le troisième aurait le

droit d'être terne ; il enchérit encore sur les deux premiers, et le rire y est porté à son dernier paroxysme.

Henriette, en arrivant chez elle, a appris que son mari, au lieu de rester à la maison, comme c'était convenu, a pris une fausse barbe, mis des lunettes bleues, qu'il a demandé un fiacre et qu'il est parti avec une valise :

— C'est pour me suivre ! s'écrie-t-elle.

Édouard arrive qui augmente son trouble. Il a acheté les journaux en venant. On y raconte tout au long, dernières dépêches, services télégraphiques, les actes de dévouement par lesquels s'est signalé Colineau à Harfleur, et la croix d'honneur qui lui a été donnée pour récompense.

— Il va lire ça ! Qu'est-ce qu'il va dire ?

Tout en faisant son enquête, Henriette apprend que son mari a filé, non par la gare de l'Ouest, mais par celle de Lyon.

— J'ai mon moyen, dit-elle.

Nous ne le devinions pas ; nous croyions à quelque artifice de vieux vaudeville. Point du tout : M. Meilhac a imaginé une scène qui est de vraie et bonne comédie.

M. Colineau est revenu de Mâcon, enchanté de son voyage. Il a triomphé de la comtesse. Il y a eu même un moment si délicieux, si délicieux, qu'il s'est écrié dans un transport de reconnaissance : Ah ! comtesse, si vous devez encore quelque chose à votre lingère, n'hésitez pas à me le dire.

Il a été un peu surpris, revenant si vite, de retrouver sa femme au logis, et il lui demande le récit de son voyage. Mais elle ne s'attarde pas à ce compte rendu, et, lui mettant sous le nez le journal révélateur :

— Qu'est-ce que cela ? monsieur ; vous étiez donc à Harfleur avec une femme !

Colineau lit l'article ; il est stupéfait, effaré. Il ne sait ce que cela veut dire. Il jure ses grands dieux qu'il n'était pas à Harfleur, mais à Orléans. C'est une fumisterie de journal.

Et comme il se débat, comme le public se tord de rire, voilà qu'un gendarme à cheval apporte sous pli la nomination de Colineau à la Légion d'honneur.

— Mais c'est une infamie ! s'écrie Colineau. On a pris mon nom, on s'est joué de moi !

— Comment voulez-vous que je croie à de pareilles balivernes ? reprend la femme, vous étiez à Harfleur avec une femme !

Et la soubrette entre et dit que Léopold demande à parler à monsieur ; c'est lui, dit-il, qui l'a servi hier soir au souper.

— Nous sommes perdus ! s'écrient Henriette et Édouard.

Mais M. Colineau tremble à l'idée de se rencontrer face à face avec le garçon qui, paraît-il, l'a vu en compagnie suspecte, à Mâcon.

— Je préfère, dit-il, ne pas me retrouver devant lui.

Et il file.

Léopold entre ; on ne lui donne le temps de rien dire ; on lui promet une place en Chine ; on le couvre d'or pour faire le voyage et on le flanque à la porte. On est sûr qu'en lui prêtant beaucoup d'argent on ne le reverra jamais.

On respire de cette algarade, quand la soubrette rentre et annonce le prince de Sénégambie. Nouvelle alerte, nouvel effarement. Le prince envoie par un de ses aides de camp à son sauveur le grand cordon de ses ordres, et le rire reprend de plus belle.

Et Mme Colineau revient à l'interrogatoire qu'elle fait subir à son mari ; et le pauvre homme, pressé par la nécessité, est forcé d'avouer son crime, qui lui sert d'alibi :

— Ainsi, monsieur, tandis que moi je résistais... dit-elle.

— Comment ?

— Je veux dire : tandis que moi je me gardais fidèle, vous, monsieur... Oh ! c'est indigne !

Et il s'agenouille et il demande pardon. Doit-elle lui pardonner ? Et Édouard, derrière, fait signe que non. Et le mari, repentant et confus, se tourne vers Édouard : « Mais parle donc pour moi, lui dit-il les larmes aux yeux. »

— Parlez pour lui, dit ironiquement la femme.

Et l'on sort de cette situation par le stratagème le plus simple et le plus ingénieux. Édouard est allé au plus prochain café, et il a écrit une lettre anonyme à M. Colineau, qui dit en substance :

« Monsieur, j'étais hier à Harfleur avec une femme mariée. Je me suis trouvé dans des circonstances telles qu'il m'a fallu donner un faux nom. J'ai pris le vôtre. Pardonnez-moi, et ne faites pas d'esclandre. Vous n'entendrez jamais plus parler de moi. »

La lecture de cette lettre est d'un comique impayable. Colineau a quelque peine à la lire, car l'écriture est déguisée à dessein, et Édouard lui souffle les mots d'avance :

— Tu as de bons yeux, observe Colineau, pour lire ça de si loin !

Voilà Colineau persuadé : mais il sent quelque pudeur à porter cette croix d'honneur, qu'un autre a méritée pour lui :

— Garde-la, lui dit sa femme, elle te rappellera ton indignité.

La salle aurait croulé sous le rire.

— Et maintenant, reprend Henriette, pour échapper aux commérages que cette histoire va susciter, si nous faisions un petit voyage... en Espagne, par exemple.

— Oui, en Espagne, dit son mari, partons tous les deux.

— Tous les trois, répond d'Andrésy.

— Non, lui dit la femme, vous, vous allez à Rome.

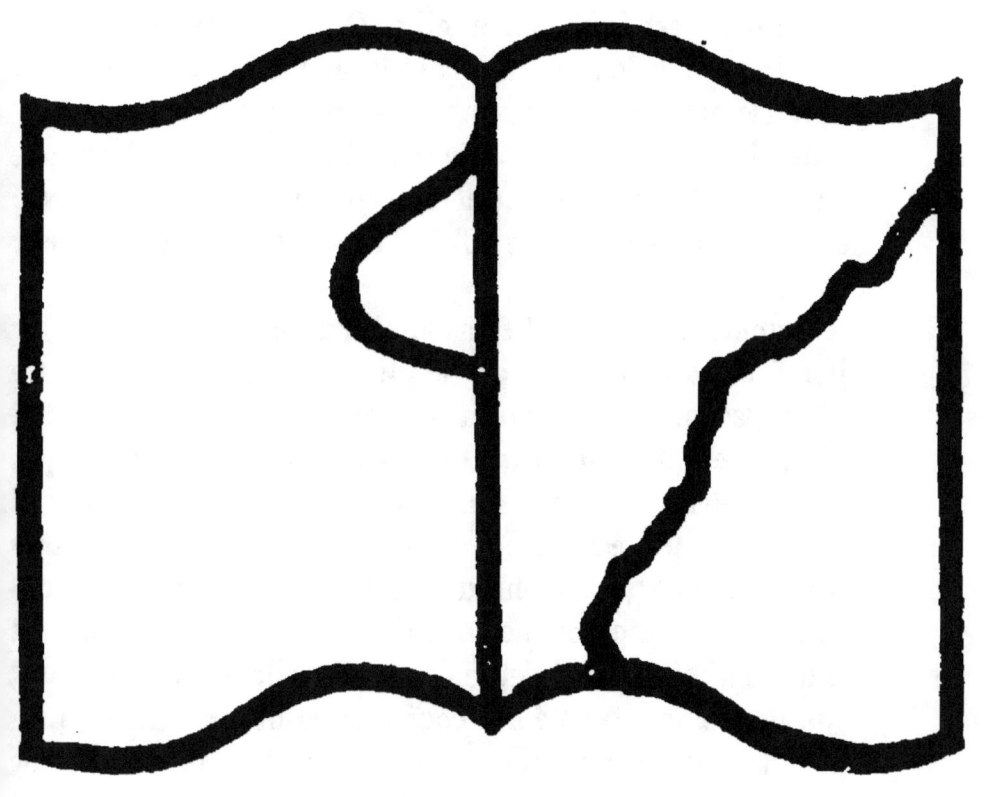

Texte détérioré — reliure défectueuse
NF Z 43-120-11

Et le prenant à part :

— Voyez-vous, lui dit-elle, ces choses-là, c'est comme les suicides, quand on s'est manqué une fois, il ne faut pas recommencer.

La pièce est jouée à merveille. On ne saurait trop louer Mlle Réjane. Elle a gardé, dans le cynisme d'une situation horriblement scabreuse, une mesure exquise ; elle dit toujours juste, avec une gaminerie alerte et un tact exquis. Elle prend tous les tons, même celui de la tendresse, avec une aisance merveilleuse. C'est la Paulette de Gyp en chair et en os.

Dupuis est excellent dans le rôle d'Édouard. Il a un air héroïque et dadais qui est le plus plaisant du monde. Ce n'est pas un casse-cœur avantageux ; c'est un amoureux sincère, et quand il répand des larmes, ces larmes, dit-il, qui, pour couler sur le nez, n'en viennent pas moins du cœur, il fait sentir que ces larmes sont vraies, et ses déconvenues n'en sont que plus comiques. C'est un vrai comédien qui joue la comédie comme on fait rue Richelieu. Baron est d'une fantaisie prodigieuse dans le rôle de ce mari confiant, qui donne de son côté des coups de canif au contrat. Lassouche a d'extraordinaires ahurissements dans le rôle de Léopold. Daniel Bac est un très amusant sous-préfet, et Mlle Réal une piquante soubrette.

Je sais bien qu'il y a eu dans notre affaire un peu d'emballement le premier soir : mais où est le mal ? La vérité est que la pièce est charmante et qu'elle plaira à tous les publics. Et ce succès est obtenu sans décors, sans toilettes, sans mots grossiers, sans affectation de prétendu naturalisme. C'est le simple vaudeville, confinant par endroits à la comédie. Il n'en faut pas davantage pour amuser les honnêtes gens.

30 janvier 1888.

fait la roue. Notez que le clubman, c'est Baron, qui ne se contente pas, cette fois, d'être un amusant grotesque, mais qui joue le rôle en vrai comédien. Quant à Riquette, c'est Mlle Réjane, et jamais elle n'a été plus fine, plus spirituelle, avec ce petit ragoût de modernisme dont la saveur est chez elle si irritante.

— Laissez-moi votre pièce... je la lirai... nous verrons.

Riquette n'a pas, le moins du monde, vous le pensez bien, l'idée de lire l'élucubration de cet imbécile. Mais voici qu'on lui annonce une dame Florestine, qui insiste pour entrer. Florestine arrive, la tête encapuchonnée d'une épaisse voilette. Elle l'enlève devant l'actrice :

— Je suis la baronne d'Arney la Hutte.

Oh! mais voilà qui devient intéressant! Cette Mme d'Arney la Hutte est la femme de ce jeune don Juan qui a séduit Mme Champcourtier, l'auteur du *Piston d'Hortense*. Que vient-elle faire ici?

La dame tire une lettre de sa poche :

— Vous avez connu, demande-t-elle à la comédienne, le baron Briquet, mon oncle?

— Le baron, répond Riquette (et il faut entendre Réjane dire la phrase d'un ton à demi ému en baissant les yeux), le baron a été très bon pour ma mère; c'est lui qui m'a élevée; je lui dois tout.

La lettre que tend Clotilde est du baron. C'était (car il est défunt) un philosophe fin-de-siècle que ce baron. Il s'était bien aperçu que sa nièce avait en elle l'étoffe d'une simple bécasse. Il lui avait dit à son lit de mort :

— Si jamais tu te trouves dans quelque embarras inextricable, porte cette lettre à Riquette : elle t'en tirera, en mémoire de moi.

— Et voilà pourquoi je viens, ma cousine...

Car elles sont cousines de la main gauche. Clotilde a un

grand chagrin. Un petit bleu trouvé par elle dans la poche de son mari, M. d'Arney la Hutte, lui a appris les relations de l'infidèle avec Mme Champcourtier. La pauvre petite adore son mari ; elle ne veut pas qu'il aille au rendez-vous marqué par le petit bleu. Elle a la tête perdue... Que doit-elle faire ?

Riquette n'est jamais embarrassée. Elle a son plan : elle tournera la tête à ce mari, le fera rompre avec sa maîtresse et le rendra à sa femme.

Diantre ! le projet a des inconvénients qui sautent aux yeux de Clotilde. Une fois le beau Raoul conquis, la comédienne le lui rendra-t-elle !

— Oh ! nous, dit Riquette, nous ressemblons aux maîtres d'armes ; nous traitons l'amour, comme ils traitent l'escrime : affaire de métier simplement.

— Oui, mais s'il vous prenait envie d'aller sur le terrain ?

Rien à craindre. Riquette est une honnête fille à sa manière. Elle n'a jamais qu'un amant à la fois ; et, pour le moment, elle est folle de Gaston. Le difficile, pour elle, est de s'introduire dans la place. Eh ! parbleu ! n'a-t-elle pas là le manuscrit de Champcourtier.

— Dites à votre mari que l'idée vous a pris de faire jouer chez vous la comédie de société, que vous avez fait une démarche près de moi, que je vous ai proposé de jouer le *Piston d'Hortense*. Je me charge du reste.

La chose est ainsi convenue. Et tout de suite, elle écrit au beau d'Arney la Hutte une déclaration en règle : elle l'a vu dans une loge, elle s'est éprise de son air distingué ; elle ne peut résister à l'envie qu'elle a de le lui dire. Elle n'espère rien de cet amour.

Et tandis qu'elle écrit, cherchant ses mots, car elle est plus habituée à recevoir des déclarations qu'à en faire,

Gaston entre ; elle ne se dérange point, et il lit par-dessus son épaule. Il est un peu étonné. Ah ! la jolie scène ! vraie, mais d'une vérité d'aujourd'hui, et piquante, et osée, et spirituelle ! Gaston voudrait bien avoir des explications ; on ne lui en donnera pas ; on ferme la lettre devant lui ; on l'envoie par un domestique à son adresse. Et il sera bien gentil ! et il aura confiance en sa petite Riquette adorée.

Et après avoir dit qu'il donnera un coup d'épée au baron, il se laisse ensorceler à cette charmeuse de Réjane ; elle rit et il rit.

— Et pour me récompenser d'avoir été bien gentil... ? demande-t-il.

Il la prend dans ses bras, elle résiste faiblement, quand la porte s'ouvre. C'est la femme de chambre qui apporte une lampe ; tous deux se remettent droits sur le canapé, tandis que la bonne affecte de regarder par la fenêtre. Le jeu de scène est d'un comique achevé.

Comme nous ne reverrons plus Gaston, disons tout de suite que Cooper a joué le rôle avec beaucoup de naturel, de gaieté et de bonne grâce.

C'est d'un bout à l'autre un délice, que ce premier acte. Jamais je n'ai vu un tel pétillement de mots plaisants ; et ce ne sont pas des mots d'auteurs. Il n'y en a pas un qui ne décèle un caractère ou qui ne mette en relief un détail de mœurs. Tout cela est d'une observation très aiguë, et d'un esprit étincelant.

Je ne conteste pas que nous n'ayons été un peu surpris à l'entrée de la baronne d'Arney la Hutte, chez la comédienne ; cette démarche insolite aurait pu être mieux préparée. Mais je vous l'ai dit : la trame sur laquelle Meilhac a brodé sa comédie n'a point de consistance, et il n'y faut pas prendre garde.

Au second acte, nous sommes chez le beau d'Arney la

16.

Hutte. Il vient de recevoir la lettre de Riquette. Il est flatté, très flatté ; pas étonné, mais très flatté. Lui aussi, c'est un fat, comme Champcourtier, son ami, mais un fat d'un autre genre. Champcourtier a l'amour-propre de son cercle ; lui, sa vanité, c'est d'être aimé des femmes. Et la vérité est que ce sot en est aimé. Sa petite femme en est folle, à la lettre ; et Mme Champcourtier est capable pour lui des plus graves inconséquences.

Riquette, qui est une fine mouche, a jugé d'un coup d'œil le pèlerin. Pour séduire un autre homme, elle mettrait en œuvre toutes les ressources de son esprit endiablé ; elle n'y fera pas tant de façon avec ce don Juan béat ; elle n'aura qu'à le regarder d'un œil perdu et à lui dire d'un ton pâmé : Je vous aime ! le nigaud donnera dans le piège.

Ce personnage était destiné à Dupuis ; l'acteur l'a refusé, et il a eu bien tort ; car il y eût été aisément exquis ; personne ne rend comme lui ces grands dadais qui se savent aimés des femmes et trouvent tout naturel de l'être. Mais le rôle n'était pas au premier plan, seul, en pleine lumière ; l'éminent artiste l'a, paraît-il, jugé indigne de lui. Ah ! qu'il a eu tort ! qu'il a eu tort ! et qu'ils ont tort ceux qui mesurent l'importance d'un rôle au nombre de lignes qu'il comporte. L'autre jour, Coquelin a obtenu un succès énorme en jouant dans le *Misanthrope* un rôle qui n'a qu'une scène, celui du valet Dubois. Raymond a hérité du Raoul dédaigné par Dupuis. Peut-être n'a-t-il pas dans son jeu la finesse, la variété, et surtout la sincérité qu'y aurait portée son camarade ; mais il possède une fantaisie très amusante, encore qu'un peu monocorde. Il a beaucoup plu.

Mme d'Arncy la Hutte n'avait pas, sans un petit tremblement, appris à son Raoul la démarche qu'elle avait faite en priant Mlle Riquette de venir chez elle jouer la comédie

MA COUSINE

Il y a quelques mois, le quinzième volume des *Annales du théâtre et de la musique*, de Noël et Edmond Stoullig, paraissait avec une préface signée du nom de M. Henri Meilhac. Dans ce morceau, qui nous parut délicieux, le spirituel académicien avait touché d'une main très légère les petits ridicules de cet amusement de société que l'on nomme la comédie de cercle. Il nous avait conté la façon dont se faisaient les réceptions d'ouvrages et les répétitions, où se trouvaient mêlés les hommes du monde et les comédiennes; il nous avait lestement croqué deux ou trois types de clubmen... Nous nous dîmes tous, en lisant ce joli et pimpant article de la *Vie parisienne* : Meilhac devrait bien en faire une comédie.

La comédie est faite : c'est *Ma cousine*, qui vient d'être jouée cette semaine aux Variétés avec un succès incroyable.

L'auteur, dans ce charmant vaudeville, ne semble avoir pris d'autre soin que de nous mettre sous les yeux un coin des mœurs de notre temps. La trame de sa pièce est si ténue et si fragile que c'est à peine si elle existe et s'il vaut la peine d'en parler. Il n'a d'ailleurs attaché, je crois, nulle importance à la fable à l'aide de laquelle il reliait les uns aux autres les croquis de mœurs parisiennes qu'il faisait défiler devant nous. Nous suivrons son exemple; nous ne laisserons tomber la lumière que là où il a cru devoir la porter.

Mlle Riquette, l'actrice à la mode, est aux mains de sa manicure, quand on lui fait passer une carte : M. Champcourtier. Elle ne connaît pas M. Champcourtier. Mais, justement, la manicure, qui lui apporte chaque matin à sa toilette tous les potins de la ville, vient de lui conter que Mme Champcourtier est la maîtresse du jeune et beau Raoul, baron d'Arcy la Hutte, le camarade de cercle de son mari.

— Faites entrer, dit Riquette, dont la curiosité s'éveille.

Champcourtier entre, et Riquette étouffe de rire :

— On a beau en avoir l'habitude, c'est toujours amusant d'en voir un !

Champcourtier la voit rire et il rit aussi. Champcourtier est un clubman, ou plutôt c'est le clubman. Il vit pour son cercle, ne trouve rien de bon ni de beau comme d'être de son cercle, ne fait jamais un pas sans se demander ce qu'en pensera le cercle. Son cercle joue tous les ans quelques pièces inédites, spécialement écrites pour le cercle, par quelques-uns des membres du cercle. Il en a fait une... oh ! mon Dieu, c'est peu de chose... le *Piston d'Hortense*... Il l'apporte à la célèbre comédienne... Si elle voulait l'entendre...

Riquette fait un geste de dénégation épouvantée.

Si elle voulait tout au moins la lire... il y a un rôle pour elle... le principal... Du cercle, la pièce pourrait passer au théâtre... Ce serait un grand honneur pour le cercle...

Rien ne peut vous donner une idée de la fatuité naïve et quelque peu sotte de ce Champcourtier et de la malice avec laquelle Riquette le tourne et le retourne, se payant de face, de profil et de dos le spectacle de ce dindon qui droit de compter, demande, mais là très sérieusement, à Riquette de prendre sa place.

C'est un imbécile, ce Raoul, soit; mais il est bien pressant, et il a des façons d'embrasser! Riquette est honnête fille; elle veut tenir le serment fait à sa cousine Mme La Hutte, et lui renvoyer son mari indemne, mais la scène prend un tour fâcheux pour sa vertu, quand elle s'avise d'un stratagème.

Mais, pour le comprendre, il faut être au courant d'une histoire qui a été contée au premier acte et dont je ne vous ai encore rien dit, parce qu'elle n'est qu'un moyen de dénouement. Raoul La Hutte est le fils d'une mère dont la fidélité comme épouse était sujette à caution. Il conte qu'à son lit de mort sa mère lui a révélé qu'il était le fils du baron Briquet.

— Vous pensez, dit-il, si ça m'a porté un coup. Je croyais être le fils du duc Mora.

Plus tard, il lui est arrivé une aventure bien désagréable. C'était à l'Opéra. Il serrait de fort près une jolie danseuse; voilà qu'au moment psychologique, crac, elle lui révèle qu'elle est la fille du baron Briquet :

— Ma sœur, alors!

Et il s'est sauvé, sans demander son reste.

C'est là-dessus qu'a tablé Riquette. Au moment où Raoul, qui la poursuivait, fuyant à travers la chambre, l'a saisie et lui dit :

— On n'est pas plus jolie et plus spirituelle que vous!

— J'ai de qui tenir, lui répond-elle. Je suis la fille du baron Briquet.

— Encore! s'écrie Raoul.

Il s'arrête et les bras lui tombent.

A cet *encore* si plaisant, nous nous serions roulés de rire! Dès lors la pièce est terminée. Il serait assez difficile d'en tirer une morale quelconque. C'est de la mousse de parisine, une mousse pétillante et qui pique. La pièce est jouée à ravir ; j'ai parlé, chemin faisant, des artistes, et surtout de Mlle Réjane, qui a tourné toutes les têtes par le naturel, la variété et la grâce piquante de son jeu. Il ne me reste plus qu'à mentionner l'excellente Mme Crosnier, qui dit magistralement le rôle de cette vieille intrigante, moitié manicure, moitié entremetteuse. Je ne dirai rien de Mlles Crouzet et Lender ; elles sont très jolies et leurs rôles sont délicieux : c'est tout.

3 novembre 1890.

de société. Mais Raoul est ravi de l'incident. Évidemment Riquette n'a accepté que pour se rapprocher de lui. Mme Champcourtier est bien jolie, mais Riquette est si séduisante ! et puis Riquette est célèbre ! Au cercle, tout le monde parle de Riquette ! Quel honneur ce sera pour lui, d'avoir triomphé, et triomphé sans combat de Riquette.

Elle arrive, languissante, énamourée ; elle lance à son Raoul des regards chargés de passion et Raoul fait le gros dos ! Ah ! comme elle respire la jalousie, quand Mme Champcourtier entre au bras de son mari !

Comme ce Meilhac est imprévu, et comme il est Parisien ! Nous nous étions imaginés que Victorine Champcourtier arrivant, nous aurions des scènes de jalousie, l'une vraie de Clotilde La Hutte, l'autre fausse de Riquette.

Mais Mme Champcourtier est dans le train ; c'était jadis une belle fille, très pauvre, fort instruite, qui a donné dans l'œil de M. Champcourtier et qui a eu le talent de se faire épouser. Elle est d'allures dégagées et libre de langage ; la voilà ravie d'être en rapport avec une étoile. Elle va s'asseoir à côté de Riquette, elle lui offre son amitié, pour un rien elle la tutoierait. Soyez sûrs qu'elle la tutoiera et lui donnera, un peu plus tard, si Riquette veut bien s'y prêter, des noms d'oiseau. Cette perspective n'est qu'entr'ouverte d'une main légère et délicate dans la comédie. Mais il n'en faut pas davantage pour éveiller notre curiosité sur ces relations ou plutôt promiscuités qui s'établissent si facilement aujourd'hui entre mondaines et actrices.

Il s'agit de répéter le *Piston d'Hortense*. Comme la pantomime est à la mode, M. Champcourtier a mis sous forme de pantomime, les premières scènes, le prologue de son vaudeville. C'est lui qui donnera la réplique à Riquette. Il lit d'abord le scénario : Adèle, jalouse de Gustave, l'a enfermé à triple tour dans la chambre. Gustave veut briser la serrure. Adèle le menace, s'il s'en va, d'aller elle-même au bal public et d'y danser des pas échevelés. Et voilà que Mlle Réjane esquisse une imitation des danses de Grille-d'Égout et de la Goulue. Rien de plus hardi et de plus discret tout ensemble que cette parodie, faite par l'actrice, avec une grâce exquise. Elle n'a pas plus tôt fini que l'on crie *bis* avec fureur; toutes les têtes sont en l'air dans la salle. C'est du délire.

On oublie Meilhac pour son interprète; patience! L'auteur va reprendre ses droits. Il va renouveler l'attention et le rire par une trouvaille de vaudevilliste.

Champcourtier, pour une raison ou pour une autre, a été obligé d'abandonner son rôle. Raoul La Hutte l'a repris; le voilà en face de Riquette; Riquette profite des libertés que lui offre la pantomime qu'elle joue pour lui exprimer son amour; Raoul lui répond dans le même langage; Mme Champcourtier, de son côté, fait par gestes des représentations à Raoul, tandis que Mme La Hutte exprime, par gestes également, ses inquiétudes et son chagrin. En sorte que la pantomime devient, sans qu'on puisse dire au juste l'instant où se fait le changement, une scène de la vie réelle, jouée sous les yeux du principal intéressé, M. Champcourtier, qui n'y voit que du feu.

L'idée était si ingénieuse, si inattendue, qu'au moment où le public en a surpris le secret, un fou rire a couru dans toute la salle. Je ne crois pas que, depuis le second acte des *Surprises du divorce,* on eût jamais ri de si bon cœur à une première représentation.

Raoul a beau être pressé par Riquette. Il a pour le soir un autre rendez-vous; et c'est précisément cet autre rendez-vous qu'elle veut empêcher. Mais elle a affaire à une espèce de coq d'Inde qui croit faire beaucoup pour elle en lui promettant un autre jour. Heureusement, elle surprend l'adresse de la maison meublée où doivent se rendre Mme Champcourtier et son amant, et cette maison meublée est tenue justement par sa manicure, une femme tout à elle. Elle ira, et verra bien à troubler ce tête-à-tête. M. Champcourtier a, lui aussi, par un artifice de vaudevilliste qui est d'une nouveauté impayable, entendu le nom de la rue et le numéro. Nous voilà du pain sur la planche pour le troisième acte.

C'est peut-être le plus original des trois ; c'est en tout cas le plus parisien. Riquette, grâce à la complicité de la manicure, s'est installée dans la chambre garnie où Mme Champcourtier doit venir attendre son amant. N'ayez pas peur ; ces deux femmes ne se mangeront pas le nez. Trop fin de siècle toutes les deux pour cela ! Mme Champcourtier commence par dire, moitié figue moitié raisin, qu'elle tient à son Raoul, qui est vraiment bien gentil, et qu'elle entend ne pas le céder.

— A la bonne heure ! observe Riquette, mais ce sera un scandale ! Moi, cela m'est indifférent. On dira : Tiens, tiens ! cette petite Riquette !... Je n'ai rien à perdre, tandis que vous !...

Cette réflexion frappe Victorine. C'est que la fortune appartient tout entière au mari. Que deviendrait-elle si elle était répudiée ? L'entretien prend un tour plus aimable. Après tout, Raoul n'est pas déjà si séduisant, et Riquette a tant d'esprit, l'enjôleuse ! On est sur le point de s'entendre, quand une voix les fait tressaillir.

C'est celle de M. Champcourtier.

— Ciel ! mon mari.

Et Victorine se sauve, laissant sur le canapé sa pelisse et suivie de Riquette, qui lui ouvre une chambre à côté.

Voilà encore une scène merveilleuse. Champcourtier entre :

— Personne! dit-il, et la pelisse de ma femme sur le canapé. Ça y est! Que je suis fâché d'être venu! J'ai eu tort! Je me disais tout le long de la route que j'avais tort. Qu'est-ce qu'on va dire au cercle? Comme c'est ennuyeux! Quand les valets de pied me passeront mon paletot, ils prendront des airs de condoléance. Mes amis me diront : « Voyons, ça n'est pas une raison pour ne pas faire notre partie de piquet. » Mon Dieu! que je suis fâché d'être venu!

Nous pouffions de rire à ces plaintes d'un genre si nouveau! et si vous saviez comme Baron était drôle en les disant! Réjane entre; étonnement de Champcourtier. Mais Réjane lui conte histoires sur histoires pour expliquer sa présence.

— Fort bien; mais cette pelisse, c'est la pelisse de ma femme!

Et Réjane, un moment désarçonnée, se remet et lui enfile un autre conte d'où il résulte qu'il n'y a rien de plus simple que la présence de cette pelisse. C'est que Mme Champcourtier, se défiant de lui et l'ayant vu partir, l'avait suivi pour le confondre.

Il y a à ce récit toutes sortes d'objections; Baron les présente l'une après l'autre et Riquette les réfute toutes, et tout ce qu'elle dit a l'air si vraisemblable que Baron s'écrie émerveillé :

— Je donnerais cent sous pour que tout ce que vous me dites ne fût pas vrai, tant c'est joliment arrangé!

Ce mot a soulevé une hilarité énorme. Voilà Mme Champcourtier remise aux mains de son mari, qui lui demande pardon. Quant à Riquette, puisqu'elle est venue, soi-disant, pour Raoul, elle reste, et, de fait, voici que Raoul, qui s'était rendu au rendez-vous, la bouche enfarinée, et qui n'y trouve plus Mme Champcoutier, sur laquelle il avait

ÉDOUARD PAILLERON

L'AGE INGRAT

Le Gymnase a donné cette semaine la première représentation d'une comédie en trois actes : *l'Age ingrat*, de M. Édouard Pailleron. L'œuvre a beaucoup réussi, et elle est en effet jolie, spirituelle et gaie.

Je ne serais pas étonné si M. Édouard Pailleron n'était point parti, pour composer sa pièce, de l'idée qui est indiquée par le titre et que j'expliquerai tout à l'heure ; je croirais volontiers qu'il a eu pour premier objectif de peindre au vif un coin peu connu de la société parisienne, et de le transporter tel quel à la scène, comme Gondinet avait fait pour le *Club*.

Vous vous rappelez bien cette aimable pièce du *Club* que le Vaudeville a jouée, il n'y a pas longtemps, avec beaucoup de succès. Gondinet s'était dit d'abord : « Il s'agit de montrer sur la scène un club parisien avec tout le détail de sa vie extérieure ; d'en tirer pour ainsi dire une photographie animée et vivante. » Après quoi, il avait cherché l'action qui devait s'agiter dans ce cadre. Eh ! bien, je ne serais pas éloigné de penser que M. Pailleron a procédé de la même façon. Il a d'abord été séduit par la curieuse originalité du cadre, que lui avaient fournie certains salons parisiens ; il n'a songé qu'ensuite à cette donnée de l'âge ingrat, d'où il devait tirer le tableau qu'il mettrait dans ce cadre ingénieux.

Parlons donc tout d'abord du cadre, puisque dans cette sorte de pièces l'accessoire devient le principal. Vous vous souvenez que, dans celle de Gondinet, on ne voyait le club qu'au second acte. Le premier était consacré à nous expliquer l'action qui devait traverser ce lieu de plaisir. Il en va de même dans l'*Age ingrat*. C'est au second acte que nous nous trouvons dans le salon qu'a voulu peindre M. Édouard Pailleron.

Quel est donc ce salon ?

Mon Dieu ! je ne sais pas s'il en existe beaucoup d'exemplaires à Paris. Mais tous les Parisiens en connaissent, sinon de fait, au moins de réputation, deux ou trois. Ce sont des salons cosmopolites, tenus par des étrangères très riches et très brouillonnes, avides de plaisir et de célébrité, qui les ouvrent à tout venant. Regardez la scène du Gymnase au moment où le rideau se lève sur le second acte. Nous sommes chez la comtesse Julia, dans une maison de campagne qu'elle vient de louer aux environs de Paris. Elle n'a pas fini de s'y installer, car les malles encombrent la chambre pêle-mêle avec un piano d'Érard, un canapé superbe et deux chaises, qui composent l'ameublement. Un tapissier pose des sonnettes, tandis qu'un artiste aux cheveux mélancoliques joue du piano pour une jeune femme accoudée, qui a l'air de s'enivrer de sa musique et de se figurer, au fond du salon, une escarpolette, sur laquelle de jeunes femmes se balancent en poussant des éclats de rire. De nombreux groupes circulent à travers les appartements ;

on voit là des types et des costumes de tous les pays; des caftans verts, des chapeaux à plumes de généraux mexicains, des bonnets grecs; on baragouine tous les jargons, on flirte; les femmes écoutent complaisamment les propos lestes ou se sauvent en riant comme des folles.

Il ne manque qu'une personne à cette réunion : c'est la maîtresse de la maison. C'est le jour de sa fête et elle est absente, et personne ne sait quand elle rentrera, ni même si elle rentrera. Les domestiques n'ont point d'ordres. Le maître d'hôtel traverse de temps à autre le salon, tout effaré. Combien sera-t-on à table aujourd'hui? C'est que tous les jours il voit de trente à quarante personnes qui arrivent, sans façon, pour déjeuner; on en met, un peu partout, quand la salle à manger est pleine : dans les boudoirs, sur les causeuses, et tout ce monde rit, mange et boit, aussi librement, plus librement même qu'à l'hôtel. On est toujours assez invité chez la comtesse.

— Pourriez-vous, demande un survenant à un monsieur qu'il rencontre, m'indiquer où est la maîtresse de la maison?

— Je n'ai pas encore eu l'honneur de lui être présenté, et ne la connais pas.

— Oh! pardon, Monsieur!

— Comment donc!

Une grande table est chargée de bouquets; ce sont les bouquets que l'on doit offrir à la comtesse pour sa fête. On lui prépare une surprise.

Un des boute-en-train de la maison a composé des couplets de circonstance sur un air de pont-neuf. Il distribue les bouquets et les parties de musique pour une répétition. On appelle à grands cris le pianiste mélancolique; il accourt, et sur son épaule on voit à plein le tracé d'une joue qui a imprimé là sa poudre de riz et son rouge. Tout le monde se pâme de rire. Effacez donc ça, lui dit-on, et il allonge ses bras sur le clavier, protestant contre la musiquette qu'on lui fait jouer, et voilà toute la compagnie qui chante et détonne, et l'on s'interrompt pour rire encore.

Ah! voilà la comtesse! Elle entre comme un tourbillon. Elle a monté à cheval, vu trente fournisseurs, fait trente visites, et son récit est ponctué de : Tiens! c'est vous, général... Ah! bonjour, mon prince... Il y a bien longtemps qu'on ne vous a vu, mon cher poète, etc... Sa fille, un bébé de six ans, saute sur ses genoux, elle la couvre de baisers. *My love!* ah ! *my love!*... Et tout à coup : Allons, va jouer! Laisse-nous... Et elle la renvoie.

C'est le type de la vie décousue que cette bonne comtesse. Elle a de l'esprit, de la grâce, mais pas l'ombre d'un préjugé. Elle n'est venue à Paris que pour s'amuser, et elle s'amuse. Son grand désir est de connaître toutes les illustrations du temps ; elle les a toutes dans son salon ; il suffit de s'être fait un nom, si petit qu'il soit, pour y avoir ses entrées. En revanche, elle ne peut venir à bout de se faire présenter les vraies gloires.

— Nous avons invité sept fois M. Renan, dit un de ses amis, il n'est jamais venu.

Tel est ce salon exotique et bizarre que M. Édouard Pailleron a peint avec une extraordinaire vivacité de touche. Tout cela est vivant et parlant; ceux mêmes à qui il n'a jamais été donné de voir ce monde cosmopolite sentent d'instinct que ce crayon doit avoir été pris sur nature, que tout ce désordre est vrai, et que c'est ainsi que les choses se passent dans cette société excentrique.

Voilà le cadre de la pièce : quelle sera la pièce ?

C'est ici que M. Édouard Pailleron s'est préoccupé de ce qu'il appelle l'*âge ingrat*. Il est à présumer que cette idée lui roulait depuis longtemps dans la cervelle et qu'il cherchait l'occasion d'en tirer une comédie. Il l'avait déjà abordée par un très petit côté dans cette aimable bluette que jouaient si gentiment à la Comédie-Française Got et Mlle Royer, et qui avait nom : *le Dernier Quartier*.

Vous savez sans doute ce que M. Octave Feuillet entend par *l'âge de la crise* chez les femmes ; eh ! bien, *l'âge ingrat* est la crise des hommes. Il arrive un moment où l'homme n'est plus précisément un jeune homme, ni même un homme jeune, et n'a pourtant pas encore pris rang dans l'âge mûr. Il sent alors dans tout son être je ne sais quelle inquiétude, ce sont les approches de la transformation qui le travaillent.

S'il a mené jusqu'alors une vie extrêmement régulière, si, après une adolescence parfaitement chaste, il a, sans transition, épousé une bonne femme à qui il se soit honnêtement voué, dame ! cette gourme qu'il n'a pas jetée lui remonte au cerveau et au cœur. Les sottises qu'il n'a pas faites bouillonnent au fond de son âme, et s'échappent par la moindre fissure.

Si, au contraire, il a jeté ses passions et sa vie aux quatre vents, il éprouve un je ne sais quel besoin de rentrer dans la paisible régularité de la vie bourgeoise, d'épouser une brave femme, qui lui mettra des boutons à ses chemises et veillera à la bonne confection d'un pot-au-feu sérieux. L'âge ingrat se placerait donc entre trente-cinq et quarante ans.

Il y a sur ce thème de longs développements qui ouvrent le premier acte de la pièce nouvelle. Ils ont, à mon avis, deux défauts. Le premier, c'est de n'être pas fort précis. J'ai ramené à des limites plus certaines que n'a fait l'auteur cet âge ingrat dont il parle. J'ai bien vu qu'à la première représentation, quand le personnage chargé de la chose a eu défini (si cela s'appelle *définir*) l'âge ingrat, nous nous regardions tous : les jeunes gens de trente-cinq ans se disaient tristement : Il paraît que nous touchons à l'âge ingrat ; et les vieilles barbes de cinquante ans pensaient à part elles : hé ! hé ! il paraît que nous sommes encore dans l'âge ingrat.

Il plane sur cet âge, qu'a découvert M. Édouard Pailleron et qu'il a essayé de caractériser, une incertitude fâcheuse qui laisse l'esprit légèrement indécis sur ce que l'auteur a voulu exprimer au juste.

Le second défaut, c'est que toutes ces théories ne trouvent pas leur preuve et leur conclusion dans la pièce qui va se dérouler sous nos yeux. Il est inutile d'étaler des expositions de principes, comme s'il s'agissait d'une comédie en cinq actes, d'une grande comédie en cinq actes, lorsqu'on doit assister à un vaudeville agréable dont le premier mérite sera la peinture exacte de l'intérieur d'un salon. Voilà ma double critique.

La pièce de Pailleron me rappelle ces aéronautes qui entassent dans leur nacelle des monceaux de provisions, un arsenal d'armes à feu, un magasin de pelisses fourrées, et qui s'en vont quelques heures après descendre à Meaux, où ils sont reçus par M. le maire, le maire des *Saltimbanques*. Je ne garde donc de toutes ces théories que la façon brillante dont elles sont exposées. M. Édouard Pailleron est un écrivain qui sait sa langue, et qui prend la peine d'avoir un style à lui. On peut lui en savoir gré, même alors qu'on trouve qu'il se donne beaucoup de mal en pure perte.

L'*Age ingrat* se personnifie dans trois hommes, Fondreton, de Sauves et Lahirel. Lahirel est le garçon ennuyé du célibat qui songe vaguement au mariage. De Sauves, marié à une très jolie femme, l'a, il est vrai, abandonnée pour courir après la comtesse Julia ; mais il commence à en avoir assez de toutes ces folies, et il ne demanderait pas mieux que de revenir à sa femme. Il a traversé la crise : il est au bout. Fondreton commence au contraire.

Fondreton est un savant, qui jusqu'à ce moment n'avait rêvé que les prix de l'Institut, et qui travaillait à je ne sais quel grand ouvrage sur l'anthropologie. De Sauves a eu la funeste idée, un jour, de le présenter chez la comtesse Julia. Sa jeunesse, longtemps comprimée, a fait tout d'un coup explosion. Voilà que désormais sa femme lui paraît fade. Ce savant déchaîné se jette à corps perdu dans les plaisirs du salon cosmopolite que j'ai décrit plus haut.

Il en devient l'âme, c'est lui qui organise les fêtes, qui fait répéter les chœurs ; c'est lui qui aspire à remplacer de Sauves dans les bonnes grâces de la maîtresse de la maison. Cette position n'est pas une sinécure : elle coûte gros ; Fondreton dépense beaucoup de temps et d'argent ; il est impossible que sa femme, la pauvre petite Mme Fondreton, ne s'en aperçoive pas. Elle a surpris un carnet où son mari inscrit ses dépenses :

Un bouquet, 30 francs.
Une bague, 150 »
. . . . . 500 »

Des points ! 500 francs ! ces points ne lui sortent pas de la tête.

Le difficile dans une pièce de ce genre, c'est de donner au monde comme il faut du premier acte un prétexte plausible pour pénétrer dans le monde excentrique du second. Ainsi, dans le *Mari à la Campagne*, il fallait mettre Mme Colombey et Mme d'Aigueperse en face de la jeune veuve (nous dirions aujourd'hui la *cocotte*) à qui M. Colombey faisait la cour.

Les auteurs avaient imaginé, contre toute vraisemblance, une quête de charité. C'était une de ces conventions dramatiques que le public accepte toujours quand elles prêtent à des coups de théâtre amusants.

M. Édouard Pailleron a eu besoin d'un personnage qui fût comme un trait d'union entre le monde éminemment bourgeois de M. Fondreton et le salon de la comtesse Julia. Il l'a trouvé dans le personnage de Mme de Sauves. Mme de Sauves est une femme parfaitement honnête, mais séparée de son mari, lequel a fait toutes sortes de frasques, et elle promène à travers son monde une manière de cousin, M. Désaubiers, diplomate de cinquante ans, devenu l'attentif, ou, si vous aimez mieux, le *patito* de la jeune femme, et accepté comme tel par la société où elle vit.

Ce vieux garçon a son idée en se posant ainsi en protecteur d'une jeune femme délaissée. Il espère un jour profiter de la situation, et il cultive sournoisement les ressentiments de Mme de Sauves contre ce mari qui, lui, ne demanderait pas mieux que de se repentir.

Ces deux personnages peuvent, à toute rigueur, se présenter chez la comtesse Julia. Et en effet, il est convenu au premier acte que M. Désaubiers donnera son bras à Mme de Sauves, et que tous deux s'en iront chez la comtesse Julia, dans ce salon bizarre, réclamer M. Fondreton, le mari de cette pauvre Mme Fondreton qui ne peut faire elle-même cette démarche compromettante.

Mme de Sauves tombe donc au milieu de toute cette foule bigarrée qui emplit les salons de la grande dame cosmopolite. Elle demande une audience, que la comtesse trouve moyen de lui accorder au milieu des futilités, des plaisirs et des intrigues qui absorbent tout son temps.

Cette entrevue de l'honnête femme avec la femme douteuse, c'était la scène à faire, et elle a été merveilleusement faite. Il eût été facile d'obtenir un succès très bruyant, mais de mince aloi, en laissant la femme du monde écraser de son mépris l'immorale étrangère. M. Édouard Pailleron dédaigne, et il faut l'en louer, ces applaudissements faciles.

Il a voulu que cette comtesse Julia tînt tête à Mme de Sauves dans cet entretien, et gardât même sur elle cette sorte de supériorité que donnent toujours le maniement facile de l'ironie et le dédain de tous les préjugés sociaux. Vous rappelez-vous le ton, l'accent et les allures de Mme Pasca dans *Fanny Lear?* Julia les transporte dans la pièce de M. Édouard Pailleron. Elle a, elle aussi, ce sang-froid persifleur, ces phrases cinglantes, ces intonations brèves et moqueuses, aiguisées encore par un léger reste d'accent anglais, qui donnaient tant de saveur au personnage de Fanny Lear.

La comtesse Julia a sur sa partenaire un avantage marqué, car elle l'a reconnue tout de suite, et Mme de Sauves croit qu'elle est une étrangère pour la comtesse. Si bien que, lorsque Mme de Sauves, piquée de la froideur impertinente de la comtesse, lui rappelle par une désobligeante allusion qu'on n'a jamais vu son mari (le comte Julia), la dame étrangère lui peut river immédiatement son clou en lui faisant observer avec une exquise et insolente politesse qu'il y a en effet beaucoup de femmes que leurs maris ont quittées.

— Je suis madame de Sauves, s'écrie la jeune femme, se levant indignée pour couper court à ces allusions.

— Je le savais, répond l'autre avec un calme railleur.

Mme de Sauves vient réclamer le mari de son amie, Mme Fondreton :

— Voyez comme je suis bonne ! répond la comtesse. Vous ne me demandiez qu'un mari, je vous en donne deux.

Et elle sonne une femme de chambre.

— Faites venir M. de Sauves, dit-elle.

Et M. de Sauves, qui en effet est chez elle, arrive, se

trouve pris au piège et veut offrir le bras à sa femme, qui se redresse avec la fierté d'une femme outragée et accepte celui de son vieil amoureux.

C'est là une maîtresse scène, qui a ce mérite, toujours fort rare, d'être absolument neuve, de nous transporter loin des conversations connues, des situations traditionnelles. Tout ce second acte est charmant; rien n'est plaisant comme le manège de la comtesse entre ses deux amoureux, M. de Sauves et Fondreton, l'un dont elle est lassée, l'autre dont elle ne veut pas, envoyant chacun d'eux tour à tour essayer les sonnettes, tandis qu'elle écoute les déclarations de l'autre.

Tous deux sont évincés par un troisième larron, dont le triomphe est annoncé de la façon la plus imprévue et la plus originale. On a raconté au commencement de l'acte qu'un certain général, quand il est décidément du dernier bien avec une jolie femme, a l'attention délicate de lui envoyer la musique du régiment. Nous n'avions fait qu'une attention médiocre à ce récit. Mais voilà que tout à coup, au milieu des déclarations passionnées de ces deux amoureux qui se disputent le cœur de la comtesse, éclate dans le lointain une musique militaire... un fou rire s'est élevé dans toute la salle.

Je n'ai pas besoin de vous dire qu'au troisième acte tout s'arrange, que Mme de Sauves (après des scènes trop longues et un peu ennuyeuses) pardonne à son mari; que Mme Fondreton admet le sien à rentrer en grâce. Il serait un peu vide ce troisième acte, s'il ne s'y trouvait une scène délicieuse, qui ne tient en rien au second acte, ni à l'idée mère de la comédie.

Vous vous rappelez qu'il y a dans la pièce un jeune homme, qui après avoir abusé de la vie, songe à se marier, mais qui ne se décide pas vite. Car le métier d'épouseur en perspective est plein d'agréments. On est choyé des mères, on est le point de mire des attentions des jeunes filles. Il n'y a pas d'état plus délicieux au monde. Lahirel (c'est le nom de ce garçon sur le retour) exploite la situation, et, quand il est brûlé dans une famille, passe à une autre. C'est ainsi qu'il va prendre congé de la famille Hébert, chez qui il a habité quelque temps, en qualité d'hôte à la campagne.

Tandis qu'il boucle sa malle, Mlle Geneviève (c'est la jeune sœur de Mme Fondreton) entre dans sa chambre. Elle a bien vu, la petite rusée, qu'on faisait en son nom toutes sortes d'avances à ce jeune homme. Elle en a été humiliée. Elle tient à lui dire qu'elle n'est pour rien dans ces prévenances ; que si sa mère même l'a ainsi comblé d'attentions, ce n'était pas du tout, — mais du tout, — dans l'intention qu'il avait pu supposer.

Rien de naïf et de mutin tout ensemble comme cette jolie scène de jeune fille, qui est bien encore une ingénue de théâtre, mais avec quelque chose de plus piquant et de plus spirituel. C'est une vraie trouvaille que l'idée de cette scène. Ai-je besoin de dire que Lahirel (un peu plus tard), séduit à tant de candeur, de grâce et de malice, demande la main de cette jeune fille et se range au mariage.

Telle est cette comédie, un peu incertaine en ses développements, qui s'annonce comme une comédie de mœurs et tourne au simple vaudeville, mais où se trouve un acte charmant d'un bout à l'autre, et dans les deux autres actes quelques scènes épisodiques très amusantes. Le style est d'une vivacité rare.

Il y a parfois, dans la façon dont M. Édouard Pailleron enfonce le trait, un peu de mauvais goût. Il appuie d'une main trop lourde ; il est brutal. Mais ces taches sont peu nombreuses, et seraient faciles à enlever. Beaucoup de mots sont de bon aloi et passent même la mesure ordinaire du vaudeville. Ce sont des mots de vraie comédie.

La pièce est bien jouée, mais pas d'une façon égale. Quelques rôles sont merveilleusement tenus. D'autres laissent à désirer.

Il faut citer en première ligne Saint-Germain, dans le rôle de Fondreton. On n'est pas plus fin, plus spirituel ni plus gai. Voilà trois ou quatre créations, depuis deux ans, qui tirent Saint-Germain hors de pair, et qui font de lui un des premiers comédiens que nous ayons. Je ne crois pas que depuis Arnal nous ayons jamais possédé au théâtre un plus parfait diseur. Arnal avait de plus que lui la voix. Mais ce Saint-Germain se sert si habilement du peu qu'il en a! Il nuance son débit d'inflexions si variées et si fines! C'est lui qui joue le rôle de M. Fondreton, savant en rupture d'in-folios, jeté, comme un hanneton, à travers un monde qu'il connaît mal, et se cognant en hurluberlu à tous les angles qu'il rencontre. Mon Dieu! qu'il est amusant! Ce rôle prête à la charge; jamais Saint-Germain n'y tombe. Il garde, au milieu des plus plaisants excès, une réserve pleine de bon goût.

16 décembre 1878.

L'ÉTINCELLE

Il n'y a rien de plus difficile que de porter au théâtre ces sentiments complexes, obscurs et mêlés, dont on ne se rend pas bien compte à soi-même, qui n'existent, pour ainsi dire, dans l'âme qu'à l'état latent, sans que l'on en ait la claire conscience. Ainsi, pour vous rendre la chose sensible par des exemples, la tendresse ingénue d'un cœur qui s'ignore chez la Victorine du *Philosophe sans le savoir*, le penchant secret qui attire Sylvie vers Dorante dans les *Fausses confidences*; l'amour passionné qui se cache sous les froideurs hautaines et les raisonnements subtils de la religieuse dans : *On ne badine pas avec l'Amour*.

Ces sortes de sentiments semblent être plutôt le partage du romancier. Car il a, lui, le loisir et le moyen de les analyser. Il n'a qu'à écrire de son héroïne : Voilà ce qu'elle disait, voilà ce qu'elle faisait; mais si on avait pu pénétrer au fond de son cœur, si elle-même y avait pu lire, elle aurait vu... Et le romancier n'éprouve aucune peine à vous révéler ce qu'elle y aurait vu. D'un scalpel fin et délicat, il met à nu les fibres les plus cachées, et les examine avec vous à la loupe.

L'homme de théâtre n'a pas cette ressource. A la scène,

il faut que tout se voie du premier coup, que tout frappe les yeux ou l'imagination. Aussi n'y porte-t-on le plus souvent que les sentiments simples, se choquant les uns contre les autres. Et pourtant nos âmes modernes sont infiniment complexes; elles ont toutes sortes de plis et de replis mystérieux; les passions ne s'en élancent pas d'un seul jet, comme chez les êtres primitifs; il y a des dessous secrets où elles s'infiltrent et se mélangent d'éléments composites qui les dénaturent et les rendent parfois méconnaissables.

Comment les mettre au plein vent de la scène, leur essence étant de se dérober dans l'ombre, de rester inconnues même à ceux qui les portent? Par quel artifice les rendre sensibles au public, quand elles ne le sont pas, quand elles ne doivent pas l'être au personnage même.

Il y a là une difficulté presque insurmontable. Mais on a cet avantage, lorsqu'on s'attaque à des sujets pareils, c'est que, si l'on en sort à son honneur, l'œuvre paraît exquise; elle plaît davantage par je ne sais quel goût de raffinement et même de préciosité. Marivaux et Musset en savent quelque chose.

M. Pailleron vient de nous donner un petit chef-d'œuvre en ce genre.

Il n'a que trois personnages. Chacun d'eux est animé d'une passion obscure, qu'il se cache à lui-même, ou dont il ignore le secret; il faut que le spectateur devine, sous les sentiments qu'affectent ces personnages et qui ne sont pas les vrais, d'autres sentiments plus subtils qui se dérobent dans un mystère impénétrable; et il faut naturellement qu'il le devine sans peine; car la foule ne se compose pas de la Rochefoucauld. Il faut que la chose éclate aux yeux, tout en gardant son air de mystère.

Mme Léonie de Rénal a épousé toute jeune un vieux

général qui l'a laissée de bonne heure veuve et riche. Le temps de deuil passé, un jeune homme, un bel officier, le propre neveu du défunt, lui a demandé sa main ; elle a refusé.

Pourquoi ?

Mon Dieu ! ce n'est pas que Mme de Rénal l'ait trouvé laid, ni sot, ni peu aimable ; non, elle l'eût même aimé volontiers ; qui sait ? peut-être même l'aimait-elle. Mais il ne lui a pas fait l'effet d'être sérieux. Elle a vu en lui un garçon un peu inconséquent, prompt aux amours faciles, qui l'aimait aujourd'hui, mais qui ne saurait répondre du lendemain. Elle ne lui a pas donné ces raisons ; elle lui a tout bonnement dit : Non, je ne vous aime pas assez pour devenir votre femme. La chose était vraie, et elle ne l'était pas. Elle l'était en ce sens, que cette aimable femme n'avait pas assez de confiance en lui pour remettre dans ses mains sa destinée tout entière ; elle ne l'était pas, si l'on considère qu'au fond il lui inspirait un certain goût et lui laissait je ne sais quel chagrin de la résolution prise.

Et lui ? ses sentiments n'étaient pas moins complexes, étant donné son caractère. Il avait très sincèrement, très profondément aimé la jeune veuve sa tante. Mais que voulez-vous ? Quand on a souvent aimé dans sa vie, il est assez difficile de savoir au juste quel est, parmi tous ces amours, le suprême et définitif. Il a éprouvé un vif chagrin du refus de Mme de Rénal. Mais il est officier français ; il rencontre par-ci par-là d'autres conquêtes, et prend feu, comme un paquet d'étoupes, au premier minois qu'il rencontre.

Et ce qu'il y a de singulier, c'est qu'il éprouve un bizarre et mystérieux plaisir à prendre sa tante, qui n'est plus qu'une amie pour lui... Oh ! rien qu'une amie ! pour confidente de ses tendresses passagères, de ses effervescences de sentiments, qui pétillent et moussent aux bords de son cœur.

Il est venu en congé chez cette bonne tante, à la campagne, et là il a vu Antoinette, une jolie fille de seize ans, orpheline sans fortune, une petite paysanne, que Mme de Rénal a recueillie, élevée, qu'elle dotera, et qui est chez elle à demi demoiselle de compagnie, à demi fille de la maison. Cette Antoinette est une très bonne, très gaie et très rieuse jeune fille qui ne sait rien de rien, mais qui, dame! a l'instinct des petites filles pour découvrir les secrets d'amour. Elle a découvert, elle a flairé plutôt que sa protectrice avait un faible secret pour Raoul, et elle ne se doute pas, la chère enfant, qu'en ce moment Raoul en tient pour elle, oui, pour elle, qui, sans le savoir, sans s'en rendre compte, sent un tendre pour lui.

Vous voyez, par ce simple aperçu, que de sentiments divers dont chacun a des dessous mystérieux. Raoul, au fond, n'a jamais aimé sérieusement qu'une femme, sa tante, et il n'en sait rien, et il prodigue ses protestations à toutes les jeunesses qu'il rencontre. Mme Rénal affecte d'être la *raison même,* si bien que le nom lui en est resté, et dans les profondeurs de son âme frétille une passion sincère pour le beau Raoul qu'elle a refusé uniquement parce qu'il ne lui offrait pas des garanties assez fortes de stabilité, parce qu'elle n'a pas cru à la sincérité et à la durée de sa passion.

Mlle Antoinette a l'air d'une évaporée, d'une *Victorine* pétillante et gaie, qui rit de ses trente-deux dents blanches, à la vie et à la passion, qui ne sait pas même ce qu'on lui veut quand on lui propose pour mari M. Gilet, le notaire, qui s'amuse des soupirs de l'officier ministériel, et en amuse les autres, mais qui, au fond, elle aussi, très au fond, a distingué le jeune officier, neveu de sa tante, et qui serait contente d'accueillir son hommage, n'était un pressentiment obscur que la personne à qui elle doit tout a pour ce jeune homme une affection profonde qu'elle cache à tous les yeux, qu'elle se dérobe à elle-même.

Telle est la situation des trois personnages vis-à-vis les uns les autres, et il faut bien se la mettre dans l'esprit pour apprécier la façon nette, vive, spirituelle et surtout dramatique, dont l'auteur a su rendre visibles au gros public ces sentiments si déliés et si complexes. C'est un miracle d'adresse, et qui ne coûte rien à la franchise du dialogue.

Raoul fait part à sa tante du dessein qu'il a d'épouser Antoinette. Mme de Rénal lui présente toutes les objections qu'opposerait n'importe quelle femme sensée à ce mariage disproportionné. Mais on sent (et c'est là qu'est la véritable supériorité de l'écrivain) à la façon dont elle s'exprime, au ton de ses remontrances, que par-dessous ces bonnes raisons s'agite un sentiment secret qu'elle n'exprime pas, qui peut-être lui échappe.

La meilleure de ces raisons, c'est qu'Antoinette ne l'aime pas. Elle ne m'aime pas; c'est qu'elle n'a pas reçu l'étincelle, dit Raoul. Il compare en effet, dans un joli couplet, un peu précieux d'idée et de langage, le premier effluve d'amour vrai à cette étincelle qui se dégage de la machine électrique, quand la roue est mise en mouvement et qu'on y touche.

— Eh! bien, tournez la roue, lui dit en riant sa tante.

Pauvre garçon qui fait des théories! Il ne se doute pas qu'il n'y a pour se faire aimer, pour faire jaillir l'étincelle, que d'aimer fortement soi-même, et surtout de persuader qu'on aime fortement. Il eût dans le temps tiré l'étincelle de sa tante, s'il ne lui avait pas parlé de son amour comme s'il se fût agi d'une amourette!

Le voilà donc qui tourne la roue près d'Antoinette. Il lui débite des vers, et elle rit; il lui conte des douceurs, et elle casse des noisettes; rien de joli, de frais, de piquant comme les scènes où la jeune fille n'oppose aux séductions d'un prétendu roué que la naïveté rieuse et maligne d'une ingénue.

Il arrive une minute pourtant où ils sont emportés tous les deux par la situation. Lui, les yeux dans les yeux de cette jolie personne, sentant le frôlement de sa robe, finit par être plus pressant, plus tendre, plus éloquent, plus sérieux; mon Dieu! la nature agit, elle s'attendrit à ces protestations chaudes, à cette voix pénétrante, on sent qu'elle va se laisser aller; mais elle rompt le charme par une plaisanterie, se lève, lui tire sa révérence, le laisse tout décontenancé et s'en va se murmurant à voix basse :

— Il m'aime! vraiment il m'aime!

— Eh bien? demande en raillant la tante à son beau neveu déconfit.

— Eh! bien, je n'ai pas su faire jaillir l'étincelle. Mais aidez-moi : il n'y a rien de tel, pour émouvoir l'amour, que de mettre en jeu la jalousie. Antoinette erre sous la charmille, nous guettant de l'œil. Voici la nuit qui vient. Venez vous asseoir sur ce banc. Je vous ferai une déclaration d'amour, vous aurez l'air d'y correspondre; Antoinette, emportée par la jalousie, se découvrira, et alors!...

Mme de Rénal se prête, non sans quelque répugnance, à cette comédie. Et alors commence une des scènes les plus ingénieuses, les plus nouvelles, les plus habilement construites qui soient au théâtre. La conception est heureuse, mais l'exécution est une merveille d'esprit et d'adresse.

Les deux partenaires mêlent sans cesse la réalité et la comédie; et puis peu à peu, par un progrès fort naturel, mais qui a été nuancé avec un art infini, ils sont amenés, une fois en face l'un de l'autre, à rejeter loin d'eux ces vains sentiments, qui ne sont que d'écorce et de parade, à fouiller au fond de leur cœur, à en tirer l'affection vraie et profonde qu'ils ont l'un pour l'autre, à se la jeter au visage en guise de reproche, à s'attendrir ensuite, à se jurer un amour éternel, à oublier Rosette... pardon! je voulais dire Antoinette. C'est que je songeais à la Rosette de Perdican, dans *On ne badine pas avec l'Amour.*

Elle arrive à l'instant même; elle a tout entendu. Elle apprend à sa tante à travers un éclat de rire (mais cette fois il y a un tremblement de voix dans l'éclat de rire; il est comme mouillé d'une larme) qu'elle vient d'accepter les propositions de M. Gilet, le notaire; ce n'est pas qu'elle l'aime au moins; mais elle sait qu'il fera un bon et digne mari.

— Elle n'a pas reçu l'étincelle! dit la tante, qui ne soupçonne pas le sacrifice.

— Ma chère marraine, répond la jeune fille, je vous dois tout, et je vous aime!

Marquant ainsi par un seul mot qu'elle vient d'ensevelir au fond de son cœur un amour caché, et qu'elle se dévoue pour celle qui l'a élevée.

L'originalité de cette petite pièce est donc tout entière dans cette façon de rendre visibles des sentiments mystérieux et inconscients. Elle est dans cette scène d'une invention si curieuse, *la scène du banc,* qui force les deux personnages en scène à s'apercevoir d'un amour qu'ils ignoraient eux-mêmes, et qui leur en révèle le secret dans les reproches violents qu'ils se font l'un à l'autre. C'est une des plus singulières et des plus spirituelles trouvailles du théâtre contemporain.

La pièce est jouée à ravir. Delaunay, qui est resté le plus jeune de nos amoureux, a beau affirmer dans la pièce qu'il a vingt-sept ans. Personne ne peut lui en donner que vingt-deux. Il est gai, il est léger, il est tendre, il est passionné, il sait dire. Il a, à la dernière scène, une longue tirade, nuancée des sentiments les plus délicats; il la mène de l'un à l'autre bout, sans interrompre la phrase, avec une variété d'intonations vraiment merveilleuse.

Mlle Samary a enfin trouvé un rôle qui la tire de pair et justifie sa promotion au sociétariat, qui avait semblé, il faut bien le dire, un peu précoce aux juges sévères. Il est impossible d'être plus ingénument comique; elle a des airs étonnés et naïfs qui sont d'une gaieté irrésistible, et quand il y faut mêler une note de sensibilité attendrie, elle ne passe point la juste mesure. Cela est fait avec un goût exquis.

Mlle Croizette a parfois des mouvements de brusquerie un peu rudes, et des intonations de voix un peu rauques. Elle fera bien d'adoucir ces contrastes; il n'y a point, dans les œuvres de ce genre, des oppositions de couleurs trop tranchées; ce sont des nuances imperceptibles qui se fondent ensemble. Mais ces réserves faites, elle a joué ce rôle difficile avec un art infini et beaucoup de bonne grâce naturelle.

19 mai 1879.

LE MONDE OU L'ON S'ENNUIE

I

Le Monde où l'on s'ennuie vient d'obtenir à la Comédie-Française un des succès les plus francs, les plus incontestés et, nous pouvons le dire, les plus légitimes qu'ait remportée une pièce de théâtre en ces dix dernières années.

Il faut d'abord louer l'auteur du sujet qu'il a choisi. Vous vous rappelez la définition que La Rochefoucauld a donnée de la gravité : « La gravité, a-t-il dit, est un mystère du corps inventé par les sots pour cacher le défaut d'esprit. »

Ce qui était vrai au XVIIe siècle, un siècle d'hypocrisie, l'est encore du nôtre. Nous n'avons fait que substituer au mot de *gravité*, qui sent son grand siècle, celui de tenue. Un homme qui n'a pas de tenue n'arrive à rien; avec de la tenue, on est partout de mise; il faut de la tenue pour se pousser dans le monde et réussir près des femmes. Vous entendez tous les jours répéter ces axiomes, qui avaient le don de mettre en fureur notre ami Stendhal, et dont souriait tout bas, à huis clos, Prosper Mérimée quand il écrivait à son compère, l'Italien de Londres, Panizzi.

Sur cet idéal de *tenue* s'est formée toute une génération

de jeunes gens, qui ont remplacé les grâces et les passions de la vingtième année, le pétillement de l'esprit naturel à un Français, l'aimable liberté de penser par soi-même et de parler comme on pense, par la correction de la conduite, par la sévérité des principes, par la raideur de la mise et de l'allure, par une phraséologie de convention jetée sur les lieux communs de politique, de philosophie, de morale et d'art à la mode, et pour tout dire d'un seul mot, par la tenue.

Ces jeunes gens sont devenus hommes à leur tour, et ils en ont formé d'autres à leur image. Et c'est ainsi que s'est étendue sur notre bourgeoisie moderne cette lèpre d'hypocrisie sociale, la même à peu près que Molière eut l'honneur de stigmatiser au XVIIe siècle. C'est ainsi qu'a été préparé de longue main le triomphe des imbéciles, le règne de la médiocrité universelle.

Nos femmes, qui avaient oublié dans l'éducation des couvents les traditions de leurs spirituelles grand'mères, ont poussé à ce mouvement. Il s'est ouvert des salons où le puritanisme des doctrines et la pédanterie du langage ont été les meilleurs titres à l'estime des hommes et à la louange des femmes ; où se sont faufilés les intrigants, couverts du masque imposé par le code des bienséances, pour se faire donner ou des héritières ou des sinécures, pour faire leur chemin. Ils ont fini par s'y établir en maîtres ; les gens qui n'avaient que de l'esprit ou du talent, se sont tenus à l'écart, ou s'ils ont pénétré dans un de ces salons contemporains, c'est affublés d'un uniforme qui leur pesait et les tenait en contrainte. Ils y ont perdu leurs qualités natives de franchise et de verve ; ils se sont ennuyés comme les autres, dans ce monde où l'on s'ennuie, le monde qui a donné son nom à la comédie nouvelle.

Ce monde, au moins dans la partie qui en a été prise

sur le vif par M. Pailleron, est assez restreint, et ne forme qu'un petit coin de notre société contemporaine. Mais ce qui donne à l'œuvre sa portée, c'est que tout en se bornant à peindre quelques salons parisiens, il a touché d'un doigt sûr la plaie de notre bourgeoisie actuelle. Derrière ces faux puritains, derrière ces pédants, derrière ces précieuses et ces savantes, nous apercevons toute une génération qui est travaillée de ce même mal de l'hypocrisie mondaine, bien qu'il ne se traduise pas chez elle sous des formes aussi vives et aussi ridicules.

Précieuses et savantes, ces deux mots qui viennent d'échapper à ma plume rappellent les immortels chefs-d'œuvre de Molière. Et il est certain que leur souvenir a flotté devant nos yeux, tout le temps qu'a duré la représentation de la pièce. Il est bien entendu que je ne fais nulle comparaison. M. Pailleron m'en voudrait de ce lourd pavé lancé sur sa charmante comédie. Mais enfin il s'est, comme le maitre, cette fois, attaqué non pas à un léger ridicule, à un simple travers, mais à un vice sérieux de nos mœurs, il l'a signalé, et, comme la comédie le doit toujours faire, avec belle humeur, en riant, *ridendo*. Savez-vous que ce mérite devient plus rare de jour en jour? Le monde où l'on s'ennuie avait si bien étendu son empire que l'on avait perdu l'habitude de rire, même au théâtre.

Je sais encore gré à Pailleron d'avoir usé, dans la pièce qu'il nous donne, des vieux procédés de la comédie, des procédés de Molière, qui sont après tout ceux du bon sens.

Qu'a fait Molière dans les *Femmes savantes?* A côté de Philaminte, de Bélise, d'Armande, de Trissotin, de Vadius, de ces pimbêches et de ces pédants, il a placé en contraste l'épais Chrysale, qui vit de bonne soupe et non de beau langage, la brave Martine, cette fille aux propos francs et verts, et, entre ces deux extrêmes, l'honnête homme Clitandre, et cette délicieuse Henriette, si joliment équilibrée, si maligne et si douce!

Eh! bien, Pailleron a fait de même, parce qu'il n'y a guère moyen de faire autrement au théâtre. Le public n'y sent le ridicule des mœurs qui sont traduites sur la scène, que par l'étonnement que provoquent ces mœurs chez un personnage en scène. Il s'en amuse en les entendant railler; il rit par contre-coup.

Fielding, en un de ses romans, nous conte qu'un villageois ayant été mené au théâtre, se mit à trembler de tous ses membres, quand parut l'ombre d'Hamlet. Ses dents claquaient.

— Imbécile! lui dit-on, est-ce que tu crois aux revenants?

— Ce n'est pas l'ombre qui m'épouvante. Mais voyez celui-là — et il montrait sur la scène Garrick tout pâle et tremblant — qui a si peur; il a si peur, si peur que je ne peux pas m'empêcher de trembler.

Dans le *Monde où l'on s'ennuie,* nous avons — côté des ennuyeux et des ennuyés — la comtesse de Céran, qui tient un salon moitié politique, moitié littéraire, où se donnent rendez-vous des savants officiels, des philosophes mondains, des poètes incompris, des aspirants soit à un fauteuil d'Académie, soit à un siège de député ou de sénateur; tous ces gens-là, corrects en leur habillement, graves en leurs propos, ne se départant jamais de la solennité d'allures qu'exige la maîtresse du lieu, femme sévère, qui ne badine pas sur les principes, et qu'effaroucherait un mot dit plus haut que l'autre.

Autour d'elle tout un bataillon de femmes, presque toutes mûres, et Mme de Loudan, qui elle-même se pique de philosophie et de littérature, une Anglaise à lunettes, miss Lucie Watson, toute brouillée d'esthétique, grande lectrice de Schopenhauer, qui a réduit l'amour au platonisme, et Mme Ariégo, et Mme de Boynes, et Mme de Saint-Réault ; toutes tracassant dans la politique, dans les lettres et les arts, toutes jacassant de philosophie, toutes se pâmant au seul nom du Trissotin de ce cénacle, le jeune, le beau, l'onctueux Bellac, professeur à la Sorbonne, le professeur des dames. Il paraît, on l'entoure, on le félicite ; il ouvre la bouche, ce sont de petits cris de tendresse et de bonheur. Ce Bellac ne manque pas de talent ; mais c'est un vaniteux, bouffi de prétentions, et par-dessus le marché, un intrigant qui compte bien, dans toutes ces admirations, pêcher une dot. Il fait la cour à miss Watson, une héritière authentique, ou plutôt il fait la roue devant elle.

A côté de ce dindon prétentieux, nous voyons un faux savant, M. de Saint-Réault, le fils d'un père, qui était célèbre, et qui, à l'ombre de ce nom, s'est poussé dans le monde par l'intrigue et cumule une demi-douzaine de places ; le général de Briais, une vieille culotte de peau, qui lâche des aphorismes dignes de M. Prudhomme, et dont les questions paraissent plus saugrenues encore, grâce à la solennité bourrue de son langage ; le poète Desmillets, un jeune de cinquante ans, chauve et rafalé, qui doit donner une lecture et d'autres comparses, qui ont un rôle effacé dans la comédie comme ils l'avaient sans doute dans la réalité.

Mettons à part le jeune Roger de Céran, le fils de la comtesse, un produit parfait de l'éducation des bons Pères ; ce jeune homme a vingt-quatre ans ; il est chargé de missions scientifiques par le gouvernement ; il étudie les *tumuli* de l'ancienne Rome, mais n'a jamais regardé une femme en face ; il est réglé dans ses mœurs, compassé dans son langage, tiré à quatre épingles, doux et froid, tout à fait *comme il faut*. Sa mère, qui n'a jamais pu faire de son défunt mari — un piètre imbécile — qu'un ministre de l'agriculture et du commerce, rêve pour ce fils les plus hautes destinées, et le mène par le chemin qui conduit à la fortune et à la renommée, le grand chemin de l'ennui. Elle lui apprend à écouter les sots, pourvu qu'ils soient graves, à s'extasier aux fadaises, si elles sont d'apparence solennelle, à aimer ce que l'on appelle le sérieux.

A ce clan des ennuyeux, l'auteur oppose d'honnêtes gens qui, sans se piquer de débraillé, trouvent bon que l'on aime, que l'on s'amuse, que l'on rie, que l'on exprime vivement ce que l'on a senti de même.

Et d'abord, la tante de la comtesse de Céran, la vieille duchesse de Réville, une douairière, échappée du XVIIIe siècle, toute pleine de bon sens et de bonne grâce, libre, en ses jugements, verte en ses propos, qui regarde avec une ironie compatissante ce monde où l'on s'ennuie ; qui réclame pour la jeunesse le droit d'être jeune, et raille avec une franchise de termes qu'autorisent et son titre de duchesse et ses cheveux blancs, les travers de sa nièce.

Près de l'aïeule, la petite-fille. Mlle Suzanne de Villiers est née du fils de la duchesse ; mais elle est née hors mariage. Elle ne sait rien de la tache de son origine. C'est elle qui est l'Henriette de ces nouvelles *Femmes savantes*, mais une Henriette moderne, comme Roger de Céran est lui-même un jeune homme de notre temps. Suzanne est une petite fille, étourdie comme le premier coup de matines, se livrant, sans penser à mal, à toutes les expansions de son âge, rieuse, inconsciente, aimant sans se douter qu'elle aime, disant tout ce qui lui passe par la tête, protégée par le sourire indulgent de sa grand'mère contre le regard courroucé de la comtesse.

Voilà pour le côté libre, pimpant et gai.

Entre les deux, plaçons le ménage Raymond. Raymond est un garçon d'esprit, né sceptique et railleur, Parisien jusqu'au bout des ongles, qui vient d'être nommé sous-préfet et voudrait être promu au grade de préfet. Il s'est résigné à s'ennuyer quinze jours chez la comtesse de Céran, et il a revêtu pour la circonstance la physionomie de l'endroit. Il explique à sa jeune femme en quel monde elle se trouve, et quelle réserve il faut garder pour y plaire — jouer du Beethoven et non du Lecocq ; ne jamais dire *tu* à son mari ; ne l'embrasser que dans les coins à la dérobée ; parler peu, et, quand on parle, émettre quelque maxime austère, etc. Jeanne fait bien un peu la moue ; mais elle est terriblement futée ; elle sait une demi-douzaine de proverbes latins, elle se promet de citer au hasard Tocqueville, Joubert et Montesquieu ; tout lui est égal, pourvu que son mari — son petit mari — s'engage à lui donner par-ci par-là un bon baiser dans les couloirs, quand on ne sera pas observé de trop près. Car on leur a assigné au château deux chambres, et deux chambres éloignées l'une de l'autre, les pauvres tourtereaux !

Tels sont les éléments contrastés que Pailleron, avec une adresse extrême, a mis en opposition ; et, les choquant l'un contre l'autre, il en a tiré les effets les plus inattendus et les plus réjouissants de vrai comique.

Non, je ne sais rien de plus vif, de plus leste, que le premier acte tout entier et la première moitié du second qui mettent en mouvement tous ces personnages. C'est un feu d'artifice de mots plaisants, qui s'élancent si drus, si étincelants, que je n'ai jamais vu éblouissement pareil.

Et remarquez-le : ce ne sont pas des mots cherchés hors de la situation, et piqués industrieusement dans le dialogue, des mots d'auteur, comme disait Henri Monnier. Toutes les plaisanteries jaillissent du contraste qui s'établit naturellement entre l'aimable douairière et l'entourage de sa nièce ; entre la vivacité primesautière d'allures de Suzanne et la réserve guindée de ce salon ; entre l'esprit libre de préjugés du sous-préfet et le pédantisme du professeur Bellac ; entre la malice parisienne de Jeanne Raymond et les préciosités subtiles de ces Cathos de la philosophie allemande.

C'est une succession rapide de scènes qui sont toutes des merveilles de raillerie fine ou mordante, et qui, toutes surtout, car c'est là pour moi le grand point, sont mises à l'optique du théâtre. Si ce n'étaient que des conversations spirituelles, je pourrais en savoir gré à l'auteur ; mais je ne les applaudirais pas à la Comédie. Ici, les conversations, outre les mots dont elles pétillent, ont ce mérite d'être toujours écoutées, jugées, raillées par des personnages sur qui elles rebondissent. Rien de plus amusant que la fin de la leçon faite dans le salon de la comtesse par le faux savant M. de Saint-Réault, que le fragment de cours de philosophie improvisé par le professeur Bellac, tandis que le sous-préfet regarde sa femme avec des yeux amoureux et consternés, tandis que la duchesse sourit à son bout de table, et que Suzanne trépigne tout bas d'impatience.

Il y a même une trouvaille de mise en scène qui est des plus charmantes.

Le poète doit lire une tragédie. On ne pouvait infliger ce supplice au public, qui se fût ennuyé, comme le monde où l'on s'ennuie. L'auteur s'est avisé d'un piquant stratagème. La lecture doit se faire au fond du théâtre, dans un salon dont on ferme les portes sur lui et sur l'auditoire. Le devant de la scène est occupé par la duchesse, que ces exercices littéraires assomment, et par sa nièce, qu'elle a retenue près d'elle pour lui parler d'affaires.

A mesure que la lecture se prolonge, un des auditeurs

s'échappe, il ouvre discrètement la porte du fond, et aussitôt, arrivant par l'ouverture de ce battant poussé, éclatent et s'envolent des lambeaux de vers. L'effet est d'un comique irrésistible.

La seconde partie du deuxième acte est moins bonne. Elle avait refroidi le public. C'est que l'auteur qui a bien été obligé d'imaginer une manière d'intrigue, afin d'y relier ses tableaux de mœurs, avait dû prendre du temps et des paroles pour en disposer les fils. Cette intrigue, je n'ai pas à vous la conter ; ce n'est pas là qu'est l'originalité de la pièce nouvelle. L'honneur des comédies de caractère et des comédies de mœurs — de la grande comédie, comme on disait autrefois — c'est que le mérite de l'intrigue y est secondaire. Le fait cède le pas aux idées.

Qu'il vous suffise de savoir que les choses sont arrangées de sorte — assez habilement arrangées d'ailleurs — que la même nuit, dans une serre à peine éclairée, deux rendez-vous se sont donnés : l'un du sous-préfet et de sa femme, qui ont soif de s'embrasser en secret ; l'autre du professeur Bellac et de miss Watson. D'un autre côté, la jolie Suzanne, qui croit que le rendez-vous donné au professeur est pour Roger qu'elle aime en secret, doit se glisser dans la serre pour les observer. Roger a un autre motif, qu'il serait trop long d'expliquer, pour se rendre dans la même serre. Enfin la duchesse, qui a flairé toutes ces intrigues, a projeté de se couler, avec sa nièce, dans un bosquet d'où elle surprendra le mot de ces mystères.

C'est l'acte des marronniers du *Mariage de Figaro*, comme le fait observer un des personnages de Pailleron, qui va — le malin ! — au-d... nt de l'objection et la prend à son compte pour qu'on ne . 'ui fasse pas.

Et je me disais en voyant à la fin du second acte tous ces préparatifs, tous ces fils tendus : Quel dommage ! une pièce si joliment commencée! elle va s'effondrer dans un imbroglio vulgaire! Elle était partie pour un succès immense de comédie, elle tournera au vaudeville!

Eh! bien, je me trompais.

Ce troisième acte est, comme esprit de dialogue, aussi éclatant que les deux autres; il est supérieur comme art dramatique. Toutes les scènes que vont se dérouler dans cette serre montreront une face nouvelle de l'idée mère, et elles en enfonceront mieux le ridicule dans l'esprit du public.

Le sous-préfet et sa femme arrivent les premiers : de quoi causent-ils? des ridicules de cette maison. — Quelle maison? s'écrie le mari, et il faut entendre Coquelin jeter le mot. C'est à pâmer de rire. La duchesse et sa nièce sont aux écoutes : la duchesse rit aux anges, et chaque fois qu'un trait mordant tombe sur ce monde où l'on s'ennuie :

— Ça, c'est pour toi! dit-elle tout bas à la comtesse.

Et la comtesse, enragée de dépit, entend ainsi son panégyrique, sans rien pouvoir répondre, et le public rit d'un rire de vengeance : car jamais leçon, plus spirituellement donnée, n'est allée plus droit à son adresse.

A ce couple succèdent Bellac et miss Watson. Bellac est un tartufe de philosophie, qui essaie d'enjôler avec de grandes phrases nébuleuses cette héritière de plusieurs millions. L'autre oppose à ses théories sur l'amour « deux et un » d'autres spéculations hégéliennes, et, tandis qu'ils se perdent ainsi en tirades, le sous-préfet qui les observe d'un côté avec sa femme répète à demi-voix : *l'embrassera, l'embrassera pas;* tandis que la duchesse, à son poste de l'autre, fait des réflexions sur la tartuferie du cuistre.

C'est l'artifice dont s'est servi Molière pour sauver les deux déclarations de Tartufe à Elmire. L'une est écoutée par Damis et l'autre par Orgon. Sans ces deux témoins invisibles, jamais elles n'eussent été souffertes par le public. L'indécence en eût été insupportable.

C'est une seconde leçon pour ce bel esprit de comtesse. L'auteur lui en ménage une troisième.

Suzanne se rencontre dans l'ombre avec Roger. Ce Roger, sa mère a su imposer à ses manières et à son esprit la raideur d'un moule convenu, elle ne lui a pas déformé le cœur. Il est capable d'aimer et il aime, bien qu'il ne sache pas trop le dire et qu'il se sente très embarrassé pour l'avouer. Mais la nuit l'enhardit. De ces lèvres, par où n'avait jamais passé que le langage de la science, tombe un aveu, un peu gauche, mais si tendre, si brûlant, si mouillé de larmes, que Suzanne la folle sent pour la première fois poindre à ses joues l'incarnat de la pudeur. Allons-nous-en, dit-elle tout bas, bien bas; allons-nous-en !

Et la comtesse apprend là que l'on a beau vouloir éliminer l'amour de la vie, il rentre en maître et se fait écouter en dépit de tout. C'est la vieille duchesse qui avait raison, et elle a plus raison encore puisqu'elle termine cette pièce, comme les comédies de Molière, à la satisfaction des spectateurs, mariant ceux qui s'aiment, et pardonnant à tout le monde.

Ces trois scènes sont délicieuses; jamais Pailleron n'a rien écrit de plus achevé; c'est du comique le plus vif et le plus fin; c'est du tendre le plus discret et le plus ému. Le rideau est tombé sur des applaudissements unanimes et tels que je n'en ai guère vu de plus nourris et de plus chauds à la Comédie-Française.

Le *Monde où l'on s'ennuie* est en son ensemble supérieurement joué. Mais ce serait faire tort, je crois, à ceux des artistes qui sont excellents, que de mettre sur la même ligne qu'eux-mêmes ceux de leurs camarades qui n'ont été que bons ou même ceux qui ont, pour une raison ou pour une autre, failli à leur tâche. Il y a là un départ à faire. Besogne délicate, mais je ne saurais l'esquiver.

Il faut d'abord tirer de pair Mlle Samary et Mme Madeleine Brohan.

Mlle Samary joue l'aimable et insouciante étourdie qui a nom Suzanne de Villiers. On ne peut pas la louer d'avoir compris et rendu le personnage : elle est le personnage même. Toute autre ingénue risquerait d'être indécente, câlinant Roger, s'asseyant sur les genoux d'un homme ; elle, non : c'est l'emportement d'un naturel heureux, c'est la hardiesse de l'ignorance en humeur de rire. Si l'on pouvait soupçonner l'ombre d'apprêt dans cette naïveté, ce serait de l'effronterie. Non, avec elle tout passe ; c'est un oiseau. Et comme elle est charmante en ses attendrissements subits, lorsqu'au souvenir de ce mot *illégitime*, qui un jour lui a été jeté à la figure, elle sent une larme perler au bord de sa paupière ! Qui eût soupçonné que Mlle Samary saurait si gentiment pleurer ! Et comme elle a dit encore cet *Allons-nous-en*, que je citais tout à l'heure. Ce n'était pas l'ingénue de théâtre ; c'était la petite fille insoucieuse devant qui s'était brusquement déchiré le mystère de l'amour.

Mme Brohan a été merveilleuse de bonhomie large et puissante dans le rôle aimable de la duchesse de Réville.

C'est elle dont les réflexions justes, sensées et piquantes, ponctuent ce bavardage de caillettes, et en font sentir le ridicule. Elles partent de ses lèvres, comme flèches, en vibrant ; elles animent le dialogue et l'égaient. Elles sont la joie de la pièce. Je ne sais au monde que Mme Plessy qui eût aussi bien joué ce rôle. Elle y aurait été plus grande dame, à coup sûr ; mais peut-être y eût-elle été aussi moins avenante, moins brave femme. Cette bonté répandue sur tout le personnage par Mme Madeleine Brohan lui donne un grand charme.

Coquelin et Mlle Reichemberg représentent le sous-préfet et Mme la sous-préfète. Coquelin est exquis. Il a saisi avec une merveilleuse justesse la nuance de gaminerie que comporte ce rôle : c'est un homme d'esprit, un Parisien, un sceptique, déporté dans une sous-préfecture, qui veut arriver et qui sait les moyens qu'il faut employer pour cela. Ces moyens, il en use, mais en sachant ce qu'ils valent. Il endossera l'uniforme de la maison, mais il en rira sous cape avec sa bonne petite femme.

Celle-là est délicieuse aussi. Elle n'a que six semaines de mariage; il traîne encore dans ses habitudes, dans ses gestes, dans ses façons de parler, quelques légers restes de l'ingénue d'hier; mais comme elle est vive et gentille ! Maligne, avec cela. Elle a du premier coup compris les recommandations de son mari, qui lui conseille d'être grave dans une maison grave, et il faut voir comme, interrogée par la comtesse, elle lui coule en douceur, sans avoir l'air d'y toucher, une citation de Tocqueville — comme dit M. de Tocqueville ! — en baissant les yeux, comme honteuse d'en savoir si long devant une personne qui en sait encore plus qu'elle.

Ce « *comme dit M. de Tocqueville* » va passer comme plaisanterie courante dans la conversation parisienne. Il reparaît à trois ou quatre reprises, et toujours si à propos, et toujours si joliment dit que la salle, le voyant venir de loin, éclatait de rire par avance.

Delaunay est bon; mais il n'est que bon. Je lui reprocherai de n'avoir pas donné à son Roger de Céran, au premier acte, une physionomie assez caractérisée de jeune puritain, sorti de Juilly ou de Saint-Acheul. Il en a fait un jeune homme quelconque : il a joué cette partie du rôle, comme il jouerait par exemple dans le *Marquis de la Seiglière* l'amoureux transi qui préfère au plaisir de suivre la chasse, en compagnie de sa belle, celui d'herboriser des simples ou d'empailler des oiseaux. C'est un excellent comédien qui dit admirablement juste ; ce n'est pas l'homme même.

Au troisième acte, il a une déclaration à faire : elle est bien jolie cette déclaration, plus jolie encore, à mon avis, que celle qu'il dit si bien dans l'*Étincelle*. Il l'a conduite avec cet art merveilleux de diction dont il possède le secret. La salle a été enlevée.

Mlle Lloyd tient avec dignité et bonne grâce le rôle ingrat et difficile de la comtesse de Céran, la nouvelle Philaminte.

C'est Got que l'on avait chargé du rôle de Bellac. On l'avait choisi sans doute parce que c'est lui qui dans les *Femmes savantes* fait, et d'une façon supérieure, le bel esprit Trissotin. Mais Trissotin, qui date de deux siècles, n'a plus d'âge pour nous. C'est l'idéal du bel esprit pédant et précieux, comme Vadius est celui de la grosse cuistrerie. L'idéal est toujours l'idéal, quelque forme qu'il lui plaise de revêtir. Nous sommes plus difficiles dans une comédie contemporaine. Nous nous formons une certaine image du professeur Bellac que l'acteur doit nous rendre. Bellac doit avoir trente-cinq ans, le visage plein, l'œil souriant ou extatique, les dents blanches, qu'il aime à montrer, le geste onctueux, le parler doux et presque séraphique. Dame ! ce n'est pas le portrait de Got que je fais là. Tenez ! Prudhon — ce n'est pourtant pas un acteur de premier ordre que Prudhon — avec son œil vague, sa bouche ouverte, sa voix languissante, son air prétentieux et niais, aurait bien mieux fait l'affaire. Il eût joué moins savamment ; il nous eût donné la sensation du personnage. Mais que vais-je dire là ? Prudhon n'est qu'un pensionnaire. Et ce serait le renversement de toutes les hiérar-

chics, ce serait la fin du monde, si l'on donnait à un simple
pensionnaire un rôle important.

2 mai 1881.

II

Imaginez-vous que, dans mon dernier feuilleton, j'ai
causé des désastres... non, je ne veux point parler de cela
en raillant. Car j'ai senti un vrai chagrin d'en avoir fait,
sans m'en douter, sans même y avoir pris garde, à un
comédien qui, je crois, a pris la chose tout de travers, mais
enfin qui n'en a pas moins éprouvé un ennui réel.

J'analysais le caractère de Bellac, le professeur pour
dames, qu'a si joliment peint notre ami Pailleron. Je tâ-
chais de montrer que Got ne réalisait point le type rêvé
par nous; et, prenant l'un après l'autre tous les traits de
cette physionomie, je souhaitais que l'on confiât le rôle à
Prudhon, dont l'extérieur me semblait mieux répondre
à ce concept. Je m'étais servi pour caractériser Bellac des
deux mots *prétentieux et niais*. Ce dernier mot n'était pas
très juste, je l'avoue. Car Bellac n'est point niais, dans le
vrai sens du terme. Il a ce contentement de soi-même,
cette satisfaction d'avoir du talent, ce don de rire incessamment à son mérite, qui s'exprime plutôt par l'épithète
de béat. J'aurais donc mieux fait d'user de cet adjectif,
qui serait de plus près la vérité, et qui avait de plus cet
avantage de n'être pas désobligeant.

Cet aveu fait, et je suis trop vieux journaliste pour qu'il
me coûte de le faire, les comédiens veulent-ils me permettre de prendre la question à un point de vue plus général? Il me semble que mon âge et l'autorité que j'ai
conquise par vingt-deux ans d'honnêteté, de travail, et

j'ose le dire, de sympathie pour eux, me permettent de la traiter ici, sans blesser aucune de leurs susceptibilités légitimes.

Ils semblent croire que leur personne doit rester en dehors et à l'abri de la critique. Vous avez droit sur mon talent, s'écrient-ils, mais l'homme qui est derrière l'artiste ne vous appartient en aucune sorte. Vous le devez respecter. Soyez aussi dur qu'il vous plaira pour la façon dont j'interprète un rôle; mais ne touchez pas à la forme de mon nez ni à la configuration de mon oreille.

Il y a, dans cette susceptibilité toute nouvelle, une exagération de ce sentiment de la *respectability* vers lequel je vois que les artistes dramatiques s'acheminent.

Ils se trompent absolument.

Comme ils se livrent au public corps et âme, ils lui appartiennent âme et corps. Ce n'est pas seulement leur talent qui monte sur les planches; ce talent se présente sous une forme visible, et cette forme y ajoute ou en ôte quelque chose. Il est donc impossible de n'en pas tenir compte dans la critique que l'on fait du comédien.

Ils souffrent que l'on dise d'eux qu'ils sont beaux, bien faits, qu'ils ont la taille noble et la jambe fine. Ils ne doivent pas s'étonner si, pensant le contraire, on s'en explique avec la même liberté de langage.

Ces sortes de critiques sont bien plus sensibles aux femmes qu'aux hommes, et cependant nous ne pouvons les leur épargner. Je pourrais prendre des exemples que vous connaissez tous, mais je renouvellerais des désespoirs que j'ai quelque répugnance à raviver sans y être contraint. J'aime mieux vous citer une personne que l'article ne peut plus toucher puisqu'elle est morte : c'est Mlle Cornélie.

Je m'étais pris de sympathie (comme M. Thierry, le

directeur de la Comédie-Française) pour cette pauvre fille, qui avait l'âme d'une artiste dans le corps d'une portière. Il me semblait qu'à force de talent elle arriverait à triompher de cette déplorable enveloppe. On contait bien que Mlle Duchesnois, quoique laide et sans grâce, avait dompté le public.

J'écrivis donc un article, mais un de ces articles à tout casser, où je la comparais à Rachel, et j'insinuais doucement au public que, quand il rencontrait chez une artiste des dons exceptionnels, il devait tenir moins de compte des avantages extérieurs, etc., etc.

Le lendemain, elle tomba chez moi comme la foudre. Je m'attendais à des remercîments.

— Vous me perdez! s'écria-t-elle; vous m'avez perdu! Vous laissez entendre que je suis laide!

Je ne répondais rien; mais je réfléchissais, à part moi, que le public n'avait pas eu besoin de mon article pour s'en apercevoir, puisque c'était cette laideur même qui lui avait jusque-là barré la route du succès.

— Laide! reprit-elle, laide!

Et d'un geste théâtral (car il y a toujours de la cabotine dans toute comédienne), enlevant de sa tête le peigne qui retenait sa chevelure, elle laissa se dérouler sur ses épaules, et jusqu'au milieu du dos, un fleuve de cheveux noirs.

— Est-ce qu'on est laide avec des cheveux comme ça!

J'aurais pu répondre, hélas! que les cheveux, c'est une de ces beautés qui s'achètent chez le coiffeur du coin. J'aurais dû la calmer par de bons propos et de douces louanges. Mais j'étais en ce temps-là fort novice. C'était la première scène de ce genre que j'essuyais. Je ne les compte plus aujourd'hui. Je demeurai fort embarrassé devant ces cheveux défaits et cette tragédienne déchaînée.

Elle se plaignit violemment de n'avoir pas un père ou un frère qui pût la faire respecter, et, ma foi! je finis par balbutier des excuses; car elle-même avait fini par fondre en larmes. Je n'ai jamais pu voir pleurer une femme, et ça m'ennuie même de savoir que j'ai causé du chagrin à un honnête homme.

Elle aussi, cette malheureuse Cornélie, prétendait que la femme doit être distinguée de l'artiste. Et cependant, avant que l'artiste ait ouvert la bouche, c'est la femme qui a déjà séduit ou repoussé le public; et tandis même qu'elle dit son rôle, c'est encore la femme que l'on voit derrière ou plutôt devant le personnage qu'elle représente.

Il en va de même pour les artistes hommes. Il en va de même (et je dis cela pour les consoler, pour qu'ils ne se croient pas dans le monde une honteuse et déplorable exception), il en va de même pour les orateurs, pour les conférenciers, pour tous ceux en un mot qui se présentent, en personne, devant le public, qui se livrent à lui tout entiers.

Est-ce qu'on ne louait pas Berryer de sa belle figure, de sa noble prestance, de son geste magnifique? S'en plaignait-il, disant que ce côté extérieur et plastique de sa personne ne relevait pas de la critique. Il savait parfaitement que le physique de l'orateur est un des éléments qui entrent dans la composition de son talent. N'a-t-on pas, en revanche, raillé M. Thiers sur l'exiguïté de sa taille, sur son visage de casse-noisette? Ces plaisanteries n'étaient pas toujours toutes d'un goût excellent. A la bonne heure! Mais il les acceptait, n'ignorant pas qu'en effet quelques pouces de plus à sa taille eussent ajouté à l'impression qu'il produisait, et qu'un visage expressif et superbe eût mieux prévenu en sa faveur que les exordes les plus insinuants.

Ai-je besoin de rappeler toutes les moqueries plus ou moins spirituelles dont on a poursuivi, à la Chambre ou au Sénat, messieurs... Voyons! qui vais-je prendre? Avouez que je n'aurais que l'embarras du choix. Mais je préfère ne nommer personne.

Et nous autres, conférenciers, est-ce que l'on nous épargne? Est-ce qu'on ne m'a pas cent fois blagué sur les défauts physiques que je déploie devant le verre d'eau traditionnel. M'en suis-je jamais mis en peine? Il faut toujours en revenir au mot célèbre de Chamfort :

Il est permis de ne pas monter sur les tréteaux; mais, quand on a tant fait que d'y paraître, on doit avoir pris son parti des pommes cuites. C'est une sottise, quand on en reçoit, d'en concevoir de l'indignation ou du chagrin.

Je ne cite pas exactement le passage, le rapportant de mémoire. Mais c'en est le sens précis.

Rien de plus juste, et je prierai MM. les comédiens de remarquer qu'ils ont, eux, des compensations que n'ont pas les histrions de la parole. Il ne suffit pas à un orateur d'être beau, harmonieux et noble pour conquérir un renom d'éloquence; il lui faut tirer de son fonds ce qu'il doit dire, et travailler vingt ans pour s'imposer au public. Un acteur se présente; la nature l'a doué de qualités extérieures tout à fait remarquables. Voilà faite la moitié de la besogne. Le lendemain du jour où il a paru sur la scène, c'est une pluie d'éloges sur sa tête; en un tour de main, il est célèbre, aimé, adulé. Il n'a plus, comme un Bressant, qu'à se laisser aller au courant de sympathie qui l'emporte doucement à la gloire.

Il est assez juste que la médaille ait son revers. Ce revers, c'est le chagrin, pour un comédien intelligent, mais doté d'un physique ingrat, d'entendre les réflexions désobligeantes que ce physique soulève autour de lui ; de voir ce physique se dresser entre la gloire et lui, jusqu'à ce qu'il en ait eu raison à force de talent ou par un coup de génie.

Si un acteur ne se plaint pas qu'on l'atteigne dans son honneur d'homme quand on s'écrie, parlant de lui : Ah ! qu'il est beau à la scène ! il doit accepter, de même qu'on dise après l'avoir vu : Fichtre ! en voilà un qui n'est pas beau à la rampe !

A la scène, à la rampe, je me sers à dessein de ces deux mots, parce que, nous autres critiques, nous n'entendons jamais parler de l'extérieur que déploie un artiste dans la vie réelle. C'est celui qu'il apporte au théâtre que nous avons à apprécier, et encore ne le jugeons-nous le plus souvent que par son plus ou moins d'accommodation à tel ou tel rôle.

Il y a en effet tel personnage où l'air niais du visage (puisque c'est de ce mot qu'est partie toute la discussion) serait une qualité et servirait de matière à un éloge. Ce personnage, il est bien connu au théâtre, c'est en effet celui du niais. On dit en argot dramatique : *jouer les niais*, comme on dit : *jouer les ganaches*. Offenserait-on Barré en faisant remarquer au public que, dans les *Femmes savantes*, il a le visage, les allures et la voix d'une ganache ? Cela l'empêcherait-il d'être dans la vie privée un honnête homme, un galant homme, un homme intelligent, un homme instruit ?

Si les comédiens n'acceptent pas la nécessité de ces dédoublements, il n'y a plus de critique possible. Je ne puis qu'engager ceux dont l'épiderme est si sensible à choisir une autre profession. Qu'ils vendent loyalement du sucre on ne parlera d'eux ni en bien ni en mal, et ils auront droit de se fâcher si l'on pratique envers eux le vieil adage : *Nasus displicuit tuus.* Artistes dramatiques, ils appartiennent entiers au public, tout entiers, sans réserve, et, pour prendre l'expression de Musset, du corps à l'âme et de la tête aux pieds.

9 mai 1881.

CABOTINS

Cabotins ! cabotinages ! voilà des mots que tout le monde emploie aujourd'hui, comme snob et snobisme, dont la fortune a été si rapide, sans que personne ait pris soin d'en préciser le sens. Qu'est-ce qu'un cabotin ? Si vous consultez l'Académie française et Littré, ils vous répondront l'une et l'autre que le cabotin est un mauvais comédien ; le mot n'avait pas, en effet, d'autre acception, il y a seulement un demi-siècle. Littré ajoute même : « familier et bas ». Nous avons marché depuis.

Comme le péché mignon du comédien, j'entends du comédien sans talent, est une vanité turbulente et un amour-propre criard, ces défauts qui font partie intégrante du cabotin sont entrés naturellement dans la signification du terme. On a appliqué l'épithète de cabotin à tout homme qui, dans quelque profession que ce soit, faisait, comme on dit, plus de bruit que de besogne, qui se mettait en avant avec une outrecuidance que ne justifiait point son mérite.

Le mot n'a pas tardé à s'emplir d'une idée nouvelle. On était serré autrefois dans les rangs d'une hiérarchie sociale nettement échelonnée, qui maintenait les ambitions exagérées et folles. On sentait au-dessus de soi et l'on acceptait avec résignation des supériorités sociales avec lesquelles il fallait composer, en attendant que l'on pût prendre leur place. On ne reconnaissait peut-être pas plus aisément qu'aujourd'hui qu'on pouvait être moins que son voisin. On prenait la file avec plus de patience ; et, puisque nous parlons de théâtre, on savait faire queue.

A mesure que se relâchaient, sous la poussée de la démocratie, les liens des antiques hiérarchies, le désir d'arriver plus vite, en bousculant tous les obstacles, de faire son trou, *per fas* et *nefas*, en jouant des coudes et des épaules, à travers la foule, s'exaspéra jusqu'à la fureur. L'esprit d'égalité, disait M. Maurice Talmeyr, dans une fine étude qu'il a faite des cabotins, est le grand ressort du cabotinage. Tout le monde égal à tout le monde et tout le monde valant tout le monde, c'est chacun appelé à tout convoiter, sans distinction de naissance, de fortune, d'intelligence, d'éducation. Chacun veut la première place, sans se demander s'il la mérite, la souhaitant même avec d'autant plus d'âpreté qu'il la mérite moins. La conquérir à force de travail et de talent, ce serait trop long, trop difficile. Comme on part de cette idée préconçue que n'importe qui est autant que n'importe qui, il n'y a plus d'égards à avoir pour personne, et on se lance dans la mêlée, tombant à bras raccourcis sur tous ceux qui barrent le passage, s'aidant des camarades avec qui l'on monte à l'assaut et que l'on piétinera ensuite, si l'on arrive avant eux. Le cabotinage, en ce sens, est le dernier mot de l'individualisme : c'est une des formes de ce culte du moi dont M. Maurice Barrès a été l'initiateur et dont il est à présent le grand prêtre.

Nous avons, je crois, fait le tour du mot : un cabotin, c'est donc un homme, plutôt médiocre en sa partie, quelle qu'elle soit, dévoré du désir de paraître, amoureux du bruit, plein de prétentions et dénué de scrupules, capable de tout pour arriver plus vite. Il y a donc des cabotins de tous métiers; il y en a dans la littérature, dans l'art, dans la science, dans la politique; qui sait même si l'anarchie est autre chose qu'un sinistre et monstrueux cabotinage?

C'est, de préférence, dans le monde des lettres que M. Édouard Pailleron a pris ses types de cabotins. Il nous les présente tous au premier acte. Nous sommes dans l'atelier de Pierre Cardevent... Oh! celui-là n'est pas un cabotin. C'est un artiste sérieux, tout entier à son travail et qui vise la gloire, mais qui attend, la main sur son ébauchoir, qu'elle vienne le trouver chez lui. Il a exposé une statue, qu'ont admirée les connaisseurs; mais il n'a fait aucune démarche ni près des journalistes, ni près des personnes influentes, ni près des femmes, maîtresses de salon en vogue et grandes faiseuses de renommée, pour obtenir une récompense. L'œuvre faite, il s'est remis à une autre besogne. Il est en train de retoucher le buste d'une jeune fille, qu'il a aperçue une fois arrêtée devant sa statue et dont le profil charmant lui est resté dans la mémoire. Je n'ai pas besoin de vous dire qu'il est pauvre, un usurier juif tourne autour de lui; ce vieux drôle a le matin appris que la statue de Cardevent aurait la grande médaille; Cardevent, qui vit loin des coteries, n'en sait rien encore. Il profite de cette ignorance pour la lui acheter trois mille francs. Le sculpteur, qui est aux abois, signe le contrat de vente sans le lire.

— Il n'a pas pensé, dit l'abominable Shylock, à réserver le droit de reproduction. C'est un vrai artiste!

A côté de Cardevent, dans son atelier flâne un vieux bohème, Grigneux, qui aurait peut-être eu du talent, s'il avait travaillé; mais il a passé sa jeunesse à faire des théories sur son art, au lieu de le pratiquer. Il s'avoue vaincu aujourd'hui, il est triste, sans être amer. Nous soupçonnons qu'un grand chagrin — un chagrin d'amour sans doute — est pour quelque chose dans cet affaissement physique et moral. C'est Got qui est chargé de ce rôle, qui ne se compose guère que de deux tirades. Dans l'une, ce vieux raté, faisant un retour sur ses illusions d'autrefois, conseille à Cardevent de ne point se perdre en rêves, de ne point s'évaporer en théories vaines, comme il a eu tort de le faire, et Got l'a dite avec un profond accent de mélancolie, où l'on sent traîner le regret de sa déchéance. Dans la seconde, Grigneux conte que, pour oublier une femme qui l'avait trompé, il s'est mis à boire ou à se morphiner, je ne me rappelle plus au juste, et que, dans la fumée de l'ivresse, elle lui apparaît, il la voit... Et Got, en effet, l'œil fixe, le visage extasié, semblait suivre dans le lointain une image absente. Le jeu de physionomie, le geste, la diction, tout était admirable.

Ni Grigneux ni Cardevent ne sont des cabotins. Patience! nous allons faire connaissance avec eux. Dans la maison où Cardevent a son atelier logent également des artistes, méridionaux comme lui; qui sont venus, comme lui, à Paris, afin d'y conquérir la fortune et la gloire. Aussi la maison s'appelle-t-elle « la boîte à l'ail », et ils ont fondé, sous le nom de la Tomate, une société d'admiration et d'aide mutuelle, qui rappelle la *Camaraderie* de Scribe. Tous ces jeunes gens comptent arriver par d'autres procédés que ceux qui ont pourtant réussi à leur ami Cardevent. Ces procédés-là sont lents, malaisés et peu sûrs.

Voici le peintre Caracel, qui s'est fait impressionniste et chef d'école; voici Larvejol qui écrit des romans à sensation; il vient de publier un roman naturaliste, dans le goût du jour, *Vierge et Nourrice*, où il en a mis de raides, de très raides. Ah! s'il avait la chance qu'on voulût bien le poursuivre! Mais non, le parquet a laissé passer son livre! Nous ne sommes pas gouvernés! Il vient de faire recevoir un drame en cinq actes qu'il a intitulé *Enceinte*, mais dont le titre, si le mysticisme en train de poindre devient décidément à la mode, se changera en celui de *Sainte*. Voici le jeune et beau Saint-Marin, le médecin des dames, qui fait sa réputation en tâtant le pouls des jolies mondaines; voici Brascommié, fils d'un père qui est de temps à autre ministre, et qui ne tardera pas à être nommé substitut; voici enfin le chef de la bande, Pégomas, un petit-neveu de Numa Roumestan, avocat et homme politique en herbe, doué d'une imperturbable confiance en soi et d'une faconde intarissable, hardi, entreprenant, très roublard au fond avec ses allures bon enfant, et que rien ne saurait détourner, pas même un amour de femme, du but où il tend :

— Les femmes! dit-il, j'aurai tout le temps de m'en occuper après, quand je serai arrivé.

Tout ce monde, turbulent et gai, fait invasion dans l'atelier de Cardevent, s'y installe et blague. C'est un feu roulant de mots drôles; comme ils n'ont pas à poser les uns devant les autres, ils parlent avec une terrible liberté, avec une aisance légèrement cynique de leurs projets, de leurs aspirations, des diverses façons de jeter la poudre aux yeux du bon public; il n'y en a pas une qu'ils ne connaissent. Un vieil artiste, membre de l'Institut, Hugon, les écoute; il les méprise au fond et sait que penser de tout ce verbiage; mais il a peur de leur langue; comme il se sent sur son déclin, il les flatte pour n'être pas traité de gâteux.

— Vous êtes lâche, lui dit Grigneux.
— Oui, lâche, répond-il, afin de n'être pas lâché.

Voilà que tout à coup, à travers la conversation, entre comme un coup de vent une jeune fille, la jeune fille au buste, Mlle Valentine. Elle ne précède que de quelques instants Mme de Laversée, dont elle est la pupille, et chez qui elle est lectrice, demoiselle de compagnie. Elle a voulu annoncer la première au sculpteur une heureuse nouvelle : il a la grande médaille, la médaille d'honneur.

Mme de Laversée arrive après elle, flanquée de son mari, et tous deux un peu piqués d'avoir été devancés. Mme de Laversée, elle, est une cabotine d'un autre genre. Elle devine, reçoit et protège les artistes. Elle tient salon, et c'est chez elle que toutes les jeunes célébrités se donnent rendez-vous et s'affirment. Saint-Marin est déjà en pied dans la maison ; il gouverne la santé de la dame ; il est même quelque chose de plus pour elle.

Son mari M. de Laversée (autre cabotin du monde) est le neveu du célèbre Laversée qui fut en son temps député, sénateur, directeur des beaux-arts, membre de l'Institut, ministre. Il vit sur la réputation de cet oncle. C'est un vieil imbécile, dont M. Leloir a traduit avec un art incomparable de composition la plaisante silhouette. Ce vieux fantoche écrit en plusieurs volumes sur Murillo une étude qui doit le mener à l'Institut ; et, quand on prononce devant lui le mot d'Institut, il porte d'un geste machinal de respect et d'orgueil sa main à ses cheveux qu'il arrange.

M. de Laversée est l'humble toutou de sa femme. Quand Laversée parle de son oncle et se rengorge, Mme de Laversée met en avant sa mère, une pastelliste de tant de talent ! elle le tient pour un pauvre homme.

Comme ce pauvre homme est riche, comme sa femme est intrigante, c'est sur eux que Pégomas a jeté son dévolu, c'est de leur maison qu'il entend se servir comme d'un tremplin pour se lancer à la fortune. Il se fait, grâce à Saint-Marin, agréer par le mari comme secrétaire ; une fois dans ce poste, il se charge du reste. C'est lui qui fera manœuvrer cette vieille bête au gré de son ambition.

Mme de Laversée, qui est à l'affût de toutes les gloires naissantes, accable Cardevent de compliments sur sa statue, à laquelle elle n'avait pas pris garde auparavant; elle l'invite à son prochain jeudi, et comme il allègue une fête que lui préparent ses amis de la Tomate, elle invite gracieusement toute la Tomate en même temps.

On accepte avec acclamation; une scène tendre repose de tout ce bruit. Cardevent attendait sa mère, une bonne paysanne, qu'il n'avait pas vue depuis plusieurs mois, et qu'il aime de tout son cœur. Elle lui trouve l'air préoccupé, un peu triste. Elle voit le buste que son fils est en train de modeler et trouve qu'il ressemble étrangement à cette jeune fille, qui est entrée tout à l'heure, sans dire gare, dans l'atelier, et qui vit dans cette compagnie bruyante et bizarre. Cette jeune personne ne lui dit rien de bon. Si son fils l'aimait! Ce n'est pas là une fille pour lui! Elle est inquiète et ne se déride que lorsqu'elle voit tous les amis de la Tomate, des palmes à la main, venir chanter à l'heureux triomphateur de l'exposition un couplet de circonstance sur la victoire qu'il a remportée.

Tout ce premier acte est plein de mouvement et de vie; les mots y crépitent comme en un feu de file; presque tous d'une jolie venue, d'une gaieté franche et jaillissante. Il n'y a pas encore d'action mise en train; mais nous ne nous en soucions guère. En ces sortes d'ouvrages, il suffit qu'un fil très léger (très conventionnel au besoin) relie les tableaux de mœurs, que l'auteur se propose sans doute de faire passer tour à tour sous nos yeux. Bien que le nombre des personnages qui nous ont été présentés soit considérable, nous avons sans peine démêlé, à travers le tohu-bohu des scènes épisodiques, que c'est Pégomas qui va prendre la direction de la pièce et que c'est Mme de Laversée qui, nous ne savons comment encore, en occupera toute une partie.

Ce premier acte va aux nues. Au second acte, nous sommes chez M. de Laversée. Nous le voyons qui écrit sous la dictée de Pégomas, son secrétaire, un discours que l'exubérant Méridional improvise avec de grands gestes. Pégomas a persuadé à son nouveau patron que le chemin le plus court et le plus sûr pour arriver à l'Institut était de passer par la Chambre et de se présenter aux élections. Laversée s'est laissé endoctriner ; il a posé sa candidature au Canigou, et Pégomas ira l'y préparer et l'y soutenir. Il a son plan, Pégomas, vous le verrez tout à l'heure.

En attendant, c'est le jour de la fête donnée à la Tomate, et nous comptons bien nous amuser, en voyant la façon dont tous ces jeunes fumistes vont s'y prendre pour exploiter à leur profit les faiblesses et les ridicules de cette cabotine qui ne songe qu'à les exploiter elle-même et qui va, nous le croyons du moins, les mettre en présence de nouveaux types de cabotines.

Nous sommes un peu déçus.

Voilà qu'à côté de la comédie annoncée, promise, M. Pailleron nous expose une ténébreuse histoire de mélodrame qui n'a pas avec elle le moindre rapport, et qui va couler parallèlement sans s'y mêler jamais. Je sais bien que c'est un procédé chez Sardou de faire sortir d'un tableau de mœurs une scène de drame, qui n'y est rattachée que par un lien de logique artificielle. Mais avec quelle adresse de mains la suture est faite ! Nous sentons bien vaguement que nous sommes pris pour dupes, que l'auteur « nous met dedans » mais impossible à nous de démêler à quel moment précis il nous attrape, ni même comment il s'y prend. Pour Scribe, le maître des maîtres, l'intrigue fait toujours corps avec l'idée de la pièce et ne saurait s'en détacher : Voyez la *Camaraderie*, voyez *Une Chaîne*.

Pailleron, qui ne possède pas l'habileté suprême de Scribe, n'a pas eu non plus cette fois l'adresse et le tour de main de Sardou. Il a écrit deux pièces d'un style disparate, qui sont si étrangères l'une à l'autre que l'on pourrait presque extraire tout entière la moitié, qui est de mélodrame, sans rien retrancher à l'intégrité de la comédie.

En quelques lignes voici le sujet de ce mélodrame.

Valentine (la jeune fille au buste) est une orpheline, née de père inconnu, qui a été léguée par son oncle à M. de Laversée. Mme de Laversée l'a élevée et s'en est fait honneur tant qu'elle n'a été qu'une gamine ; elle prenait plaisir à s'en aller au bois avec l'enfant, qui paradait joliment attifée dans sa voiture, et lui attirait des compliments sur la bonté de son cœur. Mais l'enfant est devenue une jeune fille, très belle, et d'allures très délibérées. A elle vont tous les hommages, et Mme de Laversée en enrage tout bas. Elle est la maîtresse de Saint-Marin, qu'elle aime furieusement. Comment cette passion farouche a-t-elle pu germer et croître dans le cœur de cette frivole cabotine, pourrie de vanité et de chic ? M. Pailleron ne nous le dit pas. Saint-Marin, qui se croit irrésistible, fait la cour à l'orpheline ; il se laisse surprendre à ses pieds. Mme de Laversée, qui est horriblement jalouse, la chasse. Toutes ces scènes et d'autres encore sur lesquelles je passe sont traitées avec une violence tragique. Le malheur est qu'elles n'intéressent personne. Les amours de Mme de Laversée me laissent froid ; je ne comprends pas grand'chose aux imprudences de Saint-Marin, qui me semble être plus fat et plus bête que de raison ; comme l'auteur ne me révèle qu'au troisième acte l'histoire de Valentine, comme jusque-là je la connais mal, et qu'après je ne la connais guère davantage, tout ce qui lui arrive m'est indifférent ; toute cette partie de drame m'agace. Et c'est, par malechance, la seule où les femmes aient un rôle. Dans la comédie, rien que des hommes ; cabotins sur cabotins ! dans la moitié mélodramatique, les deux femmes de la pièce, Mᵐᵉ Brandès et Mˡˡᵉ Marsy. Pauvre Brandès ! elle n'a pas de veine, décidément ! Son rôle est horriblement antipathique et tout ce qu'on peut dire de mieux à son avantage, c'est que personne à Paris ne l'eût joué avec plus d'intelligence et de sûreté. Mˡˡᵉ Marsy, qui a pour qualité première l'éclat triomphant du visage, la superbe exubérance du geste et de la voix, a été obligée, pour se conformer aux indications du personnage, de carguer les voiles et de modérer son jeu. Elle a de la fierté et de l'émotion, mais tout cela dans une teinte volontairement grise et triste. Cette création fait honneur à la souplesse de son talent ; mais, que voulez-vous ? ce n'est plus notre Marsy.

Permettez-moi de ne pas m'attarder davantage sur ce côté de la pièce nouvelle. On s'est plu à en montrer le faux ; il est, en effet, des plus discutables. Mais dans une œuvre où il y a tant de scènes amusantes et toute une partie d'un comique irrésistible, pourquoi s'acharner sur ce qui est mal venu ? Rien ne serait plus facile que d'abréger quelques-unes de ces scènes qui font longueur. Peut-être l'a-t-on fait déjà sans en rien dire.

La soirée que donne Mᵐᵉ de Laversée dans le second acte est pleine de mouvement et de bruit joyeux. On a fait venir Cadet pour dire un de ses monologues ; et c'est Cadet qui joue le rôle de Cadet. Il nous a paru moins plaisant quand il s'imite et se charge que lorsqu'il joue pour son propre compte. Mais il faut reconnaître aussi que le monologue qu'il débite n'est pas des mieux venus. Quelques amusantes silhouettes d'hommes et de femmes du monde, tous plus ou moins cabotins, traversent le salon ; c'est la baronne Lunato, qui se sert de l'album comme d'une amorce pour attirer les jeunes gens célèbres qui lui plaisent ; M{{lle}} Ludwig lui prête la malice de son sourire. C'est M. Lovel, un député très parisien, qui a deviné Pégomas et qui l'aide discrètement, car il sent une force chez cet enragé Méridional.

Pégomas, c'est Féraudy. Le rôle avait été écrit pour Coquelin. Je ne sais ce que Coquelin y aurait pu être. Le rôle n'a rien perdu à passer aux mains de Féraudy ; au contraire, je crois. Féraudy est tout ensemble fin et turbulent. Pégomas dit quelque part que, si on le touchait, des étincelles lui jailliraient du corps ; on les sent qui pétillent dans le jeu de Féraudy : il s'agite, il parle, il met au plein vent sa personnalité hardie et tapageuse, plein de sang-froid par dessous, sachant ce qu'il fait et où il va. C'est lui qui, à vrai dire, est toute la pièce.

Ah ! la scène par où il ouvre le troisième acte, quelle merveille ! Nous sommes dans l'atelier de Cardevent. Il vient d'achever la statue de M. de Laversée oncle. Ça, c'est une idée de Pégomas. Il a imaginé d'organiser une souscription pour élever une statue à M. de Laversée ; on l'inaugurera au Canigou, sa ville natale, où M. de Laversée neveu se présente à la députation. Cardevent a été chargé de faire la statue en pied, et une commission a été nommée pour l'examiner et la recevoir. Cette commission arrive et M. de Laversée en est ; il tremble à l'idée du discours qu'il aura à faire, le jour de l'inauguration.

Un discours ! qu'y a-t-il de plus facile ! s'écrie Pégomas. Et le voilà qui, avec une verve endiablée, un prodigieux bagout, fait le discours lui-même, se laisse emporter à la parole, prodigue les grands mots et les grands gestes, fond en larmes au souvenir de l'illustre et regretté Laversée, et, comme Lovel dit à demi-voix d'un air sarcastique :

— C'est qu'il croit maintenant que c'est arrivé !

— Moi, dit Pégomas, s'arrêtant et d'un ton froid, j'irais comme ça deux heures de suite.

Et il reprend, et il roule tout le monde dans un torrent d'éloquence méridionale, et c'est dans la salle un fou rire dont vous n'avez pas idée. La scène est impayable.

Passons sur le reste de l'acte ; c'est du mélodrame, et du mélodrame verbeux.

Le quatrième acte est admirable d'entrain et de gaieté. Car c'est Pégomas qui l'échauffe de sa verve toujours en mouvement. Nous sommes au Canigou, un jour de grande fête ; on inaugure la statue ; les élections ont lieu le lendemain, et, pour comble de chance, on juge aux assises un criminel dont Brascommié demande la tête ; s'il l'obtient, il passera avocat général et recrutera des voix pour Pégomas. Car, Pégomas, qui a manœuvré avec une merveilleuse adresse, a substitué au dernier moment sa candidature à celle de ce pauvre Laversée, qui aura fait tous les frais de l'élection et restera sur le carreau.

Pas content, Laversée ! et quand il entre, droit, raide, digne et furieux, on voit bien qu'il vient d'apprendre le coup de Jarnac dont il est victime et qu'il va en demander raison à ce traître de Pégomas. Pégomas ne s'en embarrasse guère.

— Attendez ! dit-il à Lovel, attendez que je le retourne ; il va m'embrasser tout à l'heure.

La scène est exquise et d'un comique achevé. C'est de beaucoup la meilleure de l'ouvrage et, à mon avis, une des meilleures du théâtre contemporain, et Féraudy la joue ! Il faut le voir écouter les récriminations de M. de Laversée ; comme on sent l'homme injustement accusé, qui est sûr de confondre et de ramener son adversaire.

— Ingrat ! s'écrie-t-il d'un ton de reproche navré.

Et sur ce mot la scène, qui est faite avec une merveilleuse adresse, revire, et c'est Pégomas qui reprend l'offensive. Il étourdit ce malheureux Laversée, à qui il promet l'Institut; car l'Institut, il l'a dans sa poche, lui, Pégomas; et comment ne pas le croire? Il parle avec tant de conviction et de chaleur. C'est Laversée, qui, confus et repentant, lui offre la main, que Pégomas refuse d'abord d'un air de bouderie offensée; mais sa générosité naturelle l'emporte; il tombe dans les bras de Laversée; il le serre en pleurant sur sa poitrine.

— Eh! bien, vous le voyez, dit-il à Lovel, ça y est.

En quelques minutes, l'auteur ensuite nous donne le dénouement de son insupportable mélodrame. Il se trouve que Valentine est la fille de Grigneux et elle épouse le sculpteur Cardevent, avec la permission de la vieille paysanne, Mme Cardevent mère. C'est tout ça qui nous est égal, par exemple!

Ah! voilà Pégomas qui revient! il a sur son habit la croix, qui avait été promise au maire du Canigou, un homme solennel, — oh! que Dupont-Vernon lui a donné une bonne tête! — qui a été roulé, comme tous les autres, par le terrible Pégomas. Il est suivi des fanfares du pays qui font rage; tout un peuple l'acclame, et lui, qui n'est jamais à bout de salive, boutonnant son habit d'un geste dramatique, il repart de plus belle pour son nouveau discours. Le rideau tombe sur son apothéose.

J'ai parlé, chemin faisant, de la plupart des artistes. Si je n'ai rien dit de Worms qui joue Cardevent, cet oubli est une critique de la pièce bien plus que de l'acteur. Cardevent est le héros de la pièce; il la traverse d'un bout à l'autre, et son rôle est si inutile à une comédie qui a pour titre les *Cabotins*, que j'ai à peine eu l'occasion d'en parler : c'est une remarque à faire : les quatre personnages principaux, Got, Worms, Mlle Marsy et Mlle Brandès, touchent au monde que l'auteur a prétendu peindre et n'en relèvent pas. Il n'en faut pas moins rendre justice à Worms. Il a été plein de tendresse et de chaleur ; il a eu même avec sa mère une peinture de son amour qu'il a faite d'une voix si profondément désespérée que le public de la première lui a coupé la tirade par de longs applaudissements, sans en attendre la fin.

C'est Le Bargy qui fait Saint-Marin. Je ne sais s'il n'a pas donné à son médecin une fatuité trop sèche et trop raide. Il me semble que les médecins de dames sont plus onctueux et plus insinuants. Peut-être est-ce l'auteur qui a voulu que le personnage fût ainsi ; et j'ai en effet remarqué, à la seconde fois que j'ai vu l'ouvrage, certains mots qui semblent indiquer que tel est le caractère du rôle. Il n'est pas commode, le rôle, et Le Bargy l'a joué en comédien très sûr.

Laugier est excellent dans celui du vieil Hugon ; Georges Berr et Truffier sont d'amusants bohèmes ; je n'ai pas assez dit combien Leloir était charmant. Il a fait de cet imbécile de Laversée une caricature inoubliable. Je ne puis citer tant de noms ; je me reprocherais pourtant d'oublier, et Mlle Bertiny, qui dit si gentiment à Cardevent : « Vous êtes un mufle ! » et Mlle Lynnès, la femme de chambre de Mme de Laversée, qui surprend Saint-Marin en flagrant délit de flirt avec Valentine, et qui fait d'une voix si piquante ses réflexions sur cet incident.

Je veux mettre à part Mme Pauline Granger qui joue Mme Cardevent avec beaucoup de simplicité et d'émotion. Son entrée en scène au premier acte est délicieuse.

19 février 1894.

HENRY BECQUE

LES CORBEAUX

La comédie de Becque, *les Corbeaux*, était déjà célèbre avant que le rideau se fût levé sur la première représentation. Il avait couru tant de légendes sur les refus successifs qu'elle avait subis chez tous les directeurs ; sur les discussions qui s'étaient élevées entre l'auteur et ses interprètes au cours des répétitions ; sur les fureurs de M. Perrin et ses désespoirs ; sur l'obstination de Becque à ne pas concéder le moindre changement, fût-ce un changement de virgule ; sur les hardiesses de l'action, et la brutalité du dialogue, et, en dernier lieu, sur les révoltes du public d'amis à la répétition générale, que la curiosité était vivement excitée jeudi soir, et qu'on sentait courir de l'orchestre aux loges ce frisson d'émotion qui présage au théâtre les batailles disputées.

J'avais, pour moi, refusé d'assister à la répétition générale, tenant à conserver toutes fraîches les impressions de la première représentation, à sentir comme le grand public et avec lui.

Je ne savais donc rien de la pièce que ce qu'il m'avait été impossible de n'en pas apprendre par les échos des conversations parisiennes.

Le premier acte est charmant.

Le rideau se lève sur un appartement bourgeois. Là, vit tout une aimable famille : le père, M. Vigneron, un brave homme, qui n'a pas une grande fortune personnelle, mais qui gagne beaucoup d'argent à diriger une usine, et va largement, sans trop compter ; la mère, une excellente femme, ménagère des anciens jours, qui adore son mari et ses enfants. Ces enfants sont au nombre de quatre : l'aînée Judith, qui a des goûts quelque peu artistes, a poussé fort loin ses études de piano et se pique même de composition ; la seconde, Marie, une fille sensée et douce, qui remplacerait sa mère au besoin ; la cadette, Blanche, un oiseau, une fleur ; puis un garçon, qui joue au gommeux et fait des dettes, gentil tout de même, qui a des défauts plutôt que des vices.

Toute cette famille vit unie et très heureuse. On va justement signer le jour même le contrat de la cadette, qui se marie la première, et ses sœurs, qui ont le cœur bon, sont ravies de la voir passer devant elles.

On cause du dîner à offrir. Le père, qui est un peu fatigué, demande à Judith de lui jouer un peu de musique, et, comme elle lui propose des morceaux de grands opéras :

— Non, un air de la *Dame Blanche*, demande-t-il.

Judith prend un petit air de dédain ; mais Marie intervient :

— Cela lui fera plaisir.

La musicienne se décide ; le père dodeline de la tête, et accompagne de la voix ; peu à peu les filles et la femme, gagnées à l'exemple, se mettent de la partie ; le fils, qui, sur ces entrefaites, a ouvert la porte, entre à pas étouffés, s'empare de la pelle et des pincettes et bat la mesure. C'est un tableau de famille d'une bonhomie souriante.

Tout l'acte est ainsi plein de détails qui peignent. Il y en a même un délicieux. Mme Vigneron a remarqué que sa fille Blanche était peut-être avec son fiancé un peu plus familière qu'il ne convient. Elle la prend à part, et tout bas, avec une tendresse relevée d'une pointe de dignité, elle lui recommande de ne pas trop s'égarer dans les petits coins avec un homme dont elle n'est pas encore la femme. Elle termine son petit discours, qui n'a que cinq lignes, mais qui est un petit chef-d'œuvre de délicatesse, par un baiser au front.

— C'est dit, n'est-ce pas, une fois pour toutes, et va t'habiller.

Elle a raison de s'inquiéter, cette mère prudente. Car, à la scène qui suit, nous voyons Blanche, au moment où son fiancé va lui prendre la main, passer devant lui et dire rapidement à voix basse : Prenez garde ! maman m'a grondée aujourd'hui.

Il y a donc quelque chose. Nous n'osons pas deviner la vérité. Car comment une faute aurait-elle pu être commise dans cet intérieur si réglé ; la jeune fille a autour d'elle sa mère, deux sœurs, une vieille bonne ! Ce serait miracle qu'elle eût pu tromper un instant toutes ces surveillances.

Le miracle, hélas ! a pourtant eu lieu. On ne nous dira jamais comment. Mais nous n'aurons pas l'indiscrétion de le demander. Nous savons qu'au théâtre (c'est une théorie que j'ai vingt fois exposée) il faut toujours accepter les faits qui constituent la donnée et qui, par conséquent, ont précédé la pièce.

Au moment où le notaire arrive portant le contrat que l'on va signer, un domestique entre, effaré : M. Vigneron vient d'être frappé d'une attaque d'apoplexie ; il est mort.

Le rideau tombe ; ce premier acte n'est qu'un prologue.

Un prologue excellent : en quelques traits, précis et pittoresques, nous avons appris à connaître tous les personnages que le drame futur mettra en mouvement ; nous nous sommes intéressés à tous les membres de cette famille, si brusquement privée de son chef. Nous avons eu la sensation de la vie réelle s'agitant sur les planches d'un théâtre.

Quand la toile se relève sur le même décor, les quatre femmes, vêtues de noir, nous indiquent assez que la maison est en deuil. Ce deuil, hélas ! elles ne le quitteront pas jusqu'au dernier mot de la pièce, et quatre femmes toujours en noir, glissant sur un fond d'action sombre, rien que d'y penser, cela fait passer un frisson dans le dos.

Cette famille est restée seule. M. Vigneron est mort au milieu d'entreprises commerciales, qu'il eût menées à bien s'il avait vécu, mais dont aucune de ces quatre femmes ne saurait poursuivre l'exécution. Il y a bien le fils ; mais le fils est un jeune nigaud, qui, se sentant à charge à la famille, a pris le parti de s'engager. Mme Vigneron demeure donc isolée, sans conseil, sans appui, n'entendant rien aux affaires, et se croyant une grande fortune, parce que son mari dépensait beaucoup d'argent.

Le notaire arrive et lui dit brutalement :

— Tout liquidé et payé, c'est à peine s'il restera cinquante mille francs.

— De rente ? demande ingénument la femme.

— De capital, répond le notaire.

Le notaire est le premier des corbeaux qu'a voulu peindre Becque. Car il appelle de ce nom tous les oiseaux de proie qui s'abattent sur une succession que les héritiers ne peuvent défendre, qui la dépècent et en emportent chacun un morceau.

M. Bourdon, notaire, est l'âme damnée de M. Teissier,

qui était l'associé de feu Vigneron pour l'exploitation de l'usine. M. Teissier veut s'emparer de l'usine sans bourse délier et mettre en même temps la main sur des terrains que Vigneron a achetés, qui prendront plus tard une grande valeur, mais que la veuve cédera pour rien, pressée par des besoins d'argent.

Tout ce second acte est donc rempli de discussions d'intérêt où cette pauvre Mme Vigneron n'entend rien. Elle sent bien qu'on la trompe; mais elle ne sait pas le code, elle est ignorante des affaires. Elle consulte ses filles; Marie est la seule qui ait un peu de sens pratique, et qui essaye de discuter avec les gens de loi et avec M. Teissier. On lui prouve aisément qu'elle a tort. Toutes quatre se demandent ce qu'il y a à faire, et elles tournent sans cesse dans un même cercle, sans en pouvoir sortir.

Je n'hésite pas à dire que quelques-unes de ces scènes sont touchées de main de maître. Cette consultation des quatre femmes est admirable de vérité, sobre et puissante. Il y a même un moment où Becque touche à la haute comédie, à la comédie de Molière.

Le notaire a déclaré qu'il faudrait vendre l'usine, et il a montré à Marie l'article du code qui autorise M. Teissier à ne pas rester dans « l'indivision ». Mme Vigneron sent d'instinct que vendre l'usine, c'est se mettre sur la paille :

— Moi vivante, s'écrie-t-elle, on ne vendra pas l'usine !

— Mais, lui objecte doucement Marie, puisque le code...

— Moi vivante, répète-t-elle, on ne vendra pas l'usine...

— Cependant, ma mère, si la loi...

— Moi vivante, on ne vendra pas l'usine !

C'est là de la bonne, de l'excellente vérité d'observation.

Mais à côté, que de choses fausses et poussées au noir. Car Becque a un génie morose, qui le porte à ne voir que les laideurs morales, et à les exagérer encore !

Son Teissier est un être abominable, ignoble ; d'une avarice, d'une dureté, d'une insolence invraisemblables. Passe encore pour celui-là. Il y a dans la nature des serpents comme il y a des porcs. Je consens qu'on les mette à la scène. Je n'ai pour ma part jamais vu de Teissier. Mais, qu'on n'en puisse voir, je n'en mettrais rien en gage.

C'est son notaire qui me tracasse.

Il peut se faire qu'il y ait dans le notariat parisien d'aussi vilaines canailles que l'est maître Bourdon. Mais ces notaires-là sont au moins polis, légèrement hypocrites : ils ne mettent pas autour de leur chapeau, en guise d'enseigne : « Je suis une affreuse canaille. Défiez-vous de moi. » Ce Bourdon, tel que l'auteur nous le peint, est plus laid que nature. Je ne lui reprocherais pas d'être ignoble ; je ne puis souffrir qu'il le soit ouvertement, brutalement, cyniquement. Non, cela n'est pas vrai.

Je suis très coulant sur la vérité quand il s'agit « des faits », cette matière vile du drame.

Ainsi, il est bien certain qu'aucun des événements que Becque a mis en scène n'a pu se passer comme il l'a dit, puisqu'il y a dans la famille un mineur, et que la loi a entouré d'une foule de protections les intérêts des mineurs. Mme Vigneron n'aurait qualité pour consentir à rien de ce qu'on lui demande, car il faudrait réunir un conseil de famille, qui nommerait un tuteur à Marie, et c'est celui-ci qui prendrait en main les intérêts de la mineure.

Mais jamais — entendez-vous ? jamais — je ne chicane sur la vérité des faits. On ne pourrait pas, dans une pièce (à moins que la discussion de la loi ne fût, comme dans telle comédie d'Alexandre Dumas, le sujet même du drame), mettre en scène un conseil de famille, attendre qu'il fût nommé, entrer dans le détail des discussions légales. On suppose, par une convention qui simplifie les choses, la femme seule en présence du notaire, comme il suffit encore, dans notre théâtre contemporain, d'une signature mise au bas d'un contrat de mariage pour que le mariage soit considéré comme fait.

Je demande l'usage le plus large de la convention pour les événements.

Il faut, en revanche, que les passions soient vraies, et vrais les caractères.

Eh! bien, le notaire ne me paraît pas vrai. Un vrai notaire peut être un corbeau; mais il ne pousse pas de ces croassements en déchiquetant les lambeaux de la chair du misérable.

Admettons que je me trompe sur ce point; il en est un autre où je suis sûr de mon affaire.

Mlle Judith a songé à gagner sa vie en utilisant son talent de musicienne. Elle a donc prié son ancien maître de piano de venir et lui demande conseil sur la possibilité de trouver des leçons ou de tirer parti de ses compositions. Notez que ce professeur lui a donné longtemps des leçons, qu'il était reçu affectueusement dans cet intérieur si patriarcal et qu'il y déjeunait presque tous les jours. Coquelin cadet en fait le plus mal élevé des rapins; ça, c'est l'affaire de Coquelin, qui croit toujours dire un monologue. Passons. Mais comment l'artiste de M. Becque répond-il à ces ouvertures?

Cette scène-là, je l'ai jouée cinquante fois dans ma vie, et il ne se passe pas deux mois sans que je ne trouve occasion de la jouer encore. Ce ne sont pourtant que des inconnues qui viennent à moi, et dans le nombre, quelques-unes qui ont bien l'air d'avoir jeté leur bonnet par-dessus les moulins. Est-ce une raison pour être impoli et brutalement railleur comme cet animal de Merckens ?

— A cette jeune fille qui lui demande, tremblante et les larmes aux yeux, si elle ne pourrait pas tirer quelque produit de ses compositions musicales, qu'il admirait autrefois :

— Oh ! ne dites pas ça, répond-il avec un ricanement de malappris, ça ferait rire les cinq parties du monde.

Notez que tout ce qu'il dit, nous le disons, en semblable occurrence, mais avec combien de ménagements de paroles, avec quels airs d'intérêt et de compassion, avec quels encouragements même s'il y a lieu.

Ce Becque a la main dure ; il croit faire plus vrai en étant plus âpre et plus cynique. Mais non, dans le monde où nous vivons, les vilains sentiments se dérobent sous une phraséologie aimable ; les actions les plus lâches se parent de beaux semblants de délicatesse.

Je ne dirai pas à Becque qu'il n'y a pas au monde que de malhonnêtes gens, et qu'il a altéré la vérité en ne mettant pas près de sa famille abandonnée au moins un brave cœur. Non, mais je me plaindrai que ses corbeaux soient trop noirs, qu'ils aient le cri trop lugubre ; qu'ils soient plus corbeaux que les vrais corbeaux.

A travers ces discussions d'intérêt, dont les premières sont poignantes, mais dont l'effet s'use par la répétition, filtre discrètement le petit roman d'amour que nous a d'un mot indiqué le premier acte.

Blanche, l'aimable fille, ne saurait croire que la perte de sa fortune puisse amener aucun changement dans l'esprit de son fiancé. Elle lui a appartenu ; elle est à lui ; c'est un honnête homme. Il n'a pas le droit de l'abandonner. L'idée de ce dénouement ne lui vient même pas.

Marie, qui est la tête la mieux équilibrée de la famille

la prend à part et lui fait doucement entendre que peut-être serait-il plus digne de rendre une parole qu'on lui redemandera.

— Mais je suis sa femme! s'écrie Blanche, entends-tu? Je suis sa femme!

Marie ne comprend pas. Et l'étonnement même qu'elle témoigne est un coup de poignard pour Blanche, qui se jette dans ses bras et pleure. Encore une scène exquise.

La mère du jeune homme, Mme de Saint-Genis, est une femme positive qui ne laissait son fils faire ce mariage qu'à cause de la dot; la dot a disparu, plus de mariage. Son fils lui avoue la vérité. Elle n'est pas pour arrêter cette femme du monde, qui veut avoir une explication avec Blanche.

Une scène bien cruelle, n'est-ce pas? Et d'autant plus cruelle qu'elle est inutile. Car Mme de Saint-Genis n'aurait qu'à retirer sa parole par une lettre, froidement polie, adressée à Mme Vigneron, alléguant l'inexécution du contrat qu'on allait signer. L'excuse ne serait pas héroïque; mais enfin elle serait admissible, et elle eût été admise.

Elle aime mieux voir elle-même cette jeune fille, à qui elle n'a que des choses abominables à dire, et elle les dit brutalement, s'armant de la faute qu'a commise son fils pour frapper sur cette enfant.

Oh! dame! le public s'est fâché tout rouge. Mlle Lloyd a perdu la tête; elle a barbouillé son rôle; elle avait à dire en quittant Blanche : Vous n'êtes qu'une fille perdue! la réplique n'a pas été jetée.

Et cette réplique était pourtant bien nécessaire. Car c'est sur ce mot de « *fille* perdue! » que Blanche, égarée, est frappée d'un coup de folie.

Une autre actrice se serait troublée. Mais Mlle Reichemberg... Ah! quelle admirable comédienne! elle s'est dirigée en chancelant, la tête perdue, vers la sonnette, a tiré machinalement le cordon, et, tremblante, affolée, est venue tomber sur une chaise. Sa sœur accourt, et aussi sa vieille bonne.

— Qu'as-tu ? Ah ! mon Dieu ! tu as froid.

— Oui, j'ai froid, répond-elle avec la voix d'une enfant frileuse.

Et elle répète, comme si elle n'avait pas conscience des mots qui lui échappent :

— Fille perdue ! je suis une fille perdue !

Tout cela, sans gestes, sans cris, avec une discrétion et une sûreté de jeu incomparables. Elle se laisse aller sur les bras qui la soutiennent, et, tandis qu'on l'emporte, le public n'aperçoit que sa tête qui pend, toute pâle, avec ses cheveux dénoués.

Il y a eu dans tous les esprits comme un soudain revirement. On sifflait tout à l'heure, on a furieusement applaudi. Mlle Reichemberg avait sauvé la pièce.

Nous touchons au dénouement.

La toile se lève au quatrième acte sur une petite chambre mesquinement meublée; la famille a descendu les échelons de la misère. Les quatre femmes en deuil, — l'une d'elles, inconsciente et folle, — s'assoient silencieusement devant un maigre déjeuner qu'elles expédient en pleurant : cette mise en scène eût été fort goûtée, si déjà nous n'étions blasés sur les spectacles de la douleur.

Que faire ? que devenir ?

Je vous ai parlé de M. Teissier, un vieux et ignoble coquin, celui-là même qui a ruiné toute cette famille, et qui, dans le cours de ces trois actes, a joint à une effroyable rapacité un écœurant cynisme de langage. Ce Shylock bourgeois a remarqué Marie; il lui a reconnu des qualités : c'est une fille sensée, entendue, qui tiendrait bien un ménage; et, ma foi, il lui a, au troisième acte, offert d'être la gouvernante de sa maison. La gouvernante, vous m'entendez bien, lui promettant de l'épouser après, si elle se montre digne de cette faveur. Le vilain homme!

Marie, dont l'innocence n'avait tout à l'heure rien compris à l'aveu de sa sœur, est, à ce qu'il paraît, devenue plus instruite; car elle a fort bien saisi les intentions du vieux roquentin, et du doigt, lui a montré la porte. Pourquoi le frère n'était-il pas là?

Teissier est parti; mais vous savez ce qu'est un désir de vieillard; il a pris son parti; il épousera.

Le notaire est chargé de porter cette proposition à Marie. Il le fait avec une révoltante brutalité. Il va jusqu'à dire : « Épousez-le et arrangez-vous pour en hériter vite. » Ce ne sont pas les termes mêmes; c'est le sens de la phrase.

Étonnez-vous si le public a senti un haut-le-cœur.

Marie voit le désastre de toute la famille : sa mère mourant de faim; une de ses sœurs folle; l'autre près de se jeter dans les aventures. Elle se résigne, elle dit oui; et la pièce se termine sur deux baisers que Teissier lui applique sur l'une et l'autre joue.

— Dans trois semaines, vous serez madame Teissier, lui dit-il.

Et le rideau tombe.

Un grand froid a saisi tous les cœurs.

Telle est cette pièce étrange, d'un talent incontestable, mais toute pleine de trous, écrite d'un style sobre, nerveux et morose, dans laquelle se détachent quelques scènes d'une vérité exquise ou puissante, mais qui en son ensemble est noire et sombre, et ne s'illumine nulle part ni d'un rayon de joie, ni d'un mot éclatant. C'est la philosophie de Schopenhauer et la touche de Ribeira. Il est impossible de ne pas rendre justice à ce goût d'observation juste, à cette vaillance d'exécution, à cette propriété de langue, à ce mépris des préjugés bourgeois et des succès faciles; mais si le public se plaît à cette œuvre, et s'il y court, je serai bien étonné, plus ravi encore.

18 septembre 1832.

LA PARISIENNE

I

C'est une singulière histoire que celle de la *Parisienne*, que M. H. Becque vient de faire jouer à la Renaissance.

Le public de la première représentation, qui est très au courant des commérages de théâtre, savait que l'œuvre avait été présentée successivement à plusieurs directeurs (notamment à M. Perrin) qui, tout en reconnaissant le talent qu'y avait déployé l'auteur, s'étaient récusés, trouvant que la pièce, outre qu'elle n'était pas coulée dans le moule ordinaire, était pleine de détails scabreux; qu'elle était trop raide, pour me servir de l'expression à la mode. Le public n'ignorait pas, d'ailleurs, le goût de M. Becque pour les violences brutales et cyniques de situations et de langage. Becque s'est fait sur le pavé de Paris une réputation d'audacieux, et d'audacieux intransigeant. Tout le monde a pour ce misanthrope, singulièrement hérissé, mais plein de talent, une estime très vive qui va jusqu'à la sympathie.

On était donc venu au théâtre de la Renaissance avec cette idée bien arrêtée qu'on allait entendre quelque chose de très raide et nous avions tous pris notre parti d'avance de n'en être ni offusqués ni même étonnés.

Il semblait qu'il y eût comme une gageure entre l'auteur et le public de la première représentation; l'un lui disant :

— Ah ! je te vais servir quelque chose à quoi tu ne t'attends pas !

Et l'autre répondant :

— Servez, je m'attends à tout !

— Tu sais ! tu veux, toi public, qu'il y ait une action, un drame, quelque chose enfin à quoi tu puisses t'intéresser; eh ! bien, il n'y aura rien, mais rien de rien !

— Il n'y aura rien ? Ça m'est égal.

— Oui, mais tu tiens à des caractères, tu as la mauvaise habitude de demander au théâtre qui sont les gens qu'on te présente, d'où ils viennent, à quel monde ils appartiennent. Tu ne sauras rien de tout cela; je te donnerai une pièce en trois actes où il n'y aura que trois personnages : le mari, la femme et l'amant; le mari idéal, la femme idéale, l'amant idéal. Te voilà un peu attrapé.

— Moi, pas du tout; tu me donnerais une pièce où il n'y aurait ni mari, ni femme, ni amant, ni rien, je l'écouterais encore parce que c'est toi !

— Oui, mais tu as de certains scrupules, tu n'aimes pas qu'on piétine les convenances, je te connais; avoue que tu n'aimes pas qu'on les piétine. Eh ! bien, je vais les piétiner exprès pour te faire enrager.

— Piétine-les, mon ami; du moment qu'elles seront piétinées par toi, je ne les plaindrai pas, elles seront trop heureuses.

— Et je te dis, moi, que je t'épaterai !

— Va, mon bonhomme, tu ne m'épateras pas !

Telles étaient les positions respectives des deux antagonistes, je veux dire de l'auteur et du public, quand le rideau se leva sur le premier acte.

Le public s'était armé de philosophie et de courage ; il s'était promis de faire abstraction pour un moment de tous ses préjugés, vrais ou faux. Il avait dit à M. Becque : Je te passerai tout, tu peux oser tout.

Et, pour le dire en passant, cette disposition des esprits est à elle seule un hommage curieux rendu à la force de volonté, à l'unité de caractère, à l'éclat de talent de M. Becque. Ceux-là sont rares qui ont dompté, même pour un jour, le monstre aux mille têtes, qui lui ont dit : Je te cravacherai ! sans que le monstre ait pensé en lui-même qu'il allait ne faire qu'une bouchée de la cravache.

La première scène est charmante. Une vraie scène de théâtre. Une femme entre, rapide, effarée, court à son buvard, où elle cache précipitamment une lettre, et de là à un chiffonnier, dont elle ouvre l'un des tiroirs qu'elle referme aussitôt d'un tour de chef. Elle a encore la clef à la main, quand un monsieur se précipite et, haletant :

— Madame, vous venez de cacher là une lettre ; ouvrez ce tiroir ou donnez-moi cette clef !

La discussion s'engage, hautaine et ironique de la part de la femme, furieuse du côté de l'homme. Et toujours revient la phrase :

— Donnez-moi cette clef !

La femme jette la clef à terre et comme l'autre va pour la ramasser :

— Faites bien attention, lui dit-elle ; si vous ouvrez ce tiroir, je ne vous revois de ma vie.

Le voilà qui hésite, et le débat reprend ; le ton se haussant à chaque réplique, si bien qu'à un moment la femme remonte la scène, l'air inquiet, et lui dit à demi-voix :

— Prenez garde : voilà mon mari !

Le coup de théâtre est imprévu et charmant. Toute la salle a applaudi avec transport.

— Eh ! que nous avait-on dit que ce ne serait pas une pièce ! Mais voilà de la comédie, et de l'excellente comédie.

Le mari entre. Il faut bien le dire à M. Becque, son mari, c'est l'éternelle ganache de tous les vaudevilles qui ont exploité cette donnée du mari, de la femme et de l'amant. Il ne se distingue des autres que par un plus invraisemblable degré de bêtise. C'est un pur idiot. Il y en a comme cela, la chose est évidente, mais ce mari-là n'est pas plus le mari idéal, le mari en soi, que la femme de Becque n'est, en dépit du titre, la Parisienne.

Dans les vaudevilles ordinaires, la prodigieuse bêtise et l'incommensurable vulgarité du mari sont sauvées par un tour de fantaisie grotesque : ainsi dans le *Plus heureux des trois,* qui est le chef-d'œuvre de ce genre. Mais M. Becque répudie de parti pris et la fantaisie, et le grotesque, et le rire aimable; il s'attache à la réalité ; plus elle est vulgaire et plate, mieux elle lui plaît ; son mari est un sot, un sot authentique, sot des pieds à la tête, sot sans rémission, et M. Becque, qui l'a vu tel, le donne comme il l'a vu.

Voilà donc ensemble, pour la première fois réunis devant nous, le mari, la femme et l'amant. Le mari reproche à sa femme de ne pas être assez aimable pour Lafont !

— Tu n'aimes pas Lafont ! Aime donc Lafont !

Tous trois causent de leurs petites affaires au courant desquelles nous ne sommes pas encore, mais ils ne se préoccupent pas de nous ; c'est le nouveau système. Après quoi le mari s'en va disant à sa femme :

— Veux-tu que j'emmène Lafont et que je t'en débarrasse ?

— Non, il m'ennuie, mais il me distrait.

Et, le mari parti, la querelle recommence.

Elle recommence à propos de la lettre, de cette fameuse lettre, réclamée avec tant d'insistance par l'amant. Cette lettre était assez insignifiante et Clotilde s'est donné le plaisir de la faire lire par son mari au pauvre Lafont, qui l'avait réclamée avec de si beaux cris quelques minutes auparavant. Cette lettre est une invitation à aller chez les Simpson, et Mme Simpson, bien qu'elle tienne un grand état dans le monde, est connue pour ses galanteries. Lafont ne veut pas que sa maîtresse se lie avec une personne de mœurs aussi notoirement légères : nouvelle dispute; plaintes de l'amant, qui trouve qu'il n'est plus aimé comme autrefois; c'est le 15 janvier, il l'a bien remarqué, qu'elle a commencé à être plus froide pour lui; il paraît qu'elle aussi, cette date l'a frappée; car nous voyons un sourire énigmatique plisser ses lèvres :

— J'ai des raisons, dit-elle, pour me rappeler cette date.

Ces raisons, nous voudrions bien les connaître, mais à M. Becque nous nous ferions scrupule de les demander; il ne nous les dira que beaucoup plus tard, quand nous n'aurons plus besoin de les savoir; il est maître de ses secrets et nous sommes décidés à attendre son bon plaisir.

Moi, je suis de meilleure composition et je vais vous dire tout de suite le souvenir qui est attaché à cette date du 15 janvier : c'est le jour où Clotilde, commençant à s'ennuyer de Lafont, passé à l'état de second mari, a accordé les dernières faveurs (pardon de ce style, mon cher Becque, mais j'ai affaire à des lecteurs qui s'échelonnent de la seconde représentation à la centième, quand il y a une centième) au jeune Simpson, le beau-frère de Mme Simpson.

Clotilde est ce que nous appelons dans notre jargon moderne une inconsciente; elle traite l'adultère avec douceur, sans se douter même qu'il puisse y avoir rien de très répréhensible dans sa conduite. Un homme lui plaît, elle le prend ; un homme l'ennuie, elle le quitte ; elle ne garde son mari que par convenance sociale, et Lafont parce qu'il est en effet un autre mari.

Mais ce second mari a fini par devenir bien agaçant : il la suit, il l'épie, il lui fait des scènes ; c'est une de ces scènes ordinaires à laquelle nous assistons et, ne vous inquiétez pas, nous en verrons d'autres. Car il n' pas d'agrément, le pauvre garçon, ni nous non plus d'ailleurs.

Il entremêle ses récriminations et ses reproches d'insinuations aimables.

— Voyons, lui dit-il, je m'en vais chez moi ; vous n'avez que votre chapeau à mettre, venez, je vous attends.

— Eh ! bien, mon ami, voilà la première bonne idée que vous ayez eue depuis une demi-heure. Allez, je vous suis ; dans dix minutes.

Ah ! si ce n'était pas Becque ! si ce n'était pas nous ! si ce n'était pas la gageure ! Mais il y a la gageure ! On se récrie : Voilà la vérité ! la voilà, la vérité ! C'est bien ça. Quand nous aimons une femme, nous lui disons : Mets ton chapeau ! Quel trait de mœurs, quelle profondeur d'observation, quelle audace !

Lafont s'en va, Clotilde sonne sa femme de chambre :

— Donnez-moi, lui dit-elle, ma robe de chambre et mes pantoufles, je ne sortirai pas de la journée.

La salle est dans le délire.

— Remarquez-vous, s'écrie-t-on avec enthousiasme, il n'y a pas de pièce annoncée ; nous ne savons pas où nous allons, c'est admirable. Plus de conventions ! Enfoncées les conventions ! On se voit, on cause ensemble, on s'en va, c'est la vie, la vie prise sur le fait.

Tout le monde vibrait.

Mon Dieu, je vibrais bien un peu tout de même, parce que, il n'y a pas à dire, ce dialogue est très vibrant. J'y sens, il est vrai, à chaque instant, le voulu et le cherché ; il s'en dégage comme un désir secret d'étonner et de scandaliser le public ; l'auteur, qui a la main lourde, se la fait de parti pris brutale, mais enfin il y a de la force, il y a du trait, la langue est d'une précision et d'une netteté merveilleuses ; la phrase, quoiqu'un peu ramassée et compacte, est toujours sonore. Que de grandes qualités il perd de gaieté de cœur, ce satané Becque !

Au second acte, nous voyons Clotilde prête à sortir ; elle va à un rendez-vous d'amour chez Simpson. Surgit l'amant.

— Où allez-vous ? demande-t-il, comme il avait demandé, au premier acte : « D'où venez-vous ? »

Ah ! ça, pourquoi diable Becque a-t-il appelé sa pièce : la *Parisienne ?* C'est *Monsieur Crampon* qu'il aurait dû la nommer.

Est-il cramponnant, ce Lafont ? L'est-il assez ? Clotilde ne peut s'en dépêtrer qu'en lui promettant d'aller lui faire le lendemain une petite visite. Il part sur cette promesse ; elle le suit des yeux par la fenêtre pour s'assurer qu'il a bien et dûment filé.

— Pauvre garçon ! dit-elle, j'irai demain lui faire sa petite visite.

La salle ne bronche pas : c'est la gageure.

Maître Crampon s'est posté en observation dans une allée de la maison en face. Elle attend ; elle mousse. Son mari entre ; il est furieux ; il comptait sur une place de receveur à Paris ; il vient d'apprendre qu'on va la donner à un autre. A cette nouvelle, Clotilde ôte son chapeau, se fait conter l'histoire des démarches qui viennent d'aboutir si malheureusement. Mais rien n'est perdu ; elle a des malices plein son sac. Elle écrit rapidement une lettre à Mme Simpson :

— Tu vas la lui porter, dit-elle.

Elle lui trace ensuite ses visites à faire, les paroles à dire, le renvoie et se coiffe. Elle va donc enfin pouvoir sortir. Elle ouvre la porte et se trouve face à face avec Crampon. Elle recule exaspérée. Elle prévoit une troisième querelle. Nous la prévoyons comme elle ; mais personne ne fait un geste : c'est la gageure.

Il faut avouer que cette fois la querelle est impayable. Clotilde debout, frémissante, s'est juré de ne rien répondre. Son amant a beau la prendre par tous les bouts, elle s'enferme dans un silence obstiné.

— Mais répondez donc, lui dit-il ; un mot ! un seul mot !

Et il pousse sa pointe.

— Ah ! votre amant, s'écrie-t-il exaspéré, je le connais. C'est M. Ernest Mercier.

Et elle, rompant le silence, d'une voix brève et ironique :

— Alfred Mercier !

— 7, rue de la Madeleine.

— Boulevard de la Madeleine !

— Et vous l'avouez !

Et le débat reprend, et quand elle a fini par le pousser dehors :

— Ah ! s'écrie-t-elle, lassée, je ne suis décidément tranquille que lorsque mon mari est là.

Le rideau tombe.

— Eh ! bien, me demande un de mes voisins, vous voilà bien attrapé ! Où est la scène à faire ?

Je conviens de bonne grâce qu'il n'y a point de scène

faire ; il n'y aurait même pas de troisième acte que je n'en serais pas autrement surpris. Du moment que l'on me récite sur la scène des articles de la *Vie parisienne*, on peut arrêter la lecture après le second comme après le troisième. Ces articles sont merveilleusement écrits, je le reconnais, tout pleins de mots profonds, quoique d'une brutalité voulue et d'un cynisme cherché. Ainsi cette femme disant avec reproche à son amant : — Oui, vous vous contenteriez d'une maîtresse qui n'aurait pas de religion ! m'a beaucoup amusé. Le troisième acte nous prépare sans doute le même genre d'agrément.

Quand la toile se relève, Clotilde est en tête à tête avec un jeune homme d'aspect élégant et froid à qui elle sert le café.

Nous apprenons que c'est le jeune Simpson. Il annonce tranquillement à sa maîtresse que la vie de Paris commence à l'ennuyer, qu'il retourne à la campagne, où ses fusils l'attendent. Voilà six mois que cette liaison dure, c'est bien assez. Elle s'emporte quelque peu à ce congé si poliment et si cruellement donné, elle verse même quelques larmes et appelle son imbécile de mari, qui a fait son petit somme de l'après-déjeuner.

Le jeune Simpson salue et se retire, non sans avoir échangé, devant le mari, avec la femme, les banalités de la conversation ordinaire, au moment des adieux. Ce petit coin de scène est même délicieux, parce qu'il y a un joli contraste entre les sentiments secrets des personnages et les paroles qu'ils prononcent et que le théâtre vit de contrastes.

Voilà Clotilde retombée à son ennui. Elle regrette Lafont, qui était bien *embêtant*, mais qui l'aimait.

Lafont revient. Il voudrait bien quereller encore ; mais il est fort petit garçon, et c'est pour lui un ravissement quand il voit qu'on l'accueille avec bonté. Il veut tout de suite profiter de ce retour de tendresse.

— Oh! pas si vite! dit Clotilde.

La salle ne bronche pas. Que voulez-vous? la gageure...

Le mari rentre. Il s'exclame en revoyant Lafont; il l'accable de doux reproches sur sa longue absence.

— Pourquoi, mais pourquoi nous avoir quittés si longtemps?

Lafont est fort en peine de répondre. Sa maîtresse le tire de peine :

— Il avait, dit-elle, de l'ennui. Il était jaloux.

— Jaloux! s'écrie Sganarelle. Il faut avoir confiance. Moi, j'ai toujours eu confiance dans ma femme.

Et c'est fini.

Clotilde restera désormais entre ses deux maris, en quête sans doute d'un troisième, sans parler des caprices qui se jetteront à la traverse.

Telle est cette pièce bizarre, curieuse à écouter, parce qu'elle étincelle de traits de mœurs et de mots spirituels, mais fatigante souvent, quelquefois révoltante, et dont le premier mérite, à mon avis, est de montrer que M. Becque pourrait, s'il le voulait, s'il n'abordait pas le théâtre avec des partis pris excessifs et hautains, être un des maîtres de la scène contemporaine.

Il faut savoir gré à M. Samuel d'avoir offert à Becque, sur son théâtre, l'hospitalité qui lui était partout refusée. La pièce ne sort pas du cadre de la Renaissance; il a donc eu raison de la jouer. Quel que soit le succès d'argent, ce lui sera un honneur d'avoir fait entendre aux Parisiens cette œuvre originale.

16 février 1885.

II

La Renaissance nous a convoqués cette semaine pour entendre à nouveau la *Parisienne* de M. Henry Becque. Et tout d'abord, je supplierai M. Henry Becque de changer ce titre. Ce n'est pas que moi, personnellement, il me choque, mais il effarouche quelques scrupules et fournit un prétexte à certaines réclamations. Que lui coûte-t-il d'appeler sa comédie : *Une Parisienne?* Il donnerait ainsi satisfaction à quelques plaintes, qui me paraissent après tout assez fondées. C'est un bien léger changement. Je le suppose accordé par l'auteur.

Et, maintenant, j'ai toute liberté pour lui dire avec quel plaisir j'ai revu sa pièce. Elle m'a fait, à moi et à beaucoup d'autres, un bien meilleur effet que la première fois.

M. Becque en prendra sans doute avantage sur nous, qu'il malmène assez volontiers. Mais j'ai l'habitude de dire les choses comme je les sens, au moment même où je les sens, et ne m'inquiète pas des suites.

M. Becque reconnaîtra, j'imagine, qu'il nous a fait quelques petites concessions. Il a retranché les mots, phrases ou allusions, qui avaient le plus vivement blessé les susceptibilités du public. Il a eu cent fois raison, et plût à Dieu qu'il se fût rendu plus tôt !

Est-ce tout ? Non, et je ne ferai pas difficulté de confesser à M. Becque, dût-il s'affermir dans le mépris qu'il fait de la critique, que nous aussi nous avons quelque peu changé. Nos yeux se sont dessillés, comme on disait au XVIIe siècle. Ce n'est pas que je n'eusse rendu justice à l'extrême mérite de la comédie de M. Henry Becque.

Je viens de relire mon feuilleton ; il n'y a pas une ligne que je ne pourrais encore signer aujourd'hui.

Mais... je ne sais comment dire cela... mais, il y a un an, ce que je louais dans la pièce, je le louais par acquit de conscience, parce que, après tout, je suis trop amoureux des lettres pour rester indifférent à une œuvre qui, par endroits, me paraît supérieure. Mais ce n'était point chez moi ouverture de cœur ; mes éloges étaient plutôt œuvre de réflexion. Je comprenais et ne sentais point.

Les choses se sont retournées. Je comprends bien aujourd'hui les défauts de ce diable d'homme ; mais voilà... j'en ai senti le charme, et je l'avoue tout uniment, parce que, après tout, comme disent les bonnes gens en mon pays, il n'y a pas d'offense.

Il est probable qu'à force de voir cette pièce (et j'y suis en effet, à la nouveauté, retourné trois ou quatre fois) je me suis blasé sur le dédain qu'elle faisait des règles et des convenances ordinaires du théâtre, et qu'en la retrouvant, à la reprise, débarrassée de violences voulues, mieux jouée dans le vrai mouvement, je n'ai plus été sensible qu'à ce mérite d'observation fine et profonde, à ce dialogue curieux, étincelant, raffiné, qui donne tant de saveur à cette comédie.

Que voulez-vous ? j'ai été ravi, mais là, tout à fait ravi. Mes lecteurs veulent-ils me permettre de leur donner un conseil ? C'est d'aller à la Renaissance, mais en tâchant, s'il se peut, de faire abstraction de leurs préjugés sur le théâtre et sur la vie, en se disant : Je vais voir des choses qui me paraîtront énormes, mais qui dans une certaine mesure sont vraies, et dont il vaut mieux ne pas nous scandaliser. S'ils arrivent ainsi à faire place nette de leurs idées préconçues, ils prendront un plaisir singulier à écouter la *Parisienne*, qui est prise sur le vif des mœurs contemporaines, et qui les séduira par le fouillé et le pétillant du style.

J'ose à peine dire que je souhaiterais passionnément de voir cette comédie passer au Théâtre-Français, où elle trouverait une interprétation supérieure. C'est, je ne l'ignore point, un des plus fervents désirs de Coquelin de jouer l'amant; M??? Reichemberg, qui est si futée et si maligne, jouerait la femme. Le mari serait facile à trouver. Il me semble que ce serait là une tentative curieuse.

Je ne crois pas à un succès d'argent. La comédie de Becque choque trop violemment, au moins pour l'heure, les idées reçues de la bourgeoisie. Mais il y a à Paris de quoi remplir trente fois la salle avant de pénétrer jusqu'aux couches profondes du public récalcitrant. Peu à peu la pièce s'établirait si fortement dans l'estime des connaisseurs, qu'elle passerait, grâce à l'autorité conquise, comme *Georges Dandin*, qui excite de si vives répugnances chez les femmes; mais elles n'en osent rien témoigner; elles sont bridées par le grand nom de Molière.

Peut-être M. Jules Claretie et quelques-uns de ces messieurs du comité feraient-ils œuvre pie, si, un soir qu'ils seraient libres de toute occupation, ils se rendaient à la Renaissance, et s'ils écoutaient, sans parti pris, la comédie de Becque. J'ai comme une idée que cette comédie, dans vingt ans, sera consacrée chef-d'œuvre; ce serait un honneur pour la maison de Molière et pour son administrateur d'avoir pris les devants.

Je parle de tout cela bien impartialement, car je sais ce qui ne manquera pas d'arriver. Quand la *Parisienne* aura réussi près du public, tous les petits jeunes gens ne manqueront pas de me traiter de ganache et de vieil as de pique, parce qu'à la nouveauté j'aurai fait remarquer les défauts de la pièce. Mais moi, ça m'est égal. Je ne fais pas de la critique pour les autres, mais pour moi. Ça m'amuserait de voir jouer la *Parisienne* par Coquelin et Reichemberg. C'est uniquement pour cette raison que je supplie M. Claretie de la transporter rue Richelieu. Tant mieux si ça en amuse d'autres! Mais j'aime le théâtre pour lui-même, pour le plaisir qu'il me procure; et, quand je m'amuse, il n'y a théorie qui tienne, c'est que la pièce est bonne. Voilà ma profession de foi!

Et cependant, si j'ai un conseil à donner à Becque, c'est de pousser plus avant encore dans la voie des concessions : c'est de supprimer encore deux ou trois traits, qui me semblent un peu trop crus.

C'est le défaut de la jeune école de croire que le mot violent soit un signe de force. Ces messieurs se trompent absolument.

Ainsi, je lisais dans les comptes rendus de la *Sapho* de Daudet les cris d'admiration jetés par quelques-uns de mes confrères à propos de la scène où la belle, furieuse contre son amant, l'accable d'injures, et le traite notamment de « sale bête ».

Sale bête! Ils se pâment là-dessus! Voilà qui est original! Voilà qui est crâne! Qui donc, avant Daudet, avait osé dire : *Sale bête*, sur le théâtre?

Je ne suis pas si enthousiasmé que cela. La difficulté au théâtre n'est pas de dire : *Sale bête* — je me sens capable, moi, qui n'ai aucun talent dramatique, d'écrire *sale bête* tout comme les camarades — c'est de ménager une situation où le mot de *sale bête* serait de mise. Et c'est précisément cette situation qui manque dans la pièce de Daudet.

Et cette situation fût-elle même trouvée, il n'y aurait encore aucun mérite à la traduire sous cette forme grossière. Le difficile serait d'imaginer une série d'injures qui, tout en demeurant dans les limites de la politesse et même de la poésie, feraient venir sur les lèvres du public ce mot de *sale bête* qui ne serait pas prononcé.

Au quatrième acte, Mme Hading, enragée d'être quittée, se roule par terre et mord de rage le plancher du théâtre. Les jeunes gens s'extasient et me poussent le coude : Hein ! est-ce assez nature ? Elle mord la terre ; on ne ferait pas ça à la Comédie-Française.

On le ferait, mon Dieu ! si on voulait. Ce n'est pas bien difficile de se rouler sur le sol et de le mordre. Il est moins aisé de dire congrûment quatre beaux vers que de mordre douze fois le sol. C'est se faire une drôle d'idée de l'art que de le mettre dans ces niaiseries !

M. Becque ne donne pas dans ce ridicule. Mais il aime les violences, et il préfère frapper fort à frapper juste. Il y a là un péril contre lequel nous l'avons mis souvent en garde. Il a tant de talent, ce Becque ! Ah ! s'il voulait se détendre un peu, se répandre dans la vie ! Mais il se recroqueville en lui-même ; il se renferme dans son étroite conception du monde, où il ne voit que des gens tarés, et des voleurs, et des gourgandines ! Il n'a point d'indulgence ! Il n'a du rire que le rire méchant ! Quel dommage !

23 décembre 1885.

III

La Comédie-Française a donné cette semaine la première représentation de la *Parisienne*, comédie en trois actes et en prose de M. Henry Becque. La première à ce théâtre, bien entendu ; car vous savez que la *Parisienne*, après avoir été refusée par tous les directeurs de Paris, avait été représentée à la Renaissance par M. Fernand Samuel. La pièce avait, en ce temps-là, obtenu près du public spécial des premières un succès étourdissant ; l'accueil avait été moins chaud dans une partie de la presse. Quelques-uns d'entre nous, tout en reconnaissant les qualités d'observation forte, de style sobre et vigoureux qu'il était impossible de ne pas admirer dans l'œuvre nouvelle, firent leurs réserves sur l'esprit de système de l'auteur.

La pièce, bien que le lancer eût été prodigieux, ne poussa pas très loin ; elle ne souleva point les couches profondes du grand public, qui est toujours long à suivre le mouvement. Il ne se mit pas en marche cette fois. Le succès n'en fut pas moins très retentissant, s'il n'avait pas été fructueux. La *Parisienne* devint comme l'évangile de la nouvelle école, dont M. Henry Becque était le dieu. On nous répéta tous les matins, et dans je ne sais combien de journaux : Ah ! si l'on jouait la *Parisienne* sur un vrai théâtre ! Quand une pièce ne réussissait qu'à demi à la Comédie-Française : Voilà ce que c'est, s'écriait-on, de ne pas jouer la *Parisienne* ! Si, au contraire, le public faisait mine de s'y plaire : C'est qu'on ne lui donne pas la *Parisienne*, répétait-on en chœur ; s'il avait vu la *Parisienne*, il ne goûterait plus ces inepties. On rappelait sans cesse le nom de Molière à côté de celui de M. Becque et Monval, le plus dévot, le plus fervent des moliéristes, pâlissait de terreur à voir l'auteur du *Tartuffe* ainsi éclipsé par celui de la *Parisienne*. Les salons s'en étaient mêlés ; on y avait monté la *Parisienne*, on avait invité les amis de l'auteur et ceux de la maison, et tous s'étaient pâmés d'aise au chef-d'œuvre, et le cri avait repris de plus belle : Ah ! si l'on jouait la *Parisienne* à la Comédie-Française ! Pourquoi ne joue-t-on pas la *Parisienne* à la Comédie-Française ?

Au fait, et pourquoi ne la jouerait-on pas ? nous dîmes-nous à notre tour, nous qui, tout en appréciant à sa grande valeur le mérite de l'ouvrage, doutions fort qu'il pût plaire sur cette scène. Après tout, il peut se faire que nous nous trompions dans nos prévisions fâcheuses. Ils ont peut-être raison ; il n'y a, en fait d'œuvres théâtrales, qu'un tribunal qui puisse nous départager, c'est le public. Pourquoi ne lui soumettrait-on pas la *Parisienne?* Si elle réussit, nous verrons à donner à notre critique une orientation nouvelle. Si elle tombe, on nous laissera peut-être tranquilles, pour un bon bout de temps, avec les prétendus chefs-d'œuvre de l'art nouveau.

Nous nous mîmes en campagne : nous demandâmes obstinément que la *Parisienne* figurât enfin sur l'affiche de la Comédie-Française. Nous fîmes chorus avec tous les adeptes de la jeune école et nous joignîmes, mais pour d'autres raisons, nos instances pressantes aux sommations dont ils persécutaient le comité de la rue Richelieu. Ces messieurs hésitaient : ils n'aiment pas beaucoup les aventures. C'en était une, et ils craignaient qu'elle ne tournât mal. L'instinct qu'ils ont du théâtre les avertissait du danger; mais Claretie était d'avis qu'il fallait tenter l'épreuve. C'était également l'opinion et de M. Gustave Larroumet et du ministre, qui ne le laissèrent point ignorer aux comédiens. Ils cédèrent.

Il faut leur rendre cette justice : une fois la résolution prise, ils n'opposèrent à M. Becque aucun mauvais vouloir ni aucune tracasserie. Ils firent bonne mine à l'œuvre et à l'auteur. Il choisit ses interprètes, les dressa avec la minutie entêtée qu'il apporte dans la mise en scène de ses ouvrages et monta la *Parisienne* comme il l'entendit. M. Claretie n'intervint que très discrètement; puisque c'était un art nouveau, il était juste de laisser le premier grand prêtre du culte en préparer et en organiser les rites.

Et cependant de toutes parts on nous annonçait la venue du messie. Chaque matin, dans une demi-douzaine de journaux, une étoile se levait, sous forme d'entrefilets ou d'articles, qui conduisait les mages au coin de la rue Richelieu où l'art nouveau allait naître. Paris était dans une grande attente.

La représentation enfin a eu lieu. Il serait inutile de le dissimuler, la *Parisienne* a été ce que nous appelons dans notre argot un four noir. Ça, c'est un fait et un fait indéniable. Au reste, ceux qui, apportant au théâtre des yeux prévenus, ont vu à la Comédie-Française un public charmé applaudir la pièce, ceux-là seront bien obligés de se rendre dans quelques jours. Car le public paraît disposé à témoigner de ses véritables sentiments par je ne sais quel empressement à passer devant le bureau de location sans s'y arrêter.

Il faut en prendre son parti : le succès a été négatif, absolument négatif. Je ne sais que trois explications à donner :

La première, c'est que les interprètes ont trahi l'œuvre; qu'ils n'y ont rien compris et ne l'ont pas jouée dans le mouvement;

La seconde, c'est que le public est composé d'idiots, de crétins, de gâteux, qui sont par nature et par éducation insensibles aux œuvres vraiment fortes;

La troisième, c'est que peut-être dans cette *Parisienne* si vantée, il y a, en dépit des grandes qualités qui la recommandent, une façon d'entendre le théâtre dont le théâtre ne saurait s'accommoder.

En trois mots, c'est évidemment la faute ou des acteurs, ou du public, ou de l'œuvre.

Les acteurs, c'étaient Mlle Reichemberg, MM. Prudhon, Féraudy, Le Bargy et Mlle Lynnès. On n'a pas manqué de s'en prendre à eux de l'insuccès. « Si les artistes de la Comédie-Française, écrit M. Jean Jullien, dans la revue *Art et Critique*, où sont défendues passionnément les doctrines du Théâtre-Libre, n'y ont pas mis de la mauvaise volonté, c'est qu'ils sont incapables de comprendre une œuvre d'art, ce qui ne m'étonnerait encore pas. Et puis, ce qu'il y a de complet, c'est la façon ridicule dont la mise en scène est réglée ; à ceux qui aiment les sorties manquées, je recommande les sorties de Prudhon ; à Batignolles, depuis longtemps, on n'ose plus ainsi quitter la scène ; et les conversations face au public, et l'inévitable canapé face au public ! On s'est plu à ligoter cette œuvre essentiellement moderne dans tout ce que la convention a de plus odieux. Quant à la diction, Mlle Reichemberg est invraisemblable. Où il faudrait du laisser-aller, du naturel, elle met de la pompe, souligne et reste avant tout de la maison. Tant pis si la pièce n'est pas faite pour la maison ! Périsse un chef-d'œuvre plutôt que de déroger à la tenue. Il n'est pas permis d'être petite bourgeoise dans la maison de Molière. Reichemberg dans Clotilde, c'est le prince de Sagan jouant Bibi-la-Grillade. Mais à qui confier le rôle ? A la Comédie-Française il n'y a plus d'artistes ; il n'y a plus que des sociétaires. »

Voilà des acteurs bien récompensés de leur peine ! Notez que M. Jean Jullien, dont j'ai exprès choisi le compte rendu, n'est pas un petit jeune homme de cervelle échauffée ; c'est un écrivain sérieux, qui a l'habitude de peser ses paroles et qui jouit dans notre monde des lettres d'une réelle autorité.

Je ne dirai pas que Mlle Reichemberg m'ait beaucoup plu ; mais Mlle Antonine dans le même rôle ne m'avait pas plu davantage, et ce n'est peut-être la faute ni de l'une ni de l'autre. Je ne comprends pas le rôle, et du diable si je sais comment il faudrait, comment on pourrait le jouer ! Cette Clotilde est-elle une femme foncièrement perverse, ou une petite bourgeoise, se plaisant à la popote de son double ménage, et ne trompant qu'une fois par aventure son amant qui est devenu pour elle un second mari ? Est-ce une coquette fieffée ou une femme sensuelle ? A toutes ces questions, point de réponse.

J'entends bien ce qu'on va me dire : Clotilde, c'est Clotilde, et la preuve que Clotilde existe, c'est que M. Henry Becque l'a copiée sur nature. Mais on ne fait pas œuvre d'art avec une vérité trop particulière. Il n'y a pas de théâtre sans logique ; il faut qu'un caractère se tienne et s'explique de lui-même. Clotilde m'échappe. Je crois que Mlle Reichemberg lui prête trop de dessous, qu'elle la fait plus fine et plus malicieuse que l'auteur ne l'a voulu. A vrai dire, je n'en sais rien et je serais fort embarrassé de me justifier à moi-même cette impression. Ce n'est, en effet, qu'une impression. Je n'ai pas connu Clotilde. M. Becque ne me donne sur elle que des renseignements incomplets et qui me paraissent contradictoires. Au reste, je ne suis pas le seul de cet avis, et M. Henry Fouquier écrivait l'autre jour : « Il m'est impossible de trouver dans Clotilde une femme d'un caractère déterminé, et dès lors, ajoutait-il, la pièce est sans leçon, sans conclusion, et la grande comédie disparaît, laissant derrière elle un excellent vaudeville aux situations un peu monotones. »

Je prie mes lecteurs de me pardonner, si je m'abrite cette fois, contre toutes mes habitudes, derrière l'opinion conforme de quelques-uns de mes plus éminents collègues en critique. Mais les adeptes de la nouvelle école affectent de croire que je suis le seul de mon avis, un indécrottable encroûté, qui a conquis, on ne sait comment, une certaine influence sur le grand public, que c'est moi qui arrête l'éclosion et empêche le succès des chefs-d'œuvre. Je suis bien aise de montrer que, sur la plupart des questions d'esthétique théâtrale et de critique courante, je suis d'accord avec un grand nombre de ceux qui s'occupent de ces questions, et je n'ai par-dessus eux que l'avantage — triste avantage, hélas! — d'être plus vieux dans le métier et d'avoir par conséquent plus d'autorité.

M. Jean Jullien se moque de Prudhon. Mais j'inclinerais à penser que Prudhon nous a représenté le vrai personnage de Becque infiniment mieux que Vois, à la Renaissance. Vois nous l'avait montré nerveux, rageur, insupportable. Prudhon en a fait un gros bêta solennel et larmoyant. Il me semble que c'est lui qui est dans le vrai. Le dénouement, tel que nous l'a donné M. Becque, est inacceptable avec le caractère de Vois; il est justifié au contraire par celui de Prudhon. Je sais bien que Lafont est tout aussi agaçant sous les traits de Prudhon que sous ceux de Vois, quoique ce ne soit pas la même sorte d'agacement. Mais est-ce la faute de l'un ou de l'autre, ou celle de l'auteur.

On n'a rien dit contre Féraudy. C'est que Féraudy joue le personnage du mari, et que ce mari est un type consacré; c'est que nous l'avons déjà vu dans *Le plus heureux des trois*. Féraudy ne l'a pas rendu avec l'éclat de bonhomie qu'avait Geoffroy, un acteur génial; mais il a été bien supérieur au brave comédien qui avait joué le rôle à la Renaissance. Le Bargy a de même échappé aux critiques de ces messieurs : c'est que, dans le rôle de Simpson, il a parfaitement traduit ce type de clubman correct et froid, qui ne prend de l'amour que juste ce qu'il en faut pour ne point déranger sa vie, pour ne pas l'empêcher d'aller à la chasse. Mlle Lynnès a été, elle aussi, fort agréable, dans un rôle de femme de chambre qui se fait la complice de sa maîtresse sans être sa confidente.

La pièce n'est donc pas si mal jouée que ces messieurs ont bien voulu le dire. Quant à la mise en scène, elle a été réglée par Becque lui-même. Si le canapé est placé face au public, si les acteurs ne lui tournent pas le dos en parlant, c'est apparemment que Becque a pensé que ce qui était possible à la rigueur sur une petite scène comme celle du Théâtre-Libre ou de la Renaissance, ne l'était pas devant une salle aussi vaste que celle de la Comédie-Française. Là, il faut qu'on ne perde rien du dialogue; et comment le faire entendre, si l'on cause tout bas, dans les petits coins, à trois mètres de la rampe, le dos tourné à ceux pour qui l'ont parle? Si M. Jean Jullien arrive jamais à faire représenter une de ses pièces rue Richelieu, il verra bien que ces nécessités s'imposeront à lui comme aux autres. Toutes les théories du monde n'y feront rien.

La seule chose juste qui ait été dite à mon sens sur cette matière, l'a été par M. Henry Bauër, à l'*Écho de Paris*. « Je souhaiterais, a-t-il dit, que la *Parisienne* fût jouée aux Variétés, par Réjane, Baron et Dupuis. » Il a raison ; la *Parisienne* est un pur vaudeville à la manière noire. Moi aussi, je souhaiterais que l'on fît cette épreuve, et l'on s'apercevrait alors qu'il y a non seulement plus d'agrément, plus de science de théâtre, mais encore plus d'observation vraie et profonde dans *Ma Cousine*, de Meilhac, que dans la *Parisienne*, de Becque.

Nous ne nous joindrons donc point à ceux qui accusent les interprètes. Irons-nous nous en prendre au public ? Je me permettrai sur ce point de faire remarquer aux novateurs l'inconséquence de leur polémique. Ils en appellent sans cesse des jugements que quelques-uns de mes amis et moi nous rendons sur les œuvres nouvelles, au public qui, disent-ils, est de cœur avec eux, mais qui n'a pas la liberté d'exprimer son opinion. Nous, bonnes gens, nous faisons tout ce qui nous est humainement possible pour que la pièce en litige soit soumise à ce public, dont ils se réclament. On la joue, grâce à nos efforts ; le public marque qu'il s'y ennuie, qu'il n'en veut pas, et, tout aussitôt changeant de tactique, ils s'écrient : Le public! de combien d'imbéciles est composé le public?

Il faut pourtant bien admettre qu'en fait d'œuvre de théâtre le public est souverain juge, au moins en premier ressort. Pour tout autre ouvrage de l'esprit, le suffrage de quelques amateurs peut contrepeser l'indifférence ou même la répugnance de la foule. Mais le premier mérite d'un drame ou d'une comédie, c'est de faire effet sur un grand nombre d'hommes assemblés. C'est l'essence même d'un ouvrage de théâtre de plaire au public pris en masse.

Je sais bien qu'il est toujours permis d'en appeler à la postérité. Aussi ne me flatté-je jamais de prononcer des arrêts définitifs. Quand je pense comme le public, je tâche de me rendre compte à moi-même des raisons qui ont fait que je me suis diverti ou ennuyé, et ces raisons je les lui présente, afin de le confirmer dans son opinion. Lorsqu'il m'arrive (et cela, quoi qu'on dise, m'arrive fort souvent) de ne pas partager certains engouements de la foule, j'essaye de la ramener, non en l'insultant, ce qui ne sert pas à grand'chose, mais en lui développant, en lui faisant toucher du doigt les causes de ce que je crois être son erreur. J'ai eu le plaisir de voir certaines de ces campagnes couronnées de succès, après quinze ou vingt ans de polémique.

Je trouve tout naturel que les jeunes adeptes des nouvelles écoles fassent pour Becque ce que j'ai fait toute ma vie pour ou contre tant d'autres. Mais peut-être gagneraient-ils à être plus modérés de langage. M. H. Bauër nous dit, sans ménagement : « Cette œuvre peut servir à une classification intellectuelle, et l'on jugera de la capacité artistique d'un quidam à la façon dont il entendra la *Parisienne*. »

Voilà qui est bien péremptoire. Quoi ! le monde se divisera en deux classes, les admirateurs quand même de la *Parisienne*, les élus qui passeront à la droite de Dieu ; et les autres, qui seront rejetés à gauche ! Ah ! ce sera le cas de relire le sermon de Massillon sur le petit nombre des élus. Car il sera petit, bien petit, si on le compare au nombre de ceux qui aimeront mieux passer à la gauche de Dieu qu'au bureau de location.

Si nous ne pouvons, nous autres, rejeter l'insuccès, ni sur les interprètes, ni sur le public, force nous est bien d'en demander compte à la pièce. Je m'en tiens à l'appréciation si juste qu'en a donnée M. Émile Faguet, sous sa forme ramassée et lumineuse. « La *Parisienne* paraît étincelante à la lecture, et elle l'est ; mais elle a contre elle, quand on l'écoute, tout le plaisir qu'on y a pris, qu'on attendait et qu'on ne retrouve pas à la représentation. »

C'est précisément cette conclusion où j'étais arrivé, quand j'écrivis mon premier feuilleton, qui me semble encore, quand je le relis, assez équitable pour que je ne sente pas le besoin de le refaire.

17 novembre 1890.

IV

J'ai reçu, à propos de mon dernier feuilleton, une lettre ou plutôt une manière de mémoire apologétique de M. Antoine. Comme le directeur du Théâtre-Libre y traite d'une question qui occupe en ce moment tous les amateurs de théâtre et qui en passionne quelques-uns, je l'ai lue avec la curiosité la plus vive. Je n'ai pas hésité un instant à la mettre sous vos yeux. Personne ne cherche la vérité de meilleur cœur que moi ; je suis ravi quand je puis donner la parole à mes contradicteurs et je trouve fort bon qu'ils puissent exposer leurs raisons au public.

M. Antoine commence par quelques réflexions, que je supprime, sur la façon dont a été jouée la *Parisienne* de Becque à la Comédie-Française, et il continue en ces termes :

N'êtes-vous point frappé de cette coïncidence : trois pièces, *la Parisienne*, *Grand'Mère*, *le Maître*, toutes les trois venant du même côté, conçues dans l'esprit de renouveau qui tourmente l'école nouvelle, échouant toutes les trois, dans trois théâtres différents et, de l'avis commun, rencontrant une interprétation insuffisante avec, pourtant, des comédiens qui appartiennent pour la plupart à l'élite des artistes parisiens?

Comment expliquer suffisamment cette triple rencontre et n'est-il pas intéressant d'en rechercher les causes?

Notez, bien entendu, que je ne me permets aucune appréciation littéraire; ce n'est pas mon affaire, je parle simplement *métier*. Eh! bien, je pense qu'il y a ici une grosse question technique à élucider, qui doit passionner tous les auteurs de demain et peut-être aussi les comédiens intelligents et avisés, soucieux de leur art et du mouvement théâtral actuel.

Donc, *Grand'Mère* a été un four, le *Maître* a été un four, la *Parisienne* est, dites-vous, un four.

Pour les trois pièces, la presse s'est généralement accordée à trouver l'interprétation médiocre.

En ce qui concerne le *Maître* et la *Parisienne*, on avait un point de comparaison; l'interprétation primitive; pour *Grand'Mère*, ce point d'appui manquant, on a, un peu plus que de raison, fait payer à Antoine les pots cassés.

Eh! bien, la raison toute simple de cette triple aventure où des comédiens, excellents d'habitude, ont été jugés médiocres un soir « et pour cette fois seulement », c'est qu'aucune des trois œuvres n'a été mise en scène et jouée dans le sens.

C'est que ce théâtre nouveau (ou renouvelé) exige d'autres interprètes; c'est qu'on ne doit pas jouer des œuvres observées (ou prétendues telles si vous voulez) comme on interprète le répertoire ou comme on joue les comédies fantaisistes; c'est qu'il faut pour pénétrer dans la peau de ces personnages modernes lâcher tout l'ancien bagage; c'est qu'une œuvre *vraie* veut être jouée *vrai*, de même qu'une pièce classique veut surtout être *dite*, puisque le personnage n'est le plus souvent qu'une abstraction, qu'une synthèse, ou une entité philosophique sans chair ni os; c'est que les personnages de la *Parisienne* ou de *Grand'Mère* sont des gens *comme nous*, vivant dans des intérieurs *comme les nôtres* et non dans de vastes salles à dimensions de cathédrales; c'est que ces gens-là vivent, pensent et se meuvent *comme nous*, au coin de leur feu, sous la lampe, autour d'une table et non devant la boîte du souffleur; c'est qu'ils ont des voix *comme les nôtres*, des tics *comme les nôtres*, que leur langage est celui de notre vie journalière, avec ses élisions, ses tours familiers, et non la rhétorique pompeuse des œuvres classiques.

Quand Mlle Reichemberg attaque la première scène de la *Parisienne* avec sa voix d'*actrice* et que M. Prudhon lui répond avec son timbre de Dorante, ils disent immédiatement *faux* la prose de Becque et ils l'ont fait l'autre soir durant trois heures, sans se lasser. La caractéristique de ce nouveau théâtre est, n'est-ce pas? l'*inconscience* des personnages, toujours comme nous qui faisons des bêtises et disons des énormités sans nous en apercevoir. La plupart de nos comédiens, dès qu'ils sont en scène, sont irrésistiblement portés à substituer leur propre personnalité au bonhomme qu'ils devraient rendre; au lieu d'entrer dans leur personnage, c'est leur personnage qui entre en eux. C'est ainsi que, l'autre soir, nous avons eu Mlle Reichemberg et non Clotilde, MM. Prudhon, Le Bargy et de Féraudy, mais pas du tout des hommes de Becque.

Et ce salon... Avez-vous jamais rencontré nulle part un salon semblable? Est-ce une demeure de bourgeois aisés que cette vaste salle, haute comme celles du Louvre, froide, sans intimité, meublée en l'air, sans le moindre recoin où l'on sente, comme chez n'importe lequel de nous tous, l'endroit préféré où l'on bavarde et le fauteuil où l'on paresse, la besogne faite?

Je sais l'objection : le décor est secondaire. Oui, peut-être dans le répertoire, toujours et encore! Mais pourquoi ne pas le réaliser, puisqu'on le peut avec du soin et que cela ne nuit en rien à l'œuvre, pourvu qu'on reste dans la juste mesure? Dans les œuvres modernes, écrites dans le mouvement et dans le sens de la vérité et du naturalisme où la théorie des milieux et de l'influence des choses extérieures a pris une si large place, le décor n'est-il pas le complément indispensable de l'œuvre? Ne doit-il pas prendre, au théâtre, la place que la description tient dans le roman? N'est-il pas le corollaire obligé, une sorte d'exposition du sujet? Certes, on ne fera jamais complètement vrai, puisqu'il y a au théâtre, nul ne songe à le méconnaître, une dose de convention adéquate aux conditions matérielles d'expression, mais pourquoi ne pas diminuer cette convention le plus possible?

Les dimensions de la scène ou de la salle importent peu. Si le cadre est trop vaste, pourquoi ne pas le rapetisser en s'ingéniant à des plantations plus en avant, moins larges? Et quant à la diction, ne sait-on pas que l'acoustique de la salle des Français est merveilleuse? La plupart des autres théâtres, moins grands de moitié, sont moins bien partagés. Raison de plus pour ne pas se servir de décors immenses où, lorsqu'il s'agit d'œuvres intimes, la voix se perd. A l'Odéon, on a joué *Grand'Mère* dans un salon monumental; le même qui avait du reste complètement étouffé, par les mêmes inconvénients, un acte de *Renée Mauperin*.

Qu'est-ce que vous voulez qu'une œuvre toute de vie et de mouvements familiers devienne dans une atmosphère faussée?

Les mouvements sont aussi mal compris que les décors. On ne *règle* pas les allées et venues des comédiens sur le texte ou dans le sens de la scène, mais selon la commodité ou le caprice des acteurs, qui jouent chacun pour leur compte personnel, sans se soucier des autres. Et cette rampe les hypnotise; tout le monde tâche d'avancer le plus possible dans la salle. On m'a cité un théâtre où, du temps du gaz, ils brûlaient tous, aux becs grands ouverts, le bas de leurs pantalons.

Mlle Reichemberg, l'autre jour, monologuait debout, *en brodant*, comme les bonnes femmes tricotent au pas de leur porte; pas une fois Clotilde et Lafont ne se sont adressés franchement l'un à l'autre, c'était le balcon qui fixait obstinément leur attention. Mais à la ville, au bout de deux phrases, vous diriez à votre interlocuteur : « Regardez-moi donc, sacrebleu, c'est à vous que je parle! » et vous auriez raison.

La vérité est qu'à ce théâtre nouveau il va falloir logiquement des interprètes nouveaux. C'est une vérité élémentaire que je rabâche partout.

Voyez encore l'exemple du *Maître*. Cette tentative, aux Nouveautés, était aussi baroque que possible. Je l'ai dit l'autre jour aux fils Brasseur et je n'ai caché ma pensée à personne. L'expérience était faite dans les plus mauvaises conditions, le *Maître* étant sûrement la dernière pièce de chez nous qu'il fallait songer à acclimater en ce milieu élégant et boulevardier. Jullien, excessivement pressé, a fait là une fausse manœuvre dont il peut mesurer les conséquences : il a amoindri le très gros succès d'art qu'il venait de remporter et, sans profit pécuniaire appréciable, il a eu encore le désagrément de fournir aux adversaires et aux incrédules des arguments contre les théories qu'il soutient et contre les camarades qui luttent à côté de lui.

Mais enfin, la chose décidée, il s'est minutieusement appliqué à demander à ses interprètes nouveaux les mouvements notés chez nous. On a peint un décor exactement semblable ; on a poussé le soin jusqu'à se procurer les mêmes meubles et les mêmes accessoires. Et pourtant ce n'était pas cela. C'est que les comédiens du boulevard n'avaient pas dans les jambes ces mouvements dont je parlais tout à l'heure. Une « passade » faite par Janvier, par exemple, n'est plus la même quand elle est exécutée par Decori : c'est que Decori, avec toute son expérience, a dans les jambes, j'y insiste, tout le métier courant et que cela ne saurait s'en aller tout de suite. Il est gêné par mille considérations dont on ne doit pas se soucier quand on veut réaliser une interprétation naturelle. On dit à Janvier, qui n'a pas de « métier », d'aller à la cheminée et il y va tout simplement, avec l'allure logique de son personnage ; l'autre a une marche spéciale, une « marche de théâtre », dont il aurait cent fois plus de peine à se défaire qu'il n'en a pu avoir à l'apprendre.

Dernièrement j'ai, à la prière des auteurs, fait répéter, par la troupe des Menus-Plaisirs, *Deux Tourtereaux* et une pièce qui sera jouée dans quelques semaines. Pour l'acte de Ginisty et Guérin, j'ai tenté d'indiquer aux deux très gentils camarades qui reprenaient les rôles, les mouvements, l'allure réglés avec Franco. Eh! bien, j'ai dû y renoncer pour ne pas chagriner deux braves gens qui suaient sang et eau sans résultat. Pour l'autre pièce, ç'a été encore bien pis. J'ai tout lâché au bout d'une répétition. Je ne pouvais les décider à aller simplement à une table ou à s'asseoir dans un fauteuil sans regarder dans la salle et sans prendre une allure particulière. Il n'y a rien à faire. Et, sans aucun doute, ces artistes savent leur métier ; ils font tous les soirs, comme les interprètes de la *Parisienne*, des choses bien plus difficiles, mais ils ont perdu la simplicité et le don d'agir tout bonnement *comme s'ils n'étaient pas regardés.*

Obtenir d'un comédien qu'il parle longtemps assis est impossible. Dès qu'il commence un couplet un peu long, irrésistiblement il dit au metteur en scène : « Je me lève, n'est-ce pas ? » C'est que, pour eux, rompus à l'ancienne formule, aux Desgenais phraseurs, la scène est une tribune et non un endroit *clos* où il se passe quelque chose. Je me souviens qu'à une conférence chez Ballande, en 73, vous citiez cette anecdote d'un acteur du Palais-Royal, Arnal ou Ravel, je crois, qui, ayant son chapeau à accrocher, se promenait obstinément devant la rampe, cherchant avec conviction un clou sur ce quatrième mur. Cela m'avait beaucoup frappé et vous m'aviez paru fort approuver la chose. Ainsi, vous êtes peut-être la cause de mes tâtonnements actuels. Voilà comment on corrompt la jeunesse sans s'en douter!

Je m'arrête. Mais je vous en supplie, portez votre attention de ce côté et observez. Vous serez frappé du désaccord profond qui s'ébauche entre les œuvres à tendances nouvelles et les interprètes qu'elles rencontrent. Il y a là un point important et une curieuse face du mouvement théâtral actuel.

Pour moi, je suis profondément heureux, car l'évolution se dessine. Et je ne songerais guère à prendre la parole si ce n'était devenu une espèce de sport de « tomber » avec bienveillance, il est vrai, mais enfin de « tomber » le Théâtre-Libre chaque fois qu'une œuvre sortie de chez lui court ailleurs des aventures diverses. Il ne faut pas s'y tromper : on va collectionner encore des fours, recevoir des volées, être nié intrépidement, mais le branle est donné. Il y a tout un travail souterrain et vous savez que le public y mord déjà. On avait dit autrefois que notre modeste maison était affaire de mode et qu'elle disparaîtrait un beau soir, comme elle était venue. Or, vous savez que notre public grandit chaque année, que, par conséquent, le terrain s'élargit de plus en plus. On y viendra, aux nouvelles idées, j'en ai le ferme espoir, mais fichtre! il ne faut pas s'emballer et croire naïvement conquérir du coup le renom littéraire, les grosses recettes et l'amour passionné de la foule. Il passera encore beaucoup de pièces sur les affiches auparavant et nous en sommes à peine aux premiers tâtonnements. Pour le moment, il faut se contenter de regarder en arrière et de constater le chemin fait depuis cinq ou à six ans.

Votre dévoué,

A. ANTOINE.

Je n'ai, par malheur, pas le loisir de répondre aujourd'hui à cet exposé de principes. La semaine est trop chargée. Je ne puis m'empêcher pourtant de vous conter deux anecdotes qui se rapportent à l'ordre d'idées touché par M. Antoine. Je rencontre l'autre soir Valabrègue et lui dis le chagrin que nous avions eu de voir l'*Homme de paille*, qui était une de ses plus jolies comédies, compromis à la dernière reprise par une exécution tout à fait insuffisante.

— Pourquoi, lui demandai-je, avez-vous laissé massacrer comme ça une pièce qui avait beaucoup réussi ?

— Que voulez-vous ? me dit-il. On n'est plus maître des acteurs. Voilà Mme France, qui aux répétitions s'obstine à parler tournant le dos au public.

« — Mais, mademoiselle, on ne vous entendra pas, où l'on vous entendra mal. Il faut que le mot, quand il part des lèvres du comédien, soit souligné par le geste, par le jeu de la physionomie ; autrement il perd toute sa force.

« — Mais, monsieur, il faut bien que je regarde la personne avec qui je cause ; et si elle fait face au public, il n'y a pas à dire, il faut que je tourne le dos à ce même public.

« — Mais non, mademoiselle, vous parlez tous deux pour ce même public. S'il paye, c'est pour vous entendre et pour vous voir. Dans la vie même, vous ne vous plantez pas toujours vis-à-vis de votre interlocuteur : vous regardez en face, tout en causant avec lui ; à plus forte raison au théâtre. »

Eh ! bien, ajoutait Valabrègue, me rapportant ce débat, j'ai dû y renoncer. Comme ce n'était pas une pièce nouvelle ; comme cette reprise, après tout, ne m'inquiétait pas outre mesure, j'ai planté là les répétitions et j'ai laissé faire.

Et moi, je riais dans ma barbe, car j'avais reçu le matin même la lettre d'Antoine et Valabrègue y répondait, sans s'en douter, par un argument des plus topiques.

Il y a quelques jours, une des plus spirituelles comédiennes de notre temps vint dans une maison, où elle trouva des gens de lettres et des artistes. La conversation tomba naturellement sur la *Parisienne*, de Becque, que l'on venait de donner, et sur la façon dont Mlle Reichemberg avait interprété le rôle; les uns la critiquaient, d'autres faisaient observer que le rôle n'est pas clair.

— C'est possible, disait la comédienne, mais ce qui est clair, c'est que le rôle n'est pas d'une ingénue. Eh! bien, M⁽ˡˡᵉ⁾ Reichemberg a les mouvements de l'ingénuité...

— Vous entendez par là?...

— Tenez! au troisième acte, elle veut amener Lafont à s'asseoir auprès d'elle, sur le canapé où elle prend place. Une femme qui sait son métier s'assied de façon à laisser une place libre, une place invitante. M⁽ˡˡᵉ⁾ Reichemberg s'assied en ingénue, toute droite, comme ça, au milieu du canapé, si bien que l'homme ne peut s'asseoir ni à droite ni à gauche. La Parisienne doit connaître l'art de s'asseoir. Moi, je sais m'asseoir.

Et, se jetant sur un canapé qui se trouvait à portée, elle se renversa dans le coin sur une hanche, tandis que ses petits pieds, ne touchant plus terre, émergeaient d'un fouillis de dessous irritants et semblaient dire avec un léger frémissement d'impatience : Mais il y a une place là! asseyez-vous donc, grand nigaud !

— Voilà, ajouta-t-elle, comme on s'assoit, quand on est Parisienne.

On rit, on la complimenta, et je pris là une des meilleures leçons de mise en scène que j'aie reçues de ma vie.

Mais la semaine nous réclame. Ne nous amusons plus à ces bagatelles. Bagatelles? Sont-ce des bagatelles? Après tout, c'est une partie importante de l'art dramatique. C'est celle qui pour le moment excite les discussions les plus vives. Le temps que nous y pouvons employer n'est pas précisément perdu. Il faut pourtant faire son métier de chroniqueur.

24 novembre 1890.

V

La *Parisienne* est maintenant une œuvre très connue, autant par la lecture que par les représentations qui en ont été successivement données à la Renaissance et à la Comédie-Française. Nous avons tous notre opinion faite sur cette pièce. Ce qui faisait ce soir-là la curiosité du spectacle, c'est que la *Parisienne* avait pour interprètes Mlles Réjane et Mayer. On sait que les fanatiques de la *Parisienne* et l'auteur lui-même avaient mis l'insuccès (insuccès très relatif, au reste) de la comédie au compte des acteurs qui l'avaient trahie, dans les deux théâtres qui l'avaient représentée.

J'étais de ceux qui, tout en admirant beaucoup l'œuvre de M. Henry Becque, que je n'ai cessé de combler d'éloges, croyaient que ses grandes qualités n'étaient pas de celles qui dussent jamais prendre le vrai public; j'avais exposé maintes fois les raisons de cette opinion qui ne m'était pas d'ailleurs personnelle, car elle était partagée par beaucoup de bons esprits. C'était donc pour nous une curiosité piquante de voir cette pièce jouée enfin par les artistes qu'avaient rêvés l'auteur et dans le cadre qu'il pensait être, qui était en réalité le mieux approprié à son ouvrage.

Eh! bien, il n'y a pas à dire, le public a été de glace. En sortant du second acte, je rencontrai dans les couloirs un de nos plus brillants confrères, grand partisan de la pièce, et qui l'avait défendue avec autant de vivacité que de talent. Il était là, comme moi, bien que la presse n'eût pas été officiellement conviée.

— Parbleu! lui dis-je, je suis ravi que vous ayez vu cela de vos propres yeux; car vous ne m'en auriez pas cru, si je vous l'avais dit. Jamais la *Parisienne* ne sera mieux jouée qu'elle ne l'est ce soir ; Réjane est l'enfant gâtée du public, et ce public, vous le savez, n'est pas un public quelconque, c'est un public trié sur le volet, un public d'abonnés, qui apporte à la représentation une rare absence de préjugés. Eh! bien, a-t-il été assez froid? Pas d'autres applaudissements que ceux de la claque. Réjane elle-même n'a pas pu le dégeler.

Il en convint ; car là, sur le coup, il n'y avait pas moyen de faire autrement :

— C'est de votre faute, me dit-il. Vous suivez le goût du public ; vous devriez lui imposer le vôtre.

— Mais non, lui disais-je, le public ne pense comme moi que parce que je pense comme lui. Soyez sûr que ce public, qui témoigne d'une résistance si hérissée, n'en admire pas moins, tout comme moi, le merveilleux talent, d'une espèce particulière, qu'a déployé M. Henry Becque dans cette œuvre. Mais, que voulez-vous? il ne peut pas goûter plus que moi, en feuilletant cette série de Gavarni où se mêlent quelques Forain, le plaisir spécial que l'on vient demander au théâtre. Et voilà pourquoi il est de mauvaise humeur. J'aurais eu beau lui crier : « Il faut que tu t'amuses! » il m'aurait envoyé promener. Ces objurgations réussissent près de lui, quand il s'agit de musique, parce qu'en dépit d'une éducation qui ne date que de quelque vingt-cinq ans, c'est un art où il ne se connaît guère encore. On a assez aisément raison de ses répugnances. Le théâtre est l'art dont tout le monde en France a le goût, et c'est pour cela que tout le monde y a du goût et son goût. On ne prend conseil de personne pour avoir du plaisir.

Il est évident qu'à cette représentation de la *Parisienne* le public a paru en avoir fort peu. Oserais-je dire que Mme Réjane, qui, une fois son interprétation admise, est incomparable, me semble avoir détourné la pièce de son véritable sens. Clotilde est, je crois, une bourgeoise inconsciente et paisible, qui prend ses arrangements pour vivre commodément avec l'adultère, pour avoir tranquillement et sans remords deux maris, qu'elle aime également pour des raisons diverses. C'est ainsi que l'avait comprise et jouée Mlle Antonine, à la Renaissance. Mlle Réjane en a fait une coquine aussi abominable qu'amusante à qui la perversité sort par tous les pores. Ce jeu fin, spirituel, étudié, est des plus curieux à suivre ; il a dans sa simplicité voulue des dessous raffinés et attirants. Est-ce bien la Clotilde de M. Becque? Le croiriez-vous ? le seul passage qui ait remué sincèrement le public, c'est au troisième acte, quand Clotilde, abandonnée par Simpson avec une froideur cynique et brutale, se laisse aller à un mouvement de sensibilité vraie. J'imagine que l'actrice a un peu forcé la note du texte, en donnant à ces quelques lignes un tour de mélancolie pénétrante. Mais si c'est une faute, je serais tenté de m'écrier : Heureuse faute! car toute la salle a tressailli et battu des mains.

Mayer a très industrieusement composé le rôle difficile de Lafont. Mais c'est là qu'on a bien vu qu'il y avait au théâtre quelque risque à jouer trop nature. Sous le prétexte qu'un amant, quand il parle à sa maîtresse, lui effleure l'oreille de ses propositions et de ses prières, il a parlé si bas qu'il fallait deviner ses paroles, qu'on n'entendait qu'à demi, même au Vaudeville; on ne les eût pas du tout entendues à la Comédie-Française. Et puis, il y a des mots — c'est une nécessité du théâtre, une loi d'optique — il y a des mots à qui il faut faire un sort, si l'on veut qu'ils soient compris et goûtés du public. Cela est vrai partout, mais surtout dans les pièces de Becque, où chaque réplique est un trait. Il faut, non la laisser tomber indifféremment de ses lèvres, mais la lancer, après avoir fait mine de tendre l'arc, parlons sans métaphore : après avoir pris un temps, si court qu'il soit, qui la prépare. Ce dialogue, qui fourmille de mots piquants, fait, quand il est dit ainsi, l'effet d'être uni et plat.

25 décembre 1893.

ARMAND SILVESTRE

GRISELIDIS (1)

Griselidis est un mystère, c'est l'affiche qui le dit ; le prologue, un très joli prologue, fort agréablement dit par Mlle Ludwig, nous le confirme. Au reste, nous n'aurions pu nous y tromper. Quand le rideau s'est levé, nous avons aperçu derrière un autre rideau, qui, par un artifice renouvelé de la *Marchande de sourires*, à l'Odéon, nous indique que l'action va se passer au temps où il y avait des châteaux crénelés, des triptyques et

> Des vierges en or fin d'un livre de légendes,
> Dans un flot de velours traînant leurs petits pieds.

M. Claretie a fait tout ce qu'il a pu pour nous donner, en effet, ce genre de plaisir que nous pourrions avoir en lisant un livre de prières, où se déroulerait, à mesure que l'on tourne les pages, chargées d'enluminures, une de ces histoires de sainteté, de chevalerie et d'amour, très naïves et très mystiques, qui enchantèrent entre le xie et le

(1) En collaboration avec M. Eugène Morand.

xiii⁰ siècle nos candides aïeux. Ce plaisir-là, nous l'avons pleinement goûté l'autre soir à la Comédie-Française; peut-être, si je songe que nous sommes au théâtre, regretterais-je de n'en avoir pas goûté d'autre.

Peut-on, à cette heure, porter un mystère à la scène et nous y conter soit la *Nativité*, soit *Geneviève de Brabant*, soit *Griselidis*. Je ne crois pas la chose impossible. Il faudrait beaucoup de talent, cela va sans dire, mais avant même, il y faudrait de la naïveté et de la foi. *Griselidis* a été écrit par de beaux esprits, très amoureux de poésie, très artistes et épris de pittoresque, les plus habiles ouvriers du monde en vers exquis et charmants, mais chez qui ne palpite pas l'âme même de la légende. Ils y ont vu, avec cette merveilleuse ouverture d'esprit, avec ce singulier goût d'éclectisme qui sont les caractéristiques de notre temps, ils y ont vu un prétexte à tableaux délicieux qu'on dirait détachés d'un manuscrit du moyen âge; à morceaux de poésie, qui rappellent ou les chansons amoureuses et chevaleresques des troubadours, ou les prières et les litanies et les envolées mystiques de la liturgie catholique, et ils ont fabriqué, avec un art de modernité raffinée des peintures religieuses d'un préraphaélisme voulu, et où l'on sent le voulu.

Quand vous irez au Théâtre-Français voir *Griselidis*, n'allez donc point y chercher une œuvre de théâtre, qui vous donne cette sorte de plaisir que l'on attend de l'art dramatique, figurez-vous pour un instant que vous êtes à la Bibliothèque nationale, que vous avez demandé un missel du vieux temps, que vous en tournez les pages, tantôt regardant les enluminures, tantôt lisant les vers dont ces peintures sont l'illustration. Vous vous arrêterez à quelques-uns des feuillets qui vous paraîtront charmants; d'autres vous sembleront insignifiants; quelques-uns même (il en aura) franchement mauvais et insupportables. Mais vous aurez, durant une heure, vécu hors de votre monde, dans un milieu très factice assurément, mais curieux et amusant par son étrangeté même.

Si vous voulez mon avis sincère, je vous dirai que je sens quelque déplaisir à voir le théâtre contemporain en quête d'émotions qui ne sont pas d'ordre dramatique. Les cinq ou six mille blasés qui, à force de voir des pièces, ont fini par ne plus aimer le théâtre, goûtent vivement cette saveur de nouveauté, qui est plus piquante. Mais lorsque arrive le vrai public..., celui qui vient au spectacle pour le spectacle..., ah! dame! c'est alors qu'il faut décompter. Ce public-là, il pense comme moi, ou, si vous aimez mieux, je pense comme lui, car il n'importe guère

> Que Pascal soit devant et Zapata derrière,

et tous deux, lui et moi, nous sentons vaguement le besoin de cet *autre chose*, que tous les hommes de théâtre, depuis Sophocle, avaient cherché toujours et souvent réussi à nous donner.

Ces réserves faites, et comment ne les ferais-je pas? *Griselidis* est un spectacle qu'il faut aller voir, alors même qu'il ne répondrait pas à l'idée que vous vous faites du théâtre. L'action est des plus simples, ou, pour mieux dire, elle n'existe pas. Il n'y a là non plus ni étude de caractères, ni analyse de passions; mais les divers moments de cette histoire, qui se déroule avec une simplicité ingénue sont marqués par des envolées de poésie ravissantes.

C'est à ces seuls moments que je m'attacherai.

Le marquis de Saluce a épousé Griselidis, une simple pastoure, et il a eu d'elle un fils qui est encore en bas âge, quand il apprend que la guerre est déclarée et qu'il lui faut partir, laisser là sa femme et son enfant. On lui amène au moment du départ le petit Loys; il l'embrasse et lui adressant la parole :

> Toi, dont pour le faix lourd des armes,
> Je quitte le léger berceau,
> Enfantelet, pauvre arbrisseau,
> Avant la vie, apprends les larmes.
>
> Près de toi, c'était le bonheur;
> Là-bas, c'est la souffrance amère.
> Cependant je quitte ta mère;
> Avant la vie, apprends l'honneur.
>
> Qu'un baiser console et caresse
> Celle qui te donna le jour.
> Garde-lui ta seule tendresse;
> Avant la vie, apprends l'amour.
>
> J'ai trois biens, mon amour, mon honneur et ma vie;
> Mon amour, je l'emporte au profond de mon cœur,
> Croyant à ta parole, ô femme! et je confie
> Aux mains de Dieu ma vie, aux tiennes mon honneur.

Non, vous ne sauriez croire l'accent de profonde tendresse, de douce résignation et de foi vaillante que Silvain a donné à ces strophes. Ce sont là des moments délicieux, et, ma foi! je n'hésiterais pas, si endurci, si racorni homme de théâtre que je puisse être, à donner tout un vaudeville, j'entends, un bon vaudeville, pour ces trois quatrains d'un sentiment si pur, d'une expression si pénétrante, et qui ont été dits d'une voix si sonore par un comédien amoureux de son art. Vous trouverez encore dans ce premier acte des stances amoureuses dont le dernier vers revient comme un refrain, *Griselidis, Griselidis*; et il y a un rappel délicieux de ces stances au dernier. Malheureusement ce morceau ne se trouve pas dans ceux que l'on m'a donnés à titre de citation. Il est exquis et il a été dit par Silvain avec une tendresse incomparable.

Le marquis de Saluce est parti pour la guerre, confiant dans la vertu de sa femme. Mais il a eu l'imprudence, le jour de son départ, d'engager, sur l'infaillibilité de cette vertu, une sorte de pari contre le diable, qui se trouve intéressé par cela même à faire tomber Griselidis.

Il a donné à Satan son anneau en gage et Satan l'a passé à son doigt.

Ce rôle du diable est absolument manqué par les auteurs ; comme un mauvais rôle n'est jamais bien joué, il l'a été d'une façon médiocre par Coquelin cadet. C'est la partie la plus faible, je dirai presque la partie insupportable de l'œuvre nouvelle. N'insistons pas.

Le marquis de Saluce a, dans son pari, répondu que sa femme Griselidis resterait toujours obéissante et fidèle. Le diable s'entend avec sa femme (encore un rôle, celui de la femme du diable, qui ne vaut pas le diable). Fiammina, ou, si vous préférez, Mme le diable,-conte à Griselidis qu'elle vient du pays où son mari guerroie, qu'elle l'a épousé, qu'elle est désormais maîtresse de la maison, et, en preuve, elle lui montre l'anneau que le marquis a eu la sottise de livrer au diable. Griselidis s'incline devant la volonté de son mari ; elle donne à sa rivale ses parures et se retire au fond du château pour prier.

Voilà pour l'obéissance. Le diable, du coup, est quinaud. Il se rejette sur la fidélité. Il va chercher un certain Alain, qui a été jadis l'ami de Griselidis, et pour qui, avant son mariage, elle avait un certain faible. Alain, poussé par le diable, rappelle à Griselidis ces souvenirs de jeunesse. La scène est charmante, mais comme elle a été jouée par Mlle Bartet! Jusque-là, nous n'avions pu admirer chez Mlle Bartet que la grâce hiératique de son allure, de son visage et de son costume. Elle avait l'air de cette *vierge en or fin d'un livre de légende* dont je parlais tout à l'heure. Mais ici, elle a été grande artiste. Jamais l'effroi de la chute dans une âme chaste, que l'amour attire et fascine, n'a été exprimé d'une façon plus saisissante. On sentait que l'actrice était entraînée malgré elle, et qu'elle avait une peur horrible de céder. Je comparerais volontiers l'émotion que nous a donnée Mlle Bartet dans cette scène à celle que j'ai éprouvée autrefois en voyant Mme Sarah Bernhardt dans le rôle de Phèdre, au second acte, s'avancer vers Hippolyte, les yeux vagues, hypnotisée, cédant à une force de suggestion irrésistible.

Ce serait fait de la vertu de Griselidis, si la sainte qui la protège n'envoyait Loys à son secours. Elle voit son enfant, l'embrasse, remercie Dieu et voilà encore une fois le diable battu.

Il nous a paru d'une maladresse rare, ce diable, et peu fertile en ressources ingénieuses. Il ne trouve d'autre artifice que de s'emparer de l'enfant et de le porter à un chef de corsaires, qui l'emmènera à Alger. La mère ira réclamer Loys au brigand, et il faudra bien qu'elle s'exécute, qu'elle paye de son honneur la rançon de son fils.

Elle y va, en effet, et tandis qu'elle est absente, voilà que son mari revient. Il est tout étonné de ne trouver personne à la maison. Griselidis revient : si c'était une vraie pièce de théâtre qu'on nous joue, quel serait le premier cri de la mère :

— Ah! te voilà! on nous a volé notre enfant! Il a disparu. Je n'ai pu le ravoir; je ne suis qu'une femme. Tu es un homme: tu as tes compagnons d'armes; mets-toi en campagne.

Point du tout : les deux époux se répandent en effusion de tendresse passionnée et mystique, sans plus songer à l'enfant que s'il n'existait pas. Leur dialogue est d'une grâce ravissante; mais moi, public, je suis tout occupé de ce pauvre Loys. J'attends avec impatience qu'ils aient l'air de s'inquiéter de leur enfant, qu'ils fassent autre chose que de roucouler des vers exquis sur l'amour et la vertu.

Au théâtre, il faut traiter la situation. On a beau me dire : mais c'est un mystère. — Va pour le mystère! mais pourquoi, dans un mystère, une mère à qui l'on vient de voler son fils, au lieu de parler de ce fils à son mari, perdrait-elle son temps à l'entretenir de fadaises poétiques?

Heureusement, la sainte pense pour eux à l'enfant perdu. Au premier acte, nous avions vu s'ouvrir un triptyque, où se dressait l'image de la protectrice de la maison. C'est à genoux devant elle que le marquis de Saluce avait fait ses adieux à sa femme. Toute cette scène avait formé un joli tableau moyen âge. Au dernier moment, le triptyque se rouvre, et nous apercevons, dans une lumière céleste, l'enfant debout aux pieds de la sainte, immobile dans son éternelle attitude de prière.

La lumière céleste, vous m'entendez bien, c'est la lumière électrique. La lumière électrique joue la lumière céleste, comme la poésie de MM. Silvestre et Morand joue la naïveté et la foi des mystères du moyen âge. On y sent l'art, et même un peu l'artifice moderne.

Le spectacle n'en est pas moins délicieux à regarder et le concert que donne la musique de cette poésie délicieuse à entendre. Ces messieurs ont eu recours au vers libre, tel que l'ont pratiqué, et Molière dans l'*Amphitryon*, et La Fontaine dans ses fables. C'est de toutes les formes la plus difficile à manier, parce que chaque phrase exige, à proprement parler, un rythme particulier, qui soit approprié au sens. Il y a donc là une invention perpétuelle de rythme, et il faut passer de l'un à l'autre avec aisance et grâce sans avoir l'air d'y prendre garde. Ces messieurs y ont pleinement réussi, et c'est un enchantement pour l'oreille que leur partition musicale.

Il faut que ces vers soient dits ; tous ne l'ont pas été. Il y a par exemple, au second acte, un morceau superbe où le diable convie toute la nature à griser d'amour Alain et la marquise de Saluce ; Coquelin cadet ne lui a pas donné assez d'ampleur et de relief. Je souhaiterais que Mlle Bartet, qui est si admirable comédienne, sentît plus la nécessité de chanter le vers, surtout lorsqu'il est lyrique. Elle le jette d'une voix trop sèche, on dirait qu'elle en veut faire de la prose. Silvain a dit les siens avec une accentuation merveilleuse. Lambert fils a joué avec beaucoup de sensibilité et de grâce la scène de la séduction ; Leloir et Laugier contribuent au bon ensemble dans des rôles épisodiques. Mlle Ludwig a récité, avec une gentillesse très crâne, son petit prologue, et Mlle Moreno soupire d'une voix très juste et harmonieuse une chanson, dont l'air paraît horriblement difficile.

18 mai 1891.

ALPHONSE DAUDET

L'ARLÉSIENNE

I

C'est par cette pièce que M. Carvalho devait inaugurer sa direction au Vaudeville. Il était facile de prévoir qu'entraîné par ses goûts, il y mêlerait un élément musical. Il n'y a pas manqué. L'*Arlésienne* est coupée de symphonies et de chœurs, dont la musique a été confiée à M. Bizet. De la valeur des morceaux intercalés ainsi dans l'œuvre du poète par le compositeur, je ne dirai rien pour mon compte. J'ai aperçu dans la salle mon collaborateur M. Weber : c'est à lui que revient l'honneur d'en parler. Je voudrais seulement faire quelques réflexions sur le mélange de la musique et du drame.

L'idée n'est pas bien nouvelle, car le mot même de *mélodrame* indique un drame où la musique joue un rôle, et de fait nous n'avons guère vu, depuis trente ans, une pièce à la Porte-Saint-Martin et à l'Ambigu où les situations pathétiques n'aient été accompagnées d'un trémolo quelconque, où l'entrée du traître n'ait été annoncée par un fort bruissement de contre-basse.

La musique trouvait encore sa place dans la ronde traditionnelle de tous les drames bien faits (musique de M. Artus), dans les fêtes de village, les noces, les bals et les cérémonies de toute espèce.

M. Carvalho n'a fait que donner plus d'importance à cet élément ; mais il n'a point créé un genre nouveau de drame, et je ne crois pas même qu'il puisse s'en former un. Si la musique, au lieu d'accompagner simplement l'action et de renforcer l'effet, veut prendre le pas et tirer à soi la couverture, on arrivera tout de suite à l'opéra, qui est un genre caractérisé et qui a ses lois propres.

Le drame et l'opéra ont chacun leurs moyens particuliers d'expression dramatique. Le dramaturge serre l'action et la précipite ou, s'il ménage des temps de repos, il les dispose pour la poésie, à qui tout est bon : les idées, les passions et jusqu'aux nuances les plus fuyantes des sentiments. Pour le librettiste, l'action n'est qu'un prétexte, plus ou moins heureux, à ouvrir de loin en loin de vastes éclaircies, où le musicien puisse s'espacer à son aise et traduire des passions très franches et très nettes, les seules que sa langue soit capable de rendre.

La musique sera donc rarement la bienvenue dans un drame, quand on ne lui a pas fait sa place d'avance ; et si on la lui a faite, c'est un opéra. Aussi, écoutez-la dans l'*Arlésienne* : vous serez étonné de voir qu'elle ne sert jamais qu'à boucher des trous. Les acteurs sortent à la fin du troisième tableau pour aller dîner, la scène reste vide et l'action ne repartira qu'après le repas fini. Aussitôt, M. Bizet prend la parole, et voilà les violons en danse. Très jolie, peut-être, cette musique ; inutile à coup sûr. On pourrait tout aussi bien baisser le rideau, et nous permettre de dégourdir nos jambes.

Mme Fargueil est en scène, abîmée dans ses réflexions.

Un chœur de moissonneurs se fait entendre dans le lointain, et emplit la scène que le silence de l'actrice laisse vide. On a remarqué que dans l'*Arlésienne*, tous les chœurs se chantent, en effet, dans la coulisse. Eh! mais, c'est que la musique n'est point partie intégrante de l'œuvre; c'est une applique ajustée après coup. C'est qu'il n'y a pas eu par le librettiste d'espace ménagé pour le musicien.

L'*Arlésienne* ne ferait pas un bon opéra : le malheur est qu'elle ne fasse pas un meilleur drame. Je commence à croire que décidément M. Alphonse Daudet, ce charmant esprit, n'est pas né pour le théâtre. La donnée qu'il a choisie, où il s'est acharné, montrerait seule à quel point il manque de sens dramatique.

Il s'agit d'un jeune gars de la campagne qui aime une belle fille d'Arles, mais qui l'aime au point d'en être absolument fou; sa mère ne voit pas le mariage d'un trop bon œil; elle préférerait une fille du pays; elle donne néanmoins son consentement, et le mariage va se conclure, quand on apprend que cette Arlésienne est une abandonnée, qu'elle est depuis deux ans la maîtresse d'un piqueur de chevaux, et qu'elle a peut-être même appartenu à d'autres. Là-dessus, les projets de noce sont rompus, et le malheureux Frédéric tombe dans un désespoir profond.

C'est ce désespoir qui est toute la pièce. Se terminera-t-il par le suicide ou par son mariage avec une fille de la campagne qui l'aime en secret; là est toute l'action.

Eh! bien, savez-vous qui en est absent, de cette action? C'est à n'y pas croire. M. Alphonse Daudet s'est imaginé de supprimer l'Arlésienne, celle de qui part tout le mal, celle qui doit être constamment mêlée à la trame des événements. Par quelle étrange aberration d'esprit en est-il venu à croire que le personnage, sur qui roule tout un drame, pouvait être tenu à la cantonade? Il y a là un cas d'inexplicable aveuglement.

J'étais prévenu par le programme, qui m'avertissait que l'Arlésienne ne figurait point parmi les actrices; et cependant la nécessité de sa présence était si forte, qu'il me semblait à tout instant que j'allais la voir entrer, et relancer l'action qui languissait. Comment, c'est elle qui est en cause tout le temps, et nous ne la voyons jamais! où est-elle? que fait-elle? mère, grand-père, jeune cousine, tout le monde cherche à lui arracher le cœur de celui qu'elle a ensorcelé, et elle n'est pas là pour défendre son bien, pour soutenir son œuvre!

Mais quel intérêt veut-on que nous prenions à cette lutte de sentiments opposés, si l'un des deux combattants, et celui qui est le premier inscrit, a déserté tout d'abord? Eh! quoi, toute cette action va se circonscrire au cœur de ce jeune homme malade? Le théâtre exige que les passions se montrent au plein vent, qu'elles se manifestent par des actes qui frappent les yeux, et l'amour de ce Frédéric, et son désespoir n'auront d'autre scène que les profondeurs de sa conscience; elles ne se produiront au dehors que par des monologues. Cela est-il possible?

C'est là qu'est le premier et l'irrémissible vice de l'*Arlésienne*. Je ne veux point dire que si M. Alphonse Daudet eût donné un rôle à cette belle jeune fille, son drame eût certainement été bon. Encore eût-il fallu le traiter avec succès. Ce qu'il y a d'évident, c'est que sans elle la pièce ne pouvait être que manquée, et que l'idée de la retrancher ne pouvait tomber qu'en un cerveau plus fait pour les grâces poétiques du récit que pour les réalités de la mise en scène.

Mais ce n'est pas tout : si la donnée est d'un esprit qui ne comprend pas les nécessités du théâtre, les détails mêmes accusent peut-être encore plus cette impuissance à se représenter les objets et les sentiments sous la forme dramatique.

Je n'en veux qu'un exemple, et je le prends justement dans la scène qui a paru la plus touchante, la mieux mise à l'optique du théâtre.

Frédéric, dont le mariage a manqué, comme je l'ai dit, ne peut se consoler de son amour perdu. Il erre silencieux et sombre, et sa mère s'affecte de le voir en proie aux pensées tristes. Elle craint qu'il ne meure de chagrin, ou même qu'il ne se fasse périr. Elle songe donc à réunir un conseil de famille, et lui propose de donner à son fils celle qu'il aime.

C'est par ce conseil de famille que s'ouvre le troisième acte. Au premier abord, l'idée semble dramatique, et la scène a de l'allure. Elle rappelle de loin celle que M. Guillard avait mise dans *Clarisse Harlowe*. Pourquoi n'intéresse-t-elle point? C'est qu'on sent parfaitement qu'elle ne mène à rien. La vieille mère propose d'accorder à Frédéric son Arlésienne. Mais Frédéric ne l'a point demandée, mais Frédéric n'en voudra point.

Ce qui cause sa peine, ce n'est point le refus qu'on lui fait de cette femme, c'est le motif même de ce refus. Elle est indigne de lui; il l'aime encore en la méprisant, et voilà l'unique raison de sa douleur, sur laquelle âme qui vive ne peut rien.

Ah! si Frédéric (poussé par l'Arlésienne) se fût jeté aux pieds de sa mère à l'acte précédent et lui eût dit à travers des sanglots et des larmes : Eh! bien, oui, elle est coupable; mais c'était avant de m'avoir connu; elle m'aime à cette heure, je réponds d'en faire une honnête femme, donnez-la-moi ou je mourrai. La scène du conseil de famille aurait pu être pleine de mouvement et de pathétique. Car il y aurait eu d'un côté les illusions de la passion ardente, et de l'autre les prévisions de la froide sagesse. Entre ces deux forces, la lutte se serait établie, et toute lutte plaît aux spectateurs, par cela seul qu'elle met en jeu des passions contraires.

Mais point. La mère n'a pas consulté Frédéric, qui est absent de cette réunion. Et à mesure que les avis se produisent, nous ne pouvons nous empêcher de nous dire : A quoi sert tout cela ? On n'a pas demandé son avis au jeune homme, et il est plus que probable qu'il ne veut plus de cette femme, qu'on marchande à lui accorder. A quoi bon en ce cas toutes ces discussions ? C'est parler pour ne rien dire, c'est un coup d'épée dans l'eau.

J'avoue que, pour moi, c'était là, durant cette longue scène, les réflexions dont j'étais assailli, et qui m'empêchaient d'y prendre le moindre plaisir. Et je ne me doutais pas combien la suite allait me donner raison : le conseil de famille une fois terminé, et la résolution prise, on fait entrer Frédéric ; on le met au courant de la discussion, et du consentement auquel on s'est résigné.

Et aussitôt Frédéric regimbe. — Mais je n'en veux pas !... — Il n'a certes pas tort, mais alors était-il bien nécessaire de réunir la famille ? M. Daudet me répondra que les choses ont pu se passer ainsi dans la réalité ; soit, mais cette réalité n'est aucunement dramatique. Ce n'est pas la peine de mettre en mouvement une machine aussi compliquée, pour que les choses se retrouvent après au même état comme devant.

C'est le contraire du théâtre.

La pièce ainsi construite ne peut tirer son intérêt que des hors-d'œuvre, des personnages accessoires.

Parmi ces hors-d'œuvre, il y en a un charmant, délicieux, et que nous retrouverons, M. Alphonse Daudet peut en être sûr, avant dix ans dans quelque drame. Car la scène n'est pas faite, et l'idée est neuve et pittoresque. Le vieux berger a été dans sa jeunesse très amoureux de la femme de son maître, et elle venait souvent lui rendre visite, tandis qu'il gardait les troupeaux. Un jour elle lui a dit :

— Va-t'en ! je sens que je t'aime ; je ne pourrais résister. Ne cherche jamais à me revoir.

Il est allé se louer à une lieue de là, et, depuis lors, il n'a jamais revu le visage de celle qui l'aimait, et que, lui, il a adorée. Cinquante ans se sont passés, et la femme, devenue grand'mère, arrive dans la ferme pour le mariage de sa petite-fille. Elle aperçoit Balthazard, qui se dissimule dans un coin.

— Si j'avais su, dit-il, que vous dussiez venir, je me serais en allé pour ne pas manquer à notre serment.

La vieille s'attendrit à ce ressouvenir. Ils sont tous deux si loin de ce temps ! Ne sont-ils pas, à cette heure, bien contents de n'avoir pas à rougir l'un devant l'autre.

— Allons ! lui dit-elle avec une mélancolie douce, viens prendre ce baiser que je ne t'ai jamais donné. Je te le rapporte.

Quel dommage que des scènes pareilles tombent aux mains de gens qui ne se doutent pas du théâtre et les laissent perdre. Il est vrai qu'elles ne sont pas perdues pour tout le monde. Il y a des avisés qui les ramasseront, et je rirai bien dans ma barbe quand un vaudevilliste quelconque, dans quelques années, obtiendra un succès énorme avec une situation qui, l'autre jour, nous a tous laissés froids.

Les partisans de M. Alphonse Daudet se rejettent sur le style : « Au moins, c'est écrit, » disent-ils. Oui, sans doute, si l'on entend par là que le style est soigné. Mais qu'importe, si le style n'est pas dramatique !

Le style au théâtre n'est que le mouvement dans les

idées ; et dans l'expression, un relief et un éclat que le feu de la rampe augmente au lieu de l'affaiblir. M. Daudet ne possède ni l'une ni l'autre de ces deux qualités. Il écrit très joliment, mais pas pour l'optique du théâtre.

Savez-vous une langue plus fautive et un style plus martelé que le style et la langue de Beaumarchais. Et pourtant, le dialogue est-il assez scénique ! C'est que la pensée y va d'un mouvement toujours rapide ; c'est que le mot se détache en saillie et s'enfonce dans l'imagination en traits de feu.

Barbarismes et solécismes, tours bizarres, termes affectés, on ne fait plus attention à rien. C'est de bon style, puisque c'est du style dramatique. Les charmantes mièvreries d'Alphonse Daudet ne passent guère la rampe. Ce sont des beautés trop délicates pour être aperçues d'une stalle d'orchestre.

La pièce ne pouvait guère être bien jouée ; car il faut aux vrais comédiens des rôles très accentués, mais variés, dont le progrès d'un point à un autre soit sensible, et les personnages de l'*Arlésienne* poussent tout le temps la même note. Frédéric est tout le temps mélancolique et désespéré, sa mère est tout le temps désespérée et mélancolique. La situation n'avançant point d'un pas, les caractères tournent sur eux-mêmes et vont se répétant, se remâchant sans cesse.

Mme Fargueil a été parfaitement mauvaise. Entendons-nous bien ; elle n'a pas été mauvaise, comme peut l'être une actrice médiocre, par insuffisance et sottise. Non, elle a été mauvaise, avec une incontestable supériorité. Ce rôle ne lui convient aucunement.

Elle n'a fait un grand effet qu'à la dernière scène, mais c'est un de ces effets grossiers, qui me plaisent assez peu pour ma part, où le corps parle au corps, où l'être frémit, comme à la vue d'une plaie ouverte. Frédéric monte rapidement au grenier pour se jeter par la fenêtre. Sa mère le suit, en criant : Au secours ! au secours ! Elle ébranle une porte, qu'il a fermée derrière lui ; elle ne peut l'ouvrir, redescend les degrés, criant toujours, regarde par la fenêtre, le voit étendu mort, pousse une sorte de rugissement inarticulé, et tombe à la renverse.

Tout cela est très bien fait : oh! très bien! très bien! mais après?

Parade a une tournure tout à fait magistrale dans le rôle du vieux berger. Il ne peut pas le rendre intéressant. Abel porte sans trop faiblir le rôle écrasant de Frédéric. Mᵐᵉ Alexis a su donner du cachet à la vieille Renaude, qui ne paraît que dans une scène.

Une ingénue, qui sort du Conservatoire, où elle avait nom Mˡˡᵉ Régnault et qui s'appelle Bartet sur l'affiche, a bien de la grâce et de la sensibilité, dans le rôle de la jeune fille qui veut consoler Frédéric de son Arlésienne. Elle touche presque à la poésie. Ce n'est pas une beauté, c'est une âme.

7 octobre 1872.

II

J'arrive enfin à l'*Arlésienne*, d'Alphonse Daudet, qui vient d'être reprise à l'Odéon avec un grand éclat.

Le succès de l'*Arlésienne* a cette fois été énorme, et le bureau de location du théâtre ne désemplit pas.

On prend texte de là pour railler les critiques, qui se seraient lourdement trompés à la première apparition de l'*Arlésienne* et qui auraient tué la pièce.

J'entends encore Carvalho me dire avec sa verve fougueuse :

— Vous avez assassiné l'*Arlésienne*.

Et Daudet, d'un ton plus doux de voix plaintive :

— Vous avez assassiné l'*Arlésienne*.

Mais pas du tout. Il y avait dans l'*Arlésienne* deux éléments de succès, la musique de Bizet et l'œuvre même du poète. La musique, moi, personnellement, je n'en avais rien dit, puisque ce n'était pas mon affaire. Mais je me rappelle que nous l'avions trouvée fort agréable.

Nous ne l'avons pas, il est vrai, du premier coup proclamée chef-d'œuvre. Mais il faut dire que Carvalho nous l'avait fait entendre avec l'orchestre dont il disposait au Vaudeville, et qui était assez pauvre. Ajoutez que la partition de Bizet n'était pas ce qu'elle est devenue depuis. Le compositeur l'a remaniée, agrandie, complétée pour la rendre digne d'être écoutée par le public des concerts de M. Colonne. Prenez garde encore que la musique, pour faire un grand plaisir, a besoin d'avoir été entendue plusieurs fois ; il faut que nos oreilles se soient familiarisées avec ses sonorités particulières. Il faut que les thèmes chantent obscurément dans notre mémoire, tandis que l'orchestre, en les développant, ne fait que nous les rappeler et leur donner une accentuation plus précise, plus profonde.

La partition de Bizet nous revenait, à l'Odéon, déjà connue et consacrée par un certain nombre d'auditions éclatantes au Châtelet. Ceux-là mêmes qui ne fréquentaient pas les concerts du dimanche et qui par conséquent n'avaient pu l'y entendre, avaient respiré dans l'atmosphère ambiante ces innombrables et invisibles spores de phrases musicales et de combinaisons harmoniques qui s'échappent de toute musique nouvelle et se les étaient, sans même le savoir, assimilés par un phénomène aussi certain qu'inexplicable. La partition leur était inconnue sans leur être nouvelle. Ils en avaient l'instinct ; elle avait pour eux quelque chose de déjà vu.

Il faut dix ans au moins à un chef-d'œuvre de composition musicale pour être déclaré chef-d'œuvre. Les suites d'orchestre ajoutées par Bizet à l'*Arlésienne* en comptaient près de quinze. L'effet en a été, l'autre soir, à l'Odéon, foudroyant, irrésistible. C'étaient, à chaque instant, des murmures d'admiration ; on était si pressé de battre des mains qu'on ne laissait pas achever la phrase musicale. On a bissé trois morceaux ; on les eût fait tous recommencer. L'orchestre de Colonne a été merveilleux. Sur tous ces points il n'y a eu qu'une voix, et c'en serait assez pour expliquer le succès de l'*Arlésienne*.

Reste le poème. Oh ! là, c'est une autre affaire. Non, je ne crois pas, même après cette seconde audition et l'enthousiasme qui l'a accueillie, que nous nous fussions trompés en trouvant que l'*Arlésienne* est une pièce très faible.

Mais cette discussion demande, pour être menée, bien plus de place qu'il ne m'en reste. La semaine prochaine sera vide de nouveautés. Je remets cet examen à huitaine ; je suis sûr que d'ici là tout Paris ira voir l'œuvre de Daudet et de Bizet. Les réflexions que j'ai à soumettre au public seront donc encore de circonstance.

11 mai 1885.

III

J'ai promis, dans mon dernier feuilleton, de revenir sur l'*Arlésienne*, d'Alphonse Daudet. Je dois tout d'abord convenir que le succès en va grandissant tous les jours. La salle tout entière est louée d'avance chaque soir, et l'on m'assure que M. Porel hésite si, au lieu de fermer ses portes le 1ᵉʳ juin, comme il en a l'habitude, il ne poussera pas cette veine jusqu'au 1ᵉʳ juillet.

Ai-je besoin d'ajouter que ce succès me fait grand plaisir ? Je n'ai point aimé personnellement l'*Arlésienne*, quand elle s'est produite pour la première fois au Vaudeville ; elle ne m'a pas plu davantage quand on l'a reprise à l'Odéon ; mon sentiment n'a point changé, et je vais tâcher d'en exposer les raisons tout à l'heure. Mais il va sans dire que je préfère encore une œuvre de Daudet, même quand je crois qu'il s'est trompé, à telle ou telle pièce parfaitement correcte, qui échappe au blâme parce qu'elle ne donne aucune prise à l'éloge. J'estime qu'ici le public s'est engoué à tort ; mais je suis ravi que la chose soit tombée sur l'auteur de tant de chefs-d'œuvre ; la foule n'est pas toujours aussi intelligente dans le choix de ses engouements.

Je parle d'engouement. Il me vient un scrupule. Est-ce bien de la pièce même de Daudet que le public est charmé à cette heure ? Ce serait un point à débattre. La salle de l'Odéon est pleine chaque soir (et, encore un coup, je suis très aise qu'il en soit ainsi), mais peut-être est-elle pleine de gens qui viennent écouter la musique de Bizet, admirablement exécutée par l'orchestre de Colonne, comme au mois de février elle a été quinze fois de suite envahie par une foule qu'attiraient les chœurs de Mendelssohn, et qui entendait l'*Athalie* de Racine par-dessus le marché. Cette comparaison ne saurait désobliger Daudet. Peut-être encore nombre de spectateurs ont-ils pris et prennent-ils leurs places sur le bruit du nom de Daudet qui exerce un grand prestige sur les imaginations. Daudet, au temps où Carvalho joua sa pièce pour la première fois, n'était encore qu'un petit compagnon de lettres. Il a passé maître. Il inspire à la foule une très légitime et indéniable curiosité.

Cette affluence peut s'expliquer par des causes tout autres que le mérite intrinsèque de l'ouvrage. Et, si je les cherche, on me fera l'honneur de croire que ce n'est point du tout pour le plaisir de piquer Daudet : personne n'estime plus que moi son talent : personne ne l'a loué de meilleur cœur et en termes plus vifs... Non, c'est que l'intérêt du théâtre est en jeu. C'est qu'il semble qu'il y ait dans la presse comme un parti pris de crier : vous voyez bien que l'on peut mettre sur la scène tout ce qu'on veut, une idylle, ou un conte, n'importe quoi n'ayant pas ombre de forme dramatique, ça réussira tout de même; car ça prendra tout de même le public.

Eh! bien, l'exemple n'est pas si probant qu'on veut bien le dire. Non, ce n'est pas dans l'*Arlésienne* le drame qui intéresse les spectateurs. Il s'y trouve (nous l'avons toujours reconnu et dès le premier jour) deux ou trois scènes délicieuses, écrites d'une plume exquise. La pièce est, à mon sens, d'un ennui mortel.

Et je vous assure que mon sens est celui de beaucoup d'autres, de tous ceux que j'ai eu occasion de consulter. Oh! pas dans le monde des lettres. Ce monde-là est composé d'éléments spéciaux. Tous gens de parti pris ou blagueurs. Non, dans la moyenne bourgeoisie, dans ce large fond où se recrute chaque soir la grande majorité du public parisien. Je n'ai pas encore, dans cette enquête, rencontré une personne qui ne m'ait avoué que toute cette histoire l'avait laissée froide.

Et comment l'aurait-elle intéressée? *Ça n'est pas du théâtre.* Oui, je sais bien que cette phrase me tourne en ridicule; mais c'est près des raffinés et des dégoûtés qui n'aiment pas le théâtre et qui prendraient je ne sais quel plaisir de blasé à cueillir les dattes du désert sur un pommier de Normandie. Le pommier est fait pour donner des pommes, et, si vous n'aimez pas les pommes, cherchez votre affaire sur d'autres arbres.

L'amour de Frédéric, cela peut fournir à un conte de cent cinquante lignes. Et le conte primitif d'où est sortie la pièce de Daudet n'a pas davantage. Mais je vous défierais bien d'en tirer seulement une nouvelle de cinquante pages. A plus forte raison un drame en cinq actes.

Dès le premier mot, Frédéric nous est donné comme féru d'un amour si violent, si entier, si absorbant, que ce n'est plus un amour : c'est une possession, c'est une folie. Il n'y a plus ni progrès possible en avant, ni pas en arrière à en espérer. Il n'aimera jamais davantage son Arlésienne, il ne se déprendra jamais d'elle. C'est le *statu quo* dans son horreur.

Le *statu quo*, c'est le contraire du théâtre, qui vit de mouvement. Le mouvement peut être aussi lent, aussi insensible qu'on voudra ; comme dans l'*Ami Fritz*, par exemple, où il semble qu'on reste sur place, mais où l'on est doucement entraîné par un courant irrésistible à un point déterminé : le mariage de l'ami Fritz avec la jolie Suzel.

Mais voilà Frédéric : il est fou, et fou d'une folie qui ne saurait ni s'accroître ni se résoudre. Il ne peut épouser son Arlésienne, et l'on sait parfaitement, à la façon dont le caractère est posé, qu'il ne l'épousera pas. Car elle a eu d'autres amants ; et s'il l'aime, s'il la veut, c'est pure et toute à lui. Il ne lui reste donc plus qu'à gémir, car il n'y a pas d'issue à son cas.

Aussi, ne se fait-il point faute de gémir. Il gémit le matin, il gémit dans la journée, il gémit dans la nuit ; et son gémissement est toujours le même ; ni la situation, ni son cœur n'ayant changé.

On a beaucoup reproché à Daudet de ne nous avoir pas

montré cette Arlésienne cause de tant de larmes. Mais qu'en eût-il fait? A quoi eût-elle servi? Frédéric l'aime jusqu'à en avoir perdu l'esprit, et il lui est défendu de l'épouser. La présence de l'Arlésienne n'aurait rien changé à cela. Il aurait continué de l'aimer éperdument et de ne pouvoir l'épouser. Elle aurait vu le drame piétiner sur place ; elle n'aurait pu le pousser ni en avant ni en arrière.

Là et là seulement est le primordial et malheureusement aussi l'irrémédiable défaut du drame. Tout le reste en découle.

Le troisième acte s'ouvre par une scène que l'on a beaucoup louée ; on lui a trouvé une grandeur biblique. La mère de Frédéric a réuni une manière de conseil de famille, pour délibérer sur le cas du fils de la maison. Le conseil se compose de la mère d'abord, puis du grand-père, d'un ami de la maison et du vieux berger, qui depuis cinquante ans garde les troupeaux de la ferme et rêve aux étoiles.

La mère, touchée de la douleur de son fils et voyant qu'il en peut mourir, a résolu de lui donner son Arlésienne en mariage. Elle en fait la proposition au grand-père et l'on se met à discuter.

La scène, en effet, pourrait être dramatique si, à l'acte précédent, Frédéric s'était jeté aux pieds de sa mère et lui avait dit tout en larmes : Donne-la-moi ! Je n'en puis plus ! Je meurs ! et si elle s'était refusée à ses prières. Le revirement ferait coup de théâtre.

Mais point du tout. Les choses n'ont pas été posées ainsi. Frédéric se meurt d'amour pour l'Arlésienne ; mais il n'en veut point ; il n'en voudra jamais. Il est la proie d'un démon qui le possède et l'empêchera d'être jamais heureux avec une autre ; mais il serait encore plus malheureux avec celle-là.

Et cela est si vrai que, lorsque, après avoir à grand'-

peine obtenu le consentement du grand-père et forcé la résistance du vieux berger, la mère a fait venir son fils et lui a déclaré qu'on lui accordait la permission d'épouser son Arlésienne, c'est lui qui n'en veut pas. Et il prend ce parti de lui-même, sans qu'on le lui ait suggéré ni conseillé. Le drame se retrouve juste au même point après ce coup d'épée donné dans l'eau.

Il n'y aurait rien eu de si simple que de jeter de l'animation dans cette scène. C'était de supposer que Frédéric eût bondi sur cette offre qu'on lui faisait de son Arlésienne. Le vieux berger se serait levé alors et aurait adressé au jeune homme les imprécations qu'il a prononcées dix minutes auparavant, dans le conseil de famille :

— Comment! ici, dans Castelete, une catau qui a roulé avec tous les maquignons de la Camargue! Eh! bien, ce sera du propre!... etc.

Frédéric, sous cette parole hautaine et méprisante, aurait courbé la tête, serait rentré en lui-même. Mais non; Daudet n'a pas cru devoir recourir à ces artifices. Sa pièce était construite sur cette donnée : un homme qui meurt d'amour et ne veut ni ne peut épouser celle qu'il aime. Oui, mais cette donnée ne saurait fournir à un drame. Il n'y a qu'une situation, qui reste toujours la même. On serait tenté de crier à Frédéric : Allons! mon ami, dépêche-toi de mourir et que ça finisse! Le fait est que ça traîne et de terrible façon.

On ne s'intéresse à personne dans cette pièce; on ne s'intéresse même à rien. Car il n'y a pas là une étude de passion véritable. Que sais-je de plus sur l'amour, quand j'ai entendu, trois heures durant, cet énamouré bramer après son Arlésienne?

Il paraît qu'au temps jadis une des idées que Daudet avait essayé de traduire dans son drame nous avait échappé.

Les délicats l'ont découverte cette fois et nous l'ont expliquée. On croit dans le Midi que la présence d'un *innocent* dans une maison est un gage de bonheur. Or, il y a dans la pièce un innocent, qui est le propre frère cadet de Frédéric. Sa mère l'a quelque peu délaissé, pour s'occuper exclusivement de son aîné. L'innocent ne cause guère qu'avec le vieux berger, qui voit non sans surprise les idées se débrouiller peu à peu dans la cervelle de l'innocent. A mesure que la raison lui revient, la tête de l'autre frère déménage de plus en plus. Un moment arrive enfin où l'innocent a dépouillé le vieil homme. Le malheur peut s'abattre sur la maison qu'il ne protège plus. C'est alors que Frédéric se tue en se précipitant du haut du grenier.

J'ignore si, en effet, Daudet a eu cette idée en construisant sa pièce : le bonheur se retirant de la maison à mesure que la raison revient à l'innocent. S'il l'a eue, je n'en puis dire qu'une chose : c'est qu'elle est encore moins dramatique que philosophique. Elle est si peu saisissable au gros public que personne ne l'avait aperçue le premier jour, et que j'ai encore quelque peine à la voir après qu'on me l'a mise sous les yeux. C'est le cheveu de la vierge.

Il paraîtrait que cette idée est éminemment morale. Des critiques nous ont montré que la mère était ainsi punie de la partialité qu'elle avait témoignée pour son aîné et de l'indifférence dont elle avait fait preuve pour le cadet, en voyant l'aîné périr tandis que le cadet devenait un homme. Je ne conteste pas ce point de vue ; mais au théâtre, moi, vous le savez, la moralité ne me touche que modérément.

Je ne viens au théâtre que pour m'amuser, et l'*Arlésienne* ne m'amuse pas.

Est-ce à dire que ce soit une œuvre médiocre. Il ne peut rien tomber qui soit médiocre de la plume de Daudet, un des écrivains les plus exquis de ce temps. Ce n'est pas une œuvre de théâtre, voilà tout, et son tort est d'être sorti du livre pour se produire à la rampe.

Il s'y trouve des coins de dialogue charmants.

Et maintenant, je n'ai qu'un conseil à vous donner : allez entendre l'*Arlésienne!* Il est vrai que Frédéric vous ennuiera un peu avec ses jérémiades; que le vieux berger vous fera parfois l'effet d'un vieux fou insupportable avec ses divagations, que l'innocent ne vous divertira pas toujours avec ses niaiseries prétentieuses, que toute cette histoire vous paraîtra bonne à conter plutôt en langue provençale, avec de jolis diminutifs et des fleurettes mignonnes de style, qu'en loyal et sévère français du Nord. N'importe! il se dégage de tout ce qu'écrit Daudet un je ne sais quel charme, dont on est pénétré, comme on l'est, dans sa Provence, de la lumière du ciel et des parfums du sol. Cela se sent et ne s'analyse guère. Et puis, dame! il y a la musique.

18 mai 1885.

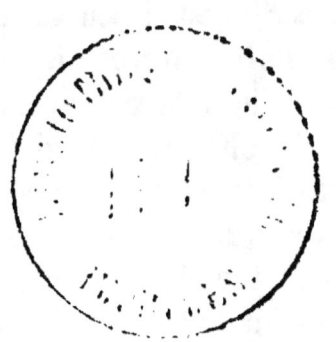

INDEX ALPHABÉTIQUE

A

Acrobate (l'), 232.
Age ingrat (l'), de 289 à 300.
Alembert (d'), 77.
Alexis (Mme), 409.
Ami des Femmes (l'), 107.
Ami Fritz (l'), 414.
Amphitryon, 399.
Andrieux, 164.
Andromaque, 164.
Antoine, 380, 381, 385, 386.
Antonine (Mlle), 375, 390.
Aristophane, 77, 163.
Arlésienne (l'), de 401 à 418.
Arnal, 166, 300, 385.
Arnould-Plessy (Mme), 232, 320.
Artus (M.), 403.
Athalie, 412.
Augier, 45, 110, 166, 169, 171, 199.
Autographe (l'), 175.
Autran, 1, 5, 6, 9.
Autre Motif (l'), 232.
Aventurière (l'), 167.
Avril (Mlle), 157.
Azevedo, 179.

B

Bac (Daniel), 276.
Ballande, 385.
Barbe-Bleue, 200, 202, 206, 208.
Baron, 196, 239, 251, 276, 279, 286, 378.
Barré, 328.
Barrès (Maurice), 331.
Barrière (Théodore), 44, 47, 166.
Bartet (Mlle), 397, 398, 400.
Bauër (Henry), 378, 379.
Bayard, 166.
Beaumarchais, 31, 76, 77, 170, 173, 408.
Becque (Henry), de 386 à 391.
Beethoven, 315.
Belle-Hélène (la), de 177 à 183, 195, 200.
Belle Nivernaise (la), 140.
Bernhardt (Sarah), 95, 97, 101, 103, 105, 115, 116, 117, 118, 119, 123, 126, 127, 221, 222, 223, 224, 398.
Berquin, 135, 138.
Berr (Georges), 343.
Berryer, 326.
Bertiny (Mlle), 343.
Berton, 59, 67, 68, 73, 103, 104, 105.
Bizet, 401, 402, 410, 411, 412.
Blavet (Émile), 146.
Boccace, 23.
Boileau, 6, 155, 193.
Boudeville, 49.
Boule (la), de 250 à 258, 263.
Brandès (Mlle), 339, 342.

Brésilien (le), 185.
Bressant, 20, 327.
Brigands (les), 175.
Britannicus, 219.
Brohan (Madeleine), 320.
Bruno le Fileur, 250.

C

Cabotins, de 330 à 343.
Camaraderie (la), 165, 333, 337.
Candé, 156.
Caprice (le), 16, 19.
Carvalho, 401, 402, 409, 410, 412.
Cellier (Mlle), 49.
Célimare le bien-aimé, 167.
Cham, 234.
Chamfort, 327.
Champfleury, 182.
Chandelier (le), 19,
Chatterton, 165.
Charly, 68.
Chaumont (Mme), 238, 251, 254.
Chénier, 164.
Cid (le), 91.
Cigale (la), de 249 à 254.
Claretie (Jules), 369, 370, 373, 393.
Clarisse Harlowe, 405.
Claudie, 166.
Clémenceau, 145.
Closerie des Genêts (la), 165.
Club (le), 289.
Collin d'Harleville, 164.
Colombey, 97.
Colonne (M.), 410, 411, 412.
Confessions de Sylvius (les), 182.
Contes pour les vieux et les jeunes 140.
Cooper, 281.
Coppée, 168.
Coquelin (les), 145, 153, 167, 282, 318, 321, 339, 340, 351, 369, 370, 397, 400.
Corbeaux (les), de 346 à 356.
Corneille, 9, 55, 91, 163.
Cornélie (Mlle), 324, 326.
Couderc, 187, 195.
Crocodile (le), de 123 à 144.
Croizette (Mlle), 308.
Crosnier (Mme), 283.
Crouzet (Mlle), 267, 288.
Curieuses (les), 38, 220.

D

Daguéret (Mlle), 73.
Dame aux Camélias (la), 118, 167.
Dancourt, 170.
Daubray, 260, 262, 263, 264.
Daudet (Alphonse), 132, 140, 370, de 401 à 418.
Décoré, 55, de 265 à 276.
Decori, 384.
Delaporte (Mlle), 220.
Delaunay, 307, 321.
Delavigne (Casimir), 165, 166.
Delessart, 49.
Demi-Monde (le), 167, 174.
Depoix (Mlle), 97.
Dernier Quartier (le), 293.
Désaugiers, 212.
Deschamps (Gaston), 172.
Desclée (Mlle), 54, 220, 222, 223, 225, 226, 227, 228.
Désiré, 187.
Deux Tourtereaux (les), 384.
Diderot, 77.
Dieudonné, 224.
Dira (la), 208.
Divorçons! de 106 à 112, 131.
Donnay (Maurice), 173.
Don Quichotte, 58.
Doré (Gustave), 90.
Dorval (Mme), 101.
Drunzer (Mlle), 157.
Duchesnois (Mlle), 325.
Dugué (Ferdinand), 168, 220.
Dumaine, 59, 63, 67, 68.
Dumanoir (M.), 38.
Dumas (Alexandre, père et fils), 4,

INDEX

10, 14, 16, 80, 107, 165, 166, 167, 171, 174, 199, 350.
Duményn, 52, 53.
Dupin (M.), 38.
Dupont-Vernon, 342.
Dupuis, 198, 238, 254, 272, 276, 282, 378.
Duquesnel, 241.
Duval (Alexandre), 165, 241, 242.
Duvert, 166.

E

École des Vieillards (l'), 165.
Effrontés (les), 167.
Ennery (d'), 133, 140, 168, 220.
Erckmann-Chatrian, 168.
Essler (Jane), 48, 49.
Été de la Saint-Martin (l'), 175.
Étienne, 164.
Étincelle (l'), de 301 à 308, 322.
Euripide, 163.

F

Faguet (Émile), 380.
Famille Benoîton (la), de 38 à 57, 131.
Fanny Lear, 297.
Fargueil (Mlle), 48, 51, 54, 56, 59, 68, 73, 402, 408.
Fausses Confidences (les), 168, 301.
Faux Bonshommes (les), 45, 47, 166.
Febvre, 49.
Fédora, de 94 à 105.
Félix, 52.
Femmes savantes (les), 311, 314, 322.
Féraudy, 340, 341, 374, 377, 382.
Feuillet (Octave), 168, 232, 293.
Fille d'Eschyle (la), 1, 5.
Fille du Régiment (la), 250.
Fils naturel (le), 167.
Florian, 92.
Forain, 389.

Fouquier, 149, 154, 376.
Foussier (Paul), 169.
France (Mme), 384, 386.
François le Champi, 166.
Fromentin, 225.
Froufrou, 50, 54, de 208 à 228, 238.

G

Gambetta, 79.
Garnier (Philippe), 125, 127.
Gastronome sans argent (le), 11, 15.
Gavarni, 389.
Geffroy, 3, 170.
Gendre de M. Poirier (le), 167.
Geneviève de Brabant, 179.
Geoffroy, 229, 230, 231, 247, 263, 377.
Georges Dandin, 369.
Gil Pérez, 245.
Ginisty (Paul), 384.
Girardin (M. de), 4, 5.
Gondinet (Edmond), 2, 3, 168, 242, 243, 289, 290.
Got, 53, 293, 322, 323, 333, 342.
Gotte, 175.
Grande-duchesse (la), 176, de 195 à 198, 200, 201, 202, 205, 206.
Grand'Mère (la), 381, 382, 383.
Granger (Mme Pauline), 343.
Grenier, 82, 185, 188.
Griselidis, de 393 à 400.
Guérin, 384.
Guillard (M.), 403.
Gunsbourg, 146.
Guyon, 187.
Gyp, 266, 276.

H

Hading (Mme), 371.
Haine (la), 37, de 84 à 93, 114.
Halévy, 50, de 163 à 254.
Hamburger, 187, 251.

Hamel (Ernest), 150.
Heine (Henri), 190.
Henri III et sa cour, 165.
Héritiers (les), 241.
Hernani, 101, 165.
Homard (le), 243.
Homme de paille (l'), 386.
Honneur et l'Argent (l'), 53.
Hugo (Victor), 50, 165.
Hyacinthe, 230, 264.

I

Il faut qu'une porte soit ouverte ou fermée, 19.

J

Janvier, 384.
Jocrisses de l'Amour (les), 177.
Joubert, 315.
Jullien (Jean), 374, 375, 377, 378.

K

Kean, 35.
Kopp, 187, 196.

L

Labiche, 111, 167, 242.
Lafont, 82.
Lafontaine, 20.
La Fontaine, 9, 399.
La Harpe, 169.
Lambert fils, 400.
Lambert Thiboust, 111.
Lamy, 251.
Lancival (Luce de), 164.
La Rochefoucauld, 302, 309.
Larroumet (Gustave), 373.
Lassouche, 248, 276.
Laurent, 68.
Laurent (Mlle Antonia), 53.
Laurent (Mme Marie), 93, 126, 127.
Lausanne, 166.
Laugier, 343, 400.
Lavedan (Henri), 173.

Lavigne (Mlle), 258, 259, 260, 262, 263, 264.
Le Bargy, 343, 374, 377, 382.
Leblanc (Léonide), 23, 68.
Lecocq, 243, 315.
Legouvé, 168.
Leloir, 335, 343, 400.
Lemaître (Charles), 68.
Lemaître (Jules), 159.
Lemercier (Népomucène), 164.
Lender (Mlle), 288.
Léonce, 184.
Le plus heureux des trois, 377.
Lettre (la), 16.
Lhéritier, 248.
Lia Félix, 92.
Lionnes pauvres (les), 47, 169.
Littré, 330.
Lloyd (Mlle), 322, 353.
Louis XI, 165.
Ludwig (Mlle), 226, 340, 393, 400.
Lynnès (Mlle), 343, 374, 377.

M

Ma Camarade, de 255 à 264.
Ma Cousine, de 277 à 288, 378.
Madame Caverlet, 106.
Madame la Maréchale, 154.
Madame Sans-Gêne, de 154 à 161.
Maître (le), 381, 383.
Mallefille (Félicien), 168.
Manon Lescaut, 265.
Marais, 73.
Marcelin, 191.
Marchande de Sourires (la), 393.
Mariage de Figaro (le), 31, 76, 77, 317.
Mariage de raison (le), 165.
Mariage de Victorine (le), 166.
Mari à la Campagne (le), 295.
Marivaux, 165, 170, 172, 236, 302.
Marquis de la Seiglière (le), 321.
Mars (Mlle), 170.
Marsy (Mlle), 226, 228, 339, 342.

INDEX

Massenet, 144.
Massillon, 380.
Mathilde (Mme), 257, 264.
Mayer, 388, 390.
Meilhac (Henri), 38, 50, de 163 à 288, 378.
Melita (Mlle), 248.
Mendelssohn, 412.
Mérimée, 267, 268, 309.
Merveilleuses (les), 114.
Meyerbeer, 198.
Michel Strogoff, 132.
Miette, 248.
Misanthrope (le), 282.
Molière, 11, 55, 140, 164, 170, 172, 173, 174, 229, 230, 310, 311, 318, 319, 349, 369, 372, 375, 399.
Monde où l'on s'ennuie (le), 168, de 309 à 329.
Monnier (Henry), 315.
Monsieur Deschalumeaux, 197.
Montal, 69.
Montesquieu, 77, 315.
Montigny, 20, 225.
Monval (M.), 372.
Morand (Eugène), de 393 à 400.
Moreau (Émile), de 154 à 161.
Moreno (Mlle), 409.
Murger, 166.
Murillo, 335.
Musset (Alfred de), 9, 10, 16, 19, 165, 234, 302.

N

Najac, 106.
Noël, 277.
Nos Intimes, de 21 à 37, 43.
Nouveau Pourceaugnac (le), 11.
Numa, 264.

O

Offenbach, 171, 179, 183, 193, 196, 198, 205, 248.
Ollivier (Émile). 79.

On ne badine pas avec l'amour, 301, 307.
Orphée aux Enfers, 179, 183.
Ours et le Pacha (l'), 185.

P

Païens (les), 191.
Pailleron, 168, 232, de 289 à 343.
Panizzi, 369.
Parisienne (la), de 356 à 391.
Pasca (Mme), 297.
Pascal, 395.
Passant (le), 168.
Patrie! 36, de 58 à 74, 87, 131, 168.
Pattes de mouche (les), de 10 à 20.
Pellerin, 264.
Père prodigue (le), 174.
Périchole (la), de 199 à 207.
Perrin (M.), 346, 357.
Petite Marquise (la), 173, de 232 à 239, 268.
Phèdre, 101, 164.
Philiberte, 167.
Philosophe sans le savoir (le), 301.
Picard, 164, 242.
Piccolino, 58.
Pied de mouton (le), 132.
Pilules du Diable (les), 132.
Pixérécourt (Guilbert de), 164.
Platon, 117.
Plus heureux des trois (le), 360.
Poë (Edgar), 16.
Ponsard, 166.
Porel (M.), 412.
Porto-Riche (de), 173.
Précieuses ridicules (les), 168.
Prévost (Marcel), 173.
Prudhon, 322, 323, 374, 375, 37 382.

R

Rabagas, de 75 à 83, 131.
Rachel, 325.
Racine, 7, 8, 9, 164, 412.

Ravel, 207, 385.
Raymond, 264, 282.
Réal (Mlle), 276.
Regnault (Mlle ...e), 248.
Régnaut (Mlle), 400.
Reinach, 149.
Reichemberg, 321, 353, 354, 369, 373, 374, 375, 376, 382, 383, 386, 387.
Réjane, 52, 53, 55, 56, 154, 156, 157, 158, 160, 258, 259, 263, 264, 271, 276, 279, 281, 284, 286, 288, 378, 388, 389, 390.
Renan, 292.
Renée Mauperin, 383.
Réveillon (le), de 229 à 231.
Ribeira, 355.
Richard d'Arlington, 80.
Richard III, 146.
Robinson suisse, 133, 134, 137, 138.
Roi Carotte (le), 114.
Roi s'amuse (le), 91.
Roman d'un jeune homme pauvre, (le), 168.
Rome sauvée, 122.
Rose-Chéri (Mme), 20.
Royer (Mlle), 293.
Ruy Blas, 101, 165.

S

Sainte-Beuve, 236.
Saint-Germain, 300.
Saltimbanques (les), 294.
Salvayre (Gaston), 146.
Samary (Mlle), 308, 320.
Samuel (M.), 366, 371.
Sand (George), 166.
Sand (Maurice), 181.
Sapho, 370.
Sardou, de 1 à 161, 168, 213, 337, 338.
Scarron, 180.
Schneider (Mlle), 187, 198, 201, 204, 205.

Schopenhauer, 355.
Scribe, 10, 11, 12, 13, 14, 15, 16, 22, 165, 166, 168, 175, 201, 333, 337, 338.
Secrétaire et le Cuisinier (le), 11.
Sedaine, 166.
Sensitive (la), 197.
Shakespeare, 160.
Silvain, 396, 400.
Silvestre (Armand), de 393 à 400
Solliciteur (le), 11.
Sonnette de l'augure (la), 180.
Sonnettes (les), 175.
Sophocle, 163, 395.
Sorel (Mlle), 157.
Soulié (Frédéric), 165.
Staël (Mme de), 90.
Stendhal, 300.
Stoullig (Edmond), 277.
Suger (Mlle), 157.
Supplice d'une femme (le), 4.
Surprises du divorce (les), 284.

T

Taillade, 125.
Talmeyr (Maurice), 331.
Tartufe, 55, 213, 372.
Tessandier (Mme), 73.
Testament de César Girodot (le), 10.
Théodora, de 113 à 128, 131, 132, 144.
Thermidor, de 145 à 153.
Theurlet, 132, 140.
Thierry (M.), 324.
Thiers (M.), 326.
Thomsen (Mlle), 157.
Tocqueville, 315, 321.
Toilettes tapageuses (les), 38.
Tour du monde en 80 jours (le), 132, 133, 140.
Train, 224.
Truffier, 343.

U

Ugalde (M⁻⁻), 205.
Une Chaine, 165, 337.
Un Mariage sous Louis XV, 256.
Un Monsieur qui suit les Femmes, 207.

V

Valabrègue, 385, 386.
Valérie (Mlle), 248.
Verne (Jules), 133, 140.
Verneuil (Mlle), 157.
Vie de Bohème (la), 166.
Vie parisienne (la), 174, de 189 à 194, 201, 256.
Vieux Garçons (les), 43, 177.
Vigny (Alfred de), 165.
Villetard, 10.
Virgile, 8.
Visite de noces (la), 167.
Vois, 377.
Voltaire, 77.

W

Weber, 401.
Worms, 342, 343.

Y

Yriarte (Charles), 208, 209, 215.

TABLE DES MATIÈRES

VICTORIEN SARDOU   Pages.

Étude générale : qualités nécessaires à l'auteur dramatique.. 1
Les Pattes de Mouche 10
Nos Intimes.. 21
La Famille Benoiton.. 38
Patrie... 58
Rabagas.. 75
La Haine... 84
Fédora... 94
Divorçons.. 106
Théodora... 113
Le Crocodile... 129
Thermidor.. 145
Madame Sans-Gêne... 154

MEILHAC ET HALÉVY

Étude générale... 163
La Belle-Hélène.. 177
La Vie parisienne.. 189
La Grande-duchesse de Gerolstein............................... 195
La Périchole... 199
Froufrou... 203
Froufrou à Londres... 221
Le Réveillon... 229
La Petite Marquise... 232

	Pages.
La Boule	240
La Cigale	249

HENRI MEILHAC

Ma camarade	255
Décoré	265
Ma cousine	277

ÉDOUARD PAILLERON

L'Age ingrat	289
L'Étincelle	301
Le Monde où l'on s'ennuie	309
Cabotins	330

HENRY BECQUE

Les Corbeaux	345
La Parisienne	357

ARMAND SILVESTRE

Griselidis	393

ALPHONSE DAUDET

L'Arlésienne	401

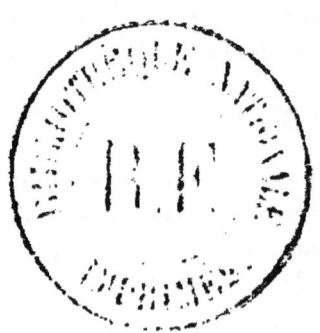

P. VINSONAU, 15, Saint-Georges.

TYPOGRAPHIE FIRMIN-DIDOT ET Cie. — MESNIL (EURE).

www.ingramcontent.com/pod-product-compliance
Lightning Source LLC
Chambersburg PA
CBHW071114230426
43666CB00009B/1953